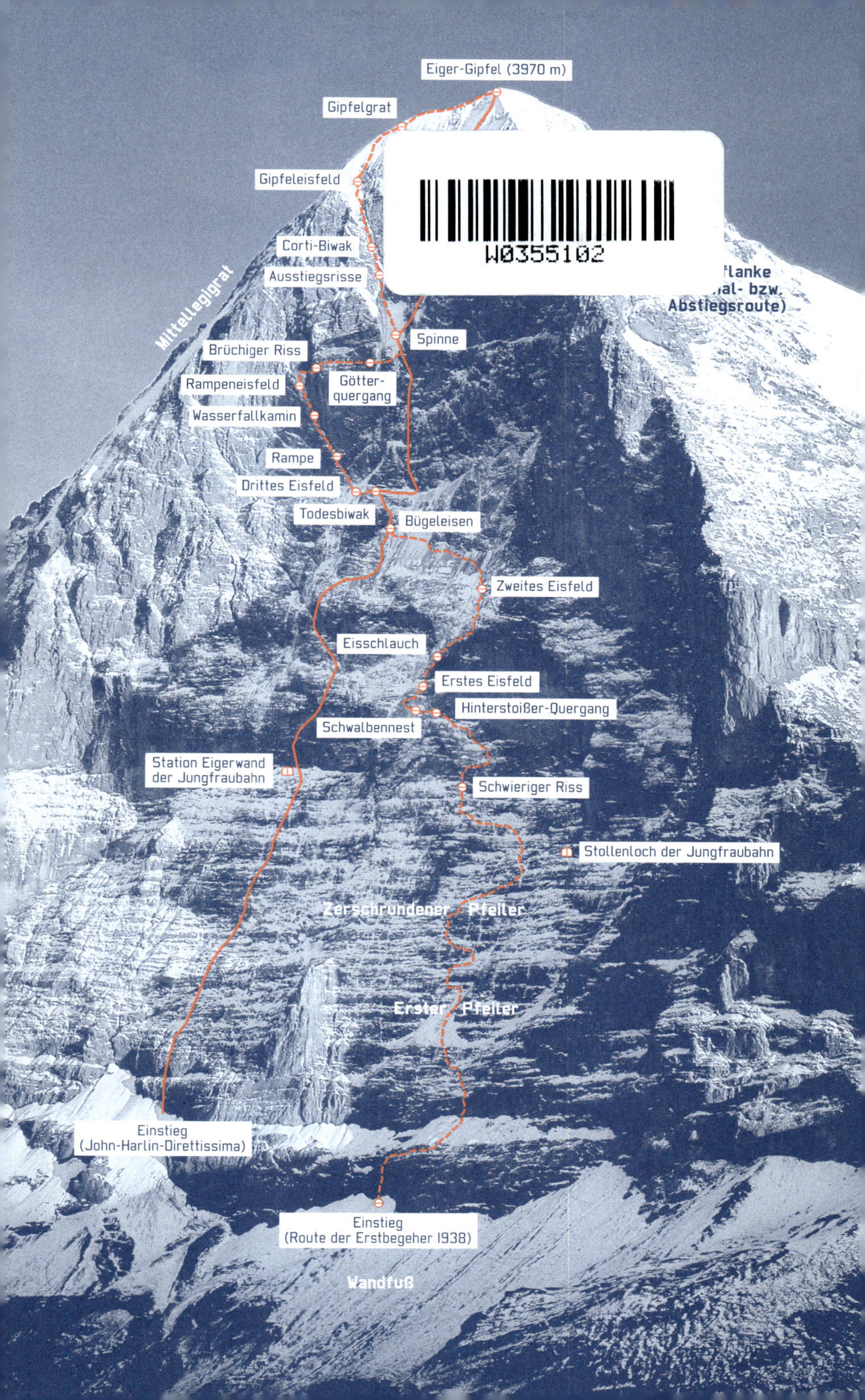
Eiger-Gipfel (3970 m)
Gipfelgrat
Gipfeleisfeld
Corti-Biwak
Ausstiegsrisse
Mittellegigrat
flanke
al- bzw.
Abstiegsroute)
Spinne
Brüchiger Riss
Rampeneisfeld
Götter-
quergang
Wasserfallkamin
Rampe
Drittes Eisfeld
Todesbiwak
Bügeleisen
Zweites Eisfeld
Eisschlauch
Erstes Eisfeld
Hinterstoißer-Quergang
Schwalbennest
Station Eigerwand
der Jungfraubahn
Schwieriger Riss
Stollenloch der Jungfraubahn
Zerschrundener Pfeiler
Erster Pfeiler
Einstieg
(John-Harlin-Direttissima)
Einstieg
(Route der Erstbegeher 1938)
Wandfuß

John Harlin

Die Wand aller Wände

John Harlin

Die Wand aller Wände

Der Eiger, mein Vater und ich

Mit 30 Fotos

Aus dem Amerikanischen
von Karina Of

MALIK

Die amerikanische Originalausgabe erschien 2007 unter dem Titel »The Eiger Obsession. Facing the Mountain That Killed My Father« bei Simon & Schuster in New York.

Alle Fotos stammen vom Autor; bis auf Tafel 4 und 5 oben: Chris Bonington; Tafel 10 oben: Mark Jenkins; Tafel 14/15 und 16 unten: David Boschung for Holcim; Tafel 16 oben: Adele Hammond. Vorsatzkarte: Eckehard Radehose, Schliersee

ISBN 978-3-89029-331-8

Redaktion: Karin Steinbach
Satz: Satz für Satz. Barbara Reischmann, Leutkirch
Druck und Bindung: Ebner & Spiegel, Ulm
Printed in Germany

www.malik.de

Für meine Familie,
Marilyn, John, Andréa, Adele und Siena

Thank you for life and love

Inhalt

Eins Der Zerschrundene Pfeiler

Als Kind hat es mir immer zu schaffen gemacht, daß mein Vater den Großteil seines 1200 Meter tiefen Sturzes nicht bewußt erleben konnte. Er hätte das Ereignis auskosten wollen: sein größtes Abenteuer, ein Abenteuer, auf das er sich gefreut hatte, wenn er auch wollte, daß es erst später stattfand. Meine Mutter sorgte dafür, daß der Film aus seiner Filmkamera entwickelt wurde, denn falls es ihm möglich gewesen war, hatte er sicher alles aufgenommen. So war er eben, und es wäre verwunderlich gewesen, wenn er sich in der letzten Minute noch geändert hätte.

Aber wer weiß: Vielleicht hätte er es getan. Sich geändert, meine ich. Eine weitere Lebensminute hätte gereicht, ihn an seine beiden Kinder – acht und neun Jahre alt – denken zu lassen und zu erkennen, wie egoistisch es war, zu sterben, wenn sie ihn brauchten. Oder ihm wäre vielleicht klar geworden, daß die Möglichkeit, seine Kinder aufwachsen zu sehen und an ihrem Leben teilzuhaben, ein viel größeres Abenteuer ist, als zu sterben. Und seine Eltern? Dachte er daran, wie weh er ihnen tat? Nein, ich glaube nicht. Aber wenn er diese Minute zum Nachdenken gehabt hätte, hätte er es möglicherweise getan. Vielleicht ist es so am besten. Es war ohnehin zu spät.

Doch steht es mir zu, Kritik zu üben? Meine eigene Tochter – sie ist neun Jahre alt – sieht mir durchs Teleskop dabei zu, wie ich die Wand durchsteige, in der mein Vater abgestürzt ist. Ich wollte nicht, daß sie es tut; es hat sich einfach so ergeben. Das Leben nimmt seltsame Wendungen. Daß ich hier in der Eiger-Nordwand bin und mich der Stelle nähere, an der vor fast vierzig Jahren Dads Seil riß, ist im Augenblick das einzige, was so abläuft, wie es vorauszusehen war. Das ist etwas, was ich einfach tun mußte. Um auf die Durchsteigung dieser Wand zu verzichten, hätte ich mich schon sehr ändern müssen. Als ich klein war, glaubte ich selbst noch, was in den Schlußzeilen von Dads Biographie steht: »Johnny möchte später einmal Naturforscher und Ranger in einem Nationalpark werden, nebenher reichlich Skifahren und ein paar Berge besteigen. Aber nicht den Eiger. Der Eiger gehört seinem Vater. Er hat seinen Blick auf das Matterhorn gerichtet.« Als Dad starb, stimmte das auch. Damals war ich neun Jahre alt, und er hatte mir versprochen, mich aufs Matterhorn mitzunehmen, sobald ich vierzehn wäre. Doch als ich dann selbst ein leidenschaftlicher Bergsteiger geworden war, stimmte es nicht mehr: Jetzt richtete ich meinen Blick auf den Eiger.

Beim Anseilen heute morgen hatte ich das seltsame Gefühl, in der Gewalt des Schicksals zu sein. Ich wußte, daß ich eines Tages hier sein würde. Ich hätte mich auch anders entscheiden können, habe es aber nicht getan. Das einzige, was mich beunruhigte, war die Frage, ob ich der Herausforderung gewachsen sei. Für mich ist der Tod nämlich nicht das größte Abenteuer, sondern die größte Niederlage. Und während ich in Dads Aufzeichnungen nirgends einen Hinweis darauf finde, daß ihm seine Kinder wichtig waren, spreche ich in diesem Buch immer wieder von meiner Tochter. Mein Vater und ich: Zwei unterschiedlichere Menschen dürften schwer zu finden sein.

Vor einigen Jahren war ich aber doch einmal in einer Hütte auf der italienischen Seite des Matterhorns. Die Hütte stand in 3600 Meter Höhe auf einem scharfen Grat, der auf beiden Seiten 300 Meter tief abfiel. Draußen tobte ein Sturm, und immer wieder flog die Tür auf, und außerirdische Gestalten stapften herein: überzogen mit Schnee, aneinandergeseilt und mit Steigeisen an den Füßen. Die Tür knallte zu, und die Bergsteiger schälten sich aus ihren schneeverkrusteten Kleidern. Während mein Kletterpartner und ich unser Abendessen vorbereiteten, starrte ein älterer Mann von einem Nachbartisch unentwegt zu mir herüber. Er war hager und wettergegerbt, um die sechzig, und man sah ihm an, daß gut und gern vierzig Jahre Bergsteigen hinter ihm lagen – zehn weitere mochten noch vor ihm liegen. Seine Freunde unterhielten sich alle auf tschechisch, dieser Mann aber starrte mich nur schweigend an. Schließlich schickte er seinen jungen Freund, der Englisch sprach, an meinen Tisch.

»Mein Freund möchte gern wissen, ob Sie John Harlin sind«, sagte er.

Der ältere Mann wußte noch nicht einmal, daß ich existierte. Er war jedoch schon in den sechziger Jahren geklettert, als mein Vater, der ebenfalls John Harlin hieß, weithin bekannt war, und hatte Fotos von ihm gesehen. Am nächsten Morgen traten er und alle anderen Hüttenbesucher den Rückzug an, denn die Felsen waren nach dem Schneesturm von einer Eisschicht bedeckt. Mein Partner und ich stiegen weiter bis zum Gipfel und hinüber auf die Schweizer Seite. Wir wollten eigentlich noch zum Eiger, mußten unser Vorhaben aber wegen neuer Stürme aufgeben.

Es ist schon immer so gewesen: Beim Klettern schwebt ständig der Schatten meines Vaters über mir, ein Schatten, den ich liebe und der mich zugleich erschreckt.

Obwohl ich nicht an Geister glaube, halte ich hier auf dem Eiger ständig nach ihnen Ausschau. Dad war der 28. Mensch, der in dieser Wand tödlich verunglückt ist, inzwischen ist die Zahl der Opfer auf etwa 45 gestiegen. Die Sicherungstechnik ist heute besser, das bergsteigerische Können größer und die Bekleidung zweckmäßiger. Das meiste aber verdanken wir den Rettungshubschraubern. Wenn heutzutage jemand in Schwierigkeiten gerät, fliegt, sobald das Wetter es zuläßt, ein Helikopter in die Wand, und ein Retter, der am Ende eines Statikseils, der Longline, hängt, bringt den Gestrandeten in Sicherheit. Doch obwohl die Welt sich verändert hat und sicherer geworden ist, werden herabfallende Steine durch die Schwerkraft nach wie vor zu gefährlichen Geschossen, und bei jedem Temperatursturz bildet sich wie eh und je ein dünner Eisüberzug auf dem glatten Fels. Erst vor zwei Wochen ist hier jemand ums Leben gekommen. Die Zahl der Verunglückten ist jedoch nicht mehr so hoch wie früher. Noch bevor überhaupt eine erste Route erschlossen war, noch bevor jemand mehr als die Hälfte der Strecke bis zum Gipfel geschafft hatte, waren schon acht Menschen umgekommen. Auch die ersten drei Bergsteiger, die diese Wand solo – ohne Partner – zu durchsteigen versuchten, stürzten in den Tod. Dad hat immer gesagt: »Der Tod ist ein Teil davon.« Ich finde, es ist der häßliche Teil. Doch genau aus diesem Grund bin ich hier, kommen andere Bergsteiger hierher. Wir kommen, weil die anderen starben und durch ihren Tod diese Legende erschaffen haben. Wir wollen ein Teil dieser Legende sein – ohne dabei zu sterben.

Bis in die dreißiger Jahre hinein war die Nordwand des Eigers nichts weiter als eine Touristenattraktion: eine riesige, düstere, sturmumtoste Wand aus Fels und Eis, die größte durchgängige Steilwand der Alpen. Es fällt mir schwer, diese 1800 Meter hohe und fast senkrechte Wand nur als ein Stück alpiner Dekoration anzusehen, doch so war es damals. Dabei hatte die Wand durchaus schon ihre Geschichten. Der Eiger, dessen breite, finstere Nordwand sich bis zum 3970 Meter hohen Gipfel erstreckt, ist der niedrigste von drei nebeneinanderliegenden faszinierenden Bergen. Die Jungfrau ist mit 4158 Metern der höchste und schönste. Dazwischen erhebt sich der 4107 Meter hohe Mönch. Es wird erzählt, daß der stürmische Eiger – der oft mit »Ogre« (Menschenfresser) übersetzt wird, wenn auch andere von dieser Bezeichnung nichts wissen wollen – seine lüsternen Pranken auf die Jungfrau legen möchte, der fröhliche Mönch ihn jedoch davon abhält. Im Alpendorf Grindelwald, das dicht unter dem Eiger im Talgrund liegt, kann man alte Karikaturen und Postkarten neueren Datums kaufen, die diese Geschichte veranschaulichen. Um von Grindelwald aus den Eigergipfel zu sehen, der 3000 Meter über einem in den Himmel ragt, muß man den Kopf in den Nacken legen. Auch ein Stück vom Mönch kann man von dort aus sehen, die Jungfrau jedoch nicht. Um die Gipfel dieser beiden Berge betrachten zu können, muß man mit der Zahnradbahn bis zu einer kleinen Ansammlung von Hotels und Restaurants hinauffahren, der Kleinen Scheidegg. Oberhalb der Baumgrenze, in 2061 Meter Höhe, ist die Lage der Kleinen Scheidegg eigentlich viel zu hoch für ein Dorf, aber für Skihotels, Sommertourismus und Eiger-Schaulustige ist sie grandios.

Man hat keine richtige Vorstellung von den Alpen, wenn man die Verhältnismäßigkeiten der Höhen nicht kennt. Die Höhenangaben auf einer Landkarte sind nur ein paar Zahlen, doch im wirklichen Leben machen allein die Unterschiede den Maßstab der Dinge aus. Und dieser Maßstab sorgt für eine Portion wagnerianischer Melodramatik. Absolute Höhen sind ohne diese relativen Zahlen nichtssagend. Mönch und Jungfrau beispielsweise sind höher als der Eiger, und trotzdem ist keine ihrer Wände mit der Nordwand des Eiger vergleichbar – genausowenig wie irgendein anderer Berg der gesamten Alpen oder in Nord- oder Südamerika. Man muß bis in den Himalaja reisen, um eine ebenso beeindruckende Steilwand von so großer Höhe zu finden.

Wenn heute ein Bergsteiger vom Eiger spricht, meint er normalerweise die Nordwand. Im 19. Jahrhundert hingegen wurde die Nordwand von den Bergsteigern ignoriert, weil sie als nicht besteigbar galt. Am Anfang kam es den Bergsteigern allein auf das Erreichen des Gipfels an, und der Eigergipfel wurde schon 1858 erreicht – von einem Iren, der sich wegen der niedrigeren Kosten von Schweizer Bergführern auf den Eiger führen ließ statt auf das damals ebenfalls noch unbestiegene Matterhorn. Der Ire und seine Führer stiegen über einen Grat auf der Westseite empor. In den darauffolgenden Jahren wurden noch andere Grate erklettert. Dennoch wurde die Nordwand nicht völlig in Ruhe gelassen. Ende des 19. Jahrhunderts bauten Schweizer Ingenieure einen Tunnel durch sie hindurch. Sie wollten eigentlich bis zum Gipfel der Jungfrau vordringen und führten die Trasse durch den Bauch des Eigers. Nach zwölf Jahren Sprengungen und Grabungen durch den Eiger und den Mönch wurden die Bauarbeiten aber schließlich im Inneren eines Felskopfes am Jungfraujoch zwischen Mönch und Jungfrau eingestellt und an dieser Stelle ein Restaurant gebaut. Das Ganze sollte lediglich dazu dienen, Touristen mit der Zahnradbahn zu Europas höchster und spektakulärster Aussichtsplattform mit Bahnzubringer zu bringen, und dürfte wohl auf der ganzen Welt das erstaunlichste Tunnelprojekt allein zu touristischen Zwecken sein.

Jungfrauen, Mönche, Menschenfresser, Skihütten, Zahnradbahnen – dies alles ist nicht der Grund, weshalb mein Vater und ich hierhergekommen sind. Unsere Eiger-Geschichte beginnt im Jahr 1935, als ein neuer Schlag Bergsteiger aus den deutschen und österreichischen Alpen mit einer neuen Vision in die Schweiz kamen, um die größte aller Steilwände zu durchsteigen. Ihre neue Vision war: Nichts ist unmöglich. Sämtliche Alpengipfel waren schon vor langer Zeit erreicht, die meisten Grate und einfachen Wände in jüngerer Zeit erstiegen worden. Ihr Ziel war es nun, die größten und steilsten Wände zu erklettern, Wände, deren Durchsteigung man in den vorangegangenen Jahrzehnten noch für absurd gehalten hatte. Die meisten davon waren Nordwände, in die sich alte Gletscher am tiefsten eingefressen hatten und in denen neues Eis und Schnee am längsten gefroren blieben. Um ihre Ziele zu erreichen, taten sie drei Dinge: Sie lernten, wie man besser klettert als irgend jemand sonst, sie benutzten Haken als technische Hilfsmittel an Stellen, die sie nicht allein mit Händen und Füßen bewältigen konnten, und sie gingen höhere Risiken ein als jeder andere zuvor. Kurz gesagt, sie stellten sich der Herausforderung. Bis 1935 waren alle großen Nordwände in den Alpen durchstiegen. Bis auf eine.

Die ersten beiden Abgesandten aus den Ostalpen – Max Sedlmayr und Karl Mehringer – kamen im August 1935 hier an. Sie machten sich zum Wandfuß des Eigers auf und kamen innerhalb von zwei Tagen bis zur Wandmitte, wobei sie die kühnste und technisch versierteste Kletterei vorführten, die man in den Westalpen bis dahin gesehen hatte. Dann erfroren sie in einem Sturm. Die Wandstelle, an der sie ihr letztes Martyrium durchlitten, wird seither »Todesbiwak« genannt, und Mehringers Leiche blieb dort bis zu ihrer Entdeckung im Jahr 1962 in Schnee und Eis eingeschlossen.

Im darauffolgenden Sommer kamen zwei weitere Seilschaften, zwei Deutsche und zwei Österreicher, zum Eiger. Als sie in der Wand aufeinandertrafen, taten sie sich zusammen und entdeckten im unteren Wandbereich eine Linie, die etwas einfacher zu begehen war als die von Sedlmayr und Mehringer gewählte Route. Nachdem die vier Männer es fast bis zum Todesbiwak geschafft hatten, kehrten sie um. Die Journalistenschar und andere Schaulustige auf der Kleinen Scheidegg mutmaßten, daß einer der Bergsteiger von einem herabfallenden Stein verletzt worden war. Das war schon zwei Tage zuvor geschehen, doch die vier waren trotzdem weitergeklettert, bis der Verletzte offenbar zu geschwächt war, um den Weg nach oben fortsetzen zu können. Während die vier langsam und vorsichtig abstiegen, geschah das Unglück. Unter ihnen befand sich eine Felspassage, die sie beim Aufstieg mit einem besonderen Trick überwunden hatten: Der Vorsteiger hatte die glatte Felswand mittels der

Technik des Seilzugquergangs überwunden. Jetzt mußten sie den Quergang in umgekehrter Richtung bewältigen, doch da sie das Quergangsseil abgezogen hatten, war ihnen der Rückweg abgeschnitten. Während sie über die Steilstufen abseilten, rutschte Hinterstoißer aus und stürzte in den Tod. Rainer wurde durch den Sturz vom Seil an einem Haken blockiert und erfror dort. Angerer wurde im Fall vom Seil erwürgt. Toni Kurz lebte noch, saß aber an dem überhängenden Felsen fest.

Es war eine dieser Eiger-typischen Wendungen des Schicksals, daß sich all dies in Hörweite eines Stollenfensters zutrug, das zur Zahnradbahn im Inneren der Wand führt. Nur wenige Minuten bevor das Unglück geschah, war ein Streckenwärter aus der Tür des Stollenlochs getreten und hatte nach ihnen gerufen, da jeder wußte, daß Kletterer in der Wand waren. »Alles wohlauf!« hatte einer der Kletterer fröhlich zurückgerufen. Als der Streckenwärter das hörte, setzte er Teewasser auf, damit sich seine bald eintreffenden Gäste aufwärmen könnten. Doch ein, zwei Stunden später waren sie noch immer nicht aufgetaucht. Wie Heinrich Harrer es in seinem Eiger-Buch *Die Weiße Spinne* schildert, wurde der Streckenwärter langsam ungeduldig und trat wieder vor die Tür, um herauszufinden, was die Männer aufhielt. Er rief in die Leere, durch die jetzt sturmgepeitschte Wolken jagten. Eine verzweifelte Stimme schrie zurück: »Hilfe! Hilfe! Alle anderen sind tot. Nur ich lebe noch, Hilfe!«

Der Streckenwärter eilte in den Stollen zurück und rief per Telefon Hilfe herbei. Wenig später stiegen zwei Schweizer Bergführer in die Zahnradbahn, um die Lage zu sondieren. Vom Stollenloch krochen sie über die vereiste Wand aufwärts und manövrierten sich langsam in die Richtung, aus der sie die Stimme vernahmen. Sie kamen bis auf etwa hundert Meter an Kurz heran und erfaßten sein ganzes Elend. Aber es war unmöglich, ihn zu erreichen, und die Dunkelheit brach schon herein. Kurz flehte sie an, sagte, daß er die Nacht nicht überleben würde; sie riefen, daß sie am nächsten Morgen zurückkämen.

Tags darauf gelang es vier Schweizer Bergführern, bis auf etwa vierzig Meter an Kurz heranzuklettern. Er hing am Seil, eine Hand und ein Arm waren erfroren, und an den Zacken seiner Steigeisen hatten sich zwanzig Zentimeter lange Eiszapfen gebildet. Doch seine Stimme war kräftig. Die Bergführer erklärten ihm, er müsse irgendwie zu seinem toten Kamerad hinunterklettern, mit dem Eispickel den toten Körper vom Seil abschlagen, dann so hoch wie möglich zurückklettern und das Seil über sich durchtrennen. Die Stränge des gewonnenen Seils solle er aufdrehen, aneinanderknoten und die Schnur zu den Rettern hinablassen, damit sie daran ein dickeres Seil befestigten, das er dann hochziehen konnte, um sich selbst daran abzuseilen. Das war von einem unterkühlten Kletterer mit einem erfrorenem Arm viel verlangt, doch nach und nach bewältigte Kurz jeden einzelnen Schritt. Er brauchte fünf Stunden, um mit Hilfe seiner Zähne und einer unversehrten Hand die Stränge zu trennen. Die Schnur, die er sich so verschaffte, war gerade lang genug, um seine Retter zu erreichen. Sie befestigten ein starkes Seil daran, und Kurz zog es mit seinen Zähnen und einer Hand langsam zu sich hoch. Doch das Rettungsseil erwies sich als zu kurz, so daß die Bergführer ein zweites daran banden. Schließlich hatte Kurz das erste Seil hochgezogen und schaffte es irgendwie, eine Seilschlinge mit einem Karabiner in das Seil zu hängen – eine weitere Neuerung aus den Ostalpen. Im Karabinersitz ließ er sich Stück für Stück an dem freihängenden Seil hinab. Als er die Verknüpfungsstelle der Seile erreichte, ließ sich der Knoten nicht durch den Karabiner zwängen. Mit schwindenden Kräften kämpfte er verzweifelt, versuchte sogar, den Knoten mit den Zähnen zurechtzubeißen. Als einer der Bergführer auf die Schultern eines anderen Retters stieg, konnte er mit dem Eispickel Kurz' Steigeisen berühren. Dann sagte Kurz mit klarer

Stimme: »Ich kann nicht mehr«, sein Körper kippte vornüber. Er war tot.

Ich hasse diese Geschichte.

Aber genau dort werde ich morgen früh sein – am Hinterstoißer-Quergang, benannt nach dem bayerischen Bergsteiger, der diese Passage zum ersten Mal überwand. Heute werde ich an der Stelle vorüberklettern, an der im Sommer 1938 zwei Italiener in den Tod stürzten, womit sich die Gesamtzahl der bis dahin tödlich Verunglückten auf acht Personen erhöhte, noch ehe die Wand durchstiegen worden war.

Unten auf der Kleinen Scheidegg hatte sich das Beobachten der Eiger-Nordwand vom Teleskop aus zu einem makabren Zeitvertreib entwickelt. Von 1935 an hatten die Zeitungen reißerische Schlagzeilen wie »Der Kampf mit der Eigerwand« gedruckt, und aus der »Nordwand« war die »Mordwand« geworden. Inzwischen hatten sich bei den Bergsteigern der alten Garde die Gemüter erhitzt. Für viele Konservative pervertierten die Bergsteiger aus den Ostalpen mit ihren neuen Techniken und Auffassungen »die ehrenhafte Tradition des Alpinismus« und sogar die Gesellschaftsstruktur. Das Schweizer Journal *Sport* kommentierte den Einfluß aus den Ostalpen als »schlecht«, und über Kurz und seine Freunde hieß es: »Wenn sie den Gipfel erreicht hätten, wäre das nur eine Erniedrigung eines unserer großen Berge gewesen ...«

Im *Alpine Journal* des englischen Alpine Club, dessen Mitglieder wenige Generationen zuvor das Bergsteigen als Sport sozusagen erfunden hatten, hieß es, daß bei einer Durchsteigung der Nordwand »zu neunzig Prozent Glück mit im Spiel« sei, während »eine fanatische Todesverachtung, Durchhaltevermögen und körperliche Zähigkeit bloß eine zweitrangige Rolle spielten«. Das Klettern in dieser Wand sei so etwas wie eine »degenerierte Form des mittelalterlichen Kinderkreuzzugs«. Der Vorstand des Clubs schob 1938 nach: »Die Eigerwand bleibt eine Obsession für Geistesgestörte fast aller Länder. Derjenige, dem die Durchsteigung als erstem gelingt, kann sicher sein, die schwachsinnigste Variante seit Beginn des Alpinismus bewältigt zu haben.«

Einige dieser Zitate werden in Heinrich Harrers maßgeblichem Eiger-Buch *Die Weiße Spinne* wiedergegeben. Harrer erwiderte darauf unter anderem: »Bergsteigen ist der königlichste Unsinn, aus dem der Mensch in seiner schöpferischen Einbildung höchst persönliche Werte formt. Die persönlichen Werte, die uns der Gang zum Berg schenkt, sind so groß, daß sie unser Leben bereichern. Liegt nicht im Unsinn des Zwecklosen der tiefste Sinn des Bergsteigens?« Kurz nach dem Tod der Italiener 1938 gelang Harrer selbst die Erstdurchsteigung der Eiger-Nordwand. Von beiden rivalisierenden Seilschaften, zwei Österreichern und zwei Deutschen, war er vielleicht der am wenigsten erfahrene Bergsteiger. Sie schlossen sich schließlich zu einer Viererseilschaft zusammen. Mit Anderl Heckmair als Seilerstem durchstiegen sie in meisterhaftem Stil die Wand in vier Tagen, die beiden letzten davon in einem Schneesturm.

Ein Jahr nach ihrem Erfolg überfiel Hitler Polen, und Harrer wurde von den Briten als Kriegsgefangener in Indien interniert, wo er Erkundungen für eine Besteigung des Nanga Parbat, des neunthöchsten Berges der Welt, vorgenommen hatte. 1943 floh er aus dem Internierungslager und war zwei Jahre zu Fuß unterwegs, bis er »die verbotene Stadt« Lhasa erreichte. Dort freundete er sich mit dem jungen Dalai-Lama an und wurde dessen Lehrer. Harrer hat diese abenteuerliche Reise in seinem Buch *Sieben Jahre in Tibet* festgehalten. Ich bin ihm 1990 nach einem Vortrag in Washington D. C. begegnet, in dem er meinen Vater großes Lob gespendet und erzählt hat, daß Dad der erste Amerikaner war, der die von ihm erstbegangene Route in der Eiger-Nordwand geklettert ist. Doch noch wichtiger war die Bemerkung, die »John-Harlin-Route« sei 1966 die erst zweite Route durch die gewaltige

Nordwand gewesen und Dads Route die großartigste Kletterleistung ihrer Zeit, so wie Harrers Durchsteigung im Jahr 1938 die bedeutendste ihrer Zeit gewesen war. Heinrich Harrer war einer der Helden meines Vaters gewesen, und Dad hatte sich immer gewünscht, ihm einmal persönlich zu begegnen, was aber nie geschah. Ich kam mir vor wie eine Brücke zwischen zwei bedeutenden Männern, die einander hätten kennen sollen.

Im Vorwort zu *Sieben Jahre in Tibet* schrieb Harrer die berühmten Worte: »Alle Träume des Lebens beginnen in der Jugend.« Der Eiger war einer meiner größten Träume. Der Traum erwachte, als ich zwanzig Jahre alt war und die Bergsteigerwelt seit dem Tod meines Vaters zum ersten Mal wieder betrat. Ich wollte jede von Dads großen Routen klettern und selbst neue in Angriff nehmen. Dann geschah eine Tragödie, und ich gelobte öffentlich, keine gefährlichen Wände mehr zu durchsteigen. Die Fangarme des Eigers haben mich trotzdem nie losgelassen. In den geheimsten Tiefen meiner Seele, die immun sind gegen den Druck der Verantwortung, habe ich immer gefühlt, daß es unter sämtlichen Bergen der Erde nur einen gibt, den ich unbedingt besteigen muß.

Und nun bin ich hier.

Vor mir am Seil sind meine Partner Robert und Daniela Jasper aus Deutschland. Wir haben zwei Wochen lang auf stabile Wetterverhältnisse gewartet und glauben, daß sie nun da sind. Über mir kann ich viele der historischen Wandstellen der Route von 1938 ausmachen: Zu meiner Linken lehnt sich der Zerschrundene Pfeiler bedrohlich gegen die Wand, weiter oben hält der Hinterstoißer-Quergang die Erinnerung an die unsägliche Tragödie wach, die sich dort abspielte, es folgen die drei Eisfelder, berühmt für die Steinschläge, die ständig über sie hinwegdonnern. Wir werden das Todesbiwak erreichen, wo Dad den Großteil seiner letzten beiden Lebenswochen zugebracht hat. Die Rampe wird versuchen, uns mit ihrem berüchtigten Wasserfallkamin und dem Eiswulst aufzuhalten, vom Götterquergang aus, der zur Spinne führt, werde ich zu der Stelle hinabsehen können, an der Dads Seil gerissen ist. Wenn alles gutgeht, werden wir in zwei Tagen durch die Ausstiegsrisse steigen und den Gipfel erreichen.

Das Seil spannt sich, und ich richte meinen Blick wieder auf das, was unmittelbar vor mir liegt. Der Fels des Eigers fühlt sich an meinen bloßen Händen kalt an. Vor uns liegt noch ein sehr langer Weg.

Zwei Burgen und Felsmassive

Ich wünschte, ich hätte meinen Vater richtig gekannt. Man hat mich immer wieder gefragt, ob ich mich gut an ihn erinnern könne, doch die Antwort ist, daß ich das nicht weiß. Mein Wissen über ihn ist eine Mischung aus dem, was mir über ihn erzählt wurde, was ich über ihn gelesen habe und woran ich mich tatsächlich erinnern kann. Wo hört eine echte Erinnerung auf, und wo beginnt eine verfälschte? Und worauf ist mehr Verlaß: auf Eindrücke aus erster Hand, die ein Sohn von seinem Vater gewinnt, die aber immer von ihrer Beziehung zueinander beeinflußt sind, oder auf Erzählungen aus zweiter Hand, die durch die persönlichen Sichtweisen von Freunden, Familie und Biographen verfärbt sind?

Ich bin so vielen Leuten begegnet, die glaubten, Dad gekannt zu haben, es ist so viel über ihn geschrieben worden, und ich habe so viele Fotos gesehen, daß es fast unmöglich ist, all diese Einflüsse von meinen persönlichen Erinnerungen zu trennen. Meine Familie und die Freunde wollten natürlich, daß ich nur Gutes über ihn hörte. Bis zu meinem dreizehnten Lebensjahr beschränkte sich das, was ich über meinen Vater gelesen hatte, auf einen kurzen Bildtext zu einem doppelseitigen Farbporträt von ihm im *Life*-Magazin. Die Schlagzeile lautete: »Ich hätte geglaubt, der Eiger würde eher zerbrechen als John.« Außerdem ein Porträt im *Weekend Telegraph,* des Lobes voll für meinen Vater, überschrieben mit den Worten: »John Harlin: Der Mann, der stets herausragen mußte«. Bilder zeigen meinen Großvater John (im

Artikel als »Konteradmiral« bezeichnet) in seiner Zwei-Sterne-Uniform der Navy, meinem Vater die Uniformkrawatte der Air Force glattstreichend, Dad vor seinem F-100-Kampfjet und unsere Familie in der Wohnung in Leysin, Dad mit Pfeife im Mund und einem stolzem Lächeln im Gesicht.

Der Vorspann dieses Artikels lautet: »Mit zwanzig bezwang er die Nordwand des Matterhorns und arbeitete als Modezeichner für Balmain. Er wurde Top-Pilot bei der U.S. Air Force mit dem besten Abschluß seines Jahrgangs und gehörte dem Formationsflugteam der USAF an. Er spielte im amerikanischen Football-Nationalteam des Militärs und lief 100 Yards noch mit dreißig Jahren in 9,7 Sekunden. Was trieb John Harlin an, daß er sich bei allem, was er tat, auszeichnen mußte? Was trieb ihn zum Eiger? ›Er hat etwas gesucht‹, meinte einer seiner Weggefährten, ›etwas, das er durchs Klettern zu finden glaubte.‹«

Das war der Vater, den ich kannte. Oder zu kennen glaubte. Dad starb kurz vor meinem zehnten Geburtstag und ließ mich mit einem einseitigen Bild von ihm zurück. Als seine Biographie *Straight Up: John Harlin, The Life and Death of a Mountaineer* erschien, war ich zwölf Jahre alt, und als ich sie mit dreizehn las, sah ich plötzlich alles aus einem anderen Blickwinkel. Wie sich darin herausstellt, hatte Dad das Matterhorn niemals bestiegen, schon gar nicht über die berüchtigte Nordwand, sondern hatte dort eine schmachvolle Niederlage erlitten und die Wahrheit nie zugegeben. Er hatte auch nicht für Balmain gearbeitet, wie er einige Leute glauben machte, sondern lediglich ein Wochenende im Haus des Designers verbracht, wo man ihm erklärte, daß er nicht das Zeug zum Modezeichner habe. Er war tatsächlich Top-Pilot seines Jahrgangs, aber nicht im Formationsflugteam. Er spielte im Footballteam des Luftwaffenstützpunkts Hahn in Deutschland, aber nicht im Nationalteam des Militärs. In der Biographie wird nicht erwähnt, in welcher Zeit er in seinem letzten Lebensjahr 100 Yards lief – somit könnte wenigstens ein Punkt der im *Weekend Telegraph* aufgelisteten »Tatsachen« stimmen. Das Schlimmste daran ist, daß es wahrscheinlich mein Vater selbst war, der dem Reporter all diese Halbwahrheiten erzählte.

Deshalb muß ich mich fragen: Hätte ich Dad wirklich besser gekannt, wenn er am Leben geblieben wäre?

In vielerlei Hinsicht war es James Ramsey Ullman, der mir meinen Vater näherbrachte. Dad war nicht mehr da, aber nun begann ich allmählich zu lernen, ihn zu verstehen. Jim kam erst im Sommer nach dem Tod meines Vaters zum ersten Mal zu uns nach Leysin. Er hatte Dads Karriere aus der Ferne verfolgt, und die beiden sind sich, soweit ich weiß, nie persönlich begegnet. Es ist aber möglich, daß Jim zwei Jahre zuvor, 1964, den Vortrag gehört hat, den Dad beim Jahrestreffen des amerikanischen Alpine Club hielt. Ullman war ein erfolgreicher Roman- und Sachbuchautor und durch seine Bergbücher der vielleicht meistgelesene Autor englischsprachiger Alpinliteratur. Dads Leben und Tod verkörperten genau die Ideale, die Ullman in seinen Romanen schilderte. Dads Leben, die Tatsache, daß er den Tod fand, als er sich nach vielen Jahren intensiver Anstrengungen endlich einen großen Traum erfüllte, das war der reinste Romanstoff. Man rechnet gewöhnlich damit, daß der Held Charakterfehler hat, auch wenn er gemeinhin als »blonder Gott« bekannt ist, wie Dad oft genannt wurde. Ullman stürzte sich mit Feuereifer in die Geschichte. Und ihm verdanke ich es, daß ich ein umfassenderes Bild von meinem Vater vermittelt bekam.

Dad war gerade auf dem besten Weg, sich selbst zu finden, als der Tod die Reise beendete. Mir kommen heute noch manchmal die Tränen, wenn ich über das Geschehen berichte – nicht so sehr, weil ich es unfair mir gegenüber fand, sondern unfair ihm gegenüber, unfair gegenüber dem Leben, das er hätte führen können, den Dingen, die er noch hätte leisten können, unfair gegenüber der reifen Persönlichkeit, die er am Schluß fast schon geworden war. Mom weinte vor Freude, als ich einunddreißig wurde und somit ein Jahr älter war als mein Vater bei seinem Tod.

Weil meiner Mutter Schwarz so gut stand, sagte mein Vater früher oft zu ihr, daß sie eine hübsche Witwe abgeben würde. Er sagte es auch in dem Winter, in dem er starb. Das machte sie wütend, ebenso wenn er damit prahlte, wieder einmal knapp mit dem Leben davongekommen zu sein. Deshalb sprach er nicht oft über solche Vorfälle, doch die Neckerei mit der schönen Witwe konnte er sich nicht verkneifen. Sie war zornig, weil ihm unsere Gefühle offenbar gleichgültig waren und weil sie fand, daß ein guter Geist und Körper dann verschwendet wären. Doch er entgegnete darauf, daß sie sich nur um ihre eigenen Gefühle sorge, daß das Egoismus sei – und daß es nur ihn selbst etwas anginge, was er mit seinem Geist und Körper tue. Beim Begräbnis trug sie dann genau das Kleid, das ihn zu seinem Kommentar veranlaßt hatte. Sie hatte es irgendwann gekauft, weil man es problemlos in einen Rucksack hineinstopfen konnte: Es nahm nicht viel Platz weg und wog nicht viel, ließ sich notfalls in einem Bergbach auswaschen, und wenn sie zum Essen ins Tal gingen, sah es nicht so aus, als käme sie direkt aus einem Basislager oder von einer Bergtour.

Ich glaube nicht, daß Dad tatsächlich Todessehnsucht empfand. Doch er war absolut bereit, den Tod als Konsequenz für ein lebenswertes Leben in Kauf zu nehmen, und lebenswert bedeutete für ihn, stets bis zum Äußersten zu gehen. In seinem unveröffentlichten Essay »Das Netz: Interpretation der Verstrickung«, schrieb er: »Ein Mann sucht angestrengt Halt und treibt, um sich zu sichern, einen Haken in den Berg – in den Berg, der in seiner Dauerhaftigkeit gottähnlich ist. Doch der Halt, an den er sich klammert, liegt zwischen dem Dauerhaften und einem grenzenlosen Raum. In solch einem Moment wird der Bergsport zur Illusion, zu einer Falschheit, zerfressen von Bitternis über die Vergänglichkeit des Menschen und die Kürze seines flüchtigen Daseins. Während die Lebenswärme entweicht, wird sein Körper nur vom verzweifelten Willen zum Leben beherrscht. Wenn das Netz am Fels hängt und wir überlebt haben, erwacht eine Ehrfurcht vor der Einfachheit, die ausreicht, um zu bestehen.«

Über eine Solobegehung bei Mondschein in den Calanques an der französischen Mittelmeerküste schrieb Dad: »Wenn ich weitergeklettert wäre, dann nur, um etwas zu beweisen. Es wäre eine Vorführung gewesen und ich nicht eher zufrieden, bis ich mich getötet hätte. Wenn ich mich umbringen möchte, darf ich jetzt noch nicht so weit gehen, ich muß aufpassen. Später vielleicht. Dann werde ich wissen, wie sehr ich mich nach dieser letzten Erfahrung gesehnt habe – und wie die Angst das maskiert hat. Indem ich diese Maske, diesen Schutzpanzer des Körpers durchstoße, möchte ich physisch das Persönliche überschreiten und die Wirklichkeit dahinter erkennen – um einen leuchtenden Moment der Wahrheit zu finden. Aber jetzt noch nicht.«

Einige der Lektionen, die ich von Dad gelernt habe, lauten: Sei stark, liebe das Schöne, laß dich nie unterkriegen, und wenn du dich einmal übernommen hast oder die Sterne ungünstig stehen, koste jeden Augenblick des größten Lebensabenteuers aus: das Sterben.

Einige Zeit nach Dads Tod sagte sein eigener Vater, John Harlin senior, rückblickend: »Er wurde in Kansas City geboren, aber in La Paz, Bolivien, gezeugt. La Paz liegt in 3600 Meter Höhe – das entspricht fast der Höhe des Eigers. Manchmal glaube ich fast, daß ihm deshalb der Eiger im Blut lag.« Großvater John flog damals eine Zeitlang für eine Bergbaugesellschaft im Amazonasgebiet, da sein ehemaliger Arbeitgeber, Transcontinental and Western Air, später unter dem

Kürzel TWA bekannt, nach Verlust des Postauftrags der amerikanischen Regierung in Konkurs gegangen war. Kurz vor Dads Geburt erhielten sie den Auftrag zurück, also kam er 1935 im Tiefland zur Welt, in Missouri, wo sich der Hauptsitz der TWA befand.

Daß er in den Anden gezeugt wurde, hat wohl keinen Einfluß auf die Richtung gehabt, die er im Leben einschlug, sicher aber die Tatsache, daß er in eine Fliegerfamilie hineingeboren wurde. Dad wuchs inmitten von Flugzeugen auf, so wie ich inmitten von Bergen. Bevor er zur TWA kam, hatte sein Vater in einem »Flugboot« Luftwege an der südamerikanischen Atlantikküste erkundet und zwischen den beiden Weltkriegen von einem Flugzeugträger aus Bomber geflogen. Nach Dads Geburt flog mein Großvater Passierflugzeuge über ganz Nordamerika, ging dann wieder zur Marine und verbrachte den Zweiten Weltkrieg beim Naval Air Transport Service in Hawaii. Unmittelbar nach dem Krieg baute er die Irland-Geschäfte der TWA auf, bis er schließlich zum Chef der neuen internationalen Abteilungen der TWA ernannt wurde. Als Dad elf Jahre alt war, zog die Familie nach Versailles bei Paris und wohnte dort in einem Schloß, das Ludwig XVI. für seine Schwester Elisabeth hatte bauen lassen. Von dort aus bereisten sie ganz Europa und Nordafrika, um die Trans World Airlines, wie sie nun hieß, einzurichten. Einige Jahre später kehrten sie in die Vereinigten Staaten zurück, und Großvater John gab seine leitende Position auf, um wieder zu fliegen. Als er sich schließlich zur Ruhe setzte, hatte er sowohl den Rang eines Kapitäns als auch den des Konteradmirals der Marinereserve.

Dads Eltern wollten, daß mein Vater die Marineakademie in Annapolis besuchte. Zuvor schickten sie ihn für einen Sommer nach Bullis, einer Vorbereitungsschule der Marine. Doch was mein Vater dort lernte, war, daß er militärischen Drill und Disziplin haßte. Er wechselte statt dessen an die Stanford University in der Nähe seines Zuhauses in Redwood City, südlich von San Francisco. Um seine Eltern zu beschwichtigen und in der Hoffnung, fliegen zu können, schrieb er sich in Stanford für das Navy-Ausbildungsprogramm ROTC ein. Schließlich befand die Navy nach einem Urintest, daß sein Blutzucker zu hoch sei (Diabetesrisiko), weshalb sie ihn nicht aufnehmen könnten; mit militärischer Logik nahm ihn statt dessen die Luftwaffe. Diese seltsame Fügung des Schicksals sollte durch die Jahre hindurch enorme Auswirkungen haben, schließlich stationiert die Marine keine Flieger in Alpennähe.

Als Marilyn Miler, meine zukünftige Mutter, und Dad sich 1953 im Alpine Club kennenlernten, war sie zwanzig und Studentin im vorletzten Studienjahr, er neunzehn und im zweiten Studienjahr. Sie verliebte sich in ihn, weil sie in ihm Sinn für das Schöne und die Kunst, sportliche Stärke und eine große intellektuelle Bandbreite vereint fand, eine Kombination, die sie noch bei keinem anderen erlebt hatte. Während es anderen Bergsteigern nur darum ging, schnellstmöglich den Einstieg zu ihrer Route zu erreichen, blieb Dad auf dem Weg dorthin immer wieder stehen, um etwa die knorrige Gestalt eines toten Baumes zu bewundern und eine Bemerkung darüber zu machen. Die Eltern meiner Mutter hatten beide studiert, führten aber, nach Thoreauschem Vorbild, in den Wäldern des Bundesstaats Washington ein zurückgezogenes, einfaches Leben im Einklang mit der Natur. Meine Mutter war ein wissenschaftlicher Typ und hatte für das Studium in Stanford ein Stipendium bekommen. Ihre Denkweise war rational und exakt, Eigenschaften, mit denen sie später Botanikdozentin werden sollte. Ihren jugendlichen Bewegungsdrang lebte sie mit Bergsteigen aus, ohne daß es ihr dabei um große körperliche Leistungen ging, schon gar nicht um die der riskanten Sorte. Im Frühjahr 1955 dachte das junge Liebespaar ernsthaft ans Heiraten. Während mein zukünftiger Vater den Sommer in Europa zubrachte (er konnte bei der

TWA kostenlose Stand-by-Tickets bekommen), fuhr sie zur Hopkins Marine Station in Monterey an der Küste südwestlich von Stanford.

In dieser Zeit begann sie sich Gedanken zu machen, ob ihr zwanzigjähriger Verlobter wirklich reif genug für die Ehe war. Beunruhigend war beispielsweise seine Reaktion auf den Tod ihrer guten Freundin Ann Pottenger gewesen, die bei dem Versuch, den Higher Cathedral Spire im Yosemite Valley zu durchsteigen, an Erschöpfung gestorben war. Mom schrieb ihren Eltern: »John bewundert Ann unendlich, weil sie sich *gezwungen* hat, weiterzumachen.« Mom hingegen war am Wochenende vor Anns Tod bei dieser Klettertour umgekehrt, weil sie ihr in der großen Hitze zu anstrengend gewesen war. Dad war deshalb wütend auf sie gewesen. Nach Anns Tod wies Mom ihn darauf hin, wie weise ihre Entscheidung doch gewesen sei. Dad explodierte und fuhr sie an: »*Sie hat es wenigstens versucht!*«

Während Mom in Monterey war, versuchte Dad in den Alpen zu klettern und Arbeit in der Pariser Haute Couture zu finden, da er jüngst beschlossen hatte, am College ins Hauptfach Kunst und Modezeichnen zu wechseln. Als er mit seinem Partner fürs Matterhorn trainierte, stürzte er an der Steilwand des Riffelhorns (laut seiner Aussage) 25 Meter in die Tiefe. Tags darauf verliefen sie sich auf dem Weg zum Fuß der Nordwand des Matterhorns in der Dunkelheit. Als sie dann zu dem Schluß kamen, daß die Zeit für eine Durchsteigung der Wand nicht mehr ausreichte, versuchten sie es über den Normalweg, den Hörnligrat, doch auch hier wurde die Zeit knapp, und sie machten vor Erreichen des Gipfels kehrt. Danach nahm Dad den Zug nach Paris, wo das einzige attraktive Vorstellungsgespräch, zu dem er eingeladen wurde, bei Pierre Balmain war. Balmain schrieb später, daß mein Vater »für einen Modezeichner der völlig falsche Typ« war; trotzdem lud er ihn aus reiner Neugierde übers Wochenende in sein Landhaus ein. Dad wurde in sein Zimmer geführt, und, wie Balmain weiter schrieb, »ein paar Minuten später erschien er in äußerst knappen roten Shorts draußen auf dem Rasen. Er bewegte sich so natürlich in der Sonne, daß wir drei nicht umhinkonnten, seinen Körperbau und die Lässigkeit seines Auftretens zu bewundern.« Mit seiner Größe von fast 1,80 Metern, ausgestattet mit kräftigen Muskeln (ohne daß er Hanteltraining machte), flachsblondem Haar und dem Gesicht eines Kinostars, wie es oft hieß, war sein späterer Spitzname »Der blonde Gott« schon vorprogrammiert.

Dads Neuauslegungen seiner Unternehmungen am Matterhorn und in Paris verfolgten ihn sogar über seinen Tod hinaus. Die mißlungene Tour am Matterhorn wurde in manchen Erzählungen zu einer Nordwanddurchsteigung, der Besuch bei Balmain zu einer Lehre. Auch wenn dies nicht das erste und nicht das letzte Mal war, daß er Sachen so zurechtbog, wie er sie sich gewünscht hätte, und nicht so ließ, wie sie sich tatsächlich abgespielt hatten, sind dies die zwei Beispiele, die in der Presse und in Privatbriefen von Bergsteigern immer wieder erwähnt werden. Wohlmeinende Freunde sagen, er habe sich diese Erfolge so inständig gewünscht, daß er am Ende wahrscheinlich selbst daran glaubte. Ich hätte solche Selbsttäuschungen nie für möglich gehalten, muß jetzt aber einsehen, daß es sie gibt. Klar ist jedenfalls: Dad war absolut überzeugt davon, daß er alle seine Ziele erreichen konnte; nur die höchsten Ziele waren es wert, daß man sie anstrebte, und Fehlschläge wurden einfach ignoriert – sie konnten nicht akzeptiert werden.

Die letzte Schicksalsfügung des Jahres 1955 mit den am weitesten reichenden Folgen trat wenig später ein. In einem Anfall von Eifersucht flog Dad Hals über Kopf von Europa in die Staaten zurück, weil ihm das Gerücht zu Ohren gekommen war, Mom habe mit einem anderen Mann angebändelt. Das Gerücht erwies sich als falsch, und auf die nicht begangene Sünde folgte die leidenschaftliche Versöhnung; aus dem Samen, der dabei gepflanzt wurde, ging ich hervor. Als ich begann, mich bemerkbar zu machen, wurde überstürzt für Oktober die Heirat anberaumt. Sieben Monate danach kam ich zur Welt: Als die Wehen einsetzten, war meine Mutter gerade auf dem Weg ins Parasitologielabor und machte schleunigst kehrt, um die Universitätsklinik aufzusuchen.

Irgendwie gelang es meiner Mutter, einen Monat nach meiner Geburt ihren Bachelor-Abschluß zu machen und im Jahr darauf einen verkürzten Master-Abschluß. (Außerdem wurde sie als außerordentliches Mitglied bei Sigma Xi, einer nationalen Wissenschaftsgesellschaft, aufgenommen.) Nebenbei half sie Dad bei seinem Studium, damit er schnellstmöglich bei der Air Force anfangen konnte, um den Lebensunterhalt für seine Familie zu verdienen. Den Großteil der ersten beiden Sommer meines Lebens verbrachte Dad beim Bergsteigen in den kanadischen Rockies, und im dazwischenliegenden Studienjahr war er Vorstand des Stanford Alpine Club. Ich bin mit Geschichten aufgewachsen, wie ich auf den fast 3000 Meter hohen Mount Rainier getragen wurde oder wie meine Mutter mit einer Milchpumpe im Rucksack den Mount St. Helens bestieg, während ich im Haus ihrer Eltern auf dem Boden herumkrabbelte. Mit Geschichten von Wanderungen zum Beginn der Wasserfälle im Yosemite Valley, wo meine Eltern von ihren Freunden kritisiert wurden, weil sie mich im leichten Regen vor dem Zelt umhertappen ließen. Im Amerika der fünfziger Jahre gehörten sich solche Sachen einfach nicht. Mom hingegen brauchte nur mein strahlendes Gesicht zu sehen, um zu wissen, daß ich dort draußen in meinem Element war.

Nachdem ein Kind geboren war, wurde es Zeit für das zweite, damit die Geschwister gemeinsam aufwachsen konnten, und so kam Anfang 1958 planmäßig meine Schwester Andréa zur Welt. Moms angestrebte Promotion mußte warten. Ein paar Monate später half uns Großvater George beim Umzug vom Bundesstaat Washington nach Florida, wo mein Vater stationiert war, und damit begann Dads Martyrium: der Versuch, Arbeit und Familie unter einen Hut zu bringen, während er doch nichts mehr ersehnte als seine jugendliche Freiheit. Wir zogen – nicht immer alle gleichzeitig – von Florida nach Oklahoma und von dort nach Arizona. In Arizona verbrachte mein Vater fast jedes Wochenende auf Felsmassiven in der Wüste. Sein Motto bei der Luftwaffe lautete: »Flieger sein: ja. Soldat: nein.« In seinem Klassenjahrbuch der Vance Air Force Base vermerkte er unter Vorlieben »Bergsteigen«, unter Abneigungen »Air Force«.

Dad hatte einen unbändigen Freiheitsdrang und reagierte wie ein gefangenes Tier, wenn er sich angekettet fühlte. Kinder waren Glieder dieser Kette. Als er wieder einmal an einen anderen Ort versetzt worden war, schrieb er Mom in einem Brief: »Wenn ich nicht bei den Kindern bin, verändert sich alles in mir: meine Sehnsucht nach dir, mein Liebeshunger, meine Persönlichkeit. Wenn ich bei ihnen bin, fühle ich mich gefangen und verliere das Interesse an mir selbst, an dir, am ganzen Leben. Ich werde ein richtiger Griesgram. [...] Bin ich aber fort, werde ich zum Romantiker. Mein ganzer Körper fängt an, das Leben zu genießen – einen Windhauch, den Geschmack eines Getränks, die Geräusche ringsum, Musik. Meine Sinne sind dann ganz wach, ich achte darauf, wie ich rede, bewege mich geschmeidiger, bin mehr am Sport interessiert (und besser in Form) – bin einfach ein ganz anderer Mensch. Dieser Mensch entspricht mehr dem, der ich wirklich bin, und das ist auch der Mensch, der ich sein möchte.«

Und er war tatsächlich ein besserer Mensch, wenn er in seinem Element war. Übers Fliegen schrieb er: »Manchmal erreichten die Wolken, vor allem Zirren, eine Höhe von fast 12 000 Metern. Beim Hochsteigen war der Vogel schwer von

Treibstoff. Während ich mich der maximalen Flughöhe näherte, sank die Steiggeschwindigkeit auf weniger als 300 Meter pro Minute. Direkt über mir konnte ich die Sonne sehen, aber ich kam und kam nicht aus diesem dichten Nebel heraus. 10 000 Meter, 11 000 Meter, 11 500 Meter. Die Minuten waren unendlich lang. Und die Sonne sagte immerzu: ›Hier bin ich! Hier bin ich! Kannst du mich nicht erreichen?‹ Und dann bin ich plötzlich in dieser riesigen Welt aus Farbe, die Wolken sind endlich unter mir, ihre Formen werden vom Licht modelliert. Ich möchte schreien vor Freude darüber, lebendig in der Sonne zu sein.«

Beim Fliegen und beim Klettern bis an seine Grenzen zu gehen waren zwei Wege in dieselbe Welt: Natur, Abenteuer, Selbstbeobachtung und – über allem anderen stehend – Freiheit. Freiheit von Vorschriften: Er überredete sogar die Air Force dazu, ihn statt mit Militärstiefeln mit Bergstiefeln fliegen zu lassen. Freiheit von Zuhause: Seine Frau mußte die lästigen Aufgaben übernehmen. Freiheit von allem Alltäglichen, Freiheit, zu spüren, »wie das Leben in mir sprudelt«, was nur in großer Höhe möglich war. Er schrieb von »der puren Freude an der Freiheit und der Bewegung. Das Flugzeug ist mein Körper und der Himmel die Dimension meiner Jugend. Ob beim Fliegen oder beim Klettern, der Himmel ist für mich mehr als nur ein Tummelplatz. Er ist mein Leben.«

Er duldete es nicht, daß daheim über Haushaltsdinge gesprochen wurde, schon gar nicht über solche, die er hätte erledigen sollen. Er wollte auch nicht hören, was die Kinder so machten. Für ihn war das Zuhause der Ort, wo er seine Kletterfreunde bewirtete, wo er sich auf seinen nächsten Trip in die Berge vorbereitete, an großen Projekten für die Zeit nach der Air Force arbeitete, der Ort, um zu lesen und mit Freunden und seiner Frau zu philosophieren. Alles Häusliche war ihm ein Graus.

1959 stationierte die Air Force meinen Vater am Militärstützpunkt Hahn in Deutschland, und wir zogen in ein Zweifamilienhaus am Rande der Weinberge von Bernkastel-Kues – zwei durch Brücken miteinander verbundene alte Städtchen an der Mosel. Wir wohnten im Stadtteil Kues, der zu Recht im Schatten von Bernkastels mittelalterlichem Stadtkern mit den engen, von schiefen Fachwerkhäusern gesäumten Straßen steht. Aber wir konnten von unserer Flußseite aus die alte Burg oben auf dem Hügel sehen, die zerstört worden war, als unter Ludwig XIV. das Gebiet in den Jahren nach 1680 mehrmals überfallen wurde (die französische Revolutionsarmee plünderte das Gebiet auch nach 1790, genauso Napoleon 1806). Der Hauptturm ragte noch rund 30 Meter in die Höhe.

Wir durften außerhalb des Kasernengeländes wohnen, weil mein Vater den Flughafen Hahn theoretisch in der vorgeschriebenen Viertelstunde erreichen konnte. »Theoretisch« bedeutete, daß unterwegs nicht viel Verkehr herrschen durfte und daß mein Vater mit quietschenden Reifen um die Kurven fuhr, was die Air Force jedoch nicht wußte. Es war Mom, die lieber unter Deutschen wohnen wollte, wohingegen Dad ihnen den Zweiten Weltkrieg noch nicht ganz verziehen hatte. Er idolisierte Europa, besser gesagt die Idee einer internationalen Staatsbürgerschaft anstelle der amerikanischen. Seine Vorurteile gegen die Deutschen aber legte er erst ab, nachdem er mit einigen von ihnen enge Freundschaft geschlossen hatte. Als wir nach Kues zogen, gab er sich nicht die geringste Mühe, mit den Einheimischen warmzuwerden, nicht einmal mit unseren Nachbarn, den Hoffmanns, die im Stockwerk unter uns wohnten. Im Gegenteil – als Mom ihm sagte, daß er Ärger verursache, weil er mitten in der Nacht mit heulendem Motor den Berg hinauf- und unter dem Schlafzimmerfenster der Hoffmanns vorbeirase, weil er sich weigere, Deutsch zu sprechen, und weil er seine Hi-Fi-Anlage zu fortgeschrittener Stunde nicht leiser stelle, beschwerte er sich bitterlich bei Frau Hoffmann. Immer wieder mußte sich Mom als Prellbock zwischen Dad und die Ortsbewohner stellen.

Meine Mutter fühlte sich unter den Einheimischen wohl. Weil die Fliegerszene sie genausowenig interessierte wie die Leute vom Militär, ging sie ihren eigenen Interessen nach: Naturkunde, die Geschichte Europas, sie lernte Deutsch und schloß sich lokalen Frauengruppen an. Die Militärbasis suchte sie nur gelegentlich auf, etwa zur ärztlichen Versorgung oder um Lebensmittel und Vorräte einzukaufen, denn das Warenangebot im Ort war begrenzt. Was mir von der Basis am deutlichsten in Erinnerung geblieben ist, ist das PX – das Warenhaus des Militärs –, dessen Regale voll leckerer und verlockender Sachen waren, die man im richtigen Deutschland, wo wir wohnten, nicht bekam.

Meine Schwester und ich tauchten vollkommen in die deutsche Kultur ein. Die Hoffmanns hatten Kinder in unserem Alter, die neben den Kindern einer anderen amerikanischen Familie, die auch außerhalb des Kasernengeländes wohnte, unsere besten Spielkameraden waren. Wir wohnten bei ihnen, wenn meine Eltern ohne uns verreisten, und ich lernte bei Herrn Hoffmann, wie man Kohlen in den Ofen schaufelt. Anfangs ging ich allein in den deutschen Kindergarten, später machten Andréa und ich den etwa anderthalb Kilometer langen Weg durch die Weinberge gemeinsam. Ich erinnere mich noch gut daran, wie lustig es war, den Weinberg als Toilette zu benutzen, und wie unglaublich schwer es mir fiel, im Kindergarten das vorgeschriebene Schläfchen zu halten. Weil ich als Kleinkind ständig in Bewegung war, hatten meine Eltern mir den Spitznamen »Sputnik« gegeben, nach dem russischen Satelliten, der damals gerade in den Weltraum geschossen worden war. Als ich in die erste Klasse der Volksschule kam, war mir Deutsch vertrauter als Englisch, und weder meiner Schwester noch mir hätte man angehört, daß wir keine Deutschen waren.

Einmal setzte mich Dad auf den Pilotensitz seines F-100-

Kampfjets – natürlich, während er am Boden stand –, und ich war vom Anblick der Instrumente fasziniert. Es war für mich unvorstellbar, was für ein gewaltiges Gefühl es sein mußte, wenn Dad über der algerischen Wüste die Schallmauer durchbrach oder am Himmel über Arizona mit seinen Fluglehrern Luftkämpfe ausführte – einmal legte er sich an der innerdeutschen Grenze sogar mit einer sowjetischen MiG an. Dad liebte sein Flugzeug, aber er haßte den Zweck, dem es diente. Er liebte es, mit seinem Jet durch die Luft zu jagen, Verfolgungsjagden mit seinen Lehrern und später mit seinen Schülern zu machen und bei schlechtem Wetter beschädigte Flugzeuge zur Heimatbasis zurückzubringen – all das war Sport, Herausforderung, Vergnügen. Was er haßte, war die Tatsache, daß sein Flugzeug, damals das modernste der amerikanischen Luftwaffe, nicht nur ein Kampfflugzeug, sondern ein Jagdbomber war und Atomwaffen an Bord hatte. Jedem Pilot war ein bestimmtes Ziel zugeteilt, das er im Kriegsfall zu zerstören hatte. In Dads Fall war dieses Ziel Prag. Als Dad mit seinen Eltern in Europa gelebt hatte, war diese wunderschöne Stadt seine Lieblingsstadt gewesen, und sie verdankte ihre Schönheit in großen Teilen gerade dem Umstand, daß sie im Zweiten Weltkrieg von den Bomben der Alliierten verschont geblieben war. Und nun war es seine Aufgabe, diese Stadt auszulöschen, falls der Kalte Krieg heiß werden sollte. Ein Jahr nach unserem Umzug nach Deutschland reichte Dad das offizielle Gesuch ein, von seinen Pflichten als Jagdbomberpilot entbunden zu werden, weil er aus moralischen Gründen gegen Atomwaffen sei. Die Luftwaffe willigte ein, denn sie konnte natürlich keinen Piloten gebrauchen, der sich weigerte, seine Bombenlast abzuwerfen. Dad wurde zum Fluglehrer und stellvertretenden Flugsicherheitsoffizier zurückgestuft.

Dads neuer Aufgabenbereich ließ ihm zumindest mehr Zeit für die Berge, wo er nicht nur etliche Wochenenden, sondern auch jede Urlaubswoche verbrachte. Er verließ den

Stützpunkt freitags nach Dienstschluß, fuhr vier bis acht Stunden, je nachdem, ob sein Ziel die Ost- oder die Westalpen waren, kletterte das ganze Wochenende und fuhr am Sonntagabend wieder heim, um noch ein paar Stunden zu schlafen, bevor er sich am Montag morgen zum Dienst melden mußte. Auf einem von diesen Ausflügen begleitete ihn meine Mutter – sie fuhr nur mit, wollte aber nicht bergsteigen – und schrieb danach ihren Eltern: »Ich bin völlig erschöpft und frage mich, wie John das Wochenende für Wochenende durchhält. Er sagt, das Leben ist kurz und verlorene Tage kehren niemals wieder.«

Die Jahre in Bernkastel-Kues wären angenehm verlaufen, wäre es für meinen Vater und damit auch für den Rest der Familie, vor allem für meine Mutter, nicht ein so frustrierender Lebensabschnitt gewesen. Mom gefiel der Einfluß nicht, den die Air Force auf Dad ausübte, und sie glaubte, daß er nicht annähernd so frei davon sei, wie er selbst meinte. Es kostete ihn viel Zeit und viel emotionale Energie, um sich dem Druck, dem seine persönlichen Werte und Ziele durch das Militär und dessen Umfeld ausgesetzt waren, zu entziehen. Wir alle litten darunter, daß er diese Konflikte nicht in den Griff bekam. Und weil zu diesen Konflikten noch die Fesseln seines Zuhauses hinzukamen, wurden Dads Ansprüche unmöglich.

»John erwartet von seiner Ehefrau lediglich«, schrieb Mom in einem Brief, »daß sie attraktiv wie ein Balmain-Model ist, daß sie mit ihm auf den Eiger steigt und eine perfekte Haushälterin ist, daß sie glänzendes Haar hat (auf keinen Fall Lockenwickler), ihre Doktorarbeit schreibt (in ihrer Freizeit), eine treusorgende Mutter ist (mit unsichtbaren Kindern), außerdem ein Bücherwurm, ein kontaktfreudiger Mensch, Camping-Direktorin, Finanzmanagerin und zudem (ebenfalls in ihrer Freizeit) alles macht, wonach ihr der Sinn steht.«

Es gab zu Hause viel Streit, und Mom (und später ich)

war bei einer Auseinandersetzung stets die Unterlegene, weil Dad von seiner Unschlagbarkeit überzeugt war und immer am lautesten schrie. Dad duldete auch keine Tränen. Da Mom aber sehr leicht in Tränen ausbrach, war das vielleicht die größte Quelle all ihrer Reibereien. Dad schrie sie dann an, daß sie mit Tränen Mitleid erheischen wolle. Er kannte das von seiner Mutter, die ebenfalls nah am Wasser gebaut hatte. Er ließ sich nicht von der Behauptung abbringen, daß sie und die Frauen im allgemeinen mittels Tränen ihren Willen durchzusetzen versuchten. Manchmal rastete er dermaßen aus, daß er Mom sogar schlug. Später entschuldigte er sich dann und beteuerte, daß das, was er gesagt oder getan habe, nicht so gemeint gewesen sei. Als Mom hingegen auch einmal die Ausrede »Ich habe es nicht so gemeint« gebrauchte, konterte er: »O doch, das hast du! Du sagst nämlich nichts, was du nicht wirklich meinst!« Das stimmte tatsächlich, und so nahm er ihre Entschuldigung nicht an. Weil es zwecklos war, Dad mit logischen Argumenten zu kommen, wenn er sich in etwas verrannt hatte, wartete Mom manchmal damit, bis sein Zorn verraucht war. Doch dann brauste er erneut auf und meinte, daß sie die gute Stimmung wieder zerstöre, indem sie einen Sturm neu entfache, der seiner Ansicht nach längst beendet gewesen sei.

Von den unterschwelligen Spannungen, die zwischen ihnen herrschten, bekam ich damals nicht viel mit, wohl aber von den Streitereien. Und weil ich den nüchternen Verstand meiner Mutter geerbt und meine Gefühle relativ gut unter Kontrolle habe, machten mir seine ungerechten Ausbrüche im Laufe der Jahre immer mehr zu schaffen. Immer häufiger nahm ich Moms Seite ein, zum einen, weil ich ihre Gefühle nachvollziehen konnte, zum anderen, weil ich genauso empfand wie sie.

Die seit langem geplante Hochzeitsreise meiner Eltern in die Alpen wurde im Februar 1960 endlich verwirklicht, als sie zum Eiger aufbrachen. Dad hatte telefonisch versucht, ein Zimmer auf der Kleinen Scheidegg zu buchen, doch leider war alles belegt. Im Hotel Ermitage zwischen Interlaken und Leysin, im französischen Teil der Schweiz, fanden sie schließlich ein Zimmer. Die Fahrt dorthin blieb ihnen als außerordentlich schön in Erinnerung, und sie träumten davon, eines Tages in dieser Gegend zu wohnen. Als sie am nächsten Tag in Genf ankamen, informierten sie sich über Arbeitsmöglichkeiten im französischen Teil der Schweiz für Dads Zeit nach der Air Force. Als Dad bei einem Gespräch von Mitarbeitern der Swissair gesagt wurde, daß man Schweizer Staatsbürger bevorzuge, beschloß er auf der Stelle, die schweizerische Staatsbürgerschaft zu beantragen, obwohl man sie, wie Mom sich erinnert, erst nach zwölf Jahren erhielt. Sie erinnert sich auch daran, daß diese Reise eine der seltenen Zeiten war, wo sie allein zusammen waren. Wenn sie allein waren – also wirklich nur zu zweit –, kamen sie blendend miteinander aus. Meine Mutter wußte, daß sie es ohne Kinder, die meinen Vater zur Verzweiflung brachten, und ohne Freunde, die sie beeindrucken sollte, mit jeder anderen Frau aufnehmen konnte.

Ein Jahr später kam Großmutter Miler – wir nannten sie Grandmommy – zu Besuch, und wir alle – außer Dad – machten einen siebenwöchigen Campingurlaub in verschiedenen Gegenden Italiens. Meine Erinnerungen beschränken sich darauf, wie ich für meine Großmutter Mulden in den Boden grub, damit sie nachts bequemer lag, und wie wir in der Nähe von Neapel eine riesige Meereshöhle erkundeten. Daß Dad in einem T-33-Trainingsjet hinterherkam, um sich in Sorrent, im Haus von Freunden, mit uns zu treffen, ist mir selbst entfallen. Meine Mutter aber erzählt, daß sie und Dad, sobald Grandmommy und wir Kinder im Bett lagen, zum Meer hinuntergingen, nackt badeten und sich bis vier Uhr morgens im Sand wälzten. Sie hatten den Strand und das Meer ganz für sich allein. Diese Nacht, so meine

Mutter, war typisch für Dads Spontaneität. Am nächsten Morgen verabschiedeten wir uns alle von ihm, doch am Nachmittag desselben Tages war er schon wieder da. Sein Flugzeug hatte Feuer gefangen, und nachdem er die Außentanks über dem Mittelmeer abgeworfen hatte, brachte er es bis nach Neapel zurück. Auch das war etwas, was ihn frustrierte, weil es einen Wertekonflikt darstellte. Er hätte die Gelegenheit liebend gerne dafür genutzt, um aus seinem Flugzeug abzuspringen, wollte aber keine Regierungsgelder verschleudern, solange die Chance bestand, das Flugzeug in einem wiederherstellbaren Zustand landen zu können. Es reizte ihn auch, ein angeschlagenes Flugzeug durch sein Können zu beherrschen. Mindestens zweimal geriet er in diese Lage, die ihn berechtigt hätte, den Schleudersitz auszulösen, doch statt dessen brachte er das defekte Flugzeug zu Boden, auch wenn es brannte. Vom Militärstützpunkt Hahn wurde ein Flugzeug nach Neapel geschickt, um ihn abzuholen.

Selbst in ihren schlimmsten Zeiten mit Dad liebte meine Mutter ihn sehr. Sie verlor zwar immer wieder die Geduld mit seinen Eskapaden, respektierte aber stets sein Denkvermögen (wenn er nicht gerade eine zornige Tirade losließ) und bewunderte sein leidenschaftliches Gemüt. »John hat immer schreiben wollen«, schrieb sie ihren Eltern aus Kues. »Er kann es auch, wenn er es versucht. Er kann fast alles, was er sich vornimmt. Er hat sehr viele ungenutzte Talente.« Sie war überzeugt, daß alles besser werden würde, wenn er nicht mehr beim Militär sein müßte und erwachsen geworden wäre, was er zunehmend zu werden begann. Oder auch, wenn es sein mußte, wenn sie sich mit den Kindern auf eigene Füße stellte. Sie hatte immer noch fest vor, zu promovieren und das Leben einer Wissenschaftlerin zu beginnen – oder wieder aufzunehmen –, wenn der richtige Zeitpunkt gekommen wäre. Einer Freundin schrieb sie einmal: »Es gibt so viele herrliche Orte auf der Welt. Könnte man doch nur mehrere Leben haben – gleichzeitig oder hintereinander!« Und über ihre Zeit mit Dad hat sie immer gesagt: »Was auch passierte, das Leben mit ihm war stets ein Abenteuer.«

Drei
Lehrzeit in den Alpen

Die Welt, die Dad am meisten liebte, war aus Fels und Eis geschaffen. Und wenn es einen gab, der meinem Vater immer wieder unter die Nase rieb, wie sehr man durch eine Familie im Flachland festgehalten wurde, dann war das Gary Hemming, der charismatische Wandervogel, über den nach seinem Tod die Biographie *The Beatnik of the Alps* erschien. Die Beziehung zwischen Gary und Dad war so sturmumtost wie die Berge, die sie gemeinsam bestiegen, und so beständig wie die meisten Ehen – eine Institution, die Gary verachtete.

Kennengelernt hatten sie sich im Jahr 1954 – etwa um dieselbe Zeit, als meine Eltern ein Liebespaar wurden. Während sie unabhängig voneinander am Lower Cathedral Rock im Yosemite Valley geklettert waren, hatten sie beide auf einen Hilferuf reagiert und bei der Bergung eines Verletzten geholfen. In den folgenden Jahren kletterten sie gemeinsam in Kanada und im Westen der USA. Weil jeder die Fehler des anderen korrigieren und seine Überlegenheit demonstrieren wollte, lagen sie sich wie ein zänkisches Ehepaar ständig in den Haaren. Nichtsdestotrotz taten sie sich bei der nächsten Gelegenheit wieder zusammen. Gary streifte als einer der ersten Kletterfreaks durch Amerika und führte das Vagabundenleben, das die meisten Kletterer als Ideal vor Augen haben, besonders in ihrer leidenschaftlichen, idealistischen Lebensphase. Gary zog ungebunden von einem Ort zum anderen und konnte einfach nicht begreifen, daß Dad seine Freiheit schon in jungen Jahren gegen die Ketten des häuslichen Lebens eingetauscht hatte – was er Dad auch immer wieder zu verstehen gab, selbst in Gegenwart meiner Mutter.

Als Frau Hoffmann, unsere Nachbarin in unteren Stock des Zweifamilienhauses in Bernkastel-Kues, eines Morgens im Frühjahr 1961 die Haustür öffnete, fand sie Gary, bärtig und zerzaust auf der Treppe schlafend. Er wohnte ein paar Wochen bei uns und kam später regelmäßig aus Frankreich zu Besuch – er studierte an der Universität Grenoble. Dad und er saßen bis tief in die Nacht hinein zusammen, planten Bergtouren für den bevorstehenden Sommer und schmiedeten Pläne für ein Projekt, dem sie den Namen »High Altitude Space Laboratory«, kurz »HASL« gegeben hatten. Es sah vor, daß die U. S. Air Force ein Laboratorium im Karakorum in Pakistan einrichtete, wo sich der K2, der zweithöchste Berg der Welt, befindet, den damals noch kein Amerikaner bestiegen hatte. Dad und Gary wollten das Projekt im darauffolgenden Jahr mit einer K2-Expedition starten, bei der das Fundament für ein Labor zum Zwecke der damals aufblühenden Weltraumforschung gelegt werden sollte.

Trotz einiger hochrangiger Kontakte, die teilweise durch Vermittlung von Dads Vater zustande kamen, ließen sich keine Geldgeber auftreiben, und so starb das Projekt schon in der Planungsphase. Garys und Dads Bergtouren war etwas mehr Erfolg beschieden. Im Jahr zuvor hatte Dad sich einen Monat am Stück Urlaub genommen, um mit Jerry Robertson eine Reihe von Bergtouren mit steigendem Schwierigkeitsgrad zu machen, hauptsächlich in der Umgebung von Chamonix. Krönender Abschluß sollte der Eiger sein. Viele ihrer geplanten Touren fielen jedoch wegen des schlechten Wetters ins Wasser, andere verliefen aus diversen Gründen nicht so, wie sie es sich vorgestellt hatten. Als sie schließlich zum Eiger kamen und sich nach dem Wetter erkundigten, hieß es, daß sich jeweils zwei Unwettertage mit einem klaren Tag abwechseln würden. Wie sich im nachhinein herausstellte, wurde die Eiger-Nordwand in jenem Sommer wegen schlechter Witterungsverhältnisse kein einziges Mal durchstiegen. Also nahmen sich Gary und Dad im Jahr 1961 vor, alles in umgekehrter Reihenfolge zu machen: mit dem Eiger zu beginnen und sich anschließend dem Montblanc-Massiv, das heißt der Umgebung von Chamonix, zuzuwenden.

Im späten Juni war der Eiger immer noch voller Schnee. In dieser warmen Jahreszeit schmilzt Neuschnee besonders schnell und reißt dabei so viel Geröll mit sich, daß sich die Nordwand in ein regelrechtes Schlachtfeld verwandelt. Nachdem Gary und Dad die Lage erkundet hatten, beschlossen sie, wieder nach Hause zu fahren (in Garys Fall nach Grenoble). Vom darauffolgenden Wochenende an unternahmen sie verschiedene Touren im Montblanc-Massiv und kehrten zwischendurch immer wieder nach Hause zurück.

Später in diesem Sommer hockten Dad und Gary in der Nähe der Ortschaft Courmayeur auf der italienischen Seite des Montblanc, des höchsten Gipfels der Alpen, in ihrem Zelt. Dieses Gebirgsmassiv ist nicht nur hoch, sondern auch weitläufig und komplex. Die italienische Südseite dürfte wohl die wildeste Region der Alpen sein. Gewaltige Bergkämme erstrecken sich vom Talgrund in etwa 1500 Meter Höhe bis zu den breiten Schultern des 4807 Meter hohen Gipfels. Schwierige Granitwände *beginnen* in knapp 4000 Meter Höhe, und es gibt weder Seilbahnen noch Pfade, um den Weg über die vorgelagerten Gletscher und Pfeiler abzukürzen.

Dad und Gary hatten gerade den Col de Peuterey und die Brenvaflanke des Montblanc erstiegen. Nun warteten sie im Tal auf das Ende des scheußlichen Unwetters mit Dauerregen. In einem der Nachbarzelte lag die verzweifelte Freundin eines Schweizer Bergsteigers, der von einem Nebengipfel am Peutereygrat noch immer nicht zurückgekehrt war. Der Schweizer, Henri Briquet, und sein deutscher Partner Konrad Kirch waren schon seit Tagen überfällig. Niemand reagierte auf die flehentlichen Bitten der Frau, sich auf die Suche nach den Männern zu machen, vor allem deshalb nicht, weil es äußerst schwierig gewesen wäre, an die beiden heranzukommen. Vom Zeltlager bis zur Pointe Gugliermina, zu deren Gipfel Henri und Konrad aufgebrochen waren, waren rund 2700 Höhenmeter zu bewältigen, und das schwierige Gelände war schon bei gutem Wetter eine Herausforderung, erst recht bei schlechtem. Granitwände von über dreihundert Meter Höhe ziehen sich kilometerlang an Gletschern mit riesigen Gletscherspalten entlang. Kaum hat man einen Grat erklommen, wälzt sich auf der anderen Seite ein weiterer riesiger Gletscher bis tief ins Tal hinunter. Ein dumpfer Knall nach dem anderen zerreißt die Stille – entweder von einer Kaskade herabprasselner Steine, einem Sérac, der über eine Steilstufe stürzt, oder von einer gerade aufreißenden Gletscherspalte. Da möchte man doch lieber sehen können, wohin man geht.

Fluchend, weil kein anderer mitkommen wollte, stiegen Gary und Dad in die Wolken hinein, um nach Henri und Konrad zu suchen. Kurz nachdem sie die Gambahütte erreicht hatten (die später abgerissen und unter dem Namen Monzinohütte wieder aufgebaut wurde), sollte dann doch noch Hilfe kommen. Außer Henri und Konrad saßen nämlich noch sieben weitere Bergsteiger im Sturm fest, darunter italienische und französische Bergsteigergrößen wie der schon damals legendäre Walter Bonatti – der beste Alpinist seiner Generation – sowie der aufgehende Stern Pierre Mazeaud, mit dem zusammen Dad später häufig kletterte. Er war der erste Franzose, der den Everest bestieg, und eine wichtige politische Persönlichkeit.

Mitte Juli 1961 kämpften alle neun um ihr Leben. Ein französisches Team von vier Bergsteigern, u.a. Mazeaud, hatte das größte noch ungelöste Problem des Montblanc und der gesamten Alpen in Angriff genommen: den Frêneypfeiler in der Südflanke des Montblanc. Wie so oft, hatten andere zur gleichen Zeit die gleiche Idee, und kurz nach ihnen, um Mitternacht, folgten drei Italiener unter der Führung von Bonatti den Spuren der Franzosen durch den Schnee. Beide Seilschaften hatten schon frühere Versuche hinter sich, und jede von ihnen wollte als erste oben sein.

Am nächsten Tag schlossen sich die beiden Seilschaften zusammen, und schon einen Tag später, am 11. Juli, hatten sie die größten Schwierigkeiten der Route bewältigt und den Fuß der »Kerze«, des Gipfelaufschwungs in 4650 Meter Höhe, erreicht. Als Mazeaud und sein Seilpartner gerade die letzten Seillängen bis zum Kopf des mächtigen Granitpfeilers fixierten, brach ein infernalisches Gewitter los. Gegen Regen und Sturm ankämpfend, stiegen sie bis zu der Stelle ab, an der die Franzosen und die Italiener zwei Biwakplätze eingerichtet hatten. Mazeauds Partner wurde vom Blitz getroffen und stark geschwächt. Im Laufe der Nacht weitete sich das Unwetter zu einem ausgemachten Schneesturm aus, während die Bergsteiger sich in 4500 Meter Höhe aneinanderkauerten.

Bei Ausbruch des Unwetters – als Mazeaud den Granitpfeiler erklomm –, hatten Konrad und Henri gerade die schwierigste Stelle der Route in der Pointe-Gugliermina-Südwand hinter sich und befanden sich in etwa 3800 Meter Höhe. Sie biwakierten im Schneesturm und kämpften sich am nächsten Tag weiter hinauf; ihr Ziel war das winzige Craveribiwak, ihre einzige Hoffnung auf Überleben. Um 14 Uhr erreichten sie den Gipfel der Gugliermina, und Henri sagte seufzend zu Konrad: »Das Rennen ist noch lange nicht beendet.« Die Dunkelheit brach schon herein, und sie mußten sich abseilen, um die Biwakschachtel zu finden. Als sie nach einer Abseillänge die Seile abzogen, blieb eines davon hängen. Sosehr sie auch zogen und zerrten, fluchten und brüllten, es blieb ihnen schließlich nichts anderes übrig, als so viel von dem Seil zu kappen, wie zu retten war. Sie nahmen einen Stein und durchtrennten das Seil mit drei oder vier

Hieben, um den Rest weiterverwenden zu können. Henri, der von dem anstrengenden Kampf genug hatte und eine Ruhepause einlegen wollte, bestand darauf, im Freien zu biwakieren. Konrad war überzeugt, daß die Hütte nicht mehr weit sei, und machte sich im Licht seiner Stirnlampe allein auf die Suche. Schließlich fand er die winzige Hütte und machte kehrt, um Henri zu holen.

Den ganzen nächsten Tag über wurde die Biwakschachtel vom Sturm geschüttelt. Doch zumindest hatten Konrad und Henri Schutz, wenn auch nichts mehr zu essen und zu trinken. Die französischen und italienischen Bergsteiger kauerten unterdessen mit schwindenden Kräften im Freien auf dem nahe gelegenen Frêneypfeiler. Bonatti sagte zu den anderen, daß sie um jeden Preis absteigen müßten, um nicht zu erfrieren. Am 14. Juli um 6 Uhr morgens begannen sie sich abzuseilen, während der Sturm mit neuer Wucht weiterwütete.

Diese Nacht auf dem Frêneygletscher war die schlimmste von allen, und alle sieben zitterten heftig vor Kälte. Sie waren inzwischen zwar auf 3960 Meter abgestiegen, doch der Wind peitschte mit unverminderter Kraft, und ihre nassen Kleider gefroren wie sie selbst auch. Im heftigen Schneetreiben teilten sie die letzten Reste ihres Proviants untereinander auf. Am nächsten Morgen krochen sie durch tiefen Pulverschnee bis zu einer Stelle, von der aus sie sich weiter abseilen wollten. Als Bonatti das Ende der ersten Abseillänge erreicht hatte, wartete er eine Stunde, ohne daß ihm jemand folgte. Bis auf Mazeaud stolperten die anderen umher, vor Erschöpfung und Unterkühlung schon halb tot. Aus der Richtung des Col de l'Innominata hörten sie Rufe, konnten jedoch in dem Getöse des Sturms die Worte nicht verstehen. Sie antworteten, aber auch ihre Stimmen wurden vom Geheul des Sturms verschluckt.

Auch Konrad und Henri hatten beschlossen, sich nach unten durchzuschlagen, statt mit immer größer werdendem

Hunger unbestimmte Zeit zu warten. Während sie sich durch knietiefen Neuschnee einen Weg vorbei an den riesigen Gletscherspalten des Frêneygletschers bahnten, hörten auch sie Rufe aus Richtung des Col de l'Innominata. Sie schienen wie die wirbelnden Schneeflocken mal aus der einen, mal aus der anderen Richtung zu kommen, aber es war eindeutig eine menschliche Stimme. Konrad und Henri riefen in den Wind hinein zurück, daß sie herabkämen, doch nichts deutete darauf hin, daß ihre Worte verstanden worden waren. Außer dem Jaulen des Windes war plötzlich nichts mehr zu hören.

Während die Bergsteiger gegen die entfesselten Elemente ankämpften, verwandelte sich Dads und Garys Frust über ihre Kollegen in der Gambahütte in Wut. Die professionellen Bergungskräfte waren ihrer Einschätzung nach schlecht ausgerüstet und nahmen ihren Auftrag nicht ernst genug. Sie schienen nicht nur inkompetent, sie bestätigten auch den Ruf, in dem die für ihre Cliquenwirtschaft berüchtigten Bergführer standen, weil sie Bemühungen von Amateuren wie Gary und Dad, die damals noch unbekannt waren, abwiesen und ihnen zu verstehen gaben, daß sie unerwünscht seien. Am Morgen stiegen fünf Bergführer in die gleiche Richtung auf, um Bonatti, Mazeaud und ihre Gefährten zu suchen, während drei Bergführer zu einem Aussichtspunkt abstiegen, von dem aus sie Konrad und Henri vielleicht mit dem Fernglas sichten könnten, wenn es kurz aufklarte. Keiner der Männer stieg hinauf, um Konrad und Henri Hilfe zu leisten.

Voller Wut machten sich Gary und Dad allein auf den Weg in Richtung Craveribiwak, dem einzigen Ort, an dem Konrad und Henri ihrer Einschätzung nach überlebt haben könnten. Nach stundenlanger steiler Kletterei durch den Schneesturm näherten sich Gary und Dad dem Col de l'Innominata. Gary schrieb später über diesen Tag: »Die letzten fünfzig Meter waren fast nicht zu schaffen. Entweder war der

Schnee so hoch, daß er uns bis zur Hüfte oder zur Schulter reichte, oder er bedeckte tückisch den brüchigen Fels des immer enger werdenden Couloirs, das wir gerade erklommen. Der Wind wurde noch stärker, und es schneite ohne Unterlaß weiter. Als wir nur noch zwanzig Meter vom Col entfernt waren, wären wir am liebsten umgekehrt. Aber John kämpfte sich eine Passage hinauf, die ich selbst niemals im Vorstieg bewältigt hätte, und als er die Höhe des Jochs erreichte und ›Stand!‹ rief, erhielt er zwei Antworten: eine von mir und eine aus dem Nebel hinter ihm! Eine halbe Stunde lang brüllten wir auf Französisch, Deutsch und Englisch Fragen in den Wind, wo sie sich befänden und in welchen Zustand sie seien. Die einzige Antwort war ein in Abständen ertönendes ›Oooooh-aaaah‹, das manchmal ganz aus der Nähe, manchmal aus weiter Ferne zu kommen schien, je nachdem, wie laut der Wind gerade heulte.«

Diese schreckliche Stöhnlaute ließen sie befürchten, daß Konrad und Henri dem Tode nahe waren. Gary und Dad hielten es bei diesen Verhältnissen jedoch für zu gefährlich, auf eigene Faust den Gletscher zu queren, denn falls einer von ihnen in eine verborgene Spalte gestürzt wäre, hätte der andere ihn nicht allein herausziehen können. Also stiegen sie ab, um Hilfe zu holen. Sie ließen im Couloir ein fixiertes Seil hängen, um es bei ihrer Rückkehr leichter zu haben.

Als sie am Spätnachmittag die Gambahütte erreichten, saßen sämtliche Bergführer bereits dort beisammen, und keiner war bereit, noch einmal aufzubrechen. Sie würden es erst am nächsten Tag wieder versuchen, erklärten sie, jetzt müßten sie erst einmal etwas essen und sich ausruhen. Gary und Dad kochten vor Wut und beratschlagten draußen vor der Hütte, was sie tun sollten. Auf einmal sah Dad zwei Gestalten den Berg herunterkommen, genau in den Spuren, die sie beide in den Schnee getreten hatten: Es waren Konrad und Henri. Wie sich herausstellte, waren sie doch nicht so weit weg gewesen und hatten mit Hilfe des Fixseils, das

Gary und Dad zurückgelassen hatten, vom Joch absteigen können.

Weil ohnehin kaum noch Platz in der Hütte war und Henris Freundin sich Sorgen machte, wärmten sich Konrad und Henri nur eine Weile auf, aßen etwas und stiegen dann weiter bis ins Tal hinab. Inzwischen waren weitere professionelle Rettungskräfte eingetroffen und gaben Gary und Dad zu verstehen, daß man sie hier nicht brauche und außerdem sämtliche Schlafplätze belegt seien. Gary und Dad beschlossen deshalb ebenfalls abzusteigen, woraufhin ihnen der Hüttenwirt für die eine Übernachtung und das verzehrte Essen eine detaillierte Rechnung präsentierte. Die Stimmung, in der sie bergab stürmten, paßte gut zu dem gerade herrschenden Wetter.

Wie sie später erfuhren, hatte Bonatti nur wenige Stunden nach ihrem Aufbruch mit einem seiner Partner die Hütte erreicht. Er berichtete, daß Mazeaud bei den anderen geblieben war, die wegen Erschöpfung und Unterkühlung dem Tode nahe seien. Daß ihm und seinem Partner der Abstieg gelungen war, hätten sie zum Teil einem Fixseil zu verdanken, das sie am Col de l'Innominata vorgefunden hatten, doch bis auf Mazeaud seien alle anderen zu geschwächt gewesen, um den Abstieg fortzusetzen. Die Bergführer brachen hastig auf, doch als sie die Männer schließlich fanden, hatte Mazeaud bereits schwere Erfrierungen erlitten, und alle anderen waren tot.

Dieses Ereignis ging als eine der schlimmsten Tragödien in die Geschichte des Alpinismus ein. In den meisten Berichten wurde den heldenhaften Rettern Anerkennung gezollt, die Leib und Leben riskierten. Diese Berichte konzentrierten sich jedoch ausnahmslos auf die Seilschaft am Frêneypfeiler, während Henri Briquet und Konrad Kirch unerwähnt blieben. Unerwähnt blieben auch Gary und Dad, die der Meinung waren, daß bei der Bergungsaktion folgenschwere Fehler begangen worden waren. Fünf Jahre später –

nachdem Gary und Dad einige berühmte neue Routen erschlossen hatten – leitete Gary eine Rettungsaktion mit französischen Bergführern in der Westwand der Aiguille du Dru, einem Granitobelisken im Montblanc-Massiv. Über diese spektakuläre Rettungsaktion wurde in der Presse ausführlich berichtet; sie machte Gary zu einem Medienstar und eine Weile zu einer der bekanntesten Personen ganz Frankreichs. 1961 jedoch ärgerten sich Gary und Dad maßlos darüber, von den professionellen Alpinisten als bloße amerikanische Amateure abgewiesen worden zu sein.

Gary und Dad unternahmen in jenem Sommer noch weitere Bergtouren und halfen bei einer Leichenbergung auf einem der Gletscher im Montblanc-Gebiet: Ein französischer Militärpilot hatte mit seinem Flugzeug ein Seilbahnkabel durchtrennt, ein Unglück, bei dem sechs Menschen ums Leben kamen und weitere verletzt wurden. Am Ende ihrer Sommerkampagne fuhren Gary und Dad in der Hoffnung auf annehmbare Witterungsverhältnisse zum Eiger. Sie hatten kein Glück: Auch in jenem Sommer wurde die Wand wegen des anhaltend schlechten Wetters kein einziges Mal durchstiegen. Die beiden erkundeten lediglich den unteren Wandbereich, kamen aber nicht viel höher als Dad in vorangegangenen Jahren mit Tenzing Norgay oder Jerry Robertson gekommen war. (Paradoxerweise besserte sich das Wetter im September, kurz nachdem Dads Urlaub zu Ende und er zum Luftwaffenstützpunkt Hahn zurückgekehrt war, und sechzehn Bergsteiger aus der Schweiz, Deutschland, Österreich, der Tschechoslowakei und Polen schafften es bis zum Gipfel. Ein Kletterer stürzte beim ersten Alleinbegehungsversuch in den Tod.)

Daß Garys und Dads »Stromerjahr« (wie Gary es genannt hatte) unglücklich endete, lag nicht nur am schlechten Wetter, sondern auch daran, daß sie sich mehr gestritten hatten, als sie selbst verkraften konnten. Dad machte sich unter anderem über Garys Unerfahrenheit und übertriebene Vorsicht auf Eis und Schnee lustig, während Gary sich über Dads gelegentliche Unsicherheit beim Felsklettern am Grand Capucin amüsierte. Später schrieb Gary an Dad: »Das mit letztem Sommer tut mir wirklich aufrichtig leid. Im nachhinein ist mir klargeworden, wie fies mein Verhalten dir gegenüber war. Wenn es je einen gegeben hat, der den großen Klettertouren gewachsen war, dann warst du das – wenn du nur einen besonneneren Partner gehabt hättest.« Was Dad darauf erwiderte, weiß ich zwar nicht, aber das streitsüchtige Paar nahm seine Kletterpartnerschaft im nächsten Winter wieder auf.

Im Winter 1961/62 fuhr oder flog Dad an den Wochenenden regelmäßig zu Konrad nach München, und von dort fuhren die beiden gemeinsam weiter in die österreichischen und italienischen Kalkalpen. Im März organisierte Dad ein internationales Team mit Konrad, Gary und dem Jugoslawen Aleš Kunaver, um die erste Winterbegehung des Walkerpfeilers in der mächtigen Nordwand der Grandes Jorasses in der Montblanc-Gruppe zu versuchen. Nach 300 Metern mußten sie ihr Unternehmen wegen eines Wettersturzes abbrechen. Bei einem erneuten Versuch vier Monate später erging es ihnen ähnlich, diesmal kamen zu allem Übel noch schwerer Steinschlag und Erfrierungen an Dads Zehen hinzu. Dazwischen machten sie weitere Klettertouren in Österreich und mindestens eine Reise in die Calanques. Es wundert mich nicht, daß mir meine Mutter kürzlich auf die Frage, was ich in jener Zeit gemeinsam mit Dad unternommen hätte, geantwortet hat: »Ich kann mich an so gut wie nichts erinnern, denn entweder war er beim Fliegen, beim Klettern oder mit der Vorbereitung neuer Projekte beschäftigt.«

Aber ich habe einen alten Brief meiner Mutter an Ullman gefunden, in dem sie schrieb: »Als ich Johnny im Winter 61/62 in Grenoble an Skikursen teilnehmen ließ, erklärte mir John, daß er keine Lust habe, seinem Sohn dabei zuzusehen, bevor er nicht mit ihm mithalten könne. Ich war den Tränen nahe, denn ich wünschte mir so sehr ein bißchen Unterstützung von ihm, ein klein wenig Anteilnahme. Aber nein. Also ließ ich Johnny zwei Jahre lang üben. Dann konnte er mit seinem Vater mithalten, dann war er sogar besser als er.«

Mir war nie bewußt gewesen, daß Dad an meinen Fortschritten nicht interessiert war, ich nahm einfach an, daß er wie üblich unterwegs war. Dank Mom war Skilaufen in den nächsten zehn Jahren die wichtigste Sache meines Lebens. Meine ersten Erinnerungen an den Skiunterricht in Grenoble sind die, wie wir unserer Lehrerin im Gänsemarsch durch den Schnee folgen, dann einer nach dem anderen die Skispitzen hangabwärts richten und schließlich johlend und kreischend, auf dem hinteren Teil unserer Skier sitzend, zwischen ihren Beinen hindurchsausen. Ich erinnere mich noch an das Gefühl, wie meine Skier immer schneller wurden, wie es mir irgendwie gelang, auf die Lehrerin zuzusteuern und wie mir bewußt wurde, daß ich die Bretter in die gewünschte Richtung lenken konnte. Die freudige Erregung darüber, etwas unter meiner Kontrolle zu haben. Es war ein tolles Gefühl, Liebe auf den ersten Rutsch.

Schnee war in Bernkastel-Kues selten und kostbar, doch nachdem ich nun Skifahren konnte, machten wir uns jedesmal, wenn Väterchen Frost uns gewogen war, zu einem Hügel in den benachbarten Weinbergen auf. Reihen von Erwachsenen stiegen mit ihren Skiern seitlich am Hang hinauf, und obwohl ihre Beine viel länger waren als meine, waren sie für mein Gefühl viel zu langsam. Sobald wir oben waren, richteten wir die Bretter hangabwärts und schossen hinunter. Meine Skier hatten keine Stahlkanten, aber die meisten von uns beherrschten ohnehin keine Schwünge. Dieser mickrige kleine Hügel genügte, um meine Begeisterung fürs Skifahren auch nach unserer Rückkehr von Grenoble wachzuhalten. Dads ständiges Kommen und Gehen nahm ich damals kaum wahr. Die Entdeckung der verschneiten Tore zum Himmel war viel wichtiger für mich.

Dads Hauptinteresse hingegen galt jetzt dem Eiger. Schon im Jahr 1954, als er gerade neunzehn Jahre alt und für ein solches Unternehmen noch viel zu unerfahren gewesen war, hatte er zum ersten Mal an eine Begehung der Nordwand gedacht. Als er in jenem Sommer in den Alpen war, lernte er Tenzing Norgay kennen, der nach seiner Erstbesteigung des Mount Everest gerade durch Europa reiste. Trotz seiner äußerst geringen Bergerfahrung wollte Dad unbedingt der erste Amerikaner sein, der die berüchtigte Eiger-Nordwand, die am meisten gefürchtete Wand der Welt, durchstieg. Man stelle sich vor, welch ein zweifacher Coup es gewesen wäre, dies zusammen mit Tenzing, dem Erstbesteiger des Everest, zu tun! Er überredete Tenzing, mit ihm die einfache Normalroute auf die benachbarte Jungfrau zu machen, doch bei Erkundungstouren auf dem Westgrat des Eigers und im unteren Bereich der Nordwand erkannte Tenzing, daß der Eiger eine völlig andere Art Berg war als der Everest und viel mehr technische Kletterei erforderte als die Himalaja-Gipfel. Er war doppelt so alt wie Dad und viel zu weise, um sich auf solch ein Unternehmen einzulassen. Sie unternahmen niemals einen Versuch.

Danach war Dad im Jahr 1960 mit Jerry Robertson am Eiger gewesen. Doch selbst wenn die beiden die nötigen klettertechnischen Voraussetzungen gehabt hätten, um den Eiger zu besteigen (was mit Sicherheit nicht der Fall war), hätten sie keinen Versuch unternehmen können, weil ihnen das Wetter einen Strich durch die Rechnung machte. Dann waren da noch zwei Trips zum Eiger im Jahr 1961 mit Gary und etliche abgebrochene Versuche. Im Jahr 1962 war der Berg für ihn, wie Dad es ausdrückte, »zu einem Gipfel der Frustration und zu einem Ziel geworden, das unbedingt erreicht werden mußte«. Mit Konrad hatte er endlich den richtigen Partner gefunden.

Vier
Die erste amerikanische Begehung der Eiger-Nordwand 1962

Über mehrere Wochen hinweg hatte Dad immer wieder auf der Kleinen Scheidegg angerufen, um sich nach dem Wetter und den Schneeverhältnissen am Eiger zu erkundigen. Endlich war eine Besserung in Sicht. Am Nachmittag des 18. August stellten Konrad und mein Vater auf einer Wiese unterhalb der Wand ihr kleines Zweimannzelt auf. Sie machten ein kleines Feuer, an dem sie sich an Spießen ein Pfund Leber grillten, und stellten den Wecker auf 23 Uhr.

Als sie um Mitternacht hinauskrochen, ragte die markante Silhouette des Eigers in einen klaren, sternübersäten Himmel. Nach einer Stunde erreichten sie den Bergschrund, die dunkle Kluft zwischen Schnee und Felswand. Dad balancierte die scharfe Firnkante entlang und ließ sich dann nach vorne fallen, bis seine Hände den Fels berührten. Dabei fiel das Licht seiner Stirnlampe auf ein Polster von Stengellosem Enzian an einem Felsvorsprung. Der unerwartete Anblick fesselte ihn so, daß Konrad ihm ungeduldig zurufen mußte, um ihn zum Weitergehen zu bewegen.

Bald artete die Kletterei in etwas aus, was Konrad als »Gehgelände, aber saugefährlich« bezeichnete – nichts als brüchige Risse und von Geröll und Wassereis bedeckte Bänder, auf denen sie gleichzeitig und ungesichert gingen. Als es zu dämmern begann, setzte ein Geräusch ein, das sie von nun an ständig begleiten sollte: In der Luft über ihnen surrte es, und ein riesiger Felsblock flog 500 Meter weiter oben über die Rote Fluh. Der Brocken schlug hinter ihnen auf, seine

Splitter prasselten auf eine andere Seilschaft nieder, die unter ihnen aufgetaucht war. Es donnerten jetzt fast regelmäßig Steine herunter, doch die meisten flogen in hohem Bogen über sie hinweg.

Bei der Querung zum Schwierigen Riß hackte Dad mit dem Pickel das Eis von den Griffen, um Halt zu finden. Er kletterte an einem von der Wand herabhängenden Seil vorbei, das vermutlich bei der Bergung Brewsters – eines Engländers, der eine Woche zuvor auf dem Zweiten Eisfeld tödlich verunglückt war – zurückgelassen worden war.

Konrad brummelte vor sich hin, daß er von diesem verdammten Berg jetzt schon die Nase voll habe und lieber im guten, festen Granit des Walkerpfeilers wäre, an dem sie sich kürzlich versucht hatten. Der Fels am fast vertikalen Schwierigen Riß war immerhin fest. Als Konrad das obere Ende des Risses erreichte, hatten die beiden anderen Bergsteiger sie fast eingeholt, doch dann rutschte der Vorsteiger auf dem Eis aus. Weil sein Haken hielt, stürzte er nicht tief, doch seine kehligen Flüche verrieten, daß er Österreicher war.

Nachdem Konrad seinen Rucksack nachgezogen hatte, kletterte Dad, um keine Zeit zu verlieren und nicht von den anderen überholt zu werden, mitsamt seinem Rucksack hinterher. Es folgten ein paar leichtere Seillängen, die sie rasch hinter sich brachten, und als sie schließlich den Hinterstoißer-Quergang überwanden – das große Tor zur riesigen Wandmitte –, war die nachkommende Seilschaft nicht mehr zu sehen. Konrad und Dad schienen die Wand wieder für sich zu haben, das Wetter sah gut aus, und beide waren mit sich und der Welt zufrieden. Ihr Lächeln erstarb, als Dad das Erste Eisfeld erreichte. Steine und Eisbrocken prasselten unaufhörlich herunter und zersplitterten manchmal zu einem Sprühhagel. Dad fand einen Standplatz und ließ Konrad nachkommen. »O Scheiße!« rief dieser entsetzt aus und hastete zur Seite, um besseren Schutz zu suchen. Als er gerade um eine Ecke verschwand, wurde Dad unterhalb des Ohrs von einem Stein getroffen. Im ersten Moment war er benommen, dann stieg er schnellstmöglich zu Konrads Standplatz hinüber, um sich von dem Schreck zu erholen.

Wenig später befand sich Dad in einer Passage, die er als »die brüchigste und gefährlichste Kletterei« bezeichnete, die ihm je untergekommen war. Zwei Wochen später stürzte ein Deutscher genau an dieser Stelle in das Seil zweier Freunde von Dad, riß sie von ihren Standplätzen und stürzte weiter in den Tod. Konrad überwand die brüchige, senkrechte Passage, ließ seinen Rucksack aber an der schwierigen Stelle an einem Haken hängen. Im Nachstieg zog Dad den Haken mit bloßen Fingern heraus. Zweimal verlor er fast den Halt. Auch der Eisschlauch war fast vertikal, doch in dem vereisten Wasserfall hatten sich viele Nischen und Löcher gebildet, die Dad als Griffe benutzen konnte. Damals hatten die Eispickel keine gebogenen, sondern gerade Hauen und griffen nicht so gut wie die heutigen Eisgeräte, weshalb er sich sicherer fühlte, wenn er sich mit bloßen Händen an den Eiswülsten festhielt. An der Stelle, wo das Eis endete und Dad sich vorsichtig auf einer Reibungsplatte aufrichtete, verklemmte sich jedoch das Seil. Um es zu lösen, mußte Konrad ungesichert hochsteigen, so daß sie beide ohne Sicherung waren, bis das Seil wieder frei war und Dad einen Haken erreichen konnte.

In Wechselführung brachten sie auf beängstigend glatten und nicht abzusichernden Felsplatten eine Seillänge nach der anderen hinter sich. Dad stellte fest, daß Konrad sich »so vorsichtig und zögernd vorwärtsbewegte wie eine Katze in nassem Gras«. Es kam ihnen vor, als kletterten sie mit Rollschuhen, und das war um so gefährlicher, weil sie in dem geschlossenen Fels keine Risse für Haken fanden.

Das Zweite Eisfeld, das sich mit fast 300 Meter Höhe und 150 Meter Breite über ihnen erstreckte, war so glatt wie polierter Stahl. Dad mußte zu seinem Schreck feststellen, daß er vergessen hatte, seine Steigeisen zu schärfen; die stumpfen Zacken schrammten lediglich über das Eis. Es blieb ihm nichts anderes übrig, als mühevoll 300 Meter schräg hinüber zum oberen Ende des Zweiten Eisfelds Stufen zu schlagen. Irgendwann riß die Handschlaufe seines Eispickels. Bei dem Versuch, das Gerät aufzufangen, verlor er fast den Halt, und dann mußte er zusehen, wie es über das Eis hinunterglitt und seinen Blicken entschwand. Daraufhin schloß Konrad zu ihm auf und übernahm den Vorstieg. Seine schärferen Steigeisenzacken griffen gut, so daß er auf das Stufenschlagen verzichten konnte.

Schließlich hatten sie den Fels oberhalb des Eisfelds erreicht und konnten ein wenig verschnaufen. Allmählich wurde es jedoch Zeit, nach einem Biwakplatz Ausschau zu halten. Während sie suchten und suchten, brach schon die Dämmerung herein. Schließlich hackten sie eine kleine Plattform aus, auf der sie sitzen konnten, und stülpten sich den Biwaksack über den Kopf. Während Konrad in seinem Rucksack kramte, stieß er versehentlich den Kocher mitsamt dem Tee hinunter. Sie behalfen sich mit einer zweieinhalb Zentimeter breiten Esbit-Brennstofftablette, die sie auf die Klinge eines langen, flachen Hakens legten und mit einem Streichholz anzündeten. Über das brennende Plättchen hielten sie einen Becher Schnee. Auf diese Weise kamen sie nach einiger Zeit in den Genuß eines Bechers warmer Ovomaltine. Obwohl die Luft deutlich unter dem Gefrierpunkt war, fanden sie es in ihrem Biwaksack mollig warm und genossen, wie Dad in seinen Aufzeichnungen schrieb, die Tröstungen einer harten Klettertour: »etwas Warmes zu trinken und warme Füße, dazu ein bißchen Schlaf«.

Bei Tagesanbruch riefen sie Hans Hauer und Nikolaus Rafanowitsch, den beiden Österreichern, die am Vorabend ebenfalls bis zum oberen Rand des Eisfelds gekommen waren und in knapp hundert Meter Entfernung auf einem notdürftig ausgehackten Sims übernachtet hatten, Guten Morgen zu. Die Österreicher boten ihnen Tee an, doch Konrad und Dad lehnten dankend ab und begannen mit dem Aufstieg zum Todesbiwak, das zum Gedenken an Sedlmayr und Mehringer so benannt worden war. Dad kam es an diesem Morgen vor, als hätte er jeglichen Kontakt zur Erde verloren. »Es war, als wären wir ein dauerhafter Bestandteil einer Welt aus vertikalem Fels, Eis und Wolken geworden«, schrieb er. Diese Stimmung schlug um, als sie auf einmal sechs Bergsteiger erblickten, die in einem äußerst schnellen Tempo die Stufen, die Dad ins Zweite Eisfeld geschlagen hatte, erklommen. Während Konrad und Dad am Todesbiwak Rast machten, hatten sie den Eindruck, als rücke dort unten eine Miniaturarmee an.

Im Dritten Eisfeld mit einer Neigung von sechzig Grad ließ sich nur mit Mühe ein Eishaken anbringen. Dad schrieb, daß er bei der Querung zur Rampe ständig Angst hatte zu fliegen. An dem unsichersten Eishaken, den sie bislang gesetzt hatten, »gesichert«, ließ er Konrad zu seinem Standplatz nachkommen. Konrad folgte ohne Eispickel in den Stufen, die Dad ins Eis geschlagen hatte. Die Eisauflage war so dünn, daß die Haue stumpf geworden war, weil sie ständig auf den darunter liegenden Fels prallte. An manchen Stellen war das Eis so hart, daß sich ein Eishaken nur ein paar Zentimeter tief einschlagen ließ; statt es in einen Karabiner einzuklinken, ließ er das Seil einfach um den Haken laufen.

Unversehens hatten sie die Rampe erreicht. Als sie den Kopf in den Nacken legten, konnten sie ein 300 Meter langes, sich schräg nach oben durch die senkrechte Felswand ziehendes Kaminsystem erkennen, an dessen oberem Ende zwei der berüchtigsten Passagen der Route warteten: der Wasserfallkamin und der Eiswulst.

Nach fünf Seillängen in der Rampe hatten sie die erste eigentliche Schwierigkeit, den überhängenden Wasserfallkamin, erreicht. Er war völlig vereist. Dad schnallte seine

Steigeisen nicht an, wünschte aber bald, er hätte es getan. Er mußte mit dem Pickel Eis von Griffen hacken und hängte sich mit Trittschlingen in drei vorhandene Haken ein. Am oberen Ende des Überhangs sicherte er sich, indem er drei seiner eigenen Haken in ein Felsloch steckte, drum herum Eisstücke stopfte und das Ganze mit einer Schlinge zusammenband. Daran hängend gelang es ihm, einfacheres Gelände zu erreichen. In der nächsten Seillänge stand er jedoch dem Eiswulst gegenüber. Steine und Eissplitter zischten über das Eis und zwangen ihn, nach links auszuweichen und unter einem Felsüberhang in Deckung zu gehen. Dad bewältigte den Überhang, machte Stand und ließ Konrad nachkommen. In den drei nächsten Seillängen bis zum Beginn des Brüchigen Bands mußten sie ständig Steinschlag ausweichen. Am oberen Ende des schwierigen Brüchigen Risses, der die Rampe mit dem Götterquergang verbindet, beschlossen sie zu biwakieren. Ein um einen lockeren Felsblock geschlungenes Seil stellte ihre einzige Sicherung dar.

Während es Nacht wurde und Konrad schon neben ihm schnarchte, starrte Dad zu den tief unter ihnen blinkenden Lichtern von Grindelwald hinunter und konnte vor Durst nicht einschlafen. Als sie gegen Mitternacht aus den Öffnungen ihres Biwaksacks schauten, stellten sie fest, daß eine Gewitterfront im Anzug war. Von einem Ende des Horizonts bis zum anderen blitzte es immer wieder hell auf, und im Aufzucken des Wetterleuchtens konnten sie die Bewegung der mit großer Geschwindigkeit herannahenden Wolken sehen. Während Konrad wieder einschlief, beobachtete Dad, wie das Gewitter immer näher kam. Bald schon hörte er in der Ferne Donnergrollen, und das ferne Wetterleuchten verwandelte sich in Blitze. Die schwarzen, bauchigen Wolken wurden immer wieder von Lichtphänomenen erhellt, während die Städte weit unten allmählich verschwanden: erst Bern, dann Thun, der See, Interlaken und zuletzt Grindelwald. Schließlich war das Gewitter über ihnen, verlor aber nach fünf Stunden seine Intensität. Statt dessen hatte heftiger Schneefall eingesetzt. Konrad und Dad brachen frühzeitig ihr Lager ab und brachten vorsichtig die sechs Seillängen des Götterquergangs hinter sich, eine Folge abschüssiger Bänder an der senkrechten Wand direkt über dem Abgrund.

Konrad führte die letzte Seillänge zur Spinne. Als Dad um eine Ecke zum Stand kam, verschlug es ihm den Atem: Tonnen von Schnee schossen durch die Spinne hinunter, so daß er alles nur verschwommen sah. »Hört das denn nie auf?« brüllte er in das Getöse hinein. »Nein«, war alles, was Konrad zur Antwort gab. Dad war wie erschlagen, »wie ein Mann, der keine vernünftige Alternative mehr hat«. Fünf Minuten später verebbte die Lawine jedoch. Die kleineren Schneerutsche, die jetzt noch herunterzischten, würden sie wohl kaum herunterreißen, dachten sie sich, und Dad stieg weiter.

Während sein Eispickel ins Eis eindrang, glitten links und rechts von ihm Schneemassen vorbei. Er japste, als würde er schwimmen, und hielt den Mund vom Strom des Schnees abgewandt. Das wichtigste war ihm jetzt, daß er schnell vorankam. Er hatte festgestellt, daß zwischen einer Lawine und der nächsten im Schnitt zwei Minuten Zeit vergingen, und in dieser Zeit mußte er die Eisrippe in der Mitte der Spinne erreichen. Kaum war er dort angekommen, rauschte die nächste große Lawine an ihm vorbei.

Während Konrad das Seil aus dem Hauptstrom der Lawine herauszuhalten versuchte, schlug Dad einen Eishaken. Als Konrad nachgekommen war und den Vorstieg übernahm, begann es wieder heftig zu schneien, was bedeutete, daß jeden Augenblick mit noch gefährlicheren Lawinen zu rechnen war. Als Konrad etwa 25 Meter über ihm war, sah Dad, wie sich über den oberen Wandteil eine weiße Woge in die Spinne ergoß. Auch Konrad bemerkte sie und schlug in Windeseile einen Eishaken. An ihren Haken hängend, standen sie prustend in der Schneewolke, bis sie schließlich abgezogen war und Konrad weiterklettern konnte.

Zwischen Nebelfetzen wurden über ihnen drei Couloirs sichtbar, und aus jedem rutschte frischer Schnee in die Spinne. Aus dem Nebel unter ihnen tauchten ein paar dunkle Gestalten auf, deren Rufe verrieten, daß es sich um Schweizer und Österreicher handelte. Es war die »Armee«, die sie am Vortag auf dem Zweiten Eisfeld gesehen hatten. Neben einem überhängenden Wulst brachte Dad einen langen Eishaken an. Die Zacken seiner Steigeisen kratzten über den glatten Stein, mit den Händen drückte er Pulverschnee zusammen, um Griffe zu finden, so gelang es ihm, sich auf festeren Boden zu ziehen. Den Eishaken ließen sie für die Seilschaft unter ihnen stecken, was sich für den vorsteigenden Österreicher als Glück erwies, denn kaum hatte er einen Karabiner eingehängt, glitt er aus. Die Schweizer und die Österreicher hatten sich zu einer Seilschaft zusammengeschlossen, und angesichts der Wetterverhältnisse beschlossen Konrad und Dad, sich ebenfalls mit ihnen zusammenzutun. So kam ein wahrhaft internationales Team aus vier Ländern zustande – Deutschland, Österreich, Schweiz und USA. Es war erst Mittag, und Dad war überzeugt, daß sie den Gipfel noch am gleichen Tag erreichen würden. Beunruhigend war nur, daß sie Hans und Nik seit dem Vorabend nicht mehr gesehen hatten.

Franz, ein sehr erfahrener Schweizer Felskletterer, schien genau der richtige Mann, um den Vorstieg durch den über ihnen liegenden Quarzriß zu übernehmen – einen berüchtigten, vierzig Meter langen und überhängenden Kamin. Der Eisüberzug, der den Fels bedeckte, machte ihm jedoch zu schaffen, und als er in der Mitte der schwierigsten Passage verzweifelt nach Griffen suchte und dabei einer Lawine auswich, rutschte er ab und riß den ihn Sichernden anderthalb Meter von dessen Standplatz weg.

Dad spähte wandabwärts in einen offenen Kessel, der so

feindselig wirkte, daß er sich kaum vorstellen konnte, daß Nik und Hans irgendwo dort unten waren. Trotzdem hoffte Dad, jeden Augenblick eine menschliche Gestalt auftauchen zu sehen oder zumindest Rufe aus Richtung Götterquergang zu hören. Doch das einzige, was zu hören und zu sehen war, waren der Sturm und die sich ständig verändernde Gestalt der Spinne.

Nach fast einstündigem Kampf hatte einer der Österreicher den Überhang überwunden, und nachdem sie von oben gesichert waren, kletterten der zweite Österreicher und der erste Schweizer relativ schnell hinterher. Dann begingen sie jedoch den Fehler, das Seil aus den Karabinern auszufädeln, um einen Rucksack nachzuziehen. Das von den Vorsteigern kommende Seil lief jetzt sehr weit seitlich, weshalb die nachkommenden Kletterer von oben kaum gesichert waren.

Die Stimmung unter den Schweizern wurde immer verzweifelter. Einer der beiden Schweizer mit Namen Sepp kletterte bis knapp unter die Mitte des Überhangs, wo er dem Strom des über das Eis laufenden Wassers und Naßschnees ausgesetzt war. »Zug! Zug!« brüllte er, doch das Seil half ihm in diesem Winkel nichts und stellte auch kaum eine Sicherung dar. Sepp geriet in Panik, und als er eine Bewegung machte, verlor er den Halt. Die Schwerkraft übernahm den Rest: Zehn Meter weiter unten prallte er auf einen Felssims. Sein nächster Versuch endete genauso, und beim dritten Versuch flehte er lautstark, daß man ihn hochziehen solle.

Dad nannte es eine »unglaubliche Vorstellung, geradezu als sähest du dir ein schauderhaftes, völlig absurdes Melodram an, das aber Auswirkung auf dein eigenes Leben hat«. An exakt der gleichen Stelle verlor Sepp erneut den Halt, doch diesmal war ihm der Fels weniger freundlich gesinnt. Er stöhnte auf und verkündete, daß sein Knöchel gebrochen sei.

Die Schweizer überlegten, ob sie Sepp zum Gipfel hochziehen sollten. Dad hielt das für verrückt, weil diese Männer den Fels bei diesen Verhältnissen nicht einmal *ohne* einen Verletzten bewältigten. Falls der Knöchel tatsächlich gebrochen war, blieb ihnen nichts anderes übrig, als den Verletzten zurückzulassen. Weil das Mißgeschick nicht weit vom Corti-Biwak passiert war, könnte man ihn vom Gipfel aus mit einem Stahlseil bergen, wie man es 1957 mit dem italienischen Alpinisten Claudio Corti getan hatte, nachdem dessen Seilpartner gestorben war. Sepps Leben und das Leben aller anderen schien davon abzuhängen, daß einer von ihnen schnellstmöglich den Gipfel erreichte und abstieg, um Hilfe zu holen. Dad und Konrad überlegten, ob sie sich von der Gruppe trennen sollten, um voranzuklettern, beschlossen dann aber, vorerst zusammenzubleiben, um den anderen so gut es ging beizustehen.

Konrad überwand den Überhang ohne Sicherung von oben. Auch er fand es schwierig, hielt an einer Stelle inne und rief hinunter: »Mörderisch!« Während Dad sicherte, taten ihm die, wie er sie nannte, »jämmerlichen Gestalten in ihren durchnäßten, teilweise vereisten Kleidern, mit ihrem unkontrollierten Zittern und ihrer Mutlosigkeit« leid. Als er Konrad hinterherstieg, hängte er das Seil der Schweizer in die Karabiner ein, damit sie von oben gesichert waren. Auf diese Weise konnten sie ein Seil zum Nachziehen der Rucksäcke verwenden, während das andere zur Sicherung durch die Karabiner lief, und so schafften es die Schweizer schließlich hinauf. Der gebrochene Knöchel war bei der Aussicht, in der Wand zurückgelassen zu werden, offenbar schnell wieder verheilt.

Es wurde langsam dunkel, aber keiner wollte ein weiteres Mal biwakieren. Die meisten hatten bereits leichte Erfrierungen an den Zehen, und eine weitere Nacht ohne Bewegung würde alles noch verschlimmern. »Außerdem«, schrieb Dad, »waren uns allmählich die altbekannten Zweifel gekommen – die langsame Erkenntnis, daß der Weg, auf dem man sich gerade befindet, womöglich eine Einbahnstraße in die falsche Richtung ist. Keine Panik, keine Angst, sondern nur das ungute Gefühl, daß diese Möglichkeit nur zu wahrscheinlich ist – eine unfaire Wendung des Glücks, nachdem man schon so viel gewonnen hatte.«

Da die Österreicher schon irgendwo weiter oben waren, ließen Dad und Konrad den Schweizern den Vortritt. Als Dad und Konrad das untere Ende der etwa hundert Meter langen Ausstiegsrisse erreichten, war es schon Nacht geworden. Während die anderen eine ganze Seillänge über ihnen in Trittschlingen in der steilen Rinne standen, hackten sich Konrad und Dad einen winzigen Sims aus, auf dem sie sitzen konnten, solange sie die Fersen in den Schnee stießen. Nirgendwo fanden sie eine Stelle, an der sich Haken zur Selbstsicherung schlagen ließen. Sie konnten lediglich riskieren, die Riemen ihrer Steigeisen ein wenig zu lockern, damit ihre Füße besser durchblutet wurden. Ihre Daunensocken anzuziehen war unmöglich. Der Biwaksack wurde ständig von Lawinen getroffen, die sie hinunterzureißen drohten.

Weil sie ungesichert waren, durften sie auf keinen Fall beide einschlafen, denn dann wären sie von ihrem Sims abgerutscht und mindestens 1500 Meter in die Tiefe gestürzt. Deshalb hielt einer von ihnen eine Kerze in der Hand, die Finger so nahe wie möglich am Docht und an der Mulde mit dem geschmolzenen Wachs. Falls er einnickte, würde die Kerze zur Seite kippen, und das heiße Wachs würde ihn sofort wieder aufwecken. Gegen Morgen sank die Temperatur stark, was auf einen wolkenlosen Himmel schließen ließ.

Bei Tagesanbruch schlossen sie zu den anderen auf. Wegen der Erfrierungen an ihren Händen kletterten die Schweizer immer ungeschickter. Keiner sprach, jeder stieg verbissen weiter.

Auf dem Gipfelgrat begrüßte sie heller Sonnenschein, und endlich sahen sie ihren Traum, den Gipfel, vor sich. Die gesamte Landschaft unter ihnen war in Wolken gehüllt, nur

Bergspitzen stießen durch sie hindurch in die sonnenbeschienene Welt. Dad schrieb im *American Alpine Journal*: »Der Firngrat, der zur Gipfelwächte führte, glitzerte wie ein von innen beleuchteter Edelstein. Von unseren Pickelschlägen gelöste Eissplitter flogen durch die Luft und funkelten im Sonnenlicht vor dem makellosen Blau des Himmels.«

Dad verbrachte eine Woche im Militärkrankenhaus des Luftwaffenstützpunkts Hahn, um die leichten Erfrierungen an seinen Zehen zu kurieren. Den Österreichern und zwei Schweizern wurden Finger oder Zehen amputiert, zwei der Schweizer verloren sowohl Finger als auch Zehen. Hans und Nik brachten zwei weitere Tage in der Wand zu, erreichten jedoch kurz vor Anlaufen einer riesigen Bergungsaktion den Gipfel. Beide lagen mehrere Wochen im Krankenhaus. In seinem Artikel nannte Dad die zwei Schweizer beide »Sepp«. In seinen Aufzeichnungen taucht ein anderer Name auf, der in der Wand so ähnlich wie Sepp geklungen haben mag, doch ich habe aus Diskretionsgründen »Sepp« stehenlassen, ob das nun Dads Absicht gewesen sein mag oder nicht.

Fünf Weltbürger

Auch nachdem Dad sein lang ersehntes Ziel erreicht hatte, ließ ihn der Eiger nicht los. Jetzt ging ihm erst richtig auf, welche gewaltigen Möglichkeiten diese riesige Wand bot – etwas, was ihm in seinen nächsten vier Lebensjahren keine Ruhe ließ und ihn schließlich das Leben kosten sollte.

Wenige Monate nach seiner Nordwandbegehung mit Konrad vertraute Dad seine Pläne Roy Brown an, einem befreundeten Arzt vom Luftwaffenstützpunkt Hahn, der selbst kein Bergsteiger war. Roy erinnert sich, »wie wir eines Abends in Bernkastel bei einem Glas kühlem Moselwein zusammensaßen und auf einmal Karten und mögliche Routen am Eiger studierten. Mit leuchtenden Augen schilderte John mir sein Vorhaben, ein internationales Team zusammenzustellen, das die Nordwand über die Direttissima durchsteigen sollte.«

Damals war in der gesamten Nordwand erst eine einzige Route erschlossen, inzwischen gibt es zwei Dutzend. Die ursprüngliche Route, die Dad gerade geklettert war, wird meist als die »klassische Route« bezeichnet, oder auch als »1938er Route« bzw. »Heckmair-Route«. Dad wollte unbedingt derjenige sein, der in dieser gewaltigen Wand eine zweite Route eröffnete. Nicht nur irgendeine Route, sondern die Direttissima, die ohne Umweg jede Schwierigkeit angeht, statt sich auf der Suche nach einfacheren Passagen in der Wand hin und her zu schlängeln. Heckmair hatte eine brillante Route gewählt, und daß sie bis heute die mit Abstand beliebteste Route in der Wand ist, hat einen guten Grund: Es ist die Linie des geringsten Widerstands. In all diesen Jahren konnte niemand den von Heckmair gewählten Routenverlauf verbessern. Aber das war im Jahr 1938 gewesen, und für Dad war es jetzt 1962, und die Zeiten hatten sich geändert. Er wollte den Eiger ins moderne Zeitalter führen.

Obwohl Dad den Eiger immer im Hinterkopf behielt und die Direttissima etliche Male anzugehen versuchte, nahm das restliche Leben den größten Teil seiner Zeit in Anspruch. Sein Vertrag bei der Air Force lief in knapp einem Jahr aus, eine Verlängerung kam nicht in Betracht – in Betracht kam nur ein Umzug in die Alpen. Die Frage war bloß, was man beruflich dort tun konnte.

Dad und Mom hatten damals schon erste Pläne für eine alternative internationale Schule gemacht. Mögliche Namen und Standorte wurden immer wieder verworfen, am längsten scheint sich die Bezeichnung »The International Institute at Mont Blanc« mit Hauptsitz in Courmayeur oder Chamonix gehalten zu haben. Dem ersten Entwurf einer Broschüre zufolge sollte die Schule drei besondere Zielsetzungen haben: 1. Gründliche akademische Vorbereitung auf den Besuch angesehener Universitäten, 2. Charakterbildung durch Abenteuer, 3. Förderung der Völkerverständigung.

Das erste Ziel sollte durch hochqualifizierte Lehrer aus verschiedenen Ländern erreicht werden, das zweite durch Bergexpeditionen, die »Einsicht in den Charakter des Individuums vermitteln, der dann durch konstruktive Abenteuer weiterentwickelt wird«. Das dritte Ziel war, den Schülern beizubringen, wie man »mit Menschen unterschiedlicher nationaler Herkunft gerecht zusammenlebt, anderen Sitten wohlwollend gegenübersteht und sich mit Völkern verschiedener Nationalitäten verständigt«. Alle drei Ziele »sind Grundlagen für eine spätere Weltbürgerschaft. Ohne allzu dramatisch klingen zu wollen, ist dieses Ziel unserer Schule von so entscheidender Bedeutung, daß man sagen könnte, das Überleben unserer gegenwärtigen Zivilisation hänge davon ab. Krieg ist heute gleichbedeutend mit Auslöschung. Unser Leben hängt deshalb von internationaler Verständigung und Zusammenarbeit ab. Die Jugend ist unsere einzige Hoffnung, und das Mittel, um diese Ziele zu erreichen, ist die Bildung.«

Dad war für das Gesamtkonzept, den Abenteueraspekt und die Finanzierung zuständig, Mom für die Ausarbeitung des Lehrplans für die naturwissenschaftlichen Fächer und theoretische Details. Leider ließen sich keine Geldgeber finden, auch auf akademischer Seite stieß das Projekt auf Vorbehalte. Aus der Perspektive des 21. Jahrhunderts gesehen, befanden sich meine Eltern, wie ich finde, damals schon auf einem erstaunlichen Weg und waren den Geldgebern, die sie brauchten, lediglich um ein oder zwei Jahrzehnte voraus; außerdem fehlte ihnen die nötige Lehrerfahrung, um sie überzeugen zu können. Ich selbst ging 1962 noch in den Kindergarten, und das einzige, was ich damals von alldem begriffen hätte, wäre wahrscheinlich die Tatsache gewesen, daß ich dann nicht so oft hätte Skifahren dürfen, wie ich es gern gewollt hätte.

Diese wichtige Sache – viel Zeit zum Skifahren – sollte sich im nächsten Winter ändern, als meine Mutter, meine Schwester und ich Weihnachten und mehrere verlängerte Wochenenden in den bayerischen Alpen verbrachten. Dad war zum Militärstützpunkt in Garmisch geschickt worden, um im Biathlon-Team der US-Armee für die Internationalen Militärskimeisterschaften in Chamonix zu trainieren. Er war alles andere als ein geübter Skifahrer, denn er hatte es erst wenige Jahre zuvor zusammen mit meiner Mutter in Kalifornien gelernt. Mom hatte damals an einem Skikurs teilgenommen, während es Dad lediglich darauf angekommen war, das untere Ende der Skipiste zu erreichen, im Vertrauen darauf, daß ihn seine Muskelkraft und seine Reflexe davor bewahrten, sich den Hals zu brechen. Beim Biathlon mußte er nicht nur Langlaufen können – was er zu diesem Zeitpunkt noch nicht konnte –, sondern auch schnell und zielgenau schießen. Letzteres hatte er als Kind auf einer Afrika-Safari mit seinem Vater gelernt. (Das Jagen, nicht jedoch das Schießen, gab er auf, als er eine Antilope erlegt hatte und zu seiner großen Erschütterung erfuhr, daß sie trächtig gewesen war.) Die Teilnahme am Biathlon war für Dad wie ein bezahlter Urlaub und wirkte sich positiv auf seine Stimmung auf.

Garmisch war von München, wo sein Freund Konrad wohnte, nur eine Autostunde entfernt und erwies sich für eine Reihe von Dads Freunden, einschließlich Gary, als ein attraktiver Ort, um ihn dort zu besuchen. Das Beste von allem war jedoch, daß Sandy Bill, der für das Skitraining zuständige Offizier, ebenfalls Bergsteiger war. Die beiden wurden sofort dicke Freunde. Natürlich sprachen sie über die Eiger-Direttissima und fuhren zwischen den Trainingsstunden sogar in die Schweiz, um sich die Wand anzusehen. In Garmisch gastierte damals auch gerade die Folksängerin Julie Felix, von der wir alle begeistert waren, vor allem meine Schwester und ich. Sie trat dort in einer Kneipe auf, und an den Abenden, an denen wir länger aufbleiben durften, versuchten Andréa und ich sie immer zum Singen des Lieds von der alten Frau mit der verschluckten Fliege zu überreden. (In der letzten Strophe schluckt die alte Frau schließlich ein Pferd hinunter, das all die anderen Tiere fressen soll, die sie schluckte, um die Fliege zu erwischen; die alte Frau starb dann natürlich.)

Aber das war für mich damals alles eher nebensächlich. Das Wichtigste war das Skifahren. Weil ich ohne Begleitung meiner Mutter nicht mit dem Sessellift fahren durfte, beschränkten sich die Abfahrten für mich hauptsächlich auf den steilen, buckligen Hügel neben der Skihütte, den man mit dem Schlepplift hinauffahren konnte. Meine Mutter paßte vermutlich vom Fenster aus auf, daß alles gutging. Anfangs hatte ich keine Ahnung, wie man diese Höcker überwand, und wartete, bis ein guter Skifahrer hinunterfuhr, um zuzusehen, wie er es machte. Dann stieß ich mich ab und versuchte es ihm gleichzutun. Meine neuen Skier hatten Stahlkanten – breite, angeschraubte Platten – und waren so lang, daß ich hochspringen mußte, um mit den Fingern bis an die Spitzen zu kommen. Wenn ich kräftiger gewesen wäre, wären sie vermutlich auch biegsam gewesen, aber ich war ein schmächtiges Kind und blieb es bis ins Teenager-Alter. Damals waren die Skistiefel niedrig und aus weichem Leder, so daß man gut darin laufen konnte. Meiner Tochter habe ich diese alte Ausrüstung nicht weitervererbt, aber damals, im Winter 1963, schien sie ganz brauchbar zu sein. Im Laufe der Zeit konnte ich immer schnelleren Skifahrern diese Buckelpiste hinunter folgen, bis ich schließlich Pistenkönig war.

Der Sessellift eröffnete mir ein noch viel größeres Königreich. Mom behauptet, daß ich bei meinen ersten Abfahrten gestürzt sei und sogar geheult hätte, wenn ich mit meinen verhedderten Skiern am Boden lag. Mir selbst ist als einzige schmerzhafte Erinnerung im Gedächtnis geblieben, wie Mom sich einmal den Skihandschuh auszog und dabei der Diamant von ihrem Verlobungsring – ein Familienerbstück – in den Schnee fiel. Sie hatte sich den Ring damals angesteckt, weil Dads Eltern gerade zu Besuch waren. Stundenlang (so kam es mir jedenfalls vor) haben wir im Schnee gewühlt, aber vergebens. Für mich war es vergeudete Zeit, die man besser zum Skifahren hätte nützen können.

Für Dad war der Wettkampf ein Mißerfolg, denn als der Startschuß fiel, machten ihm gerade die ersten Anzeichen einer Durchfallerkrankung zu schaffen. Er mußte mehrere Male im Wald verschwinden, was ihm nicht immer rechtzeitig gelang, und fror sich dabei seine Weichteile an. Er kam als einer der letzten ins Ziel.

Abgesehen davon verlief das Leben jedoch gut. Mom faßte es in einem Brief zusammen: »John hat in seiner Rolle als Familienvater große Fortschritte gemacht. Zum ersten

Mal hat er gut gelaunt an Familienausflügen teilgenommen. Beide Kinder können jetzt ohne Aufsicht Skilaufen. Nach dem Wettkampf waren wir zu viert eine Woche lang Skifahren – Zugspitze und drüben in Österreich. John war sehr stolz, weil Andréa und Johnny am Schalter für den Sessellift beinahe abgewiesen worden waren, und dann, nachdem sie von der Zugspitze heruntergefahren waren, sogar noch ein zweites Ticket lösten. Wir picknickten an den Hängen, entspannten uns einfach und durchstreiften die Gegend. Während John früher einmal verlauten ließ, daß er abwarten würde, bis die Kinder zehn Jahre alt seien, genoß er jetzt die Freuden mit größeren Kindern, die keine Windeln, Fläschchen und Kraxen mehr brauchen.«

Und ihren Eltern schrieb Mom: »Ich bin glücklicher als je zuvor in meinem Leben – ausgefüllt, neu belebt, komplett – und voller Vorfreude auf eine aufregende Zukunft. Ich bin unheimlich froh über das, was ich habe. Der Kern meines Glücks ist natürlich, daß ich so schrecklich verliebt bin.«

Es sah damals so aus, als käme alles Gute auf einen Schlag. Dad hatte nun das reife Alter von 27 Jahren erreicht und wurde allmählich erwachsen. Im Juni würde er die Air Force verlassen, und obwohl er die Fliegerei so liebte, schrieb er dem Marinepiloten Paul Revak, mit dem er befreundet war: »Wenn man bedenkt, daß der Tag 24 Stunden hat und das Jahr 365 Tage, muß man sich fragen, was wichtiger ist. Angesichts der Wiesen und Berge, die man in seinem Leben aufsuchen kann, kommt einem das Durchdrücken des Fußpedals ziemlich belanglos vor.« Er hatte seinen Eiger bestiegen und hatte ein noch größeres, noch aufregenderes Eiger-Projekt im Kopf. Und seine Kinder entwickelten sich früher als erwartet von einer bloßen Last zu so etwas wie interessanten Lebewesen.

Ich profitierte am meisten von unserem neuen familienfreundlichen Dad. Im Februar, kurz nach dem Biathlon, fuhren wir nach Österreich zu meiner ersten großen Skitour. Jedenfalls kam sie mir groß vor. Um mit den Skiern bergauf steigen zu können, braucht man zweierlei: Bindungen, mit denen man beim Gehen die Fersen heben kann, und Steigfelle, die das Rückwärtsrutschen der Skier verhindern. Ursprünglich verwendete man dazu kurzgeschorene Seehundfelle, die man auf die Bretter montierte, damit man vorwärts und nicht rückwärts rutschte. In den Sechzigern bestanden diese »Felle« aus Mohair auf Baumwolle, später aus Synthetikfasern. Der ursprüngliche Name wurde beibehalten. Natürlich wurden keine Felle für Sechsjährige hergestellt, und so suchte sich Mom eine robuste Nähmaschine und nähte die Felle mehrmals um, bis sie die richtige Größe hatten. Damals wurde die Ferse von einem Bügel nach unten gehalten, der vorne an der Stiefelspitze mit einem Hebel gespannt wurde. Der Bügel lief seitlich am Ski durch Haken, so daß man ihn nur zu entriegeln brauchte, um die Ferse beim Laufen auf und ab bewegen zu können.

Unser Ziel im Februar 1963 war ein Berg, an dessen Gipfel drei Länder zusammenkamen: Italien, Österreich und die Schweiz. Der Anstieg war nicht steil, aber lang, und meine Beine ermüdeten von dem mühsamen Geschleife der Ski, noch dazu in der prallen Sonne. Doch schließlich waren wir oben und blickten in sämtlichen Richtungen und so weit das Auge reichte auf schneebedeckte Berge. Dies war mein erster richtiger Gipfel, die Spitze eines richtigen Berges, und ich war unbändig stolz.

Wenn ich in den folgenden vier Jahrzehnten hin und wieder an diesen Tag zurückdachte, fragte ich mich jedesmal, ob das wirklich in jenem Jahr gewesen sein konnte. Doch irgendwann stieß ich in einer von Moms alten Diakästen auf ein Dia, das eine junge Mutter zeigt, die die Arme um einen kleinen Jungen gelegt hat. Die Aufschrift lautet: »Skitour Feb. 63. Der Punkt, wo Österreich, die Schweiz und Italien zusammentreffen. Johnny (6 Jahre) hielt ziemlich gut mit seinem Vater mit & mich hängte er ab!«

Einen Monat später nahm mich Dad zum ersten Mal zu einer Klettertour mit Seilsicherung mit. Wir zelteten zwischen den Felswänden und -türmen der Calanques, einem zerklüfteten Küstenstrich mit weißen Kalkfelsen und türkisfarbenen Buchten zwischen Marseille und Cassis an der französischen Mittelmeerküste. Wenn in den Alpen anhaltend schlechtes Wetter herrschte oder wenn Dad einfach mal wieder eine ordentliche Portion Sonne und Spaß brauchte, packte er seine Sachen in seinen Sunbeam Alpine und fuhr in Richtung Süden ans Meer. Ich erinnere mich, wie wir damals nach der Tagesfahrt von Bernkastel nach Einbruch der Dunkelheit ankamen. Das Geschrei der Zikaden war ohrenbetäubend, als wir unsere Schlafsäcke neben dem Auto auf dem Parkplatz ausrollten. Bei Tagesanbruch war es vollkommen still, ein salziger Geruch lag in der Luft, und eine frische Brise ließ kaum vermuten, daß es ein warmer Tag werden würde. Ein von Salbeisträuchern gesäumter Pfad wand sich einige Kilometer durch die ausgedörrte provenzalische Landschaft – welch ein Kontrast zu dem trüben regnerischen Norden, dem wir gerade entflohen waren! –, bis das Gelände auf einmal rund 300 Meter zu dem tiefblauen, im Sonnenlicht glitzernden Wasser hin abfiel. Vom Wind verdrehte Zypressen krallten sich an den weißleuchtenden Felswänden fest, eine Landschaft, wie ich sie noch nie zuvor gesehen hatte. Ein gewundener Pfad führte zu einem kleinen Badestrand an der Spitze der Felsbucht Calanque d'En Vau hinunter, dem Diamanten unter den Edelsteinen.

In dem Naturschutzpark war das Zelten streng verboten, aber das Übernachten im Freien war damals noch erlaubt, und so schliefen wir auf dem Sandstrand und lauschten dem leisen Schwappen der kleinen Wellen auf den Strandstreifen der schmalen Bucht. Außer der Schönheit der Landschaft und der wohltuenden Sonne sind mir von unseren Fahrten in die Calanques noch ein paar andere Dinge in Erinnerung geblieben: das Geschrei der Zikaden auf dem Plateau und die Stille unten am Strand; wie einmal abends ein Würfel Margarine aufs Meer hinaustrieb und Dad hinterherschwamm, um ihn zurückholen; Moms Schmerzensschreie beim Entfernen der Seeigelstacheln aus ihren Fußsohlen, nachdem sie beim Klettern über einen Felsen ins Meer gerutscht war; die Suche nach unserer entlaufenen Siamkatze und wie wir sie schließlich wiederfanden, und das Wechselspiel von Hochgefühl und Angst, als Dad mit mir die über unserem Schlafstrand aufragende Petite Aiguille (»Kleine Nadel«) bestieg.

Dad band mir das Seil mit einem Bulinknoten um die Taille, und so begann meine erste Lektion im Knüpfen von Knoten. Zugleich lernte ich das flaue Gefühl im Magen und die sogenannte »Nähmaschine« in den Beinen kennen. Die sechzig Meter hohe Felsspitze, die so verlockend ausgesehen hatte, verwandelte sich schlagartig in eine furchterregend hohe Wand. Anfangs war die Kletterei einfach, doch dann ragte auf einmal ein senkrechter Felsabschnitt über mir auf, und darunter sah ich den Abgrund, in den ich zu stürzen glaubte, wenn meine Hände den Halt verloren oder mein Fuß abrutschte. Während ich mich am Fels festklammerte, verkrampfte sich mein Körper dermaßen, daß meine Ferse auf einmal unkontrollierbar zu zittern begann wie eine auf und ab ratternde Nähmaschinennadel. Es dauerte fast zwanzig Jahre, bis es mir gelang, diese auf Angst beruhende Reaktion unter Kontrolle zu bringen. Damals auf der Aiguille machte mir Dad durch einen Ruck am Seil klar, wohin ich gehen sollte – aufwärts! –, daß ich gesichert war und dem Seil vertrauen mußte. Er zog mich nicht hinauf, denn schließlich sollte ich ja klettern lernen. Als ich endlich den Gipfel erreichte, stieß Dad einen lauten Jodler aus, dessen Echo in den Schluchten widerhallte und mit Hurrarufen von meiner Mutter, Schwester und Dads Kletterfreunden am Strand und auf den Klippen ringsum erwidert wurde.

Dad strahlte übers ganze Gesicht. Ich fühlte mich drei Meter, vielleicht auch sechzig Meter groß.

Etwa um diese Zeit erfuhr Mom, daß an einem Gymnasium und einem College im französischsprachigen Teil der Schweiz eine Biologie- und Chemielehrerstelle zu vergeben war. Das schien zu schön, um wahr zu sein. Also packte sie Andréa und mich auf den Rücksitz unseres Autos und fuhr mit uns nach Leysin zum Vorstellungsgespräch. Als ich dieses hoch über dem Talgrund an einem Berghang klebende verschneite Dorf zum ersten Mal sah, fielen mir fast die Augen aus dem Kopf. Mom parkte an der Serpentinenstraße ein Stück oberhalb der Amerikanischen Schule von Leysin und ließ Andréa und mich im Auto zurück, während sie hineinging, um mit dem Schulleiter zu sprechen. Wusch, wusch, sausten die Schüler auf Skiern mitten auf der Straße an uns vorbei und auf die Schule zu, schnallten direkt vor dem Eingang ihre Skier ab und gingen hinein. Konnte solch ein Ort Wirklichkeit sein? Hier war das Paradies, und nachdem ich es mit meinen eigenen Augen gesehen hatte, hätte ich alles getan, um innerhalb dieses Himmelstors zu leben.

Überraschenderweise war Dad nicht sofort überzeugt. Der Grund: Leysin war damals noch auf keiner Kletterkarte verzeichnet. Mom brachte Dad Postkarten mit von den beiden direkt hinter dem Dorf aufragenden atemberaubenden Kalksteintürmen – Tour d'Aï und Tour de Mayen – und wies ihn darauf hin, daß man dort bestimmt klettern könne. Sie machte ihm klar, daß es von Leysin aus nur zwei Stunden Fahrt bis zum Eiger und nach Chamonix (in jeweils entgegengesetzter Richtung) seien. Und da war noch etwas anderes: Sie hatte sich erboten, eine Zeitlang für den Unterhalt der Familie zu sorgen, damit Dad nach seiner Zeit bei der Air Force eine Pause einlegen könnte, und, was noch wichtiger war, damit er Zeit zum Schreiben hätte (er wollte jetzt Berufsschriftsteller werden) und an dem Schulprojekt weiterarbeiten könnte.

Die Alternative zu Leysin war England, wo Mom eine Lehrerstelle angeboten worden war. England war schrecklich. Irgendwie wußte ich instinktiv, daß es dort keinen Schnee gab, und selbst wenn das Land nicht furchtbar flach wäre – was es mit Sicherheit war –, hatten Hügel, die im Winter nicht weiß wurden, für mich keinen Wert. Dad würde irgendwo in den Alpen bleiben, zumindest solange, bis sich finanziell etwas änderte und wir zu ihm ziehen könnten.

So manchen Tag habe ich bäuchlings, eine Landkarte der Schweiz vor der Nase, auf dem Fußboden unserer Wohnung in Kues gelegen und die Linien gezählt, die Skilifte anzeigten. Beim stundenlangen Studieren brannten sich die Namen der Lifte, Straßen und Berge in mein Herz ein und ließen die Alternative noch unerträglicher erscheinen. Zum ersten Mal in meinem Leben sah ich mich deutlich vor einer Weggabelung stehen; je nachdem, für welche Richtung sich meine Eltern entschieden, würde das für mich unwiderrufliche Folgen haben.

Schließlich kam mit der Post die Zusage. Mom konnte an der »Leysin American School« und am weiter oberhalb im Dorf gelegenen »American College of Switzerland« Biologie und Chemie unterrichten. Wir konnten in einem benachbarten Chalet wohnen, und das kleine Gehalt würde zum Leben reichen. Die Sache hatte nur einen Haken: Mom würde die Stelle nur dann bekommen, wenn Dad bereit war, an beiden Schulen Sportlehrer zu werden.

Das hatte Dad nicht im Sinn gehabt; er wollte eine Zeitlang ohne Anstellung sein und später seine eigene Schule gründen. Damit Mom ihre Stelle annehmen konnte, willigte er jedoch ein, die ihm angebotene Position ein Jahr lang zu übernehmen. Als ich sieben wurde und in Kues ins erste Schuljahr kam, beides im Mai, wußte ich, daß sich mein Leben im Tiefland dem Ende näherte, daß ich dem englischen Regen entronnen war und daß die Zeit gekommen war, ein ernsthafter Skifahrer zu werden. Ein glücklicheres Kind hätte man sich kaum vorstellen können.

Dads Zeit bei der Air Force endete im Juni, das Schuljahr an den Amerikanischen Schulen begann erst im September. In der dazwischenliegenden freien Zeit wollten wir auf einem Campingplatz bei Chamonix wohnen, während Dad die umliegenden Berge bestieg. Und so setzte sich Dad ans Steuer des Sunbeam Alpine, Gary auf die Konsole zwischen den Vordersitzen, Paul Revak nahm auf dem Beifahrersitz Platz und meine Mutter auf seinen Schoß, und Andréa und ich quetschten uns in den Kofferraum. Die für einen Sommer benötigte Camping- und Kletterausrüstung war irgendwo festgezurrt. Wir winkten der Familie Hoffmann ein letztes Mal zu und donnerten aus der Einfahrt hinaus.

Dad muß überglücklich gewesen sein. 27 Jahre alt, gerade sechs einengende Jahre beim Militär hinter sich – sein gesamtes Erwachsenenleben seit dem College-Abschluß –, und nun lag ein ganzer Sommer zum Klettern vor ihm, bevor er in ein Schweizer Bergdorf ziehen würde. Auch wir anderen schwebten auf Wolken. Hätten wir sonst alle in einen Zweisitzer gepaßt? Die Hupe dröhnte, die Männer johlten, Dad jodelte und ich strahlte übers ganze Gesicht.

Sechs Chamonix

Chamonix liegt in einem klassischen U-förmigen Tal, das im Laufe mehrerer Eiszeiten entstanden ist. Das bemerkenswerte an der Stadt ist der 3770 Meter über ihr aufragende 4807 Meter hohe Gipfel des Montblanc, dessen schimmernde Eiskappe zum Greifen nahe scheint. Mehrere Gletscher wälzen sich an seinen steilen Flanken fast bis in die Stadt hinab. Seit dem Tag im Jahr 1786, an dem ein einheimischer Schäfer namens Jacques Balmat einen aristokratischen Kunden auf den Gipfel des Montblanc führte, ist Chamonix das Weltzentrum des Bergsteigens. Die Erstbesteigung des Montblanc – des Mount Everest seiner Zeit –, die nach jahrelanger Suche nach einer Route und dem Hinauftransport von Leitern zum Überwinden von Gletscherspalten gelang, war ein Paradebeispiel für den Begriff »Gipfelstürmerei«. Sportklettern war damals noch unbekannt, es ging allein darum, sagen zu können, man habe auf dem höchsten Punkt der Alpen gestanden. Für die Europäer des 18. Jahrhunderts war es vielleicht sogar der höchste Punkt der Erde. Erst ein Jahrhundert später begannen sich Whymper und andere dem zweiten Wahrzeichen alpiner Größe – dem Matterhorn – zuzuwenden. Gleichzeitig kam mit diesem neuen Schlag Bergsteiger die Idee des Kletterns als Sport auf – etwas, was man sowohl zum Vergnügen als auch des Ruhmes wegen machte.

Während Kletterer und Gipfelstürmer nach wie vor jedes Jahr zu Hunderten über die Originalroute zum Gipfel des Montblanc aufsteigen, verbringen ambitionierte Alpinisten jetzt den Großteil ihrer Zeit auf den kleineren Nebenbergen. Heutzutage geht es den meisten Kletterern nicht um das Erreichen des höchsten Gipfels dieses Gebirgsmassivs, sondern um eine anspruchsvolle und schöne Kletterroute. Der Gipfel ist nicht das Ziel; was zählt, ist die Integrität der »Linie« – ein Grat, ein Couloir oder eine Wand, die schließlich in eine größere Struktur übergehen, beispielsweise ein Couloir in einen Grat, ein Grat in einen längeren Grat oder eine Wand in einen sanft ansteigenden Gipfelhang. Dank eines gut ausgebauten Netzes von Skiliften und Berghütten sind die meisten der bezaubernd schönen Granitrouten und alpinen Eisrouten von Chamonix nur ein oder zwei Stunden von der Bergstation einer Seilbahn oder von einer Hüttentür entfernt. Es gibt auf der ganzen Welt kein schöneres Klettergebiet und auch keine bequemer erreichbaren Berge als in der Umgebung von Chamonix.

Als Sommerwohnsitz wählten wir den Zeltplatz Biolet aus, weil er in einem Wald gelegen war, in dem der aus dem Mer de Glace fließende Bach das Tal von Chamonix erreicht. Mer de Glace – »Eismeer« – ist ein passender Name für diesen Gletscher, der ein breites Becken von fast vierzig Quadratkilometern (die großen Nebengletscher nicht mitgezählt) mit bis zu 200 Meter dickem Eis füllt. Im 19. Jahrhundert erstreckte sich der Gletscher bis ins Tal von Chamonix hinein und bedeckte auch das Gelände, auf dem sich unser Zeltplatz befand. In den 1960ern hatte sich der Gletscher schon so weit zurückgezogen, daß im Tal nur Schmelzwasser war, in dem wir spielen konnten. Kaum war unser Zelt aufgebaut, sprangen Andréa und ich davon, um die ausgewaschenen Felsblöcke und typisch gewundenen Bachläufe zu suchen, die nach ihrem Sturz den Berghang hinunter in die Ebene ausliefen. Weil Andréa erst fünf Jahre alt war und ich schon sieben, trug ich die Verantwortung für uns beide. Mom sagt, daß sie uns anfangs im Auge behielt, doch ich erinnere mich nur daran, wie meine Schwester und ich – manchmal gemeinsam mit anderen Kindern vom Zeltplatz – im kalten Morgentau, in der Mittagssonne und am Nachmittag, wenn die Sonne hinter dem Montblanc versank, von Stein zu Stein sprangen. Auf dem Weg durch den Wald zurück zu unserem Zelt ekelten wir uns immer vor den »Kackkreisen«, wie wir sie nannten: aus Steinen gelegte Kreise voller Kot und Klopapier. Wir waren alle schockiert über den vielen Müll, der in den französischen Alpen damals sämtliche Pfade säumte. Und die vielen leeren Patronenhülsen: Wir taten so, als seien es Funde aus grauer Vorzeit.

In der Nähe unseres Zeltplatzes war ein altes Kellerfundament. Stahlträger überspannten die Grube, und unser Spiel bestand darin, darüber zu balancieren und mit zunehmender Übung in der Mitte zu wenden. Ich glaube nicht, daß Mom von unserem Balancierspiel wußte, sie war zu sehr mit der Vorbereitung ihres Chemieunterrichts beschäftigt, den sie ab September geben würde. Aber ich hielt es für ungefährlich, weil die Grube nur zweieinhalb bis drei Meter tief und der Betonboden von Gestrüpp überwuchert war. Andréa balancierte ebenfalls darüber, weil »ihr großer Bruder es von ihr erwartete«.

Dad kämpfte unterdessen in den Bergen mit schlechtem Wetter. Sein wichtigstes Vorhaben in jenem Sommer war die Erstbegehung der Südwand der Aiguille du Fou (»Nadel des Verrückten«). Die Wand war ihm zwei Jahre zuvor zum ersten Mal ins Auge gesprungen, als er gemeinsam mit Gary über das Mer de Glace blickte. Von »einer der schönsten, glattesten Granitwände, die wir je gesehen hatten« war er sofort fasziniert. »Spontan nahmen wir uns vor, sie zu durchsteigen: vom unteren Ende des Couloir bis zum Gipfelblock auf der direktesten Route, die möglich war.« Auf jeder anderen Linie »könne man die Wand weder verzehren noch genießen, sondern nur kosten«, meinte er.

Als sie die Wand mit dem Fernglas absuchten, wurde

ihnen jedoch klar, daß die Probleme größer sein würden als bei jeder anderen anspruchsvollen Kletterei im Montblanc-Massiv. Sie beschlossen, zu warten, bis sie mit dem »technischen Klettern, wie es im Yosemite praktiziert wird, hinreichend vertraut wären« und einen ordentlichen Vorrat neuer, amerikanischer Haken aus Chrommolybdänstahl hätten, die in Europa nicht erhältlich waren. Im Sommer 1963 waren schließlich beide Vorbedingungen erfüllt.

Über ihren ersten Versuch kurz nach unser Ankunft auf dem Zeltplatz Biolet in jenem Juni schrieb Dad, daß genau in dem Moment, als Konrad zu ihm aufgeschlossen hatte, im Couloir über ihnen ein Grollen ertönte: Eisbrocken polterten direkt auf sie zu. Sie schlugen über ihren Köpfen ein, flogen in hohem Bogen über sie hinweg und weiter die Schlucht hinunter, wobei kleinere Lawinen ausgelöst wurden. Dad stieß vor Erleichterung einen Pfiff aus. Nachdem sie sich von dem Schreck erholt hatten, stiegen sie das Couloir hinunter, »wobei uns ständig die Angst im Nacken saß und wir die Ohren spitzten, ob das gefürchtete Geräusch wiederkehrte«.

Binnen einer Stunde begann es zu schneien, und als Konrad und Dad schließlich die Envers-des-Aiguilles-Hütte erreichten, wateten sie bis zu den Hüften im Schnee. Gary und der Schotte Stewart Fulton, die gemeinsam mit ihnen die Wand durchsteigen wollten, warteten schon mit einem warmen Essen auf sie.

Dann mußte Konrad wegen einer Juraprüfung nach München zurück und alle anderen, darunter Stewart und Garys Freundin Claude Guerre-Gentons – unsere Siamkatze Kuzma hatten wir auch dabei –, brachen die Zelte ab und zogen in die Dauphiné-Alpen, weil das Wetter dort besser war.

Im Juli kehrten wir nach Chamonix zurück, wo sich Dads Freund Tom Frost einfand, der gerade die Erstbesteigung des Kangtega, eines 6800 Meter hohen Gipfels in Nepal, hinter sich hatte und auf der Rückreise in die USA war. Tom und

Dad waren gebeten worden, die USA beim »Rassemblement International« zu vertreten, einem jährlichen Treffen von Elitebergsteigern, die von alpinen Vereinigungen verschiedener Länder ausgewählt wurden. Tom wollte sich unbedingt an der Durchsteigung der Fou beteiligen, worüber sich die anderen freuten, denn er war einer der Pioniere der neuen Ära des Big-Wall-Kletterns im Yosemite Valley und hatte mehr Erfahrung mit dem dortigen technischen Klettern als der Rest der Mannschaft zusammen.

Während meine Schwester und ich unter dem tropfenden Vordach unseres Zelts spielten, warteten Dad und seine Freunde ungeduldig auf gutes Kletterwetter. Schließlich machten sich Stewart und Dad bei zweifelhaften Wetterverhältnissen zu einer weiteren Erkundungstour auf. Im oberen Bereich des Couloirs stießen sie auf fast senkrechten, schneebedeckten Fels, stiegen aber trotzdem bis zum Wandfuß. Nach sechs weiteren Seillängen hatten sie einen besseren Blick auf einen riesigen Überhang, der ihre geplante Route blockierte.

Als sie gerade zu der Überzeugung gelangt waren, daß der Überhang bezwingbar war, brach das schon befürchtete Gewitter los und bombardierte sie mit Hagel. Der Hagelschauer wurde so heftig, daß sie beim Abstieg unter einem kleinen Überhang Schutz suchen mußten. Als es schon dunkel wurde und der Hagel sich in Regen verwandelte, ergriffen sie schließlich einmal mehr die Flucht aus der vertikalen Welt. Lawinen rauschten herunter, zum Glück ohne sie zu treffen. Um zwei Uhr morgens, genau 24 Stunden nach ihrem Aufbruch, stolperten sie erschöpft ins Lager zurück.

Ungefähr eine Woche später brachen Gary, Stewart, Tom und Dad zu einem erneuten Versuch auf. Sie bewältigten den riesigen Überhang – das Materialseil hing zehn Meter aus der Wand –, und nachdem ihre Hängematte zerrissen war, verbrachten sie die ganze Nacht in Trittschlingen stehend im Regen. Als es am nächsten Morgen immer noch regnete, seilten sie ab und begaben sich in ihr schützendes Zelt.

Bei einem weiteren Versuch begann es zu regnen, als sie gerade an den Fixseilen den Riß erklommen, aber sie entschieden, die Route trotzdem voranzutreiben. Als Stewart gerade eine lange, ungesicherte Passage im diagonalen Riß hinaufpiazte, rutschte er ab und stürzte in den einzigen zuverlässigen Haken, den er hatte anbringen können. Der Regen und Stewarts verletzte Hand zwangen sie zur Umkehr.

Wenn es zwischendurch einmal aufklarte, wanderte Mom mit uns Kindern den Serpentinenweg nach Montenvers hinauf, zur Bergstation der Zahnradbahn von Chamonix zum Mer de Glace. Andréa und ich stürmten so schnell bergauf, daß uns fast die Puste ausging. Wenn wir unterwegs Rast machten, warfen wir unsere schweren Rucksäcke auf den Boden und spielten Fliegen. Wir sprangen von hohen Felsblöcken am Wegrand ins weiche Gras und sausten wieder hinauf. Das Gefühl der Schwerelosigkeit war so real, daß wir fast glaubten, kurz vor dem Abheben zu sein.

Als Dad von seinem letzten, wegen Unwetters abgebrochenen Versuch zurückkam, versprach er mir, mich zur Envers-des-Aiguilles-Hütte am Fuß der Aiguille du Fou mitzunehmen. Auf diesen Moment hatte ich den ganzen Sommer lang gewartet – auf den Moment, da ich endlich Steigeisen anlegen könnte und mit einem Eispickel in der Hand den von Gletscherspalten durchzogenen Gletscher hinaufsteigen würde. Selbst jetzt, mehr als vierzig Jahre später, denke ich jedesmal, wenn ich auf knirschendes, blaues Eis trete, an meine erste Wanderung über das Mer de Glace zurück. Es ist ein berauschendes Gefühl, eins der intensivsten Gefühle überhaupt, und es durchläuft mich jedesmal eine Woge der Freude.

Weil meine Füße so klein waren, mußte Dad von einem Paar Damensteigeisen den Mittelteil herausnehmen und die Schienen zusammenschieben, bis sie auf meine Stiefel paßten. Er band die Mitte des Seils um meine Taille (damals gab es noch keine Klettergurte), drückte mir einen Eispickel in die Hand, band meine Mutter in das hintere Ende des Seils ein, und dann marschierten wir auf das wilde, blaue Jenseits zu. Das Eis glitzerte im hellen Sonnenschein, und die Körnchen auf der Oberfläche knirschten bei jedem Schritt. Mit den Steigeisen unter den Füßen lief man keine Gefahr, auszurutschen, sondern lediglich zu stolpern, wenn man die Füße nicht richtig hob. Bald schon näherten wir uns einem Riß im Eis, und ich beugte mich vorsichtig vor, um auf die himmelblauen Wände einer Gletscherspalte hinabzusehen. Etwa dreißig Meter weiter unten verdunkelten sich die Wände von Indigoblau zu Schwarz. Kalte Luftschwaden wehten aus der Spalte empor, dazu das Geräusch rauschenden Wassers weit unten in der Tiefe. Es war unheimlich und faszinierend zugleich. Ich stellte mir vor, wie es dort unten sein würde, wo die Bäche unter dem Eis durch eine größtenteils gefrorene Welt aus Dunkelheit flossen. Ich hatte Geschichten von Menschen gehört, die hundert Jahre nachdem sie in eine Spalte gestürzt waren, wieder aus dem Schlund dieses Gletschers ausgespuckt worden waren.

Mich durchlief ein Schauer, und dann hörte ich Dad rufen: »Komm, Johnny. Hier drüben können wir rüber.«

Wir sprangen an einer schmalen Stelle über die Gletscherspalte, der erste von vielen weiteren solcher Sprünge. Manchmal mußte ich Anlauf nehmen, um mit meinen kurzen Beinen hinüberzukommen, aber Dad sicherte mich jedesmal in den Sekundenbruchteilen, wenn mich die Eingeweide des Gletschers zu verschlingen drohten.

Dad freute sich sichtlich, daß ich vom Gletscherwandern so begeistert war. Moms Höhenangst war damals noch nicht so ausgeprägt, und auch ihr schien es Spaß zu machen, wenn auch nicht halb so viel wie mir. Andréa hatten wir bei Freunden auf dem Zeltplatz gelassen.

Nachdem wir eine Stunde lang über den Gletscher gewandert waren, ging es an einem großen Felsaufschwung einen Steig mit Stahlseilen und vereinzelten Sprossen hinauf. Obwohl meine Beine nach dem kilometerlangen Marsch über den Gletscher und mit einem Rucksack auf dem Rücken zu ermüden begannen – vom Zeltplatz aus hatten wir schon fast 1500 Höhenmeter überwunden –, verlieh ihnen jede neue Erfahrung neue Energie. Die Hände nach dem Seil und nach Stahlsprossen ausstreckend, stieg ich höher und höher den steilen Pfad hinauf.

Die Hütte war wie aus einem Kindertraum. Die große Holztür ging unter lautem Quietschen auf, ein Eßraum und eine Küche wurden sichtbar, in der das Personal gerade das Abendessen vorbereitete, dahinter befanden sich die Schlafräume mit Stockbetten. Der beste Teil der Hütte war die große Terrasse mit dem Panaromablick auf das von scharf gezackten Bergen gesäumte Mer de Glace. Bergsteiger sortierten auf dieser Veranda ihr Klettermaterial – lauter Sachen, welche die Phantasie jedes Jungen anheizten: aufgerollte Seile, klimpernde Felshaken, Aluminiumkarabiner, Trittleitern, Kocher, Rucksäcke, Schlafsäcke – alles, was man für eine große Klettertour braucht. Das laute Stimmengewirr in der Hütte setzte sich aus so vielen verschiedenen europäischen Sprachen zusammen, daß ich sie gar nicht alle identifizieren konnte: Französisch, Deutsch, Englisch (mit verschiedenen Akzenten), Italienisch und alle möglichen anderen, die mir bis heute unbekannt sind – Katalanisch? Tschechisch? Slowenisch? Doch gleich welche Sprache die Leute sprachen, an den Blicken, die in meine Richtung fielen, merkte ich, daß ich allgemein Aufmerksamkeit erregte. Außer mir, der ich zudem klein für mein Alter war, befand sich in der Hütte kein einziges Kind.

Warum Dad und Stewart ihre Versuche an der Fou nicht gleich am nächsten Tag fortsetzten, weiß ich nicht. Vielleicht warteten sie auf Tom und Gary, die Nachschub an Proviant und Klettermaterial bringen sollten. Wie auch immer, jedenfalls nahmen mich Dad und Stewart zum Klettern an den Felswänden hinter der Hütte mit. Wir hatten nicht vor, das obere Ende zu erreichen, sondern kletterten nur etwa drei Seillängen hinauf, insgesamt um die hundert Meter. Der Anfang machte Spaß. Das letzte Stück auch. Dazwischen mußte ich wieder lernen, meine Angst so gut es ging unter Kontrolle zu halten. Irgendwie ist selbst ein Seil, das zu deinem Vater hinaufführt, weniger überzeugend – zumindest bis man sich daran gewöhnt hat – als der primitive Teil deines Hirns, der Abstürzen mit Sterben gleichsetzt.

»Zug, Daddy!« rief ich mit zittriger Stimme, damit er das Seil fester zog. Zug ist jedoch Mogelei, und das ließ Dad nicht zu.

»Komm schon, Johnny, benutz deine Füße!«

Meine Fersen begannen wieder unkontrolliert zu zittern. Was am Anfang so viel Spaß gemacht hatte, war mit einem Schlag ein Alptraum geworden. Doch schließlich hatte ich es geschafft und spürte plötzlich wieder, wie mich die Flut der Erleichterung durchströmte. Auf Fotos, die mein Vater damals oberhalb der Envers-des-Aiguilles-Hütte machte, ist ein kleiner Junge mit fehlenden Schneidezähnen und einem viel zu großen Helm zu sehen, der voll und ganz in seinem Element ist. Und so fühlte ich mich auf dem Rückweg zur Schutzhütte auch.

Als wir dort ankamen, machte sich Stewart gemeinsam mit Tom und seiner Verlobten Dorene zur Fou auf, wo sie biwakieren wollten. Am nächsten Morgen stieg Dad mit Mom, Gary und Claude hinterher. Ich sollte an jenem Tag in der Hütte bleiben, worüber ich mich freute. Mom sollte am Abend mit zwei jungen Amerikanern zurückkehren, während Claude und Dorene biwakieren und am folgenden Tag absteigen wollten. In einem Artikel für das *American Alpine Journal* schrieb Dad über seinen Anstieg mit Mom: »Der Himmel sah bedrohlich nach schlechtem Wetter aus.« Sie stiegen trotzdem weiter, im Vertrauen darauf, daß jeder auf sich selbst achtgeben könne.

Elf Jahre später trafen Konrad und seine Frau Joëlle die Hüttenwirtin der Envers-des-Aiguilles-Hütte auf einer Party in Chamonix, wo sie ihnen mit bewegter Stimme erzählte, wie Dad an einem Tag mit mir klettern gegangen sei und mich tags darauf in der Hütte zurückgelassen habe, während er mit meiner Mutter aufgebrochen sei. Sie sei damals sehr besorgt um mich gewesen und habe den ganzen Tag auf mich aufgepaßt, während ich umherlief und anderen Bergsteigern Tee servierte. Sie freute sich zu hören, daß ich meinen Weg gemacht hatte.

Nachdem sich die Kletterer von Freundinnen und Ehefrauen verabschiedet hatten, stiegen sie weiter die Wand hinauf, wo Tom eine der technisch vielleicht anspruchsvollsten Passagen in den Westalpen vorstieg. Dann übernahm Dad die Führung, doch nach einer Weile wurde es plötzlich so dunkel, daß er sich abseilte. Und da riß auch schon der Himmel auf, und noch bevor sie in ihre Biwaksäcke kriechen konnten, waren sie von Regen und Hagel durchnäßt. Blitze umzuckten die Fou, durchbrachen grell die Dunkelheit, der Sturm wurde immer heftiger. Es war eins der schwersten Unwetter des gesamten Sommers. Durchnäßt in ihren Biwaksäcken sitzend, betrachteten sie staunend die elektrischen Entladungen und fragten sich, ob der nächste Blitz wohl ihnen gelten würde. Dabei bemerkte Dad eine weitere bedauerliche Tatsache: Der Inhalt ihrer großen Feldflasche war ausgelaufen und hatte sich über seine Reservekleidung ergossen.

Ich selbst wurde unten in der Hütte erst nervös, als der Wind immer stärker wurde und Mom um die Abendessenszeit noch immer nicht zurück war. Ich erinnere mich, wie auf allen Seiten der Hütte Blitze krachten und die Wände von den Donnerschlägen erbebten. Während draußen Sturm und Donner miteinander rangen, drehte ich mich unruhig in meiner Schlafkoje hin und her. Die Erwachsenen sagten mir, ich solle mir keine Sorgen machen, konnten ihre eigene Unruhe aber nur schlecht verbergen. Daß Mom noch nicht zurück war, obwohl sie es versprochen hatte, konnte nur daran liegen, daß ihr etwas zugestoßen war.

Die beiden Amerikaner, denen Dad aufgetragen hatte, meine Mutter den Gletscher hinunterzubegleiteten, waren zwar große, kräftige Kerle, sie hatten jedoch keine bergsteigerische Erfahrung. Es schmeichelte Mom, daß Dad so viel Vertrauen in sie setzte; trotzdem war ihr mit diesen Anfängern mulmig zumute. Als sie die Hälfte des Abstiegs zur Hütte hinter sich hatten, wurde es dunkel, und das Gewitter brach los. Im Licht der Blitze entdeckte Mom eine seichte Gletscherspalte und sagte den beiden Burschen, daß sie dort Unterschlupf suchen müßten, bis es wieder hell würde. Sie fand, daß es immer noch besser sei, wenn ich mir Sorgen machte, als das Risiko einzugehen, zu stolpern oder vom Weg abzukommen. Doch ihre beiden Begleiter bestanden darauf, weiter den Gletscher hinabzusteigen, alle drei an einem Seil gehend, obwohl ein Stück weiter unten ein großer Abbruch war. Der Seilletzte, der Größere der beiden, rutschte auf einmal aus und glitt, immer schneller werdend, auf den Gletscherrand zu. Wenn Mom nicht geistesgegenwärtig ihren Eispickel ins Eis gerammt hätte, um seinen Sturz aufzufangen, hätte er die anderen mit sich gerissen. Von nun an hörten die beiden auf sie, und es ging immer nur einer von ihnen weiter, während die anderen stehenblieben. Leider fanden sie jetzt keine seichten Gletscherspalten mehr, in denen sie hätten Schutz suchen können.

Während ich mich in meinem Bett immer noch unruhig von einer Seite auf die andere wälzte, ging quietschend die Tür auf, und meine Mutter kam herein. Die Erleichterung, die wir beide empfanden, vertrieb ihre Erschöpfung und meine Angst.

Dad und seine Partner vollendeten ihre Route – vielleicht

die anspruchsvollste in den gesamten Westalpen –, und als nächstes durchstieg er gemeinsam mit Tom im August den Linken Frêneypfeiler, den er als »die schwierigste Route auf den Montblanc« bezeichnete. Doch das genügte ihm immer noch nicht. Nun war der Zeitpunkt gekommen, um sich mit Gary und Stewart auf dem Zeltplatz von Alpiglen am Fuß des Eigers zu treffen. Ihr Ziel war die Direttissima, die direkteste Linie vom Wandfuß zum Gipfel.

Durch das Teleskop auf der Kleinen Scheidegg beobachtete Dad ein japanisches Team im unteren Bereich der Route, die Dad damals schon »die klassische Route« nannte, obwohl es zu diesem Zeitpunkt noch immer die einzige erschlossene Route war. Weiter oben in der Wand war ein spanisches Team, das äußerst langsam vorankam. Die Spanier und die Japaner waren jedoch von untergeordnetem Interesse. Die beiden Kletterer, denen ihre ganze Aufmerksamkeit galt, waren Italiener: Sie versuchten, die Nordwand in direkter Linie zu durchsteigen. Ignazio Piussi und Roberto Sorgato hatten sich bis fast ans untere Ende des Ersten Eisfelds hochgekämpft, als ein Sturm losbrach und sie zum Rückzug zwang. Auch das japanische Team begann abzusteigen. Weiter oben kämpften sich die Spanier trotz des Unwetters verbissen weiter hinauf. Durch das Teleskop war zu sehen, daß ständig Steine auf sie niederprasselten.

Der Sturm wurde in den darauffolgenden Tagen noch stärker und überzog das Zeltlager in Alpiglen wie im frühen Winter mit Schnee. Sie beobachteten die Wand weiterhin aufmerksam durch das Teleskop, und jedesmal, wenn sich die Wolken kurz teilten, konnten sie die Spanier sehen, die immer langsamer vorankamen. Obwohl die beiden keinerlei Zeichen gaben, daß man ihnen zu Hilfe kommen solle, kämpften sie eindeutig um ihr Leben. Als Dad sie am fünften Tag auf dem Götterquergang an einer Stelle sah, von der aus man sie von oben aus der Wand retten konnte, »löste er den Alarm aus«, wie er sich ausdrückte.

Daraufhin lief eine Bergungsaktion an. Am frühen Abend stiegen Toni Hiebeler, Sorgato (einer der beiden oben erwähnten Italiener) und zwei mit den Spaniern befreundete Bergsteiger mit einem Funksprechgerät und einem Megaphon zur Westflanke empor, um die beiden Bergsteiger in der Nordwand zu rufen. Um etwa 2 Uhr morgens begannen Piussi (der andere Italiener) und Dad, schwer beladen mit Proviant und Ausrüstungsmaterial, mit dem Aufstieg zu Hiebelers Biwak. Falls Hiebeler die Spanier lebend fand, wollten Piussi und Dad weiter bis zum Gipfel steigen und in den Ausstiegsrissen absteigen, um den Spaniern Hilfe zu leisten, bis ein Stahlseil herabgelassen werden konnte, um sie hochzuziehen.

»Was für eine enorme Kraft Piussi, dieser große, einfache Mann aus Treviso, hatte«, schrieb Dad, »wurde offensichtlich, als wir in zwei Stunden 600 Meter völlig vereisten Fels erklommen. In einem Gemisch aus Deutsch und Italienisch redeten wir von der Direttissima und drückten beide die Bereitschaft aus, es gemeinsam zu versuchen.« Bei Tagesanbruch erreichten sie das biwakierende Team. Während Tee gemacht wurde, erfuhren sie, daß die anderen von den Spaniern nichts gehört hatten und nun davon ausgingen, daß sie bei den Minusgraden in der Nordwand an Unterkühlung und Erschöpfung gestorben seien. Trotzdem kletterten Piussi und Dad bis zur Schulter hinauf.

Ein kalter blauer Himmel umrahmte die stille Nordwand. Über Funk erfuhren sie, daß man durch das Teleskop auf der Kleinen Scheidegg in der Spinne etwas gesichtet habe, das einem menschlichen Körper und einem Seil ähnele. Der obere Ende des Seils sei nicht zu sehen, führe aber vermutlich zu dem anderen Bergsteiger. Hermann Geigers Helikopter, der aus Sion angefordert worden war, kreiste über der Wand, konnte aber wegen schwieriger Luftströmungen nicht dicht an sie heranfliegen. Der Pilot konnte nur bestätigen, was man auch durch das Teleskop sah. Schließlich wurde beschlossen, die äußerst gefährliche Bergungsaktion abzubrechen, bei der es nun nicht mehr um die Rettung Lebender, sondern um die Bergung von Leichen ging.

Während sich all dies zutrug, faßten Sorgato, Piussi und Dad den Beschluß, gemeinsam die Direttissima anzugehen, und während des Abstiegs über die Westflanke diskutierten sie mögliche Varianten und was man an Ausrüstung und Proviant benötigte. Am unteren Ende der Westflanke drängte sich Piussi auf einmal vor, sprang in das mit einer Neigung von 45 Grad zum Wandfuß führende Eiscouloir und sauste in einem höllischen Tempo hinunter. Dad und die anderen rutschten vorsichtig hinterher, ständig in Bremsposition. Dad hatte den Eindruck, daß »Piussi, dieser großartige Mann, mit dieser waghalsigen Rutschpartie die Frustrationen der vergangenen Tage abzuschütteln versuchte«.

Sie hofften, die Direttissima sofort in Angriff nehmen zu können, doch die Stürme legten sich nicht, und schließlich mußten Sorgato und Piussi nach Italien zurück. Und Dad mußte nach Leysin, wo seine Familie und sein neuer Job auf ihn warteten.

Sieben
Leysin

Ein Stück östlich des Genfer Sees, wo sich scharf gezackte Berge an das breite Rhonetal drängen, schimmern hoch oben an einem Südhang die Lichter von Leysin. Das Dorf ist zu Fuß, per Hubschrauber und auf zwei weiteren Wegen zu erreichen: Es gibt eine kleine Zahnradbahn mit Schalensitzen, die verhindern, daß man gegen seinen Sitznachbarn prallt, wenn der Zug den unglaublich steilen Hang erklimmt. Auf dem Schienenweg sind es vom Tal bis ins Dorf bloß vier Kilometer, mit dem Auto wesentlich mehr. Weil Autos keine so extremen Steigungen überwinden können wie Schweizer Eisenbahnen, wurde eine schmale, schwindelerregende Straße gebaut, die sich über eine Strecke von sechzehn Kilometern in großen Schleifen den Berg hinaufwindet. In den sechziger Jahren war die Straße noch einspurig, kopfsteingepflastert und an den steilsten Abhängen von einer Steinmauer gesäumt. In den drei Jahren, die wir dort wohnten, wies ich Besucher jedesmal mit diebischem Vergnügen auf die klaffenden Lücken in der Mauer hin – Stellen, an denen Fahrzeuge 300 Meter in die Tiefe gestürzt waren.

Leysin ist ein richtiges Bergdorf. Wenn es auch nicht immer über den Wolken liegt (das ist auch besser so, denn sonst gäbe es keinen Schnee), so liegt es doch oberhalb des Talnebels. Während Chamonix sein Mer de Glace (»Eismeer«) hat, hat man von Leysin aus eine grandiose Sicht auf das Mer de Brouillard (»Nebelmeer«), wie die Einheimischen es nennen. Fast den ganzen Winter hindurch liegt eine Hunderte von Metern dicke Kondensationsschicht über dem Tal, und es sieht aus, als blicke man auf die Oberseite einer Wolke hinab – ein Anblick, den viele Nichtbergsteiger nur vom Flugzeug aus kennen. Normalerweise befanden wir uns oberhalb dieser dunstigen Schwaden in einer separaten Welt mit einem von gezackten Bergen gesäumten Horizont: den Dents de Midi (»Mittagszähnen«), den Dents de Morcles, den Diablerets (»Teufelshörnern«), und direkt über uns dem Doppelgipfel Tour d'Aï und Tour de Mayen. (»Morcles«, »Aï« und »Mayen« sind alte keltische Namen, deren Bedeutung in Vergessenheit geraten ist, während die französischen Wörter »Dent« und »Tour« klar sind: Zahn und Turm.) Im Süden und aus der Ferne klein wirkend, stehen die höchsten von allen: die permanent eisbedeckten Berge oberhalb von Chamonix. Der Blick von einem Balkon in Leysin ist so atemberaubend wie der Blick von den besten Biwakbändern der Welt.

Als Ärzte gegen Ende des 19. Jahrhunderts herausfanden, daß die ultravioletten Strahlen der Sonne die Heilung bestimmter Arten von Tuberkulose begünstigen, schossen im Gebirgsdorf Leysin Sanatorien wie Pilze aus dem Boden. Die Kurgäste wohnten getrennt nach Nationalitäten, Berufen und Vermögensverhältnissen in verschiedenen Häusern. In einem Haus logierten russische Aristokraten und verspielten dort kurz vor ihrem Tod ihr Vermögen. Um die ultravioletten Strahlen besser aufnehmen zu können, fuhren die Patienten nur mit Unterwäsche bekleidet Ski. Leider wird das einst so malerische Dorf heute von einer Vielzahl kastenförmiger Apartmenthäuser verschandelt, alle mit zur Sonnenseite hin ausgerichteten Balkonen. Zwei Jahre bevor wir nach Leysin zogen, war in einem dieser Kästen die »Leysin American School« (ein Gymnasium) eingerichtet worden, in einem anderen das »American College of Switzerland«.

Nicht weit vom Gymnasium entfernt standen zwei kleine Chalets, von denen eines für uns reserviert war. Bei unserer Ankunft sprangen meine Schwester und ich aus dem Auto, um sofort unser neues Zuhause in den Bergen zu erkunden. Wir waren ganz aus dem Häuschen und überließen es Mom, mit dem Möbelwagenfahrer zu verhandeln, der unsere Sachen nicht ausladen wollte. Er bestand darauf, daß ein Mann die Liste unterschrieb, doch Dad war beim Klettern. Schließlich holte meine Mutter den Schulleiter zum Unterschreiben, und wir konnten endlich unsere Spielsachen auspacken. (In der Schweiz erhielten die Frauen erst im Jahr 1971 das Wahlrecht, und es dauerte bis 1990, bis das Bundesgericht den letzten Kanton zur Einführung des Frauenwahlrechts zwang.)

Jedes Schweizer Chalet hat einen Namen: Unseres hieß »Pollux«, das Chalet nebenan »Castor«. Für mich hatte unser kleines Chalet alles, was man brauchte. Im Obergeschoß mit den schrägen Wänden waren drei kleine Schlafzimmer, eins davon bekam meine Schwester, ein anderes ich. Im Erdgeschoß befanden sich Küche, Wohn/Eßzimmer, Badezimmer und das Wohnzimmer mit einem großen, über den Berghang ragenden Balkon. Wenn der Schnee hoch genug war, um einen Drei-Meter-Sprung zu dämpfen, kletterte ich auf das Geländer und machte einen Salto in den Pulverschnee. Unter dem Balkon war ein ungeheiztes Kellergeschoß mit Tageslicht, in dem Dad seine gesamte Kletterausrüstung verstaute und häufig auch ein oder zwei Kletterpartner unterbrachte.

Der steile Grashang unterhalb des Chalets endete an einem Wald, der sich wiederum bis in das Nebelmeer hinab erstreckte. Ich verstand nicht, wie jemand dort unten in dieser Suppe wohnen konnte. Hinter unserem Haus, auf der gegenüberliegenden Seite der schmalen Zufahrtstraße, nicht viel mehr als 30 Meter von unserer Haustür entfernt, befand sich ein Schlepplift. Im Winter fuhr ich jeden Tag nach der Schule ein paarmal damit hinauf, um dann mit den Skiern den Hügel hinunterzusausen. In den Wäldern lagen Baumstämme, mit denen wir uns Festungen bauten. Das Gymnasium, an dem meine Eltern unterrichteten, lag etwa 500 Meter ortseinwärts, und abends nahmen wir uns aus der Cafeteria immer etwas zum Abendessen mit nach Hause. Hätte ich selbst nicht zur Schule gehen müssen, wäre das Leben richtig paradiesisch gewesen.

Das Hauptproblem in der Schule war die Verständigung. In der Schweiz, die flächenmäßig etwas kleiner ist als New Hampshire und Vermont zusammen, gibt es vier offizielle Amtssprachen. Nur ein winziger Teil der Bevölkerung in abgelegenen Tälern spricht Rätoromanisch, eine alte romanische Sprache, die aus kultureller Tradition als zusätzliche Nationalsprache gilt. Italienisch wird in dem an Italien grenzenden Teil der Schweiz von etwa sechs Prozent der Bevölkerung gesprochen. Am weitesten verbreitet ist Deutsch, das von 74 Prozent gesprochen wird. Der Singsang der Schweizer Mundart wird von den richtigen Deutschen mit ihrer rauhen Aussprache jedoch oft nicht ernst genommen. Als wir nach Leysin zogen, war Deutsch die Sprache, die ich lesen und schreiben konnte.

Die Bewohner Leysins gehören zu den 20 Prozent der Schweizer Bevölkerung, die Französisch sprechen. Obwohl es nur schwer vorstellbar ist, daß eine gebildete Schweizerin weder Deutsch noch Englisch spricht, behauptete meine Lehrerin zu meinem großen Leidwesen, daß sie nur eine Sprache beherrsche. Ein paar Wochen nach Schulbeginn machte ich einmal in die Hose, weil ich ihr nicht verständlich machen konnte, daß ich dringend aufs Klo mußte.

In den europäischen Ländern fing das Schuljahr damals nach den Osterferien an, während es an der American School von Leysin nach amerikanischen Muster erst im September begann. Folglich hatte das erste Grundschuljahr in Leysin schon angefangen, als ich in die Klasse kam und nur zwei Sprachen beherrschte, die hier völlig nutzlos waren. Als ich einmal zur Schule rannte, weil ich spät dran war (die Grundschule war mehr als anderthalb Kilometer von unserem Zuhause entfernt, alles bergab), sah mich eine im Auto vorbeifahrende Lehrerin und bot mir an, mich mitzunehmen. Beim Aussteigen sagte ich »Merci«. Ihre Antwort, »De rien« (»Nichts zu danken«, wörtlich: »überhaupt nichts«), verwunderte mich sehr. Sie hatte mich doch mitgenommen, was zweifellos *etwas* war, und sagte dazu *überhaupt nichts*? Wollte sie mich auf den Arm nehmen? Nach der Schule erklärte Mom es mir. Abgesehen vom Sprachproblem gab es noch andere Probleme, wie zum Beispiel, sich den anderen anzupassen. Einmal kämmte ich mir nach Dads Vorbild eine Tolle ins Haar. Die Lehrerin rief mich nach vorn und strich die Tolle glatt, womit sie mich abermals demütigte. Und irgendwie war die sprachliche und kulturelle Lernkurve so steil – oder mein Hirn so beschränkt –, daß meine Deutschkenntnisse verschüttgingen, während ich Französisch lernte. Als ich ein Jahr später einmal im Dorf mit der Gondel hinauffuhr, sprach mich ein Skifahrer auf deutsch an, und ich konnte ihm nicht antworten. Ich war völlig verwirrt, weil mir kein einziges Wort einfiel – es kam mir vor, als wäre ein Teil meines Gehirns amputiert worden. Mein Französisch hingegen war zu diesem Zeitpunkt schon fast so gut wie das der anderen Dorfkinder.

Das Gute an meinem bergab führenden Schulweg war, daß ich morgens mit Skiern zur Schule fahren konnte. Das Dumme war bloß, daß ich die Skier dann am Nachmittag bergauf tragen mußte. Außerdem konnte ich meine langen, steifen Bretter in dem schweren, ungespurten Schnee unten im Dorf nur schwer lenken, weshalb ich nicht oft mit Skiern zur Schule fuhr. Dafür trat ich dem örtlichen Skiverein bei. Slalom war nie meine Leidenschaft, weil man dabei Tore durchfahren mußte, was die Freude an der freien Bewegung – für mich das Wesentliche am Skifahren – beeinträchtigte. Abfahrtslauf war mir lieber, wegen des Geschwindigkeitsrauschs, in den man dabei geriet, wenn ich als Leichtgewicht auch nicht so schnell war wie die kräftigeren Kinder. Trotzdem boten mir Skiwettkämpfe in den folgenden Jahren viel Gelegenheit zum Skilaufen. Durch das Training mit dem Team an Samstagvormittagen kam ich in den Genuß einer stark vergünstigten Jahresliftkarte (18 $), die nur Vereinsmitglieder erhielten. Damit konnte ich an Sonntagen nach Herzenslust Skifahren, meistens zusammen mit meiner Mutter und manchmal mit Dad, einem erwachsenen Freund oder dem Skiteam des Gymnasiums.

Dank des Schlepplifts gegenüber unseres Chalets war ich nach der Schule im Nu oben auf dem Berg, um dem Skifahren zu frönen. Um die Hauptgondel zu erreichen, die zu den langen Pisten führte, mußten wir mit geschulterten Skiern durch die ganze Stadt stapfen. Mit einer Vier-Personen-Gondel fuhren wir dann über eine lange Schlucht hinweg – wo der Sturm einmal zwei Gondeln vom Kabel gerissen hatte – zur Bergstation La Berneuse weit oberhalb der Baumgrenze. Es machte mir vor allem bei starkem Wind großen Spaß, Besucher darauf hinzuweisen, wie tief die kleinen Gondeln und die darin sitzenden Fahrgäste gestürzt waren. Als wir schon einige Jahre in Leysin wohnten und ich schon gut skifahren konnte, fuhr ich einmal mit meinem Vater mit dem großen Schlepplift auf der anderen Seite von La Berneuse auf den Berg. Oben angekommen, schulterten wir unsere Ski und stapften zum Grat hinüber, von wo aus wir dann einen steilen Hang weit abseits der offiziellen Piste hinter der eisigen Nordwand des Tour d'Aï hinunterfuhren. Schließlich erreichten wir zwischen dem Tour d'Aï und dem ebenso schwindelerregenden Tour de Mayen eine riesige Senke mit unberührtem Schnee. Es kam mir vor, als wäre dort noch nie ein Mensch gewesen, die ganze Gegend erschien mir wild und abgeschieden. Mir zersprang vor Aufregung fast das Herz: Die Luft im strahlenden Sonnenschein war trocken und kalt und knisterte vor Energie – keine warme Energie, die träge macht, sondern kalte Energie, die einen zwingt, sich zu bewegen. Und so fuhren wir mit weiten Schwüngen den Hang hinab, kreuzten einander im aufstiebenden Schnee, drückten die Kanten nach unten und zischten zurück in die andere Richtung. Immer wieder kreuzten wir unsere Bahnen und achteten darauf, daß wir einander nicht rammten. Diese Abfahrt habe ich als eine der herrlichsten, vielleicht sogar als die allerherrlichste meines ganzen Lebens in Erinnerung.

Während meine neue Welt um Skilifte kreiste, war das Augenmerk meiner Eltern – vor allem von Mom – vor allem auf die Schulen gerichtet, an denen sie unterrichteten. Die Schüler wohnten im gleichen Gebäude, in dem sich auch die Klassenzimmer befanden. Ein kleiner Teil der Oberschüler kam aus Europa oder war in den USA aufgewachsen, die Eltern der meisten waren jedoch bei der Weltgesundheitsorganisation, bei Baukonzernen, an Botschaften, bei den Vereinten Nationen oder in multinationalen Konzernen in Afrika und Asien tätig, wo es keine privaten Vorbereitungsschulen fürs College gab. Während zu meiner Zeit die meisten Kinder oder deren Eltern gebürtige Amerikaner waren, wirbt die LAS heute damit, daß ihre 330 Schüler aus fünfzig verschiedenen Ländern kommen.

Dad, der die Arbeit als Sportlehrer an der LAS und am American College eigentlich nur angenommen hatte, damit Mom ihre Stelle bekam und wir alle gemeinsam in der Schweiz leben konnten, wußte aus seiner Zwangslage das Beste zu machen. Die Berge wurden zur Turnhalle umfunktioniert, und die Schüler mußten im Sportunterricht Laufen, Klettern und Skifahren. Manchmal durfte ich mitkommen, obwohl ich noch so klein war, daß ich den Oberschülern nur bis knapp über die Hüfte reichte. Ich war jedoch nicht dabei, als Dad eine Schülergruppe, die er gerade für die Haute Route trainierte, einen steilen Kamm außerhalb des offiziellen Skigebiets hinunterfahren ließ. Die Haute Route ist eine mehrtägige Skitour von Hütte zu Hütte durch das zerklüftete Gelände zwischen Chamonix und Zermatt, weshalb das

Training auf ähnlich schwierigem Gelände stattfinden mußte. Als Dads Schüler gerade Umsteigeschwünge den Kamm hinunter machten, verlor einer der Schüler die Kontrolle und stürzte auf der falschen Seite des Grats über zwei Felsstufen hinunter. Er landete auf einem Steilhang im weichen Schnee – zwei Grundvoraussetzungen, um tiefe Stürze unversehrt zu überstehen. Er schaffte es jedoch nicht, wieder auf den Kamm hinaufzukommen. Deshalb schickte Dad die anderen Schüler auf der sichersten Route nach Hause zurück, mit der Anweisung, ein Auto ins Tal auf der anderen Bergseite zu schicken. Dann sprang er selbst über die Kante hinunter und geleitete den Schüler bis ins Dorf hinab, wo man sie schließlich abholte.

Dad war der Überzeugung, daß man am besten lernt, wenn man ins kalte Wasser gestoßen wird, und daß alles, was einen nicht umbringt, einen stärker macht. Sein pädagogisches Konzept war nicht jedermanns Sache, aber manche Jungen sprachen darauf an. »Er wollte wohl richtige Männer aus uns machen«, erinnert sich Bruce Bordette, einer seiner Schüler. »Bei einigen Kindern hatte seine Methode wirklich Erfolg, aus ihnen wurden später berühmte Bergsteiger, Skirennfahrer und andere herausragende Persönlichkeiten. Andere waren schon froh, wenn sie halbwegs mithalten konnten.«

Auf einer Website der Ausländergemeinde von Leysin schrieb kürzlich ein ehemaliger Schüler, daß er demnächst nach Leysin fahren werde und sich freue, die Stätten seiner Jugendzeit wiederzusehen. Dabei fügte er hinzu: »John Harlin war während meiner Schulzeit in Leysin eindeutig mein Lieblingslehrer.« Ein anderer Beitrag lautet: »Ich habe John Harlin II gekannt. Ich besuchte die Schule in Leysin, als er dort Sportlehrer war. Er war eine unglaublich starke Persönlichkeit und verstand es, aus uns allen das Beste hervorzulocken. Von ihm habe ich gelernt, daß man nie aufgeben soll.« Ein anderer erinnert sich: »Er brachte uns auf eine

Weise das Klettern und Erweitern seiner eigenen Grenzen bei, wie ich es bis dahin noch nie und seither nicht mehr erlebt habe.« Und noch ein anderer schreibt: »Er galt als ›der blonde Gott‹. Bei ihm lernte ich, was ›keine Angst zu haben‹ wirklich heißt. Er brachte uns bei, was der Begriff ›Seilschaft‹ wirklich bedeutet. Ich werde nie vergessen, was er uns vermittelt hat und wie sich das auf meine Kinder und deren Kinder überträgt. Sei achtsam. Sei beharrlich. Suche in dir die Kraft, die du brauchst. Und das Wichtigste: Hab Vertrauen in dich selbst.«

Mom erinnert sich an einen Schüler, der im ersten Schuljahr mit seiner Energie, seiner Intelligenz und seinem Führungsdrang so große Schwierigkeiten machte, daß er um ein Haar von der LAS geworfen worden wäre. Mein Vater setzte sich jedoch dafür ein, daß er bleiben konnte. Im nächsten Schuljahr lernte der Schüler seine Qualitäten unter Dads Fittichen auf eine konstruktive Weise einzusetzen und wurde Moms bester Biologieschüler.

Nicht nur bei Dad gab es Schüler, die von seinen Methoden angetan oder abgestoßen waren, auch auf Moms Unterricht reagierten die Schüler unterschiedlich. Ihre Naturbegeisterung war ansteckend, und ihre Ausflüge zu den Bergseen oberhalb von Leysin oder ihre Exkursionen an die Mittelmeerküste waren für Interessierte inspirierend und langweilig für jene, die für solche Dinge nicht empfänglich waren. Bruce Bordett erinnert sich bis heute an den Rat, den Mom ihnen damals gab: »Es wird großer Druck auf euch ausgeübt werden, euch anzupassen, euren Weg dem allgemein begangenen anzugleichen oder dem bequemeren Pfad zu folgen. Tut das nicht. Haltet an euren Träumen fest.« – »Wenn sie nicht gewesen wäre«, sagte er, »wäre ich wahrscheinlich im Schuhgeschäft meines Vaters gelandet, statt Filmemacher zu werden. Deine Mutter hat mich gelehrt, an mich selbst zu glauben, und daß es oft mehr wert ist, glücklich zu sein, als der Beste zu sein.«

Im Sommer 1964, als wir schon fast ein Jahr in Leysin wohnten, fuhren meine Mutter, meine Schwester und ich nach fünf Jahren zum ersten Mal wieder in die Vereinigten Staaten. Meine Mutter hatte ein Doktorandenstipendium der National Science Foundation für einen Graduiertenkurs über Meeresalgen an der University of Washington erhalten. Während sie am dortigen Friday Harbor Laboratory studierte, sollten Andréa und ich bei unseren Großeltern wohnen, in dem Haus, in dem Mom aufgewachsen war. Nach dem Flug über den Atlantik landeten wir in New York, und auf der Sixth Avenue blickte ich zum ersten Mal zu den Wolkenkratzern hinauf. Statt so beeindruckt zu sein, wie man es mir vorhergesagt hatte, erschienen sie mir im Vergleich zum Eiger oder zum Montblanc gar nicht sonderlich hoch. Aber es war dort, in der New York City Library, wo ich ein Foto von einem berittenen Nationalpark-Ranger sah und beschloß, daß ich genau das werden wollte – sofern ich zugleich auch Wissenschaftler sein könnte wie meine Mutter.

Dann fuhren wir in einem Überlandbus in den Bundesstaat Washington. Die wichtigsten Ereignisse jenes Sommers waren für mich die neuen Fertigkeiten, die mir mein Großvater beibrachte: mit seinem 22-Kaliber-Gewehr zu schießen, mit seinem Traktor zu fahren, von seinem Ruderboot aus zu angeln und mit seiner Axt Holz zu hacken. Ich war acht Jahre alt und Großvater 57, aber er kam mir wie ein älterer Bruder vor, der viele interessante Dinge beherrschte, die er mir alle beibringen wollte. In jenem Sommer legten wir den Grundstein für eine Beziehung, die für mich in meiner bald vaterlosen Welt sehr wertvoll werden sollte.

Acht Gescheiterte Direttissima-Versuche in der Eiger-Nordwand

Im Herbst 1963, kurz nachdem wir nach Leysin gezogen waren, schrieb Dad an einen Freund: »Noch nie zuvor hatte ich die Gelegenheit, den Wechsel der Jahreszeiten in den Bergen mitzuerleben. Jeder Augenblick ist eine kostbare Erfahrung. Mit dem Sinken der Schneefallgrenze fällt die Vegetation in den Schlaf, und die Stürme, die den Schnee mit sich bringen, scheinen in ihrer Heftigkeit fehl am Platz. Die Grüntöne werden durch Gelb- und Ockertöne ersetzt, während eine einzelne späte Blüte wie ein Lächeln auf dem fahlen Berghang ist. Manchmal kann die Stille mit potentieller Energie geladen sein, doch in der Stille unseres Herbstes liegt nichts als Ruhe und Frieden.«

Dauerhaft in den Bergen zu leben wirkte ausgleichend auf Dad. Zu Hause brachte es eindeutig das Beste in ihm zum Vorschein. Wir vier saßen im Regen auf dem Balkon, sammelten Pilze im Wald unterhalb des Chalets, gingen nach der Schule bergwandern oder im eiskalten See schwimmen und natürlich skifahren. Wenn es dunkel war, ließ Dad uns Kinder auf seinem Rücken herumtappen, während er bäuchlings auf dem Wohnzimmerteppich lag und Musik von Beethoven, Mahler, Bob Dylan oder Joan Baez hörte.

In einem anderen Brief und in einer anderen Stimmung schrieb Dad: »Durch das tägliche Klettern und Training werde ich zu einem kraftvollen Tier. Noch nie habe ich so viel Gelegenheit dazu gehabt, und es scheint mich in eine Art Bergaffen zu verwandeln. Na ja, das ist besser, als ein

Affe im Zoo zu sein!« Die Wechselwirkung von innerer Ruhe und körperlicher Aktivität tat Dad gut und führte dazu, daß er zu Hause zufrieden war – zufriedener, als wir ihn je zuvor erlebt hatten.

Auch etwas anderes gefiel ihm: Man schenkte ihm jetzt Aufmerksamkeit. Von einigen Ausnahmen abgesehen, waren die Routen, die Dad vor dem Sommer 1963 geklettert war, bereits von anderen begangen worden, und wenn man lediglich den Spuren anderer folgt, erregt man kaum Aufsehen. Die Liste seiner Klettertouren brachte ihm in Europa immerhin genügend Achtung ein, um in einige ausgewählte Kreise eingeladen zu werden, u. a. als Gast des Internationalen Filmfestivals von Trient, einem der innersten Heiligtümer des Alpinbergsteigens. Außerdem verschaffte sie ihm die Mitgliedschaft in der *Groupe de Haute Montagne*, einem Eliteverband von Frankreichs besten Alpinisten, zu der hin und wieder ein Ausländer eingeladen wurde. In Trient war er 1961 – nur wenige Monate nach der Tragödie am Frêneypfeiler – Walter Bonatti und Pierre Mazeaud begegnet und begründete mit dem jungen französischen Politiker eine zukünftige Kletterpartnerschaft sowie Freundschaften mit Alpinisten aus verschiedenen europäischen Ländern.

Im Oktober 1963 besuchte er das Bergfilmfestival in Trient zum dritten Mal. Obwohl Dad Nationalismus verachtete, gestand er gerne ein, daß es für das amerikanische Bergsteigen ein gutes Jahr gewesen war. Im Mai hatten Amerikaner zum ersten Mal den Everest bestiegen, was damals ein bedeutendes Ereignis war. Noch weitaus bedeutender war, daß Willi Unsoeld und Tom Hornbein die erste Überschreitung des Everest durchgeführt hatten – über eine bislang noch nie zuvor erstiegene Wand. Es war einer der Meilensteine der Geschichte des Bergsteigens. Ein paar Monate später hatten Dad und Freunde zwei der schwierigsten Routen in den Alpen eröffnet. Der Linke Frêneypfeiler war die vielleicht anspruchsvollste Route im Montblanc-Massiv, während die Fou-Südwand eine ganz neue Ära technischen Kletterns im Herzen des internationalen Alpinismus einläutete. Während Dads Leistungen in den Vereinigten Staaten unerwähnt blieben, leuchtete sein Stern in Europa, wo die Presse aus Klettererfolgen und Klettertragödien Titelgeschichten machte. Ein Lehrerkollege und Klettergefährte erinnert sich: »Es war amüsant, mit ihm Restaurants oder andere öffentliche Orte zu betreten und zu sehen, wie sich alle Augen schlagartig in seine Richtung drehten. Und das passierte überall, nicht nur in Leysin.«

Das Gebirgsdorf Leysin war unter Bergsteigern damals noch unbekannt, doch Dad wollte es zu einem internationalen Bergsteigerzentrum machen. Gleich nach seiner Ankunft begann er Briefe zu schreiben, in denen er Bergsteiger aus aller Welt zum Klettern nach Leysin einlud, außerdem engagierte er Bergsteiger als Mitarbeiter an den Amerikanischen Schulen. Er hatte viele Pläne, wobei die Eiger-Direttissima natürlich an oberster Stelle stand. Er schrieb Henry Kendall, einem alten Freund aus Stanford, mit dem er in den Staaten schon geklettert war: »Kannst Du Dir vorstellen, mit mir und zwei anderen demnächst die Eiger-Direttissima in Angriff zu nehmen? Ich kann Dir die Gefahr nicht verhehlen. Es wird ein größeres Risiko sein, als man es normalerweise in den Bergen hinzunehmen gezwungen ist. Aber ich bin bereit, und Du?« Kendall hatte 1962 zusammen mit Gary als erster Amerikaner den Walkerpfeiler durchstiegen und besaß folglich alpine Erfahrung. Weil er, der später den Nobelpreis für Physik erhalten sollte, jedoch unter anderem kurz vor der Gründung der Union of Concerned Scientists stand, paßte ein so gefährliches und längere Zeit in Anspruch nehmendes Unternehmen damals nicht in seinen Terminplan. Dad schrieb auch an Konrad und Gary, Mazeaud, René Desmaison und verschiedene andere. Aber vor allem korrespondierte er mit Sorgato und Piussi, mit denen er Pläne für eine Winterbegehung schmiedete.

Die Zeit für die Eiger-Direttissima war gekommen – nicht nur für Dad, sondern für die gesamte europäische Bergsteigerszene. Bis Anfang der sechziger Jahre hatte man die allgemeine Einstellung mit den Worten des legendären Bergsteigers Kurt Diemberger zusammenfassen können: »[...] Trotzdem möchte ich die Eiger-Nordwand nicht mehr besteigen. Es ist eine jener Touren, die man ein einziges Mal in seinem Leben macht, dann hat man genug.« In den frühen Sechzigern wollten jedoch einige von denen, die die Heckmair-Route geklettert waren, und andere, die sich noch nie am Eiger versucht hatten, in der größten Wand der Alpen unbedingt eine Direttissima – oder, wie Dad es nannte, die »ästhetische Angriffslinie« – erschließen.

Die Idee von einer direkten als der elegantesten Aufstiegslinie war schon viel früher geboren worden. 1931 hatte Emilio Comici geschrieben: »Ich möchte einmal eine Route begehen, deren Verlauf der Bahn eines vom Gipfel fallenden Wassertropfens entspricht.« Er hatte dabei das schwindelerregende Terrain seines heimatlichen Reviers in den italienischen Dolomiten im Blick und setzte seine Worte im Jahr 1933 in die Tat um, als er in der Nordwand der Großen Zinne mit 500 Metern durchweg überhängendem Fels die erste sogenannte Direttissima erschloß. Andere bezeichnen die Route der Deutschen an derselben Wand aus dem Jahr 1958 als die erste große Direttissima; der daran beteiligte junge Sachse Jörg Lehne leitete 1966 auch das deutsche Team beim Kampf um die Direttissima in der Eiger-Nordwand.

Als Dad von unserem neuen Zuhause in Leysin aus an Sorgato schrieb, erläuterte er ihm, daß seiner Ansicht nach bei einer Winterbegehung mit wesentlich weniger Steinschlag zu rechnen sei. Diese zusätzliche Sicherheit würde den größeren logistischen Aufwand und die größeren Schwierigkeiten wettmachen. Sorgato, der bereits mit Piussi und zwei anderen Italienern – Marcello Bonafede und Natalino Menegus – wegen einer Winterbegehung in Kontakt war, stimmte zu. Er glaubte, daß ein Fünf-Mann-Team die für eine Winterbegehung nötige Sicherheit und Transportkapazität gewährleisten würde. Das Team sollte in eine Zweier- und eine Dreierseilschaft aufgeteilt werden. Das Zweierteam würde die Route mit Fixseilen präparieren, während das andere Team mit dem Gepäck nachrücken und Biwaks einrichten sollte. Dad akzeptierte diese Strategie – schließlich hatte Sorgato vor kurzem zusammen mit Piussi die Winterbegehung der Civetta-Nordwand gemacht, die bislang vielleicht größte Leistung im winterlichen Felsklettern.

Sie beschlossen, daß Dad die Wetterverhältnisse am Eiger beobachten und ihnen ein Telegramm schicken sollte, sobald sie günstig wären. Im Januar machte sich Dad also zur Kleinen Scheidegg auf und verbrachte mit einem Freund von Konrad eine Nacht auf dem Eiger, um die Verhältnisse zu sondieren. Der Zustand von Schnee und Eis schien perfekt, doch im Laufe der Nacht wurde ihnen klar, daß ihre Kleidung es nicht war. Beim Abstieg begegnete Dad dem Schweizer Bergsteiger Martin Epp, der ihm vorschlug, mit ihm die Nordwand am benachbarten Mönch zu durchsteigen. Epp glaubte, daß sie in ein, zwei Tagen zu schaffen sei, obwohl die vorherige – und bislang einzige – Winterbegehung vier Tage gedauert hatte. Wie sich herausstellte, erreichten Epp und mein Vater den Gipfel schon zehn Stunden nach Verlassen der Hütte, eine phänomenale Zeit. Zur Feier dieses Erfolges schossen sie am Gipfel ein Feuerwerk ab, nachdem Dad meine Mutter – die gerade mit Schülern der LAS in der Nähe beim Skifahren war – per Funksprechgerät angerufen hatte. Als sie wieder unten auf der Kleinen Scheidegg waren, schickte Dad den Italienern ein Telegramm, daß die Verhältnisse am Eiger perfekt seien und sie so schnell wie möglich herkommen sollten. Leider konnten sie sich nicht von ihren Verpflichtungen befreien, und Dad fuhr statt dessen nach Chamonix, um die erste Winterbegehung einer Route in der Aiguille de Blaitière zu machen. An der LAS mußte währenddessen sein Ruhm seine Anwesenheit ersetzen; um die nervtötenden Schüler konnten sich seine Assistenten kümmern.

Auch vier Münchner Bergsteiger hatten die Eiger-Direttissima im Sinn und stiegen kurz nach Dads Mönch-Tour in die Wand ein. Nach drei Tagen, von denen sie einen wegen eines heftigen Sturms in einer Schneehöhle verbrachten, zwang sie das fortwährend schlechte Wetter zum Rückzug durch eines der Stollenfenster der Zahnradbahn.

Im Februar klopften Sorgato und Piussi in Leysin an unsere Haustür, um die letzten Vorbereitungen vor Beginn der Eiger-Tour zu treffen. Es gab eine Menge zu tun, denn – so drückte Dad es aus – »die logistischen Probleme, mit denen einen die Eiger-Direttissima konfrontiert, sind mit einer Himalaja-Expedition vergleichbar«. Ihre Ausrüstungsliste beinhaltete ein komplettes Set Felshaken, eine große Auswahl an Eishaken, Eisschrauben, Steigeisen, lange Eisbeile für tiefen Schnee, kurze Pickel zum Klettern in steilem Eis, Bohrhaken, Holzkeile, Firnanker, Jümar-Steigklemmen, genug Seile, um notfalls 1500 Meter Abseillänge einrichten zu können, Helme, Daunenjacken, Gamaschen, Elefantenfüße (kurze Schlafsäcke, die mit einer Daunenjacke kombinierbar waren), Biwakzelte, einen Kocher mit Brennstoff für zwölf Tage, doppelwandige Stiefel, Erste-Hilfe-Material inklusive Herz- und Kreislaufmittel, Funksprechgeräte, Felshämmer zum Hakenschlagen, Socken zum täglichen Wechseln, Überhosen, Anoraks, vier Paar Handschuhe und Nahrungsmittel. Weil bei so einer schwierigen Tour der Proviant für zwölf Tage ihrer Ansicht nach zu schwer und zu voluminös gewesen wäre, »nahmen wir uns vor«, schrieb Dad, »die täglichen Rationen immer weiter zu verringern und uns in den letzten Tagen auf kohlehydrathaltige und mineralisierte Getränke zu beschränken«.

Während am Eiger ohne Unterlaß Schneestürme wüteten, brachte das Team zwei Wochen in unserem Kellergeschoß mit Vorbereitungen zu. Beim Skifahren hinter unserem Haus stieß sich Dad eines Tages versehentlich den Skistock ins Bein – die zehn Zentimeter lange Spitze drang bis zum Teller in seinen Schenkel ein. Dad zog sie einfach heraus und setzte das Skifahren fort, um zu verhindern, daß das Bein steif wurde. Am nächsten Tag brachen sie trotz des anhaltend schlechten Wetters zur Kleinen Scheidegg auf, und bei uns zu Hause kehrte schlagartig Ruhe ein. Vier Tage später waren ihnen aufgrund einer guten Wetterprognose die Aussichten gut genug, und sie richteten in einer Nische am Wandfuß ihr Ausgangslager ein. Tags darauf kamen sie um die Mittagszeit am ersten Biwakplatz der Münchner Seilschaft vorbei, die drei Wochen zuvor den Direttissima-Versuch abgebrochen hatte. Dads Seilschaft kletterte weiter und war am späten Nachmittag mit den ersten schwierigen Felspassagen konfrontiert. Weil die Italiener wegen der Kälte Probleme mit ihren Händen hatten, kamen sie nur langsam voran, und Dad war frustriert. Er selbst bereitete sich auf solche Situationen vor, indem er fast nie Handschuhe trug und bei jeder Gelegenheit Schnee in die Hände nahm, »um den Körper abzuhärten und ein Entweichen des Bluts aus den Kapillargefäßen zu verhindern«.

Während die Italiener mit den Armen schlenkerten und die Hände aneinanderschlugen, um die Blutzirkulation anzuregen, entdeckte Dad beim Blick in ein Couloir zufällig einen aus dem Schnee ragenden, schwarz gefärbten Arm mit »flehentlich erhobener« Hand. Wie sich herausstellte, war es der Arm von Navarro, einem der Spanier, die im vorangegangen Sommer auf der klassischen Route in der Spinne ums Leben gekommen waren – die Bergsteiger, die Dad und die Italiener damals zu retten versucht hatten. Einigermaßen ernüchtert kletterten sie weiter.

In der bitteren Kälte und mit schweren Rucksäcken auf dem Rücken erwies sich der steile Fels als noch schwieriger, als sie angenommen hatten. Sämtliche Risse waren vereist, und sie mußten mit den Fingern das Eis abkratzen, um Stellen zu finden, an denen sich Haken schlagen ließen. Als sich die Abenddämmerung herabsenkte, wurde ihnen klar, daß sie den anvisierten Biwakplatz nicht erreichen würden. Sie suchten lange und angestrengt nach einer Alternative, und Dad querte aus Verzweiflung zu einem leicht überhängenden Fels hinüber. Als er dort seinen Pickel in den Schnee stieß, war dahinter ein leerer Raum: Durch Zufall hatten sie die Höhle entdeckt, in der sich die Deutschen bei ihrem gescheiterten Versuch während des Schneesturms verkrochen hatten.

In Hochstimmung brachen Sorgato und Dad am nächsten Tag auf, um die Seillängen oberhalb des Lagers zu fixieren. Ihre Stimmung wurde jedoch getrübt, als sie kurz vor der schwierigsten Passage auf einen weiteren Körperteil von Navarro stießen; diesmal war es ein Bein. Trotzdem kletterten sie unverdrossen weiter.

Sorgato und Dad kämpften sich den restlichen Tag weiter die steile Felswand hinauf, und obwohl sie nur wenige Risse fanden, in denen sich Haken schlagen ließen, verzichteten sie darauf, an glatten Abschnitten Bohrhaken zu verwenden. Als es dunkel wurde, hatten sie einige Seillängen fixiert und seilten sich zum Wandfuß ab, wo die anderen eine große, heimelige Höhle in den tiefen Schnee gegraben hatten. »Das Camping-Ambiente verflüchtigte sich jedoch«, schrieb Dad, »sobald wir aus dem Eingang krochen und in das 750 Meter senkrecht unter uns liegende Tal hinabblickten.« Trotz der Körperteile, die sie auf ihrer Route gefunden hatten, waren die Kletterer guten Mutes, zumindest bis sie per Funksprechgerät auf der Kleinen Scheidegg anriefen und erfuhren, daß ein Wettersturz drohte. Nach einer kurzen Lagebesprechung beschlossen sie, trotzdem weiterzumachen und Material hochzutransportieren, nachts aber jedesmal in den Schutz der Höhle zurückzukehren, bis besseres Wetter im Anzug wäre.

Am nächsten Tag übernahmen Piussi und Bonafede den Vorstieg und erreichten am frühen Nachmittag das Erste Eisfeld. Weil sie in der Wand oberhalb des Eisfelds keine Risse erkennen konnten, glaubten sie, zur Normalroute queren zu müssen, um über den Eisschlauch zum Zweiten Eisfeld aufzusteigen. Das Fehlen von Rissen, das Gewicht ihrer Rucksäcke, das schlechte Wetter, das ihnen über Funk vorhergesagt worden war – all das ließ ihren Mut nun sinken. Während sie am nächsten Tag oberhalb des Ersten Eisfelds ausharrten, beobachteten sie, wie die Unwetterwolken immer näher kamen. Als auch eine Funkmeldung vom Genfer Flughafen widrige Wetterverhältnisse prognostizierte, beschlossen sie, sich wie zuvor die Münchner durch das zum Bahntunnel führende Stollenfenster aus der Wand zu retten.

Und dann kam der letzte demoralisierende Schlag. »Unser Frust, nach so viel Arbeit und Vorbereitung wegen des schlechten Wetters so wenig erreicht zu haben, wurde nicht gerade geringer«, schrieb Dad, »als uns die Kantonspolizei Grindelwald mitteilte, daß sie Navarros Bein brauchten, um seinen Tod amtlich bestätigen zu können. Ich seilte mich also vom Stollenfenster aus ab, um das Bein zu holen, und jümarte wieder hinauf.«

Um mit solch einer deprimierenden Situation fertigzuwerden, gab es für meinen Vater nur eine Möglichkeit. »Das Gefühl tiefer Leere in mir«, schrieb er, »konnte nur durch einen weiteren Direttissima-Versuch am Eiger behoben werden.«

Nach Dads Rückkehr ging das Leben in Leysin wieder seinen gewohnten Gang, während seine Eiger-Pläne stets im Hintergrund blieben und für mich als Kind schon irgendwie dazugehörten. Unsere Tage waren erfüllt mit Schule, Skifahren und dem Frühlingserwachen in den Bergen. Im Mai wurden die Kühe vom Tal wieder auf die Almen getrieben, und das Gebimmel ihrer Glocken wie auch das sprießende Grün kündigten unzweifelhaft den nahenden Alpensommer an. Und dann flogen Mom, Andréa und ich in die Staaten, während Dad zurückblieb und sich im Juli mit den französischen Bergführern René Desmaison und André Bertrand erneut zum Eiger aufmachte. Das Wetter war anfangs vielversprechend, und auch Piussi und Sorgato waren zu diesem Zeitpunkt gerade in der Wand. Nach 36 Stunden erreichten Dad und die Franzosen das obere Ende des Zweiten Eisfelds, nachdem sie in etwa der Sedlmayr/Mehringer-Linie gefolgt waren – einer einfacheren, aber etwas weniger direkten Linie als jene, die sie im Februar in Angriff genommen hatten. Möglicherweise hätten sie sich dort mit den Italienern zusammengeschlossen, doch am dritten Tag zwang ein Wettersturz sie alle zum Abstieg. Genau wie Dad es für eine Sommerbegehung vorhergesagt hatte, waren sie dabei heftigem Steinschlag ausgesetzt.

Im April war ein polnisches Team bei einem Direttissima-Versuch im unteren Wandteil abgestürzt, hatte aber keine bleibenden Schäden davongetragen. In jenem Sommer redeten die Briten Chris Bonington und Dougal Haston, die beide schon die Heckmair-Route gemacht hatten, darüber, die Direttissima zu klettern, unternahmen aber keinen Versuch. Es kursierten Gerüchte, daß noch andere Seilschaften einen Direttissima-Versuch planten. Es war, als träumten sämtliche Bergsteiger Europas von der Eröffnung einer direkten Linie.

Ende August, nach einem gescheiterten Versuch von Dad und Dougal Haston, die steile Eiswand des »Leichentuchs« links neben dem Walkerpfeiler zu durchsteigen, und nach einem wegen schlechten Wetters abgebrochenen Versuch, gemeinsam mit Lito Tejada-Flores, Mazeaud und Sorgato die Direttissima am Dru zu machen, fuhr Dad nach Luxemburg, um meine Mutter und uns Kinder nach unserer dreimonatigen Reise in die USA vom Flughafen abzuholen – was für Mom großen Symbolcharakter hatte. Jahre später erinnerte sie sich: »Es wäre genau die richtige Jahreszeit für die Eiger-

Direttissima gewesen. Daß John zum Flughafen kam, statt sich erneut zum Eiger aufzumachen, war wohl die größte Ehre, die mir zuteil werden konnte.« Andréa und ich hatten uns in Kalifornien Plastikkameras gekauft, und ich machte ein Foto, auf dem Andréa sich auf der Luxemburger Rollbahn an Dad schmiegt. Jedesmal, wenn ich mir Andréas Album ansehe, halte ich bei diesem Foto inne und kann nicht umhin, mich zu fragen, wie unser weiteres Leben verlaufen wäre, wenn Dad uns damals nicht abgeholt, sondern statt dessen seine Route vollendet hätte.

Ein paar Monate später hielt Dad beim Jahresdinner des American Alpine Club in Boston eine programmatische Rede. Seit unserer Übersiedelung nach Europa war es für ihn die erste Rückkehr in die Staaten, und er hatte ein ihm sehr am Herzen liegendes Thema gewählt: »Das Problem der Eiger-Direttissima und Tendenzen im alpinen Klettern.« Während in der Vorkriegszeit die 1938er Route von Heckmair und seinen Gefährten »das letzte große Problem« in den Alpen dargestellt hatte, vieler Versuche bedurfte und sechs Tote forderte, bevor sie schließlich durchstiegen wurde, war eine Direttissima am Eiger »das letzte große Problem« der Nachkriegszeit. Die gute Nachricht war, daß bei den Direttissima-Versuchen noch niemand ums Leben gekommen war.

Neun
Abenteuer mit Dad

Sachte senkte sich der Herbst des Jahres 1964 über den Haushalt der Harlins. Dads Klettersaison war frustrierend und ohne große Erfolge gewesen, doch wir alle fühlten uns im zweiten Jahr an unseren verschiedenen Schulen wohler als im Jahr zuvor. Die Verständigung stellte kein Problem mehr dar, und Andréa und ich lernten die Wälder in der Nähe unseres Chalets in- und auswendig kennen. Zusammen mit Derrick und Ashley Eder, zwei Kindern in unserem Alter, die mit ihren Eltern im Chalet nebenan wohnten, entdeckten wir eine Lichtung, auf der wir »Haus« spielten, wobei wir Riesenpilze als Stühle benutzten, Baumstämme als Tische und einen hohlen Stumpf als edle Toilette.

Manchmal ging Dad mit mir zu einem aufgelassenen Steinbruch hinter dem Haus, wo ich ihn sicherte, während er die mir gefährlich erscheinende Felsstufe hinaufkletterte – überwiegend senkrecht und zu hoch, um sich einen Sturz erlauben zu können. Während er vorstieg, glaubte ich tatsächlich, ihn mit dem um meine Taille gebundenen Seil im Falle eines Sturzes halten zu können. Damals sicherte man sich, indem man das Seil einfach um den Rücken legte und es mit den Händen festhielt, und heute weiß ich, daß es mir unmöglich gewesen wäre, einen Sturz von Dad mit seinen achtzig Kilo Gewicht abzufangen. Später ging ich dann mit Andréa oder Derrick dorthin, und wir schaukelten auf den aus den Wänden des Steinbruchs ragenden Rohren herum und kletterten kleine Felsstufen empor, wobei wir uns manchmal mit Klettermaterial von Dad und einem Seil, das er mir gegeben hatte, sicherten. Schon bevor ich in den Calanques und in Chamonix geklettert war, hatte ich gelernt, mich aus unserem Fenster in Bernkastel abzuseilen, und kletterte in Leysin immer an dem von unserem Balkon herabhängenden Seil hinauf und hinunter; deshalb empfand ich die Ausrüstung als etwas vollkommen natürliches. Wenn wir eine Bergwanderung machten, ließ Dad mich mit geschlossenen Augen Knoten binden, damit ich es blind beherrschte.

In den kurzen Monaten bevor das Hochland in den Winterschlaf fiel, unternahm Mom mit ihren Schülern Ausflüge in die Umgebung von Leysin, bei denen ich sie häufig begleitete. Sie erklärte uns die Mikrokosmen der Wälder und der Bergseen und wie sich jeder Organismus auf die bevorstehende Frostperiode einstellte. Ich erinnere mich an die erstaunten Gesichter der Schüler – sie waren beinahe doppelt so alt wie ich –, als ich ihnen erzählte, daß Flechten eigentlich ein symbiotischer Verband aus Algen und Pilzen seien. Eine Schülerin erinnerte sich später, daß Mrs. Harlin »mir die Augen für Dinge öffnete, an denen ich zuvor achtlos vorübergegangen war, die ich zertreten oder anderweitig ignoriert hatte«. Meine Mutter unterrichtete Chemie und Biologie und verwendete im Unterricht Bücher wie *Der stumme Frühling* der Umweltautorin Rachel Carson, das erst zwei Jahre zuvor erschienen war, um den Schülern die Auswirkungen des menschlichen Handels auf die Natur klarzumachen, sogar auf chemischer Ebene. Viele, wenn nicht die meisten der Schüler, hörten von Mom zum ersten Mal, wie wichtig Artenvielfalt und Umweltschutz sind.

Der Kindergarten, den meine Schwester besuchte, und meine Schule, in der ich inzwischen die zweite Klasse besuchte, lagen nebeneinander, so daß wir gemeinsam hin- und zurücklaufen konnten. Im Herbst kletterten wir unterwegs auf Heuhaufen, stets darauf achtgebend, daß uns der Bauer nicht erwischte. Bald schon legte sich die Winterzeit wie eine Decke über uns. Den letzten steilen Hang vor der Schule rutschten Andréa und ich oft auf unseren Schulranzen hinunter, ohne uns darum zu scheren, daß unsere Hefte dabei naß wurden. Auf dem Schulhof redeten wir in unserer Geheimsprache miteinander: schnell gesprochenes Englisch.

Andréa hatte ein besonderes Verhältnis zu Dad und nannte sich selbst »Daddys kleines Mädchen«. Obwohl er groß und kräftig war, brach sie bei ihm nicht in Tränen aus, wenn er ihr das Haar bürstete, während sie bei Mom immer murrte und weinte. Wenn Andréa den Geruch von zum Trocknen aufgehängten schmutzigen nassen Wollsachen wahrnahm, wußte sie sofort, daß Dad vom Klettern zurückgekehrt war, und rief: »Daddy ist da!« Und da kam er auch schon mit Löwengebrüll hinter einer Tür hervorgesprungen, und wir rannten auf ihn zu und rangen mit ihm, bis er am Boden lag.

Häufig waren andere Bergsteiger bei uns zu Besuch, denn Dads Plan, Leysin unter Kletterern bekannt zu machen, funktionierte. Wir liebten es, die vielen fremden Akzente zu hören – meist waren es schottische oder englische, manchmal amerikanische, verschiedene deutsche Dialekte, Französisch oder Italienisch. Wenn Besuch da war, zog sich Andréa oft ihr Ballettröckchen an und tanzte etwas vor, während ich an Dads Bizeps Klimmzüge machte. Besonders freuten wir uns, wenn aus der Küche Bratwurstgeruch kam – was bedeutete, daß Bev Clark aus England gekommen war. Einmal hatten ihn die Zollbeamten erwischt und ihm die Würste aus den Ärmeln gezogen. Wir Kinder waren enttäuscht, daß er mit leeren Händen kam. Im Laufe des Winters begann ich einigen Briten, die überhängende Wände bezwingen konnten, aber mit Skiern an den Füßen wie tolpatschige Welpen herumstolperten, Skiunterricht zu geben.

Dad und Gary kletterten nicht mehr zusammen. Sie waren zu dem Schluß gekommen, daß ihre Freundschaft funktionierte, nicht aber ihre Kletterpartnerschaft. Dads Bericht über die Begehung der Fou enthielt nicht die leiseste Andeutung, daß es Streit gegeben hatte, und vielleicht hatte er die Tour auch so in Erinnerung. In Garys Tagebuch hingegen heißt es: »Es hätte nicht viel gefehlt, und wir wären einander aus blankem Haß und Zorn an die Gurgel gegangen.« Tom sagte einmal, mein Vater habe die Fähigkeit, schnell zu verzeihen und zu vergessen, weshalb seine Konflikte mit Gary für ihn wohl weniger unangenehm waren als für Stewart und Tom. »John und ich kamen am Frêney blendend miteinander aus«, sagte Tom über die Tour am Montblanc, die er kurz nach Dads Vollendung der Fou-Südwand-Direttissima mit ihm machte. »Wir waren ein vollkommen harmonisches Team.« Wenn Dad und Gary zusammen kletterten, sah die Sache jedoch anders aus. »Ich glaube, Stewart und ich waren Zuschauer eines Dramas mit zwei Männern, deren Charaktere unter Streßsituationen völlig unvereinbar waren«, sagte Tom. Einer ihrer ständigen Streitpunkte war der Kletterstil. Dad war bereit, im Notfall Fixseile zu benutzen, während Gary das Klettern mit Fixseilen grundsätzlich ablehnte, weil das für ihn kein sauberer Stil war. Ein anderer Punkt war, daß Dad anderen gerne Entgegenkommen zeigte und Reporter sogar zur Berichterstattung ermunterte, während Gary der Meinung war, daß man sich verkaufte, wenn man über seine Erfolge sprach. Später weigerte sich Gary sogar, überhaupt von seinen Touren zu reden, selbst wenn er neue Routen erschlossen hatte. Er verschwand einfach in den Bergen, manchmal allein, manchmal mit einem Partner, um eine anspruchsvolle Tour zu machen, und wenn man ihn fragte, wo er gewesen sei, antwortete er, er habe einen kleinen Spaziergang gemacht.

Gary streifte auf zwei Kontinenten umher und versuchte, sich auf beiden zu Hause zu fühlen, ohne seßhaft werden zu wollen. Er versuchte gleichzeitig einen Roman, eine Autobiographie und ein Buch übers Klettern in Kalifornien zu verfassen und schrieb unablässig Tagebuch. Meistens war Garys Gesicht von einem struppigen Bart verdeckt, in den Andréa und ich zum Spaß Wildblumen steckten, wenn er dösend auf einer Bergwiese lag. Er war blond, hochgewachsen und hager, ein schwer faßbarer und unangepaßter Typ, halb Kletterer, halb Poet. Dad schätzte an ihm seine weltlich gesinnte philosophische Sicht und daß man sich gut mit ihm unterhalten konnte, außerdem verband die beiden eine lange gemeinsame Vergangenheit. Bei offiziellen Anlässen fühlte er sich jedoch unwohl mit ihm, weil ihm Garys langes Haar und seine schäbigen Klamotten peinlich waren. Nachdem Gary im Sommer 1966 die französische Rettungsaktion am Dru geleitet hatte und ein Medienstar geworden war, konzentrierte sich die allgemeine Aufmerksamkeit auf sein »Beatnik-Image«, obwohl er selbst bestritt, ein Beatnik zu sein. Einer französischen Zeitschrift sagte er, dieser Ausdruck sei negativ besetzt und stehe für langhaarige Parasiten. Der wahre Ursprung der Beatnik-Bewegung sei jedoch eine Mischung aus Zen-Buddhismus und geistiger Disziplin, die im Gegensatz zur äußerlichen Disziplin stehe, wie sie im Westen verlangt werde. Er glaube nicht, daß es möglich sei, ein echter Beatnik zu sein, weil man sich nicht ganz aus der Gesellschaft ausklinken könne. Als Gary dieses Interview gab, lebte er gerade unter den Seine-Brücken von Paris.

Kaum daß Dad und Gary nicht mehr zusammen kletterten, »waren alle Gefühle der Rivalität verschwunden, und was blieb, war die Kraft einer langjährigen Freundschaft«, schrieb Mirella Tenderini in *The Beatnik of the Alps*. »In Europa war John Garys einziger langjähriger Freund und der einzige Mensch, mit dem Gary eine gemeinsame Vergangenheit teilte.« Vielleicht hielt Gary es deshalb für recht und billig, Dad in unserem ersten Jahr in Leysin zu fragen, ob sein Kind in unserem Haus zur Welt kommen dürfe. Gary wollte außerdem, daß das Kind die Schweizer Staatsbürgerschaft erhielt. Claude, Garys Freundin aus Grenoble, hatte beschlossen, das Baby auszutragen, obwohl Gary sie auf keinen Fall heiraten wollte. Da meine Mutter und Claude recht gut befreundet waren, hatte Mom zunächst eingewilligt, in der Annahme, daß auch Dad als Garys Freund damit einverstanden sei. Aber Dad explodierte. Er lehnte es strikt ab, daß das Kind auch nur in der Nähe unseres Hauses zur Welt kam, geschweige denn bei uns wohnte. Es liege in Garys Verantwortung, dem Kind ein Zuhause zu bieten, sagte er wutschäumend. Und so brachte Claude das Baby allein in Grenoble zur Welt, während Gary weiter durch die Lande zog. In unserem zweiten Jahr in Leysin rochen wir Laurents Windeln wohl genauso häufig wie Garys trocknende Wollsachen.

Auch Konrad blieb einer von Dads engsten Freunden, kam aber nur selten nach Leysin. Wenn er nicht von seinem Jurastudium in Anspruch genommen war, unternahm er mehrmonatige Expeditionen nach Afghanistan. Von Dads Freunden, zu denen auch ich eine Beziehung hatte, arbeiteten manche an der LAS, darunter Ted Wilson, der dort Sportlehrer und später zehn Jahre lang Bürgermeister von Salt Lake City war. In Leysin war er mein Skikumpel, gemeinsam machten wir die Berge unsicher, häufig mit dem Skiteam des Gymnasiums im Schlepptau. Ted erinnert sich an seine erste Begegnung mit Dad, »seinen großen, kräftigen Körperbau, seinen blonden Haarschopf, seinen kräftigen Händedruck und seine enthusiastische Art. Anfangs machte sie mir offen gestanden Angst.« Während Ted noch an Jetlag-Beschwerden litt, nachdem er mit seiner Frau und seinem Baby nach Leysin gereist war, scheuchte Dad ihn schon auf einen Berg und ließ ihn ohne Seil einen vereisten Kamin erklimmen. Ted begriff später, daß dies ein Test gewesen war, den er dank eines hohen Adrenalinspiegels gut bewältigt hatte – womit er sich Dads Achtung erwarb. Der spätere Politiker war den Umgang mit starken Persönlichkeiten bereits gewöhnt und konnte in Dads Gegenwart ganz entspannt sein, was sonst nur wenigen gelang. Die beiden wurden enge

Freunde. Mein Vater habe »ein starkes Ego und eine ziemlich große Klappe« gehabt, meinte er. »Aber er hatte er ein großes Herz und eine gute Seele, die das ausglichen.« Dad versuchte Ted zu überreden, mit ihm die Eiger-Direttissima zu machen, aber Ted lehnte es mit der Begründung ab, daß sie ein kleines Kind hätten. Dad machte sich anfangs darüber lustig, entschuldigte sich aber später bei ihm und gab zu, daß die Familie vorgehe.

Statt dessen richtete sich Dads Blick auf Dougal Haston, das junge schottische Eiskletter-Phänomen, mit dem Dad im Sommer das »Leichentuch« am Walkerpfeiler versucht hatte. Dougal richtete sich in unserem Keller ein dauerhaftes Winterlager ein, beschwerte sich aber später in seiner Autobiographie *In High Places*: »Kann sich einer vorstellen, wie das ist, bei Minustemperaturen zwischen Betonwänden zu wohnen? Mein erster Schritt war, mir aus einem leerstehenden Sommerchalet einen Ofen zu ›borgen‹ – er qualmte fürchterlich, aber besser tränende Augen, als zu erfrieren.« Sein Essen, schrieb er, bestand aus »Resten von den Mahlzeiten der Familie, die sie aus den Amerikanischen Schulen mitbrachten, an denen John Sportlehrer war – wobei ›Sport‹ aus Klettern und Skifahren bestand«.

Dougal war ein schweigsamer Typ, der, wenn er nicht gerade bibbernd in unserem Keller saß, im Club Vagabond, der Leysiner Kneipe, in der die Ausländer verkehrten, ordentlich einen schluckte. Er hatte in Schottland Philosophie studiert, und Dad konnte ihn mehr als die meisten anderen für sich einspannen. Fast den ganzen Winter warteten die beiden vergeblich auf bessere Verhältnisse am Eiger, und das einzige, was sie unternehmen konnten, war eine Erkundung der hundert Meter hohen Steilstufe unterhalb des Ersten Eisfelds. Sämtliche Direttissima-Aspiranten waren bis dahin entweder an diesem überhängenden Steilaufschwung gescheitert oder hatten ihn umgangen, indem sie auf die Route auswichen, die Sedlmayr und Mehringer im Jahr 1935 gewählt hatten, als sie zur Spitze des Bügeleisens kletterten, wo sie erfroren. Dad hatte sich in den Kopf gesetzt, in noch direkterer Linie über durchweg neues Gelände zu klettern, was bedeutete, daß man irgendwie über die Mitte der ersten Steilstufe gelangen mußte. Nach dreitägiger Suche in eisiger Kälte – der Fels war mit Pulverschnee und so hartem Eis bedeckt, daß sie überall hatten Stufen schlagen müssen – stiegen Dougal und Dad ab und hatten nicht viel mehr herausfinden können, als daß zur Überwindung der Wandstufe sehr anspruchsvolle technische Kletterei erforderlich sein würde. Halb im Ernst, halb im Spaß schätzten sie, daß sie für die gesamte Route drei Wochen brauchen würden.

Das Leben zu Hause verlief im allgemeinen gut, denn Dad war nun, nach seiner Zeit beim Militär, um einiges umgänglicher und der ersehnten Freiheit so viel näher. Doch es gab immer noch oft genug Streit, wobei es häufig um seine Verantwortung gegenüber der Familie ging. Er hatte beispielsweise keine Lebensversicherung und, soweit Mom wußte, auch keine Beiträge in die Versicherung eingezahlt, die sein Vater für ihn abgeschlossen hatte. Er ging nicht so weit, daß er die eingehenden Rechnungen einfach wegwarf, doch erwischte er Mom beim Ausstellen eines Schecks, gab es Ärger. »Aus meinem Tod Profit schlagen«, nannte er das, obwohl es ihm selbst wichtig war, daß seine Kinder mit Skiern, Ballett, Musikinstrumenten und sonstigen lebensnotwendigen Dingen aufwuchsen. Mom hingegen war der Ansicht, daß es schlimmer war, »um jemanden zu trauern und gleichzeitig zu hungern, als nur zu trauern«.

In jenem Winter wurde ihr klar, daß ihm bei der Einschätzung von Gefahren in den Bergen – sie hatte sich in diesem Punkt bisher voll und ganz auf ihn verlassen – ebenfalls zu mißtrauen war. Bei einer Skiabfahrt von La Berneuse, der von Leysin aus mit der Seilbahn zu erreichenden Bergstation, wollte Dad die schwarze Piste hinunterfahren, obwohl sie wegen Lawinengefahr gesperrt war. Mom hielt das für leichtsinnig, besonders, weil es immer noch schneite und sie einen Riß im Schnee bemerkt hatte, der eine Abfahrt ausgesprochen riskant erscheinen ließ. Aber sie vertraute Dad, und als er sich über ihre Bedenken lustig machte und die Piste hinunterfegte, folgte sie ihm in einigem Abstand. Dad hatte sie aufgefordert, ihn genau im Auge zu behalten, damit sie wisse, wo sie nach ihm graben müsse, falls er verschüttet würde – was, wie sie fand, nur zu wahrscheinlich war. Die Situation war schon schlimm genug, doch er machte alles noch schlimmer, indem er Mom wiederholt zurief: »Paß auf, daß du nicht stürzt, sonst brichst du dir das Genick!« Als er unten angekommen war, stieß er einen lauten Jodler aus. Er hatte einen Riesenspaß gehabt, während Mom an nichts anderes denken konnte als an ihre Kinder.

Als sie zurückkamen, erfuhren sie, daß in der Nähe eine Lawine abgegangen war und zwei Menschen unter sich begraben hatte. Später machte jemand Mom gegenüber die Bemerkung, daß es, falls ihnen wirklich etwas passiert wäre, Tage gedauert hätte, bis jemand gemerkt hätte, daß Andréa und ich Vollwaisen geworden wären, weil wir beide so selbständig seien. Nach diesem Erlebnis nahm Mom sich fest vor, in Fragen der Sicherheit stets auf ihr eigenes Urteilsvermögen zu vertrauen, auch in den Bergen.

Auch ich hatte in jenem Winter denkwürdige Erlebnisse mit Dad, das erste bei meiner Rückkehr von der 8. Trofeo Topolino, einem in Italien stattfindenden internationalen Slalom- und Riesenslalomrennen für Jugendliche, zu dem mich Dads Eltern mitgenommen hatten. Obwohl die Paraden und der ganze Trubel beeindruckend gewesen waren, kehrte ich tief enttäuscht zurück, weil ich schlecht abgeschnitten hatte. Meine Eltern fuhren mit der Zahnradbahn nach Aigle hinunter, um uns von dem aus Italien kommenden Nachtzug abzuholen. Bei der Bahnfahrt hinauf nach Leysin konnte ich mir das Eingeständnis nicht verkneifen, daß ich bei dem Rennen nicht nur einmal gestürzt war, wie es

Dads Eltern berichtet hatten, sondern zweimal. Dad ließ mich seine Verachtung deutlich spüren. Ich erinnere mich nicht mehr an seine Worte, sondern nur an das Schamgefühl, das ich empfand.

Das zweite erhellende Erlebnis hatte ich auf dem Schulhof. Der größte Rabauke der Klasse – ein ungehobelter Bauernsohn in Latzhosen – und ich gerieten uns ständig in die Haare. Als er einmal gerade über mir lag und mich mit den Fäusten bearbeitete, rief Andréa von der Treppe aus herunter, daß Mom da sei, um uns abzuholen. Ich schrie zurück, daß sie sie holen solle, damit sie den Kerl von mir runterziehen könne. Statt dessen tauchte Dad auf, und bei der Standpauke, die er mir im Auto hielt, zeigte er weder Mitleid für mich als Opfer, noch verurteilte er, daß ich in eine Schlägerei verwickelt gewesen war. Was ich bis heute vor Augen habe, ist sein in der Windschutzscheibe gespiegeltes Gesicht mit dem zornigen und enttäuschten Blick, weil ich derjenige gewesen war, der unten gelegen hatte und die Schläge einsteckte, statt oben zu liegen und sie auszuteilen.

Wenn wir zusammen in den Bergen waren, enttäuschte ich Dads Erwartungen zum Glück nur selten, wenn unsere Ausflüge auch nicht ohne Zwischenfälle waren. Mittlerweile waren mir die meisten Skipisten oberhalb von Leysin vertraut, und ich war ständig darauf aus, neues Gelände zu erkunden. Les Diablerets, das Leysin am nächsten gelegene größere Skigebiet, bot etwas noch Besseres als nur eine weitere Piste zwischen Bäumen oder durch eine weite offene Senke, nämlich einen richtigen Gletscher, auf dem man auch dann noch Skifahren konnte, wenn der Schnee auf den anderen Bergen längst geschmolzen war. Ich machte vor Freude einen Luftsprung, als Dad mich im Mai 1965 aufforderte, zur Feier meines neunten Geburtstags meine Ski aus dem Keller zu holen.

Die Seilbahn führte in zwei Sektionen auf knapp 3000 Meter Höhe, wo sich das obere Ende des Gletschers befand.

Kurz nachdem wir ausgestiegen waren, standen wir auf einem so ebenen, spiegelglatten Gletscherplateau, wie ich noch nie zuvor eines gesehen hatte. Normalerweise wölbt sich Gletschereis zu Séracs auf oder bildet Spalten, je nachdem, was für einen Untergrund es hat. Was auch immer unter dem oberen Diableretsgletschers liegt, es muß glatt und eben sein, denn die mit Harsch bedeckte Fläche war wie eine schwach geneigte Schlittschuhbahn. Wir glitten in riesigen Bögen darüber hinweg, was jedoch bald langweilig wurde.

Dann hatten wir eine Idee – ich weiß nicht mehr, ob ich es war, der als Erster daran dachte, oder ob ich es bei einem Erwachsenen gesehen hatte. Ich erinnere mich nur, daß ich meine Skier umdrehte, so daß sie mit dem hinteren Ende hangabwärts zeigten, und dann die gleichen Bögen fuhr wie zuvor, nur rückwärts. Bald machten es alle, liefen um die Wette rückwärts das Eisfeld hinunter, wobei wir uns nur hin und wieder umblickten, um uns zu vergewissern, daß nichts im Weg war. Der Schnee glitzerte in der Frühlingssonne, die ihn zu einer idealen milchigen Masse schmolz. Felsbänder säumten den Gletscher, und wir zischten aneinander vorbei und um einander herum, wie ich es seither nie wieder gemacht habe. Es war einfach himmlisch, und Dad stieß einen Jodler aus, der von den Felsrändern widerhallte.

Die Erwachsenen warfen immer wieder Blicke über die Schulter, um nach Gletscherspalten und Abbrüchen Ausschau zu halten. Irgendwann muß selbst der Diableretsgletscher das Tal erreichen, und während er oben so eben ist, stürzt er unten um so steiler hinab. Um nicht auf die vereiste Flanke zu geraten, queren die Skiläufer zu einem schmalen Pfad an einem steilen Hang, und als wir die Abzweigung schließlich sichteten, stiegen wir widerwillig aus dem großen Becken des Diableretsgletschers heraus.

Plötzlich veränderte sich die Atmosphäre. Weil es ein schattiger Nordhang war, hatte sich der Schnee in eine vereiste Rutschbahn mit einem Gefälle von etwa 45 Grad verwandelt. Man mußte also im Zickzack von Punkt A nach Punkt B fahren, wobei Punkt B mehrere hundert Meter quer über den Hang auf der rechten Seite lag, denn links unter uns lag ein bedrohlich steiler Abbruch. Um mit den weichen Skistiefeln, wie man sie damals hatte, an einem steilen Hang auf der Skikante zu fahren, mußte man die klassische steife Haltung mit zum Hang gedrückten Knöcheln und Knien und hangabwärts gedrehter Hüfte einnehmen, die man auf alten Skifotos häufig sieht. Auf steilen, vereisten Pisten ist das ein unsicheres System, das bei mir auch bald versagte.

Mein schriller Schrei übertönte das raspelnde Geräusch sich ins Eis fräsender Skikanten, während ich immer schneller bergab rutschte. Der Abbruch kam immer näher und ich sah mich schon über ihn hinaus fallen. Über mir konnte ich die sich immer weiter entfernende Ameisenlinie der anderen Skiläufer sehen. Vergeblich versuchte ich meine behandschuhten Finger in den harten Schnee zu krallen und die Skikanten wieder in den vereisten Schnee zu drücken, aber sie schrammten nur über die harte Harschschicht. Ich war schon in heller Panik, als ich mit den Kleidern an einem Felsen hängenblieb und gestoppt wurde. Wie ein Gallerthaufen blieb ich auf diesem Felsstück liegen, bis Dad langsam und vorsichtig herunterkam, um mir zu helfen. Hier enden meine Erinnerungen an diesen Tag.

Als der Tour d'Aï oberhalb von Leysin in jenem Frühjahr wieder völlig schneefrei war, nahmen mich Dad und Mick Burke zu ihrem Versuch mit, eine ein paar hundert Meter hohe Felswand zu durchsteigen, in der noch keine Routen existierten. Mick war einer meiner Lieblinge von Dads Freunden – ein lustiger, geselliger, schalkhafter kleiner Brite mit einer Brille auf der Nase. Zehn Jahre später, als ich im Haus meiner Freundin in Connecticut gerade beim Geschirrspülen war, hörte ich im Radio die Meldung, daß Mick bei Chris Boningtons Everest-Expedition verschollen sei. (Bei dieser Expedition gelang Dougal Haston zusammen mit

Doug Scott die Erstbegehung der Südwestwand, womit sie als erste Briten auf dem Gipfel des Everest standen.) Die Nachricht betrübte mich sehr, denn Mick war auch für mich ein guter Freund gewesen.

Mick übernahm die erste Seillänge am Tour d'Aï und kletterte behende fast fünfzig Meter durch einen Kamin und einen breiten Riß hinauf. Ihm in diesem extrem glatten, senkrechten Riß zu folgen, der ungefähr so breit war wie mein Kopf, war für mich ein echter Kampf. Beim Anblick des tief unter mir liegenden Bodens verging mir vollends der Spaß. Zitternd stand ich eine ganze Weile am Stand auf einem Band, während Mick und Dad sich abwechselnd an einer Stelle außerhalb meines Blickfelds abmühten, möglicherweise einem Überhang. Schließlich gaben sie auf, und wir seilten uns frei hängend ab; das Beste kam dann am Wandfuß, wo wir mit dem Seil in der Hand an der Wand entlangliefen und uns in riesigen Bögen durch die Luft schwangen. Am Ende war der Ausflug für mich doch noch ein großer Spaß geworden, und ich sehe mir immer wieder gerne die Fotos an, die ich von Dad machte, als er durch die Luft flog.

Was ich damals nicht wußte, war, daß dort oben etwas passiert war, was Dad einen großen Schrecken eingejagt hatte. Er erzählte Mom davon, und sie wurde sehr wütend. Jahre später erzählte sie mir, daß sie ihm gesagt habe, es sei seine Sache, wenn er sein eigenes Leben aufs Spiel setze, daß er aber kein Recht habe, auch mich einer solchen Gefahr auszusetzen. Was genau schiefgelaufen war, konnte sie mir jedoch nicht sagen.

Wenn Andréa dabei war, ließ Dad eindeutig mehr Vorsicht walten. Sie wollte meistens mitkommen, obwohl sie eine niedrigere Toleranzschwelle für kalte Gliedmaßen an eisigen Skitagen hatte und sich vor Gletschern fürchtete. Als Mom, Andréa und ich einmal einen Gletscher querten, um zu sehen, wie Dad auf einer Route oberhalb von Chamonix vorankam, geriet Andréa an einer Schneebrücke in Panik – was vielleicht zum Teil auf meine scherzhafte Bemerkung ihr gegenüber zurückzuführen war, wenn wir in eine Gletscherspalte fielen, würden wir von dem unterirdischen Fluß mitgerissen und unten in Chamonix wieder ausgespült. Statt mit uns weiterzugehen, hockte sie sich hin und wartete – stundenlang, wie ihr schien –, bis wir zurückkamen. Ich selbst kann mich daran nicht mehr erinnern, aber wenn Dad dabeigewesen wäre, hätte Andréa die Schneebrücke mit ziemlicher Sicherheit überquert, da sie ihm vertraute. Weil sie immer mitkommen wollte, gaben wir ihr damals den Spitznamen »Ich auch«.

In jenem Sommer genossen wir alle einen Familienausflug ins *Innere* des Tour d'Aï. Als wir den Weg zu der tunnelähnlichen Öffnung in der Kalksteinwand hinaufwanderten, regnete es, aber das machte nichts, weil es drinnen ohnehin feucht und kühl und bis auf die Lichter unserer Stirnlampen und die Blitzlichter unserer Kameras stockdunkel war. An Engstellen mußten wir uns seitlich zwischen den Wänden hindurchzwängen, mehrere Male befestigten wir an einem Felsblock ein Seil und seilten uns daran ab, an einigen steilen Stellen stieg Dad vor und sicherte uns. Als wir schließlich wieder Tageslicht sahen, waren wir etwa 30 Meter oberhalb der Stelle, an der wir in die Höhle eingestiegen waren, und mußten uns zum Eingang abseilen. Als sich unsere Großeltern ein Jahr später die Fotos ansahen und Andréa fragten, ob sie denn keine Angst gehabt habe, antwortete sie: »Wenn Daddy dabei war, konnte uns nichts passieren.«

Zehn Vorbereitungen für die Eiger-Direttissima

Ob die Leute meinen Vater nun liebten oder haßten, ihn bewunderten oder einfach nur nicht recht wußten, was sie von ihm halten sollten – sie nahmen ihn jedenfalls alle wahr. Ted sagte einmal: »John besaß ein so großes Charisma, daß er einen großen General oder gar einen gewieften Diktator hätte abgeben können. Wenn er einen Raum betrat, schien der gesamte Sauerstoff zu entweichen.« Und einer der Räume, in denen er sich häufig aufhielt – manche sagten auch, wo er »Hof hielt« –, war die Bar im Club Vagabond, wo die vom Qualm der Gauloise-Zigaretten geschwängerte Luft ohnehin kaum noch Sauerstoff enthielt. Dieses mehrstökkige Chalet am oberen Ende von Leysin, das Dads gutem Freund Allan Rankin gehörte, war ein Refugium für englischsprachige Globetrotter, die einen gastliche, behagliche Zufluchtstätte brauchten, wo sie eine Woche oder einen Monat preiswert unterkommen konnten. Man konnte dort bis tief in die Nacht hinein tanzen und sich notfalls einfach auf eine Bank sinken lassen, wenn man nicht mehr imstande war, in sein Bett zu wanken, und die einzige Gefahr, die einem dort drohte, war, einem betrunkenen Schotten in die Quere zu kommen. Allan selbst war Kanadier, ein ruhiger Geselle mit einem großen, großzügigen Herz, und die gesamte Vagabundenwelt schien seine Herberge zu kennen.

Allan hatte das Lokal schon zu Zeiten eröffnet, als Leysin in der Bergsteigerszene noch unbekannt war, und als die Kletterer schließlich kamen, wurde der Club Vagabond ihr inoffizielles Hauptquartier. Als Dad im Sommer 1965 dort das Büro der »International School of Modern Mountaineering« (ISMM) einrichtete und das Haus zum Wohnheim für Kursteilnehmer machte, wurde es schließlich zur offiziellen Zentrale. Jugendliche hatten zum Club keinen Zutritt, und weil sich meine Mutter nichts aus lauten Lokalen und durchzechten Nächten machte, bekamen wir von diesem Ort so gut wie nichts mit. Dad hingegen suchte ihn häufig auf, um mit aller Welt zu plaudern, zu träumen und Pläne zu schmieden.

Mit den Planungen für die Bergsteigerschule waren meine Eltern, Ted, Allan, Bev und viele andere das ganze vorangegangene Jahr beschäftigt gewesen. Auch wenn an der Gründung der ISMM eine Reihe anderer Leute mitgewirkt haben, war es doch – bis auf den von meiner Mutter initiierten Bereich »Alpenspiegel« mit Vorträgen über die Bergnatur – ursprünglich Dads Idee. Klettern bedeutete für Dad viel mehr, als nur einen Felsen zu erklimmen, und es war das Ziel seiner Schule, anderen dieses Bewußtsein nahezubringen. Außerdem konnten Mom und Dad dort mit geringem Kapitaleinsatz schon einige der Konzepte für das internationale Institut einbringen, das sie nach wie vor entweder am Montblanc oder in Leysin zu gründen gedachten. Dad wollte den Teilnehmern vermitteln, daß man einen Berg nicht einfach nur bestieg, sondern daß man ihn »erlebte«. »Indem man sich unter genauer Selbstbeobachtung der Erfahrung des Überlebens aussetzt«, schrieb er, »läßt sich ein Optimum an Selbstkontrolle erzielen.« Oder, im Wortlaut der ISMM-Broschüre: Ziel der Schule war es, »den einzelnen in die Lage zu versetzen, seinen Charakter zu ergründen und sich durch Selbstanalyse und Abenteuer weiterzuentwikkeln. [...] Sich im Bergsport zu perfektionieren, damit es gelingt, unser Leben auch in allen anderen Bereichen zu begreifen und zu bewältigen.«

Er war immer noch zutiefst überzeugt, daß Bergsteigen

die Nationen zusammenbringen könne. In seiner Tischrede beim Bankett des amerikanischen Alpine Club im vorangegangenen Dezember leitete er seine Ausführungen über den Eiger und über die Tendenzen im alpinen Klettern mit folgenden Worten ein: »Mag es nun zu Recht so sein oder nicht, die Amerikaner sind jedenfalls am echten internationalen Austausch nur in einer nutznießerischen und halbherzigen Weise beteiligt. Die meisten Europäer wären vermutlich überrascht, wenn wir bei der Internationalisierung des Bergsteigens einen aktiven Teil übernähmen, aber ich bin überzeugt, daß wir unserem Land als Ganzem damit einen großen Dienst erweisen würden. Die Bedeutung, die das Bergsteigen in Europa hat, ist für Amerikaner schwer nachvollziehbar, aber sie ist eine *Tatsache*. Und mittels den damit verbundenen Werten wie Partnerschaft, Verzicht auf Konkurrenzdenken, gegenseitiges Verständnis und gemeinsame Freude trägt es zur Sicherung des Friedens bei. Ich frage mich, wie viele der hier Anwesenden das Bergsteigen schon unter diesem Aspekt gesehen haben. Ich behaupte, daß wir als Bergsteiger, Amerikaner und Mitglieder einer Weltgemeinschaft dazu verpflichtet sind, zu beginnen, es so zu sehen.« Die ISMM war Dads erster großer Schritt zur Umsetzung seiner Leidenschaft in ein weiter tragendes Werk.

Dad hatte zwar viele Visionen, aber wenig Zeit oder Geduld für die lästigen Details, die zum Führen eines Instituts nötig sind. Er schaffte es nicht einmal, die Leute, die er gern als Lehrkräfte engagiert hätte und mit deren Namen er schon für die Schule Werbung machte – fast die gesamte Bergsteigerprominenz –, über die Gründung der Schule zu informieren. Und Dads Unterrichtsstil charakterisierte Ullman folgendermaßen: »Was er von den Anfängern wollte, war, daß sie schnellstmöglich aufhörten, Anfänger zu sein, was zur Folge hatte, daß Teilnehmer, die sich von den Touren überfordert fühlten, nach kurzer Zeit wieder ausstiegen.«

Um mehr Zeit zum Schreiben seines Buchs *Introspection Through Adventure* (»Innere Einsicht durch Abenteuer«), zur Leitung der ISMM, zum Klettern großer Routen und zur baldigen Verwirklichung der Eiger-Direttissima zu haben, übergab Dad die Leitung des Sportunterrichts an der LAS an Royal Robbins, den er beim Treffen des American Alpine Club kennengelernt hatte. Während Robbins den Sommer über in Teilzeit an der ISMM arbeitete, fuhr er zwischendurch immer wieder mit Dad nach Chamonix, wo sie die Dru-Direttissima vollenden wollten. Seine im Vorjahr unternommenen Versuche hatte Dad wegen schlechten Wetters und anderer Mißgeschicke allesamt abbrechen müssen, und der Sommer 1965 begann genausowenig erfolgversprechend. »Eine neue Saison bricht an – aber was für eine! Es wäre besser gewesen, wenn es Winter geblieben wäre, dann hätte man wenigstens skifahren können«, lautete Dads Kommentar. Die Alpen waren in jenem Sommer so unzugänglich, daß ein Teil der Kurse der ISMM in die Calanques verlegt werden mußte.

Royal war der perfekte Partner für die Dru, weil die Route technisch noch schwieriger war als die Fou, wo Tom Frost, Royals wichtigster Bigwall-Partner, fast den gesamten Vorstieg gemacht hatte. Eigentlich hatte Dad am reinen Felsklettern kein großes Interesse, aber er war Amerikaner in einer Zeit, in der amerikanische Kletterer neue Techniken und Klettergeräte entwickelten, mit denen die Fortschritte beim Felsklettern ein bis dahin unvorstellbares Niveau erreichten. Die meisten dieser Innovationen wurden im Yosemite Valley ersonnen, wo 1958 die wohl größte Kletterwand der Welt – der etwa tausend Meter hohe Granitmonolith El Capitan – nach 45 Klettertagen in einem Zeitraum von achtzehn Monaten durchstiegen worden war. Mit dieser Begehung wurden psychologische Schranken gesprengt, sie machte aber auch deutlich, wieviel es zu lernen galt. 1960 wurde die gleiche Route innerhalb von sieben Tagen und ohne Fixseile bewältigt. Während die Erstdurchsteigung der »Nose«, wie die Route schließlich genannt wurde, zeigte, daß eine solche Wand kletterbar war, war niemand außer dem visionären Erstbegeher Warren Harding dazu bereit oder in der Lage, eine solche Schinderei auf sich zu nehmen. Auch wenn Harding diese Route erschlossen hatte, wurde die eigentliche Zukunft des Bigwall-Kletterns im Yosemite von den Zweitbegehern begründet. Diesem Vier-Mann-Team gehörten neben Chuck Pratt und Joe Fitschen auch Royal Robbins und Tom Frost an. Im darauffolgenden Jahr taten sich Royal und Tom erneut mit Pratt zusammen, um die zweite Route am El Cap zu erschließen, was ihnen in nur zehn Tagen gelang – eine wahre Revolution in puncto Schwierigkeit und Geschwindigkeit.

Diese und andere, kürzere Routen in den Granitwänden des Yosemite Valleys waren klettertechnisch wesentlich schwieriger als die zur gleichen Zeit in den Alpen begangenen Routen. Zum Erfolg trug natürlich auch das bekanntermaßen gute Wetter im Yosemite bei, das es den Kletterern erlaubte, ihre Ziele ohne Unterbrechung zu erreichen, statt wegen Wetterstürzen Wochenende für Wochenende immer wieder den Rückzug antreten zu müssen. Ihr gutes Wetter konnten die Kalifornier zwar nicht exportieren, wohl aber die neu entwickelten Techniken und Klettergeräte. Yvon Chouinard, der mit einem Amboß im Laderaum seines Kleintransporters von einem Klettergebiet zum anderen fuhr, entwarf spezielle Haken, indem er neue Formen ersann und Härte und Legierung des verwendeten Stahls und Aluminiums veränderte. Frost, von Beruf Ingenieur, half Chouinard, seine Entwürfe in die Praxis umzusetzen. Und Robbins, der talentierteste und aktivste Allround-Felskletterer seiner Zeit, erfand ein System zum Nachziehen schwerer Lasten und zum Entfernen des als Zwischensicherung verwendeten Materials einer Route, was die Effizienz beim Bigwall-Klettern wesentlich erhöhte.

In Europa wurde die Erhöhung der Kletterstandards durch Einführung amerikanischer Techniken und Klettergeräte lange Zeit Gary und meinem Vater zugeschrieben. Zu dem Zeitpunkt, als in Kalifornien die neuen Entwicklungen einsetzten, lebte Dad allerdings schon längst nicht mehr dort. Gary zog zwar zwischen beiden Kontinenten hin und her und hatte zur Yosemite-Clique engeren Kontakt, war jedoch viel mehr ein europäischer Alpinist als ein amerikanischer Felskletterer. Was Gary und Dad – neben ihrem Talent – mitbrachten, war ein Auge für bislang ungekletterte Routen in den Alpen und für amerikanische Freunde, die in ihrer Heimat Trends schufen. Unter diesen Freunden waren Frost und Robbins.

Wenn die Begehung der Fou-Südwand im Jahr 1963 mit Tom den Beginn von Dads Erschließung neuer großer Routen mit künstlichen Hilfsmitteln im Yosemite-Stil darstellte, dann war die 1965 zusammen mit Royal gemeisterte Dru-Westwand-Direttissima der Höhepunkt. Beide Routen galten damals als die schwierigsten großen Felsrouten in den Westalpen (vielleicht auch in den gesamten Alpen), und die Dru-Direttissima galt noch jahrzehntelang als äußerst anspruchsvoll und gefährlich. Die Route in der Fou hingegen wurde im Laufe der Zeit immer beliebter, vor allem, nachdem Gaston Rébuffat sie in sein Buch *Die 100 Idealtouren im Montblanc-Massiv* aufgenommen hatte. (Leider ist das Einstiegscouloir in der Fou wegen abschmelzender Gletscher zu gefährlich geworden, so daß die Route heute nur noch selten begangen wird.)

In der Hoffnung auf ein Ende des Dauerregens starteten Dad und Royal im Juli ihren Anstieg über das Mer de Glace. Am zweiten Tag schüttete es jedoch noch heftiger. Bei einem weiteren Versuch kamen sie etwas höher, doch eine Schlechtwetterprognose zwang sie erneut zum Rückzug. In seinen Aufzeichnungen erwähnte Dad seine Frustration, setzte dann aber gleich hinzu: »Mit dem Anbruch eines neuen Tages stellt sich auch neue Hoffnung ein. Erstaunlich, wie sie ständig neu geboren wird.«

Anfang August unternahmen sie einen weiteren Versuch. Seine Eindrücke hielt Dad in einem veränderten Schreibstil fest: »Langer Marsch über die Moräne – stundenlange Schlepperei – dieselbe Szenerie – Spuren im Pfad – Punkte, die sich über die Moräne aufwärtsbewegen – andere Kletterer auf dem Rognon – ›Meine Güte, vor uns ist ja eine ganze Armee‹ – Abenddämmerung – Biwak mit Deutschen, Tschechen, Japanern, Franzosen, Österreichern, Briten, Polen – so viele Personen erhöhen in solch einem Couloir das Unfallrisiko – jeder will als erster oben sein – morgendliche Vorbereitungen – im Licht der Stirnlampen schlängelt sich eine Ameisenlinie den Lawinenkegel empor – ich habe mir zwei Strümpfe über den einen Fuß und einen über den anderen gezogen – wir machen unverdrossen weiter – Zeit wichtiger als Symmetrie – wir seilen uns nicht an – die Steine schwirren das Couloir hinunter – knapp daneben.«

Bald schon wurde aus dem »knapp daneben« ein richtiger Unfall, als ein deutscher Kletterer einen Stein lostrat, der seinen Partner am Bein verletzte. Wenig später gingen sämtliche Kletterer vor massivem Steinschlag in Deckung – daß niemand verletzt wurde, war reine Glücksache. Schließlich betraten Royal und Dad jungfräulichen Boden, und Dad stieg die gefährlichste technische Seillänge seines Lebens vor, wobei er lediglich Skyhooks zum Auflegen verwendete, weil die Gefahr bestand, daß sich beim Anbringen von Felshaken lockere Granitschuppen lösten. (Vierzig Jahre später brach rechts von ihrer Route die gesamte Wand ab.)

Weiter oben sah die Route einfacher aus, doch Royal fand sie unerwartet schwierig. Dann hörte Royal das Surren eines herabfallenden Steins und brüllte Dad eine Warnung zu. Kaum hatte Dad das Geräusch vernommen, durchfuhr ihn auch schon ein brennender Schmerz – »ein unglaublicher Schmerz, der einen überwältigt und bis ins Mark zu gehen scheint«. Er war überzeugt, daß sein Bein gebrochen sei, doch als er wieder sprechen konnte, bat er Royal lediglich, ihn beim Vorstieg abzulösen. Als er dann die vierzig Meter bis zu Royals Standplatz hinaufjümarte, machte er mehrere Male vor Schmerzen fast schlapp. Er merkte zwar, daß sein Bein doch nicht gebrochen war, aber die Ärzte sagten ihm später, daß sein Ischiasnerv verletzt worden sei und er infolgedessen einen Schock erlitten habe. Ein Vierteljahr lang hatte er in dem Bein noch innere Blutungen.

Am Standplatz beratschlagten sie, ob sie weitersteigen oder umkehren sollten. Weil sie schon so viel in diese Tour investiert hatten, wollte Dad nicht aufgeben und vertraute voll darauf, daß Royal mit dem Gelände zurechtkommen würde. Also beschlossen sie weiterzugehen, wenn auch klar war, daß Royal am verbleibenden und am nächsten Tag den gesamten Vorstieg übernehmen müßte. »Wenn man gezwungen ist, einen verletzten Körperteil andauernd gleichmäßig zu bewegen«, schrieb Dad, »entwickelt sich eine eigenartige sinnliche Wahrnehmung des Schmerzes. Man neigt dazu, sein Ausmaß in anderen Worten zu beschreiben, von Farbe bis hin zur Form. Die einzige Erleichterung ist letztendlich die ständige Veränderung des Schmerzes von scharfen Tonspitzen zu einem satten, runden Vortrag. Von Weiß nach Rot – von Bach zu Wagner – vom Schreien zum Stöhnen. Vierzig Meter verwandeln sich in eine endlose Reise zu unendlich vielen Variationen eines einzigen Themas, unterbrochen durch die Konzentration auf das Entfernen der Haken. Selbst die Hammerschläge und das Fühlen des Felses bekommen sinnliche Qualitäten, die nur in wissenschaftlicher Betrachtung nicht unangenehm sind.«

Als sie zwei Tage später den Gipfel erreichten, hatten die Schmerzen in Dads Bein schon so weit nachgelassen, daß er Royal wieder beim Vorstieg hatte ablösen können. Beim Abstieg kamen ihnen Bev und Lito entgegen, die Dad Hilfe leisten wollten. Dad entschuldigte sich dafür, sie umsonst gerufen zu haben, weil sich der Zustand seines Beins inzwischen enorm gebessert hatte, doch eigentlich waren alle froh, daß er alleine zurechtkam. Als ein Unwetter aufzog, bei dem sich der Regen allmählich in Schnee verwandelte, biwakierten sie. Am nächsten Tag schneite es immer noch heftig, der Berg hatte eine kalte, weiße, glitschige Haut. Der Abstieg war tückisch, und sie kamen nur langsam voran. Trotzdem machte es Dad Spaß, und als sie schließlich den Gletscher erreichten, meinte er: »Ich komme mir vor wie ein Hund, der an der Leine zerrt. Wahrscheinlich ist es nicht richtig, daß ich mich so energiegeladen fühle.«

Den letzten Hang oberhalb der Hütte rutschten sie auf dem Hosenboden hinunter und dort »[...] verkrochen wir uns, zur großen Bestürzung von Familienangehörigen, Freunden, Fernsehteams und Journalisten den halben Tag, die folgende Nacht und den nächsten Vormittag in unserem neuen Refugium. Schließlich scheuchte uns ein Hubschrauber in die gnadenlose Welt der Zurechtweisungen, Glückwünsche und Meinungsverschiedenheiten hinaus.«

Trotz des Erfolges bedeutete diese Tour das Ende der guten Beziehung zwischen Royal und Dad. Chris Boningtons Worten aus dem zweiten Band seiner Autobiographie *The Next Horizon* zufolge waren Royal und Dad wie »zwei eigenwillige Primadonnen, die nicht gegensätzlicher hätten sein können. John: großspurig, rechthaberisch und impulsiv – Robbins: sehr besonnen, analytisch, jede betonte Zurschaustellung sorgfältig vermeidend, sich seiner Position am Bergsteiger- und Kletterhimmel jedoch genauso bewußt wie John.«

Ullman drückte es folgendermaßen aus: »In Royals Augen war John chaotisch, nahm es mit der Wahrheit nicht so genau, war geblendet von dem Bild des visionären Helden, das er von sich hatte. Bei Royal stellte sich allmählich, so drückte er selbst es aus, Ernüchterung ein. John seinerseits hielt Royal für umständlich, phantasielos und für einen ziemlich kalten Fisch. John verlor schnell die Geduld und brauste schnell auf, wenn er verärgert war. Doch zugleich war er ein Mensch, der anderen ihre Verfehlungen schnell verzieh und seine eigenen schnell vergaß. Royal tat das nicht. Während John bis zum Ende glaubte, daß das Problem zwischen ihnen auf ›einer Art Mißverständnis‹ beruhe, vertrat Royal den starren, kompromißlosen Standpunkt, daß er diesen Mann nicht mochte.« Pat Ament schreibt in seiner Biographie über Royal *(Spirit of the Age, The Biography of America's Most Distinguished Rock Climber, Royal Robins)*: »Royal stellte fest, daß im Sportbereich der Amerikanischen Schule die Leistungsnachweise in einem chaotischen Zustand oder gar nicht vorhanden waren. Das führte zu Verstimmungen zwischen ihm und Harlin.«

Und Royal selbst faßte es vierzig Jahre später folgendermaßen zusammen: »Das erste, was mich an deinem Dad beeindruckte, war seine – so erschien sie mir – edle Vision. Ich war von seiner Vision, eine Internationale Bergsteigerschule zu gründen, fasziniert. Er plante im großen Stil, in einem viel größeren als ich. Die Beziehung zwischen uns kühlte ab, als mir allmählich aufging, daß auch er nur ein mit Fehlern behafteter Mensch war. Er war auch viel stärker als ich, und als mir bewußt wurde, wie unterschiedlich wir waren, flüchtete ich mich in Prinzipienreiterei – ein ziemlich frostiger Außenposten. Dein Dad hat mir einmal ordentlich die Meinung gesagt, was ich ihm nie verziehen habe, obwohl ich sehr wohl um die heilenden Kräfte der Vergebung weiß.« Worauf genau er mit dieser letzten Bemerkung anspielte, wird wohl immer ein Rätsel bleiben.

In jenem Herbst schrieb Dad einen Essay mit dem Titel »Auf der Bühne«. Er ist nachts allein in den Calanques, sieht im Mondschein seinen Schatten auf den weißen Kalksteinwänden und fühlt sich preisgegeben: »Während ich von den Kulissen aus zusah, trat mein Körper auf diese Bühne hinaus. Abscheu stieg in mir hoch, weil die Melodramatik dieser Situation so überaus symbolhaft war. Ich wollte diesen Narren, diesen Clown verlassen. Aber wie sollte das gehen, zum Donnerwetter? Das Mondlicht war zum dramatischen Medium der Erkenntnis geworden, während die Dunkelheit die Sicherheit einer verlorenen Identifikation war. Und so beobachtete ich diesen Hanswurst auf der weißen Bühne des Lebens, und mir war hundeelend. Tiefe Traurigkeit über die Sinnlosigkeit. Schließlich verschmolz die Dunkelheit der Bäume auf der anderen Seite meine beiden Ichs wieder zu einer Einheit, aber für einen langen Augenblick hatte ich mich selbst gesehen. Ich war allein, und niemand würde mir helfen. Dieses Erlebnis verdeutlichte mir die Unumgänglichkeit, die Schwierigkeit und das Entsetzen darüber, allein dazustehen. Ich sah die Zuschauer, wie sie mich mißbilligend und tuschelnd beobachteten, ohne mir zu helfen.«

Der für Dad in der verbleibenden Zeit seines Lebens wichtigste Mensch neben seiner Familie war Chris Bonington. Im August kam Tom Patey mit ihm zu uns nach Leysin. In unserem Haus gingen so viele britische Bergsteiger ein und aus, daß ich mich an diesen speziellen Besuch nicht erinnern kann. Keiner von uns hätte gedacht, daß Chris einmal der berühmteste und finanziell erfolgreichste Bergsteiger Großbritanniens und vermutlich der ganzen Welt werden würde, bevor dann später Reinhold Messner die Bühne betrat. Chris hatte 1962 als erster Brite die Eiger-Nordwand durchstiegen und leitete ab 1970 zahlreiche Expeditionen zu den schwierigsten Routen der damaligen Zeit im Himalaja, darunter die 2500 Meter hohe Südwestwand des Mount Everest, die ursprünglich Dads Idee gewesen war. Sein erster Erfolg im Himalaja war die Erstbegehung der 3500 Meter hohen Südwand der Annapurna (8091 m), wobei Tom Frost eine Schlüsselrolle spielte und Dougal den Gipfel bestieg. Dougal wurde von Chris bei mehreren seiner großen Touren in Reserve gehalten, um notfalls am Gipfel einspringen zu können. 1986 wurde Chris zum »Commander of the British Empire« ernannt, 1996 wurde er zum Ritter geschlagen, und er bekam zahlreiche andere Auszeichnungen für seine Forschungsexpeditionen, seine Bücher, seine auf den Erfolgen im Himalaja basierende Manager- und Beratertätigkeit und die von ihm gegründeten abenteuerorientierten Wohltätigkeitsorganisationen.

Als Patey mit Chris und dessen Frau Wendy zu uns kam, war es jedoch noch sein Ziel, sich als Fotojournalist zu etablieren. Außerdem hatte er die Eiger-Direttissima im Sinn. Er betrachtete Dad »als einen möglichen Konkurrenten für die Direkte«, erinnert er sich. Bei ihrer Unterhaltung »verflog mein Mißtrauen jedoch rasch – John wirkte umgänglich, offen und überaus enthusiastisch«. Sie beschlossen, die Direttissima gemeinsam anzugehen, zusammen mit Rusty Baillie, mit dem Chris bereits eine Vereinbarung getroffen hatte, daß sie die Tour zusammen machen würden, während Dad sich mit Dougal, der inzwischen wieder in Schottland war, zerstritten hatte. Chris und Dad beschlossen, bis zum Ende des Sommers zu warten, wenn die Wand vereist und die Steinschlaggefahr gebannt wäre. Unterdessen schlugen die Briten im Steinbruch hinter unserem Haus ihre Zelte auf.

Am Eiger würde Chris Jümar-Steigklemmen verwenden müssen, weil man damit in steilen Längen am fixierten Seil am effizientesten vorankam. Damals verwendeten die meisten Alpinisten jedoch keine Jümars, auch gute Kletterer wie Chris nicht. In den seltenen Fällen, wenn sie eine so schwierige, griff- und trittlose Passage kletterten, daß der Vorsteiger Trittschlingen in Haken einhängen mußte, hängte sich auch der Nachsteiger in diese Haken ein, und in der Regel ließ man die Haken für die nachkommende Seilschaft stecken. Deshalb fuhr Dad mit Chris von Leysin aus zu den Dents du Midi auf der gegenüberliegenden Seite des Rhonetals, um ihm das Jümarn beizubringen.

Chris erzählte, daß sie in ihrem Zelt im Steinbruch eine kleine Fondue-Party veranstalteten und anschließend zum

Club Vagabond hinaufgingen, wo sie bis spät in die Nacht hinein zechten. Als sie um zwei Uhr morgens zur Sperrstunde den Berg hinunter »wankten«, fiel ihnen auf, daß die Nacht sternenklar war – eine Seltenheit in jenem Sommer.

»Wir könnten doch morgen eine Tour machen«, schlug Chris vor.

Dad antwortete im gleichen Atemzug: »Ich weiß da eine neue Linie in den Dents du Midi – wie wär's damit?«

Sie luden ihr Kletterzeug in unseren VW-Bus und erreichten kurz vor Tagesanbruch den Wanderweg zum Einstieg und ein paar Stunden später den Fuß der Wand. »Wir wollten die amerikanische Bigwall-Klettertechnik ausprobieren«, schrieb Chris, »weil wir vorhatten, diese Technik am Eiger anzuwenden.« Das einzige Problem war, daß Dad eine äußerst schwierige Übungsstelle und eine rauhe Lehrmethode gewählt hatte. Es war ein riesiger Überhang, den Chris frei hängend mit Jümars überwinden mußte, und Dads Lehrmethode bestand darin, ihm nichts zu erklären.

»Es gruselte mir davor, mich diesem dünnen Seil anzuvertrauen«, schrieb Bonington über das von Dad fixierte Seil, das er hinaufjümarn sollte, »aber ich nahm mir fest vor, mir vor dem Blonden Gott keine Blöße zu geben.« Mit der Zeit lief es immer besser, aber ihm wurde dabei klar, daß es »eine harte Schule war, mit Harlin zu klettern – eine Mutprobe nach der anderen, ohne daß einer von uns bereit war, als erster klein beizugeben.«

Während sie auf bessere Wetterverhältnisse im Berner Oberland warteten, wo sich am Eiger den gesamten furchtbaren Sommer hindurch immer mehr Schnee anhäufte, machten sich Dad, Chris und Rusty zum Rechten Brouillardpfeiler links von der Frêneywand des Montblanc auf, um die Route zu vollenden, die Chris und Rusty bei einem vorangegangen Versuch hatten abbrechen müssen. Um zwei Zweierseilschaften bilden zu können, luden sie den Schotten Brian Robertson ein. Chris und Dad wollten als erste

Seilschaft klettern. »Alter und Erfahrung ergänzen sich manchmal gut«, meinte Dad. Er selbst war gerade dreißig geworden, Chris war 31. »Es war die erste große Tour, die ich zusammen mit John machte«, schrieb Chris, »und sein gleichmäßiger Rhythmus, seine sicheren Entscheidungen und sein Klettertempo gefielen mir. Wir waren auf derselben Wellenlänge und kletterten, ohne uns groß verständigen zu müssen.« Als ein Sturm aufzog, beschlossen sie, trotzdem weiterzumachen. Drei Tage später waren sie zurück in Leysin, nachdem sie ihre neue Route vollendet hatten, wenn sie auch nicht bis zum Gipfel gekommen waren.

Der August verging, es wurde September und schließlich Oktober, und wenn das Wetter auch nicht immer ausgesprochen schlecht war, so war es doch stets unbeständig, so daß sich am Eiger nie ideale Verhältnisse einstellten. Sie beschlossen, ihr Vorhaben auf den Winter zu verschieben.

»Irgendwie«, schrieb Bonington, waren Wendy und er »regelrecht erleichtert, der Enge Leysins und der anstrengenden Gegenwart John Harlins entfliehen zu können. Acht Wochen lang war ich in seine Träume und Pläne eingebunden gewesen, wie so viele andere vor mir: Wir hatten vereinbart, die Eiger-Direttissima zu klettern, ich hatte ihm an der International School of Modern Mountaineering geholfen und mit ihm Pläne für einen Mammutflug nach Nord- und Südamerika geschmiedet. Als wir von Leysin wegfuhren, löste sich die Anspannung, und all die Ideen schienen weit weg, weit hergeholt und unmöglich. [...] Unsere Rückreise in den Lake District war wie eine Flucht aus einem Zauberbann. Je mehr ich mich von Johns verstiegenen Plänen hatte vereinnahmen lassen, um so stärker fühlte ich mich in meiner eigenen Handlungsfreiheit eingeengt.«

Sofort begannen sie zu korrespondieren. Dad schärfte Chris ein, was die Direttissima für sie bedeutete. »Die Eiger-Direttissima wird der Höhepunkt unserer Bergsteigerkarriere sein«, schrieb ihm Dad. »Etwas noch Schwierigeres werden wir vermutlich nie machen. Ich glaube, daß sämtliche Touren, die ich in den Bergen gemacht habe, auf diese eine Tour zugeführt haben. Wir werden auf unsere gesamten Klettererfahrungen zurückgreifen müssen.«

Chris bekam jedoch bereits kalte Füße. Und schließlich machte er einen Rückzieher. Die Beweggründe führte er in seinem Buch *The Next Horizon* auf, u. a., daß er in den Alpen noch nie im Winter geklettert war und nicht einschätzen konnte, wie er mit den Verhältnissen zurechtkommen würde, daß Dads Plan, die Durchsteigung in zehn Tagen zu bewältigen, von einer stabilen Schönwetterphase abhing. Außerdem fragte er sich: »Was würdest du tun, wenn du in sieben oder acht Tagen drei Viertel der Wand bewältigt hättest und dann ein Wettersturz käme? Hättest du dann noch genügend Kraft, dich bis zum Gipfel durchzukämpfen oder abzusteigen – insbesondere bei einem Schneesturm? Ich bezweifle es.« Und weiter: »Obwohl ich in John Harlin als Bergsteiger vollkommenes Vertrauen hatte und wir am Rechten Brouillardpfeiler wunderbar harmoniert hatten, war ich von seinem praktischen Organisationsvermögen weniger überzeugt.« Außerdem befürchtete er, »ein der zuschauenden Öffentlichkeit auf Gnade und Ungnade ausgelieferter Gladiator« zu werden. Abschließend schrieb er, daß er, wenn er diese Tour mache, »in die Zwangslage des professionellen Bergsteigers geraten könnte, der sich gezwungen sieht, um einer Position am Bergsteiger- und Kletterhimmel willen zu klettern. Das war mir ein Graus. Nach einem Tag quälender Unschlüssigkeit [...] schrieb ich John und sagte ihm, daß ich nicht mitmachen würde. Es war inzwischen Anfang November, und er hatte nicht mehr viel Zeit, um einen Ersatzmann zu finden.«

Chris war jedoch nach wie vor bereit, sich an den Planungen für das Eiger-Unternehmen zu beteiligen. Bereits im Sommer hatte Dad mit dem *Life* Magazin vereinbart, daß es die Tour sponsern würde. *Life* hatte zugesagt, Fotografen zum Eiger zu schicken und eine Titelgeschichte zu bringen, wenn die Tour erfolgreich wäre. Doch es war nichts daraus geworden. Jetzt fungierte Chris als Verbindungsmann zum *Weekend Telegraph*, indem er dem Verleger und Dad hin und wieder ihre gegenseitigen Vorstellungen interpretierte. Dad hatte vorgeschlagen, daß der *Telegraph* die Kosten für die Tour übernahm und als Gegenleistung dafür die Rechte für die Hauptberichterstattung erhielt. Die Höhe des Honorars sollte davon abhängen, ob die Kletterer in der Wand hoch genug kamen, um »weltweites Aufsehen zu erregen und damit eine vermarktbare Story zu liefern«, heißt es in Dads Schriftwechsel mit dem *Telegraph*. Der *Telegraph* würde einen Reporter zur Kleinen Scheidegg schicken, und es war eine Ironie des Schicksals, daß ausgerechnet Chris Bonington als Fotograf engagiert wurde.

Dad mußte jetzt schleunigst einen Ersatzmann finden. Er überwand sich und rief Weihnachten Dougal an, um sich mit ihm auszusöhnen und ihm die Teilnahme vorzuschlagen. Nach dem Telefonat schickte ihm Dougal einen Brief, in dem er die mündlichen Abmachungen schriftlich bestätigte: »Ich bin bereit, die von Dir genannten Bedingungen zu akzeptieren. Du hast den genauen Plan bereits ausgearbeitet. Ich biete meine Kletterfähigkeit, in die ich volles Vertrauen habe.« Dougal würde der Eisspezialist sein. Am Schluß seines Briefes bat er Dad noch um einen Job an der ISMM.

Der Felsspezialist würde Layton Kor sein, ein phänomenaler Kletterer, der damals zufällig gerade in Europa war. Layton und Dad hatten sich beim Bankett des Amerikanischen Alpine Club kennengelernt, bei dem auch Royal anwesend gewesen war. Dort erfuhr Layton von den Direttissima-Versuchen am Eiger und Dad erfuhr mehr über Laytons legendären Status als der wohl aktivste und leidenschaftlichste Kletterer Amerikas – und einer der talentiertesten. Das schlaksige, 1,95 Meter große Kletterphänomen, ein gelernter Maurer aus Colorado, war auf der Suche nach großen neuen Routen in ganz Nordamerika unterwegs, und kaum hatte er mit seinem unersättlichen Hunger eine Route verputzt, zog er zu seiner nächsten Mahlzeit aus jungfräulichem Fels weiter. Seine Energie war stets positiv – die Leute verglichen ihn oft mit einem Welpen –, wenn auch zuweilen überbordend. In seinem Buch *Climb! The History of Rock Climbing in Colorado* schrieb Royal über ihn: »Kor war unter den ambitionierten Kletterern einer der wenigen, die niemals die Versuche und Leistungen anderer kritisierten. Er war ein Tatmensch, war am Leben, an lustigen Gesprächen und Plänen für die nächste Tour interessiert. [...] Er war der erste Kletterer, der mit den kalifornischen Granitkletterern im Yosemite Valley sofort mithalten konnte. [...] Wir alle staunten, daß ihm die härteren Routen im Yosemite sofort gelangen, noch dazu in Rekordzeit.« Laut Aussage von Bob Culp, einem anderen berühmten Kletterpartner, war er außerdem ein »Genie beim Aufspüren von Routen«. Außerdem bewahrte er immer einen kühlen Kopf. In seiner typischen Art sagte Layton einmal zu Peter Gillman: »Es ist eine peinliche Situation, wenn [Seilpartner] kalkweiß werden, zu zittern anfangen und sich nicht mehr richtig im Griff haben.«

Mom schrieb später an Ullman: »John fand Layton sehr sympathisch und war erbost darüber, wie ihn diese pseudointellektuellen Yosemite-Cliquen behandelten. Layton hatte ein Herz, was sie, denen es Spaß machte, auf ihm herumzuhacken, nicht erkannten. Das hat den Mann fast kaputtgemacht.«

Und schließlich war es soweit: Die Eiger-Tour sollte beginnen. Als Dougal nach einer dreitägigen Klettertour mit Bev vom Ben Nevis in Schottland herunterkam, fanden sie unter dem Scheibenwischer von Bevs Wagen einen Zettel. Wie sich später herausstellte, hatte Dad »Bevs Frau in London angerufen, die Dougals Freundin in Edinburgh anrief, die wiederum Graham Tiso (Besitzer eines Ladens für Kletterausrüstung in Edinburgh und Kletterfreund von Dougal) anrief, der Hamish McInnes (einen in Glencoe wohnenden Kletterer) anrief, der einen Freund in Fort William anrief, der den Zettel ans Auto klemmte, auf dem folgende Worte standen: ›Ruf mich bitte sofort an. John.‹ Die Wettervorhersage für den Eiger war gut, und Dougal sollte unverzüglich nach Leysin kommen.

Dad war seiner Schätzung nach schon ein Dutzendmal am Eiger gewesen und wollte die Sache nun unbedingt hinter sich bringen. Diesmal wollte er so wenig wie möglich dem Zufall überlassen. Am 2. Februar 1966, unmittelbar nach Dougals Ankunft, mietete sich das anglo-amerikanische Drei-Mann-Team einen Hubschrauber (mit Geldmitteln vom *Weekend Telegraph*), der sie von unserem Haus in Leysin zum Eiger flog, wo sie die Wand eingehend in Augenschein nahmen. Sie wollten genau in der Mitte der Wand hochsteigen, in der kerzengeraden Linie eines vom Gipfel fallenden Wassertropfens – oder, im Falle des Eigers, eines vom Gipfel fallenden Steins. Die wichtigste Information, die ihnen dieser Flug lieferte, war, daß sich oberhalb der Spinne ein System von Eisrinnen befand, das es ihnen ermöglichen würde, in einer noch direkteren Linie zu klettern, als sie es für möglich gehalten hatten. Sie vertrauten darauf, daß Layton sie schon irgendwie über die erste große Steilstufe bringen würde.

Bei dem Hubschrauberflug wurde auch deutlich, daß in der Wand ideale Verhältnisse herrschten. Am Nachmittag des 2. Februar kehrten die Kletterer nach Leysin zurück, um schleunigst den Proviant und die Ausrüstung zusammenzustellen. Obwohl sich Dad um eine sorgfältige Vorbereitung bemüht hatte – er hatte bis ins kleinste Detail ausgerechnet, was sie zur optimalen Kalorienversorgung brauchten, hatte Getränke ausgewählt, die im Schmelzwasser fehlende Ionen enthielten, hatte eine neue Art doppelwandiger Stiefel mit Gamaschen entwickelt –, bei einer zehntägigen, ausrüstungsintensiven Winterbegehung, die sämtliche Kletterstile beinhaltet, gibt es stets mehr zu bedenken als üblich. Die Rucksäcke sollten jeweils gute zwanzig Kilo wiegen, dazu kamen neun Kilo am Körper befestigten Klettermaterials, und jedes zusätzliche Gramm mußte sorgfältig erwogen werden.

Dad stand nun regelrecht unter Druck, dieses Projekt zu Ende zu bringen, nicht nur, weil es ihn schon so viel Zeit gekostet hatte, sondern weil Gerüchte kursierten, daß ein Team unter der Leitung von Peter Haag heimlich im Schwarzwald trainierte. Offenbar hatten sie irgendwann auch Dad eingeladen, sich ihnen anzuschließen. Piussi und Sorgato waren nach wie vor sehr interessiert, ebenso Desmaison. Im November 1965 hatte der Schweizer Bergführer Hilti von Allmen festgestellt: »In ganz Europa denken die Leute darüber nach.« Es war definitiv das neueste »letzte große Problem« in den Alpen, und alle warteten darauf, daß es endlich angegangen wurde, selbst die nicht bergsteigende Öffentlichkeit. Ein paar Monate zuvor hatte Dad eine Postkarte erhalten, auf der als Adresse nichts weiter stand als: »Eiger John, Switzerland«.

Elf
Die John-Harlin-Route

Am 4. Februar brachen Layton, Dougal und Dad von unserem Chalet zur Kleinen Scheidegg auf und richteten sich im Obergeschoß der Villa Maria ein. Nach umständlicher Suche wurde Bonington am Abend des 5. Februar schließlich in einem Hotel in England aufgestöbert. Am Nachmittag des 6. Februar kam er auf der Kleinen Scheidegg an, gerade rechtzeitig, um mitzuerleben, wie ein Schneesturm die Nordwand mit frischem Pulverschnee bedeckte. Ein Tag nach dem anderen verging, ohne daß es aufhörte zu schneien. Während die Ungeduld der Bergsteiger zunahm, liefen sie zur Abhärtung ohne Handschuhe Ski.

Wegen der Wetterverhältnisse und des Gewichts ihrer Rucksäcke, in denen sich der gesamte Proviant für den geplanten zehntägigen Gipfelaufstieg befand, beschlossen sie, eine Besonderheit des Berges zu einer besonderen Hilfeleistung auszunutzen: Dougal und Chris transportierten einen Großteil der schweren Kletterausrüstung und neun Zehntel des Proviants in Rucksäcken durch den Bahntunnel im Bauch des Berges hinauf und deponierten die Ausrüstung am Fuß der ersten Steilstufe unterhalb der Tunnelfenster der Station »Eigerwand«, um den untersten, leichtesten Wandteil unbehindert von Gepäck rascher bewältigen zu können. Es war nicht das erste Mal, daß eine Seilschaft auf diese Methode zurückgriff; die erste und zum damaligen Zeitpunkt einzige Winterbegehung der Nordwand (1961) war wegen schlechten Wetters ebenfalls in zwei Etappen durchgeführt worden. Die erste führte bis zum Stollenfenster, wo die Kletterer ihre Ausrüstung deponierten und danach in einem Schneesturm wieder abstiegen. Nach einwöchiger Unterbrechung stiegen sie vom Stollenfenster aus bis zum Gipfel. Diese Taktik hatte Puritaner des Alpinismus erzürnt, was allerdings teilweise darauf zurückzuführen war, daß die Bergsteiger anfangs behauptet hatten, in einem Zug durch die Wand geklettert zu sein.

Dad rief hin und wieder zu Hause an und beantwortete zwischendurch einen Brief von Andréa. Er hatte ihr nachträglich zu ihrem achten Geburtstag am 6. Februar gratuliert, und sie bedankte sich bei ihm für das Streichholz-Chalet, das er ihr geschickt hatte (witzigerweise war es vom ehemaligen Direktor der LAS angefertigt worden, als er wegen Veruntreuung von Schulgeldern im Gefängnis saß). Sie war jetzt in der ersten Klasse unserer Dorfschule und schrieb ihm in einer Mischung aus Französisch und Englisch. »Lieber Daddy, wie ist es am Eiger? Vielen Dank für das hübsche Streichholz-Chalet. Zu meinem Geburtstag habe ich eine rote Kerze in einem Kerzenhalter bekommen. Ich bin im Puppentheater gewesen. Dort waren Hexen und Enten. Ein Stück hieß Mexiko bei Nacht. Bitte komm bald nach Hause. Ich habe Dich sehr lieb, Daddy. Gary ist hier. Ich habe Dich lieb. Viele viele Grüße, Andréa«

»Liebe Andréa, ich habe mich sehr über Deinen Brief gefreut. Ich habe Dich lieb. Mutter hat mir gesagt, daß Du auch zur Trofeo Topolino mitfahren kannst [wo ich wieder am Skirennen teilnehme]. Das ist toll, es freut mich sehr. Bitte richte Johnny aus, daß ich ihm die Daumen drücke und ihn sehr liebhabe. Paßt beide gut auf Euch auf. Morgen werden wir unsere Tour beginnen, aber mach Dir um mich keine Sorgen, denn wir werden kein Risiko eingehen. Es wird alles gutgehen. Nun muß ich schlafen gehen, deshalb mache ich jetzt Schluß. Bitte umarme Rongo [unseren Schäferhund] von mir. Ich habe Euch alle sehr, sehr lieb. Dad«

Es dauerte aber noch bis zum 15. Februar, ehe die Wetterprognose es erlaubte, allmählich an einen Aufstieg denken zu können. Ausgerechnet an diesem Tag probierte Dad beim Skifahren einen Trick aus, bei dem er ein Bein mit dem Ski über die Schulter schwang. Dabei stürzte er und kugelte sich den Arm aus. Als Peter Gillman auf der Kleinen Scheidegg eintraf, um die Berichterstattung zu übernehmen, war das demoralisierte Team nach Leysin zurückgekehrt. Der Arzt verordnete Dad eine fünftägige Bettruhe und ein dreiwöchiges Kletterverbot. Dad wollte davon nichts hören. Als Mom ihn ermahnte, daß er die Verletzung richtig ausheilen lassen solle, erwiderte Dad, daß es *seine* Schulter sei und ihr das egal sein könne.

Am 18. Februar rief der *Weekend Telegraph* Peter nach London zurück, bis eine Wetterbesserung in Sicht wäre. Chris hingegen blieb am Eiger, und als er einige Stunden später mitbekam, wie sich ein Team von acht Deutschen zum Fuß der Eiger-Nordwand begab, traute er seinen Augen kaum. Daß eine deutsche Seilschaft die Direttissima versuchen wollte, war keine völlige Überraschung, denn schließlich war Dad eingeladen worden, sich ihnen anzuschließen. Schockierend war nur die Größe des Teams – so etwas hatte es im alpinen Bergsteigen bislang noch nie gegeben.

Das einzig Alpine an ihrer Tour war im Grunde die Tatsache, daß sie in den Alpen stattfand. Die Art und Weise, in der sie das Unternahmen durchführen wollten, entsprach dem im Himalaja üblichen Expeditionsstil, wo es immer noch Standard war, einen Berg zu »belagern«, indem wechselnde Spitzengruppen die Route mit Fixseilen präparierten, an denen dann Vorräte zu Zwischenlagern hochgezogen wurden. Wenn eine Spitzengruppe von der anstrengenden Arbeit und der Kälte ausgelaugt war, wurde sie von einer anderen abgelöst. Auf diese Weise waren stets ausgeruhte Kletterer im Einsatz, während sich andere Teammitglieder erholen oder von unten Nachschub heraufschaffen konnten. Zwei Jahre zuvor waren Dad und die Italiener die Direttissima mit fünf Mann angegangen, jedoch mit dem Unterschied, daß jeder einzelne ständig im Einsatz war – Materialsäcke hochziehend oder kletternd – und daß sie alle gemeinsam stetig höherstiegen. Sie waren nicht genug Leute gewesen, um wechselweise richtige Erholungstage einlegen zu können. Die Deutschen wollten am Eiger unbedingt erfolgreich sein, egal, wie viele Tage sie bis zum Gipfel benötigten. Sie brauchten deshalb auch nicht abzuwarten, bis eine längere Schönwetterperiode in Aussicht war, sondern konnten vorübergehende Wetterbesserungen ausnutzen und unbehindert von Gepäck stunden- oder tageweise klettern. Dies war eine sehr umstrittene Taktik, aber sie waren fest entschlossen, ihr Ziel zu erreichen: Diesen Winter würde die Direttissima gelingen.

Als sich das britisch-amerikanische Team einen Tag später, am 19. Februar, schleunigst wieder zur Kleinen Scheidegg begab, hatten die Deutschen bereits 500 Meter des unteren Wandteils mit Fixseilen präpariert und zogen gerade ihr Material hoch. Trotz des zweifelhaften Wetters stiegen Dougal und Layton um drei Uhr morgens in die Wand ein, um oberhalb des Bereichs, den die Deutschen schon bewältigt hatten, ihren eigenen Weg zu suchen. Sie stiegen zunächst an den Fixseilen der Deutschen hoch, wichen dann jedoch aufs Eis aus, das überraschend heikel, an manchen Stellen sogar senkrecht war. Die Kletterei in der ersten Steilstufe erwies sich als noch schwieriger, als sie erwartet hatten, weil die Deutschen die logische Linie (weiter rechts) gewählt hatten und Layton mit einer relativ glatten Wand vorliebnehmen mußte, die zu den steilen Eisrinnen oberhalb der ersten Steilstufe aber immerhin die kürzeste Verbindung darstellte. Nach vierstündiger technischer Kletterei hatte Layton gerade mal dreißig Höhenmeter überwunden und brachte den ersten Bohrhaken an – einen von nur zwei oder drei Bohrhaken auf der gesamten Route –, von dem aus sich

Dougal und er zu einem Biwakplatz am Fuß der Felsstufe abseilten. (Daß die Deutschen auf ihrer Linie eine viel größere Anzahl von Bohrhaken verwendeten, zeigt Laytons Meisterschaft beim technischen Klettern.)

In der Nacht zog ein Schneesturm auf, bei dem auf der Kleinen Scheidegg eine Windgeschwindigkeit von 120 Stundenkilometern und auf dem Jungfraujoch von 175 Stundenkilometern gemessen wurde. Er führte auf der Kleinen Scheidegg zu Stromausfall und einer Unterbrechung der Wasserversorgung, auch die Bahnverbindung nach Grindelwald wurde unterbrochen. Dad meinte, es sei der schlimmste Schneesturm seines Lebens gewesen. Ohne Unterlaß rauschten Lawinen über Dougal und Layton hinweg, die sich einen Biwaksack teilten, der für Laytons 1,95-Meter-Gestell viel zu klein war. Der Biwaksack füllte sich ständig mit Schnee, und sobald einer von beiden einnickte, glitt er langsam von der kleinen Schneeplattform, die sie sich ausgehackt hatten, herunter und zog den anderen mit. Im ersten Morgengrauen brachen sie auf. Dad schrieb Mom: »Wir hatten am nächsten Tag besorgt einen Sonderzug angefordert, um damit zum Stollenfenster hochzufahren und die beiden einzuladen, stellten aber fest, daß der Biwakplatz verlassen war und ein Seil herunterhing, an dem sie sich abgeseilt hatten.«

In den nächsten beiden Tagen wütete draußen weiter der Sturm, während drinnen diplomatische Gespräche geführt wurden. Die rivalisierenden Mannschaften gingen miteinander ihre Pläne durch und überlegten, ob sie sich zusammenschließen sollten. Die Stile, in denen die beiden Teams ihr Vorhaben verwirklichen wollten, waren jedoch völlig unvereinbar. Die Engländer und Amerikaner hatte einen schnellen Durchstieg im Alpinstil geplant. Sie veranschlagten nach wie vor zehn Tage, sobald es richtig losgehen konnte. Die Deutschen hatten vor, das gesamte Team bis zum Gipfel hochzubringen. Sie rechneten mit achtzehn Tagen – oder soviel sie eben brauchten. Zu dem Team gehörten Peter Haag und Jörg Lehne als Leiter sowie ihre Klettergefährten Günther Strobel, Roland Votteler, Sigi Hupfauer, Karl Golikow, Günter Schnaidt und Rolf Rosenzopf. Obwohl das Sponsoring einer Bergtour durch die Presse in den Alpen damals ein Novum war, wurde auch die Begehung der Deutschen von einem Verlag finanziert, und Harri Frey war ihr »Pressechef«.

Während Dad sich mit den Wetterprognosen herumschlug, erhielt er einen Brief von Mom. Sie schrieb: »Johnny hat gestern beim Skispringen dreizehn Meter geschafft. Er sagt, es werden einem Punkte für den Stil abgezogen, wenn man die Beine beugt, um weiter zu fliegen. Ein Lehrer prallte bei diesem Skispringen mit dem Kopf auf den Boden. Die Kinder sagen, es habe geblutet und schlimm ausgesehen. Johnny ist heute morgen beim Riesenslalom gestürzt, glaubt aber, daß seine Zeit trotzdem ganz gut war. Heute nachmittag findet ein weiteres Slalomrennen statt. Wenn dann alles vorbei ist, möchte er mit Rongo im Schnee spielen.«

Sie erwähnte auch Gary, der zu der Zeit bei uns wohnte, »Gary liest gerade *Entweder – Oder* und regt sich jetzt darüber auf, daß ein Teil des Buchs plagiiert und in Frankreich publiziert wurde, was eine Fehlinterpretation Kierkegaards zur Folge hatte. Heute morgen hat er heftig herumgeschimpft. ›Kierkegaard würde sich im Grab herumdrehen‹ etc. Er hat sich eingehend mit philosophischen Problemen beschäftigt und ist zu einigen originellen Schlüssen gelangt. Ich hoffe, daß es Deiner Schulter wieder besser geht … Alles Liebe … Mara«

Und Dad antwortete: »Liebe Mara, Dein Brief hat mir in dieser für mich besonders schweren Zeit sehr gutgetan. Ich wünschte, ich hätte das Projekt trotz des finanziellen Risikos unabhängig gestartet, denn mit der Presse haben wir nichts als Scherereien. Na ja, wir werden diesen Sturm schon überstehen, so wie die anderen Stürme auch. Meine

Schulter knackt, knirscht und schmerzt immer noch, und ich weiß nicht, was ich davon halten soll. Es ist aber schon erheblich besser geworden. Die Zeile ›Wenn alles vorbei ist, möchte er mit Rongo im Schnee spielen‹ spricht mir aus dem Herzen; ich würde nur anstelle von Rongo Dich mitnehmen. Ich liebe Dich über alle Maßen, John«

Als sich das Wetter zu bessern schien, brachen beide Teams auf, kamen wegen der großen Lawinengefahr jedoch nicht weiter. Peter reiste angesichts der neuen Entwicklungen trotzdem wieder aus England an, außerdem Don Whillans, der Chris sichern sollte, während dieser die Begehung in Bildern festhielt. Dads Schulter heilte erwartungsgemäß schneller, als der Arzt vorhergesagt hatte.

Am 28. Februar um 2 Uhr morgens stiegen Dougal, Layton und Chris in die Wand ein. Don und Dad sollten einige Stunden später mit Lasten nachkommen. Vom oberen Ende der ersten Steilstufe aus gedachte das ursprüngliche Drei-Mann-Team in neun Tagen in einem Zug bis zum Gipfel zu steigen, während Chris und Don zurückbleiben sollten, um Fotos zu machen, und später über die Westflanke hinaufsteigen würden, um die Kletterer zu fotografieren, wenn sie den Gipfel erreichten.

Es war ein wunderbarer Plan. Die Realität machte ihnen jedoch einen Strich durch die Rechnung, während Layton sich in der ersten Steilstufe zentimeterweise die nächste Seillänge empornagelte. Es begann zu schneien, und bald darauf schossen die ersten Staublawinen über ihn hinweg. Schließlich hatte er genug und sauste an den Fixseilen hinunter, um zur Kleinen Scheidegg zurückkehren, während Dougal und Chris am Fuß der ersten Steilstufe eine Schneehöhle ausgruben. (Die Deutschen hatten sich am Fuß der Steilstufe bereits einen »Eispalast« gebaut, eine Schneehöhle als Vorgeschobenes Basislager, in der alle acht Kletterer mitsamt ihrer Ausrüstung bequem Platz fanden.) Don und Dad hatten gerade erst den Beginn der Fixseile erreicht, als sie zu dem Schluß kamen, daß die Lawinengefahr zu groß war, um weiterzuklettern – sie hatten schon gesehen, wie sich über Layton und Dougal in der ersten Steilstufe drei riesige Pulverschneerutsche ergossen hatten.

Dads Team mußte sich nunmehr eingestehen, daß das Wetter nicht auf ihrer Seite war. Weil sich daran nichts ändern ließ, sie aber auch nicht gewillt waren, die Erstbegehung der Direttissima aufzugeben, blieb ihnen nichts anderes übrig, als vorerst weiter Seile zu fixieren, bis das Wetter einen Durchstoß zum Gipfel erlaubte.

Während sie ihre Pläne änderten, kam Mom mit unseren Freunden Sam und Sara Jane Elliot, die ebenfalls an der LAS unterrichteten, zur Kleinen Scheidegg. Mom freute sich riesig, Dad wiederzusehen. Die beiden hatten im vergangenen Oktober ihren zehnten Hochzeitstag gefeiert, indem sie in einem schönen Restaurant gegessen hatten. Keiner von ihnen legte auf Hochzeitstage großen Wert, aber Dad hatte ihr versprochen, daß sie ihren zehnten – sofern sie ihn erlebten – feiern würden. Dabei hatte er ihr versichert, daß er nun mit ihr alt werden wolle. In ihren zehn Ehejahren und dem einen Jahr davor, in dem sie miteinander gegangen waren, hätten sie, so fand er, so viel durchgestanden, daß sie sich eine Basis für eine lebenslange Partnerschaft erarbeitet hatten. Mom schrieb: »Noch nie zuvor hatte er sich eine Zukunft vorgestellt, die mich bis zum Ende einbezog.« Moms Erinnerung zufolge waren seine letzten Worte, als er von Leysin abfuhr: »Ich liebe dich sehr. Laß dich nicht von Gary nerven.« Die Elliots neckten sie, weil sie sich für ihren Mann schön angezogen hatte, und behaupteten, sie hätte sich, kurz bevor er das Zimmer betrat, noch schnell die Haare gekämmt. »Man könnte glauben, es sei euer erstes Rendezvous«, stellten sie belustigt fest.

In den darauffolgenden Tagen grub sich das britisch-amerikanische Team eine eigene, viel kleinere Schneehöhle, Layton erreichte das obere Ende der ersten Steilstufe, und

Dad und Dougal übernahmen im kombinierten Gelände darüber den Vorstieg zur zweiten Steilstufe. Die Deutschen kämpften sich rechts von ihnen in die Höhe und querten dann nach links zu ihren Fixseilen. Laut Vorhersage sollte sich das Wetter bessern, und das Team hoffte erneut, dann in einem Zug bis zum Gipfel durchsteigen zu können. Ein weiterer Schneesturm machte ihre Hoffnungen jedoch zunichte. Erst am 9. März erreichten sie das Todesbiwak oberhalb des Zweiten Eisfelds, nachdem sie etliche Male auf und ab gestiegen waren, um Material von einer Schneehöhle zur nächsten zu transportieren und sich zwischendurch auf der Kleinen Scheidegg zu erholen. Die Deutschen hatten an diesem Tag schon einen guten Platz für eine Schneehöhle entdeckt und hundert Meter unterhalb der Spitze des Bügeleisens haltgemacht, doch Dads Mannschaft hatte unbedingt das eigentliche Todesbiwak erreichen wollen, wo sie eine gute Stelle für eine Schneehöhle zu finden hoffte.

»In einem heulenden Schneesturm«, erinnerte sich Layton, erreichten Dougal, Layton, Chris und Dad mit ihren schweren Rucksäcken den anvisierten Biwakplatz. Nur eine einzige Stirnlampe funktionierte richtig, und eine zweite brannte nur, wenn man die Drähte mit bloßen Händen an die Batterien hielt. Eine Stelle, an der sich der Schnee wölbte, sah so aus, als ließe sich dort eine Schneehöhle graben, doch es sollte ein hart erarbeitetes Biwak werden. Vier Stunden lang wechselten sie einander ab, bis sie schließlich eine Höhle in den Schnee und das Eis gegraben hatten, die groß genug war, um allen vier Männern Platz zu bieten. Endlich konnten sie sich etwas Warmes zu trinken und zu essen machen – der Kocher steckte allerdings in einem von zwei Rucksäcken, die hundert Meter entfernt an einem Standplatz am Ende einer gefährlichen Querung hingen (gefährlich deshalb, weil das Fixseil anfangs ungünstig positioniert war). Dougal machte sich auf, um den Rucksack mit dem Kocher zu holen, und Dad folgte ihm, um auch den zweiten

Rucksack mitnehmen zu können. Als sie ein, zwei Stunden später wieder in der Höhle waren, kam es Dougal so vor, als sei der Kartusche Gas entströmt. Er untersuchte sie im Licht einer Kerze, und als er sie abschraubte, zischte Gas heraus, entzündete sich an der Kerzenflamme, und in der Höhle drohte sich ein Feuer auszubreiten. Dougal schleuderte die feuerspeiende Kartusche in Richtung Höhlenöffnung, verfehlte sie jedoch. Chris versuchte sich mit einem Satz nach draußen in Sicherheit zu bringen und landete direkt am Rand des fast 1200 Meter tiefen Abgrunds. Dad packte die brennende Kartusche und warf sie den Sturm hinaus.

Sie schraubten eine Ersatzkartusche ein und nahmen noch einen beinlosen Parraffinkocher hinzu, den Dougal zwischen die Knie klemmte, während er den Topf mit dem langsam schmelzendem Schnee mit den Händen festhielt. Nach zwanzigstündigem Klettern konnten sie ihren Körpern wieder Flüssigkeit zuführen, und in den noch verbleibenden Stunden bis zum Tagesanbruch fielen die erschöpften Bergsteiger endlich in Schlaf.

Als sie erwachten, schimmerte schon das Tageslicht durch die dünnen Wände der Schneehöhle. Weil die Höhle so eng war, hätten sie sie gerne vergrößert, was sich jedoch als undurchführbar erwies: Als Dad einen Eispickel in den äußeren Rand des Bodens stieß und ihn wieder herauszog, konnten sie durch das Loch fast 2400 Meter unter sich Grindelwald sehen. Sie hatten ihre Höhle in eine Schneewächte gegraben, deren Boden über das Dritte Eisfeld hinausragte. Genau an dieser Stelle war vier Jahre zuvor Karl Mehringers Leichnam zum Vorschein gekommen.

Weil das Wetter an diesem Tag schön werden sollte, beschloß Chris, dies auszunutzen, um seinen Film hinunterzubringen und entwickeln zu lassen. Das eigentliche Kletterteam sollte indessen ohne ihn weitermachen. Als er sich von ihnen verabschiedete und ihnen viel Glück wünschte, ging er davon aus, daß der endgültige Durchstoß zum Gipfel kurz bevorstand und er das siegreiche Team bald schon wiedersehen würde. Und so hängte er sich in die Fixseile ein, um sich mehr als 1000 Meter hinunterzulassen. Die Deutschen hatten in der Zwischenzeit ein Kaminsystem in Angriff genommen, von dem Dougal glaubte, daß es in eine Sackgasse führen würde. Layton und Dougal kundschafteten deshalb das Gelände weiter links aus, um sich eine eigene Linie zu suchen. Nach den Mißgeschicken der vorangegangenen Nacht sollte dieser Tag der Erholung und Vorbereitung für den am nächsten Tag beginnenden endgültigen Vorstoß zum Gipfel dienen. Dad stellte die Ausrüstungsgegenstände und den Proviant für die folgende Kletterwoche zusammen. Es war jetzt der 11. März, der Hubschrauberflug hatte am 2. Februar stattgefunden, und sie waren, je nach Betrachtungsweise, seit dem 20. oder 28. Februar aktiv am Klettern – zwei bis drei Wochen in der Wand und ein paar weitere Wochen unten im Hotel. Mit ein bißchen Glück würden sie den Gipfel in wenigen Tagen erreichen.

Als Chris abstieg, nahm er einen hastig hingekritzelten Brief von Dad mit hinunter, auf dem in der oberen rechten Ecke der Vermerk »Todesbiwak, ?. März« stand. »Liebe Mom & Kids, ich hoffe doch sehr, daß Ihr in Trient [Topolino] eine schöne Zeit hattet – und daß auch die Prüfung ganz gut verlaufen ist [ich hatte gerade eine Schweizer Aufnahmeprüfung für weiterführende Schulen gemacht]. Wir hoffen, daß wir den Gipfel in wenigen Tagen erreichen, gehen aber sehr vorsichtig vor, also macht Euch keine Sorgen. Ich habe Euch alle sehr, sehr lieb. Dad«

In der Nacht zog wieder ein heftiger Sturm auf, und durch jede Ritze ihrer instabilen Höhle drang Schneestaub ein. Weiterzusteigen kam nicht in Frage. Der Durchstoß zum Gipfel mußte abermals aufgeschoben werden. Um Proviant und Brennstoff zu sparen und den anderen mehr Platz in der Schneehöhle zu lassen, beschloß Layton, trotz des schlechten Wetters zur Kleinen Scheidegg abzusteigen. Vorher dichtete er die Höhlenöffnung von außen mit einem Zeltsack ab, damit der Schnee nicht mehr hineinwehen konnte. Dad und Dougal gingen davon aus, daß Layton in ein paar Tagen zurück sein würde, und beschlossen, so lange dort oben auszuharren. Sie hatten Proviant und Brennstoff für fünf Tage, und sobald es die Wetterverhältnisse erlaubten, würde Layton Nachschub bringen. Sie fanden, daß zwei Mann in der Wand bleiben sollten, weil einige der deutschen Kletterer ebenfalls baldmöglichst weitermachen wollten und das Team, das die Spinne zuerst erreichte, wahrscheinlich bis zum Gipfel die Führung behalten würde. Beim ersten Anzeichen einer Wetterbesserung würden beide Teams weitersteigen.

Unterdessen wütete unten auf der Kleinen Scheidegg eine andere Art Sturm: Die Medien warteten auf sensationelle Neuigkeiten. Don Whillans war schon einige Zeit vorher am Fuß der Nordwand vom britischen Fernsehen interviewt worden. Man hatte ihm die Frage gestellt, ob die Tour ein Wettrennen sei, worauf er in seiner typischen Art lapidar geantwortet hatte: »Wenn es ein Wettrennen ist, dann ist es jedenfalls das langsamste Wettrennen der Welt.« Chris fiel es dann zu, der Presse zu erläutern, daß die beiden Teams die Begehung unabhängig voneinander geplant hatten, daß jedes Team den Gipfel natürlich gern zuerst erreichen wolle, »zwischen beiden Gruppen aber zweifellos freundschaftliche Gefühle und Bereitschaft zur Zusammenarbeit bestehen«. Im *Daily Telegraph* schrieb Peter scherzhaft: »Das britisch-amerikanische Team liegt in der Eiger-Nordwand mit fünf Metern in Führung.« Eine deutsche Tageszeitung berichtete weniger ironisch, wie schlecht das englisch-amerikanische Team ausgerüstet sei: Um ihre erste Schneehöhle auszugraben, hätten sich die Männer sogar eine Schaufel ausleihen müssen. Diverse Tageszeitungen warfen die Frage auf, ob die Kletterer für diese Tour bezahlt würden. Chris erklärte, daß dem nicht so sei, daß eine langwierige Tour wie diese aber eine Menge Geld koste und sie deshalb die Rechte an der Berichterstattung verkauft hätten.

Nachdem die Bergsteiger nun schon weit oben in der Wand waren und der seit langem in Aussicht gestellte endgültige Durchstoß zum Gipfel offenbar unmittelbar bevorstand, fanden sich auf der Kleinen Scheidegg immer mehr Journalisten ein. Während der Schneesturm weitertobte, begannen einige von ihnen Spekulationen anzustellen, ob die Männer womöglich in der Wand festsäßen und bald eine Rettungsaktion gestartet würde.

Oben in ihrer Schneehöhle kämpften Dougal und Dad gegen die Wolken von Schneestaub an, die in der Nacht immer wieder durch die abgedichtete Öffnung hereinwehten, so daß sie jedesmal aufstehen mußten, um die Schneeschicht abzubürsten. Layton erinnerte sich mir gegenüber folgendermaßen: »Dein Dad sorgte penibel für Ordnung: Vor Betreten der Hütte sollte man sich die Stiefel ausziehen, sie abbürsten, sich den Anorak ausziehen und auch ihn abbürsten. Jeder Gegenstand hatte seinen festen Platz, damit nicht alles kreuz und quer herumlag und die Schlafsäcke nicht naß wurden. Er hatte sich all diese Maßnahmen sorgfältig überlegt, weil er schon viele Winterbegehungen gemacht hatte.« Um zu verhindern, daß ihre Daunen- und Wollsachen naß wurden, weckte mein Vater Dougal in der Nacht mehrmals zu Abbürstaktionen auf. Sie hörten, wie der Schnee zischend über das Dritte Eisfeld fegte, und ab und zu knackte es laut, wenn die Schneewächte unter ihnen rumorte. Jedesmal, wenn dieses Knacken ertönte, flog eine riesige Schneewolke in die Höhle hinein, und sie befürchteten, daß die gesamte Schneemasse irgendwann abbrechen und den Berg hinunterstürzen würde. Dougal hatte seltsame Träume, in denen ein dritter Mann in der Höhle war, der sie gegen die Felswand drückte. Über Funk erkundigte sich Peter: »Habt ihr dort oben irgendwelche Probleme?« Worauf Dad antwortete: »Am Leben zu bleiben.«

Am vierten Tag (13. März) gingen den beiden Höhlenbewohnern langsam die Vorräte aus. Noch schlimmer war, daß Dad über Sprechfunk durchgab, daß er Fieber und einen erhöhten Puls habe – Beschwerden, die sich bald zu einer Bronchitis ausweiteten. Am 14. März führten fünf Ärzte, die gerade auf der Kleinen Scheidegg zum Skifahren waren, zur vereinbarten Sprechfunkzeit ein Beratungsgespräch mit Dad. Dad fühlte sich vorübergehend besser, und sie sagten ihm, daß er vorerst in der Höhle bleiben könne. Die Nachricht, daß Dad krank war, wurde unter Verschluß gehalten, damit die anderen Medien und das deutsche Team nichts davon erfuhren.

Im Londoner *Daily Sketch* erschien folgender Bericht: »Es hatte als ein leichtherziges Wettrennen, fast wie eine jungenhafte Eskapade begonnen. Heute jedoch wurde in der Eiger-Nordwand nicht gelacht, und unten im Tal, wo die Ehefrauen und Freundinnen der Bergsteiger warten, wurde nicht getanzt. Denn aus ihrer winzigen Schneehöhle, 3400 Meter hoch oben in der Wand, haben Dougal Haston (24) aus Edinburgh und John Harlin, ein dreißigjähriger Amerikaner, über Funk eine Nachricht an ihre drei Gefährten geschickt: ›Es ist ganz grauenhaft hier oben. Könnt ihr uns nicht helfen?‹ Seit letztem Donnerstag, als sie sich in der Höhle verschanzt haben, sitzen sie am Berg fest. [...] Die fröhlichen Stunden, als Marilyn Harlin, Wendy Bonington mit ihrem Haarzopf und Audrey Whillans abwechselnd auf dem Dach ihres Hotels durch das große Teleskop blickten und einander sagten, was für tolle Burschen ihre Ehemänner doch seien, scheinen in weiter Ferne zu sein. Inzwischen hat sich ein Schatten über das Abenteuer gelegt. [...]«

Aufgrund solcher Geschichten bereitete sich ein Team der Münchner Bergwacht schon auf einen Rettungseinsatz vor, und meine Mutter rief von Leysin aus an, um herauszufinden, was los sei. Wendy war nach wie vor in England, wo sie die ganze Zeit gewesen war, Audrey in Leysin.

Ein anderer Zeitungsmann berichtete: »Das Verhalten des Schweizer Establishments war für die Bergsteiger wenig hilfreich. Es gingen Beschwerden ein, daß sich die Bergsteiger bei ihren Erholungspausen im Hotel nicht zum Abendessen umzögen. Sobald Harlin ein örtliches Restaurant betrat, stimmte die Band die Parodie eines deutschen Schlagers mit dem Liedtext ›Fall nicht vom Eiger, Johnny‹ an.«

Die abstrusen Berichte über dieses von den Medien ausgeschlachtete Unternehmen entgingen auch der Gemeinde der echten Bergsteiger nicht, von denen die meisten sowohl die Durchführung im Expeditionsstil als auch den Medienrummel mißbilligten.

Meine Mutter schrieb ihren Eltern: »Ich fahre nächstes Wochenende mit den Kindern zur Kleinen Scheidegg, um John auf der letzten Etappe der Tour zuzusehen. Es dauert nun schon viel länger als gedacht: Die Kletterei ist schwieriger gewesen als erwartet, das Wetter war schlecht, und John hat sich beim Training die Schulter ausgerenkt. Letzten Sonntag habe ich am Teleskop zugebracht. Ich hoffe inständig, daß die Sache gelingt – es wäre der Höhepunkt seiner Kletterkarriere. Das Wetter soll besser werden, aber aufziehende Zirruswolken sorgen ständig für Verunsicherung.«

Die Elliots fuhren uns zur Kleinen Scheidegg. Bei unserer Ankunft war Dad im Todesbiwak. Wir sprachen alle über Funk mit ihm. Für uns Kinder, oder zumindest für mich, war daran nichts Ungewöhnliches. Dad war dort oben hinter den Wolken, und ich hatte schon bei früheren Touren über Funk mit ihm geredet. Er sagte, es gehe ihm gut, und ich nahm ihn beim Wort. Am deutlichsten in Erinnerung geblieben ist mir von unserem Aufenthalt auf der Kleinen Scheidegg, daß ich vom Balkon im zweiten Stock Saltos in den tiefsten Pulverschnee machte, den ich je gesehen hatte. Irgendwann brachte ich auch Andréa dazu, vom Balkon hinunterzuspringen; sie versank bis zum Hals im Schnee. Für Mom war es anders. »Als ich damals mit Dad sprach, war meine Kehle zugeschnürt und meine Augen waren feucht«, erzählte sie mir später. »Es war schrecklich, die Antenne aus dem warmen Zimmer in den furchtbaren Schneesturm zu stecken, zu wissen, daß er fror, Hunger hatte und krank war. Trotzdem redete er optimistisch über banale Dinge, beispielsweise, daß er hoffe, ich könne das Skifahren genießen, daß er sich wohl fühle, fragte, wie es seinen Eltern gehe usw. Es kam mir vor, als würde ich mit einem verschütteten Bergarbeiter sprechen, der sich in einer aussichtslosen Lage befindet. Es war eine meiner schlimmsten Erfahrungen. Seine Stimme zu hören machte alles noch viel schlimmer.«

Am 15. März waren die Wetterprognosen immer noch schlecht. Das seit langem erwartete Hochdrucksystem wurde von einer Luftmasse aus Richtung Skandinavien blokkiert. Die Vorhersagen erwiesen sich als völlig unzuverlässig, waren aber trotzdem das einzige, wonach sich die Kletterer richten konnten. Um Nachschub heranzutransportieren, fuhren Chris, Don, Layton, Jörg Lehne und Karl Golikow auf Skiern zum Wandfuß und stellten dabei fest, daß die Verhältnisse äußerst schwierig und gefährlich waren. Jedesmal, wenn die Wand im Schneegestöber kurz sichtbar wurde, war sie mit einer neuen Lage Schnee bedeckt. Die Anglos kehrten, nachdem sie ihre Vorräte deponiert hatten, bei Tageslicht zur Kleinen Scheidegg zurück, während die Deutschen an den Fixseilen hochstiegen, um ihre Vorräte weiter oben zu deponieren. Kurz nachdem sie am späten Abend zurückgekehrt waren, sagte Fritz von Almen zu Peter, daß die Männer großes Glück gehabt hätten. Am Vortag war der einheimische Bergführer Hilti von Allmen von einer Lawine getötet worden. Hilti war ein guter Freund meines Vaters gewesen.

Am 16. März meldete Dad über Funk, daß sich seine Beschwerden in eine leichte Bronchitis verwandelt hätten. Außerdem hatten sie nichts mehr zu essen. Es war höchste Zeit, abzusteigen. Sie schaufelten die Exkremente, die sich in den letzten sechs Tagen angesammelt hatten, aus der

Höhlenöffnung – es war die ganze Zeit zu stürmisch gewesen, um den von Layton vor der Höhlenöffnung befestigten Zeltsack zu entfernen – und stiegen, nachdem sie so lange keine Bewegung gehabt hatten, steif und ungelenk an den Fixseilen herab. Ihre Köpfe fühlten sich wegen des Nahrungsmangels ganz leicht an. Mehrmals mußten sie die vom Wind um Felsnasen gewehten Seile in Ordnung bringen, erreichten aber schließlich unversehrt den Wandfuß. Als Dougal und Dad an der Bahnstation Alpiglen mit Chris und Peter zusammentrafen, schien die Sonne auf sie hernieder, und jede Einzelheit der Wand zeichnete sich scharf ab, wenn auch teilweise überschattet. Peter erinnert sich, daß Dad einen langen schwarzen Streifen im Gesicht hatte. »›Der Kocher ist explodiert‹, erklärte er lachend, hustete heftig und spuckte in den Schnee. ›Ich bin froh, daß wir wieder unten sind. Heute morgen ist es dort oben eisig kalt gewesen.‹«

Die Sonne schien den ganzen Tag, und auch am nächsten Tag war der Himmel blau, während Dad das Krankenhaus Interlaken aufsuchte und zu Hilti von Allmens Beerdigung ging. Am 17. März stiegen Chris und Layton zusammen mit drei Deutschen wieder in die Wand. Chris glaubte, daß er höchstens drei oder vier Tage dort oben bleiben würde, bis Dougal und Dad nachkämen, je nachdem, was sich bezüglich Dads Lungen ergab. Chris erinnert sich, daß ihm beim Aufstieg an den Fixseilen mulmig war. Sie waren nur sieben Millimeter stark und für diese Art von Beanspruchung in senkrechtem Fels eigentlich nicht vorgesehen. Er bemerkte auch ein paar Scheuerstellen, machte sich aber keine weiteren Gedanken darüber. An den Fixseilen brauchten sie bis zum Todesbiwak, wo die anderen zuvor eine Woche im Sturm festgesessen hatten, lediglich acht Stunden – eine Strecke, für die das Team zuvor drei Wochen benötigt hatte.

Nach der Beerdigung hatte Peter meinen Dad gefragt, ob

er schon viele Kletterpartner verloren habe. »Allein im letzten Jahr habe ich drei verloren«, erwiderte er, »darunter auch Erich Friedli, der bei dieser Tour eigentlich hätte dabei sein sollen.« (Die anderen waren Marc Martinetti und Lionel Terray, der Autor von *Vor den Toren des Himmels*. Dad war bei allen vier Beerdigungen gewesen.) Am nächsten Morgen berichtete die Schweizer Boulevardzeitung *Blick*, daß Dad mit einer Lungenentzündung ins Krankenhaus eingeliefert worden sei und nicht weitermachen könne. In Wirklichkeit war es Bronchitis, und er verließ das Krankenhaus mit Medikamenten, die er einzunehmen hatte, und dem festen Vorsatz, sofort weiterzuklettern.

An jenem Tag schrieb Mom einen mahnenden Brief an Dad: »Spiel nicht mit den Göttern dort oben. Sie scheinen Dir nicht wohlgesonnen zu sein und zeigen Dir auf ihre Weise ihren Zorn. Um Dich als Sterblichen davon zu überzeugen, daß Du Dich ihnen nicht widersetzen sollst, haben sie Dir diesen schlimmen Winter beschert, dazu aufdringliche Journalisten, Konkurrenten (worüber ich froh bin, weil das Unternehmen dadurch sicherer wird), die Probleme mit Laytons Zehen, Dons Gleichgewichtsstörungen, Dougals Geruch, Deine Schulterverletzung und die Lungenprobleme und dann auch noch das mit Hilti! Jetzt kehrt der ›blonde Gott‹ zurück. Vielleicht sind die anderen inzwischen zur Aufgabe bereit, und wenn dem so ist, wirst Du die Sache bei guter Laune und bei gutem Wetter beenden, um schnell zum heimischen Herd zurückzukehren. Doch vielleicht sind die Kämpfe noch nicht vorüber. Wir sind im Geiste bei Euch, während Ihr diese letzte Etappe in Angriff nehmt. Alles Liebe, Mara«

Und Andréa schrieb: »Lieber Daddy, ich hoffe, Du kommst bald zurück. Ich habe Dich sehr lieb. Viele Grüße von Andréa und Kuzma«

Ich fügte hinzu: »Ich habe die Prüfungen fürs Collège secondaire bestanden. Viel Glück wünsche ich Dir! Versuch es bis zum Gipfel zu schaffen! Viele Grüße von Rongo und John.«

Als Chris und Layton am darauffolgenden Tag, am 18. März, aus der Höhlenöffnung spähten, gewahrten sie eine graue Wolkenwand. Sie dachten, sie könnten vor Ausbruch des Sturms noch einen Klettertag einlegen, doch kaum hatten sie das obere Ende der Fixseile ein Stück oberhalb der Höhle erreicht, brach das Unwetter schon los. Also seilten sie sich wieder zur Schneehöhle ab – die Chris bei einem Funkgespräch als »einfach grandios – urgemütlich« beschrieben hatte –, um abzuwarten, daß der Sturm sich legte. Ihr größtes Problem war, daß ihr Brennstoffvorrat zur Neige ging. Weil Dad den Deutschen schon einmal mit Brennstoff ausgeholfen hatte, ging Chris nun zu ihnen hinüber, um sich ebenfalls etwas zu leihen, aber, erzählte er Dad hinterher über Funk, »sie waren davon nicht sonderlich begeistert«.

Am gleichen Abend rief Dad Mom zu ihrer großen Freude von der Kleinen Scheidegg aus an. Er sagte ihr, daß er es nicht erwarten könne, bis er die Sache endlich hinter sich habe und zu uns zurückkommen könne. Mom schlug ihm vor, die Tour abzubrechen, aber Dad fand, daß er es seiner Familie nicht zumuten könne, im nächsten Winter wieder von vorn anzufangen. Außerdem sei er sicher, daß das restliche Stück glattgehen werde. Er sagte, er freue sich darauf, sich im April um die Kinder zu kümmern, wenn sie mit ihren Schülern die Studienfahrt nach Griechenland unternahm.

Aufgrund der während seiner Ausbildung bei der Air Force erworbenen Meteorologiekenntnisse schätzte Dad, daß das Winterwetter aus Skandinavien bald zum Durchbruch kommen und für eine längere Schönwetterphase sorgen würde. Am nächsten Tag blieb die Wetterprognose für die nächsten Tage schlecht, aber die Sonne schien – wenn sie auch niemals die Wand erreichte –, und Chris und Layton stiegen weiter, um die Linie voranzutreiben. Laut Wetterbericht war erst in zwei Tagen mit einer längeren Schönwetterperiode zu rechnen, weshalb die beiden wieder zum Todesbiwak absteigen wollten, sobald sie ein weiteres Stück mit Seilen fixiert hätten. Wie sich herausstellte, bezwangen sie an diesem Tag eine der strategischen Schlüsselstellen der gesamten Route.

Nachdem Layton sich drei Stunden lang mit einer kniffligen Hakentraverse auf die linke Seite des Zentralpfeilers abgemüht hatte, löste Chris ihn ab. Fast ungesichert bewältigte er eine gleichermaßen knifflige Passage über dünnes Eis, das ständig unter seinen Füßen abzuplatzen drohte. 25 Meter oberhalb eines unzuverlässigen Hakens erreichte er festen Schnee; wenn er den Halt verloren hätte, wäre er, falls der Haken gehalten hätte, fünfzig Meter tief gestürzt, wenn er ausgebrochen wäre, noch viel tiefer. Während Layton nachstieg, strahlte Chris vor Genugtuung übers ganze Gesicht. »Ich blickte höchst zufrieden auf die Wand unter mir hinunter«, schrieb er später in *The Next Horizon*. »Es war die schwierigste und mit Sicherheit spektakulärste Eislänge, die ich je geklettert war. Weil sich keinerlei Sicherungen anbringen ließen, war es im Grunde ein Solo-Aufstieg, denn ich glaube nicht, daß Layton mich hätte halten können, wenn ich abgestürzt wäre.« Diese Seillänge – die einzige auf der gesamten Route, die Chris vorstieg (er sollte ja eigentlich nur fotografieren) – erwies sich in Kombination mit Laytons Hakentraverse als der Schlüssel zum oberen Wandteil. Als Dad über Funk von dem Fortschritt erfuhr, glaubte er, der Wendepunkt sei nun erreicht. Die Deutschen kamen zu Chris und Layton herüber, berichteten, daß sie auf ihrer weiter rechts gelegenen Linie nicht weiterkämen, und baten sie, vom Kopf des Zentralpfeilers ein Seil zu ihnen herunterzulassen.

Tags darauf, am 20. März, kam Jörg Lehne zu Layton und Chris in die Schneehöhle, um den Zusammenschluß der beiden Teams vorzuschlagen. Er hielt es für unvernünftig, den Wettkampf fortzusetzen und nur wenige Meter voneinander entfernt auf getrennten Routen zu klettern. Dem britisch-amerikanischen Team einfach auf diesem Teilstück zu folgen, sagte ihm ebenfalls nicht zu. Jörg schlug vor, daß Layton und Karl Golikow an diesem Tag gemeinsam kletterten, damit Chris Fotos machen könne. Chris war einverstanden. »Wenn wir von nun an alle gemeinsam klettern, würde das der perfekte Höhepunkt der erfolgreichen Vollendung der Route sein«, meinte er. Layton und Karl stiegen sofort gemeinsam los. Ob sie von nun an dauerhaft zusammenarbeiten würden, hing jedoch davon ab, ob Dad einverstanden war.

Als Chris in dem für 11.45 Uhr festgesetzten Funkgespräch die Situation schilderte, entgegnete Dad: »Also, das kann ich nicht sofort entscheiden, Chris. Ich muß erst mal drüber nachdenken. Im ersten Moment klingt es gut, aber ich finde, der Zusammenschluß hätte besser erst nach Erreichen des Pfeilerkopfs stattfinden sollen. Wie ist es denn zu diesem Beschluß gekommen?« Chris erklärte es ihm. Dad war nicht abgeneigt, denn er hatte ja schon von Anfang an von einer internationalen Erschließung dieser Route geträumt. Er hatte jedoch Bedenken, daß das kleinere britisch-amerikanische Team in der großen deutschen Gruppe untergehen würde, außerdem war er nach wie vor entschlossen, den Gipfel im Alpinstil zu erobern, während die Deutschen weiterhin die Absicht hatten, bis zum Gipfel Fixseile anzubringen und alle acht Mann hochzubringen. Er sagte zu Chris: »Ich will nicht, daß es in der Presse am Ende so dargestellt wird, als wären wir auf den Berg geführt worden.« Und später sagte er zu Layton: »Ich möchte nicht, daß wir uns dazu verpflichten, mit dem kompletten deutschen Team zu klettern. Es ist einfach zu groß, und das läßt sich nicht mit unseren Vorstellungen in Einklang bringen. Wenn sie sich also mit uns zusammenschließen wollen, sag ihnen, daß es in Ordnung geht, wenn nur Lehne und Charlie [Karl] mit uns zum Gipfel aufsteigen.«

Unterdessen kletterten Layton und Karl, die zwei lustigsten Burschen der gesamten Gruppe, gemeinsam zum Kopf des Zentralpfeilers. Die Engländer und Amerikaner mochten Karl, der immer fröhlich dreinblickte und bei jeder Gelegenheit mit einem breiten Grinsen »It's a hard life« von sich gab. Waghalsig, wie er war, hatte er es in seiner Kletterkarriere schon auf Stürze von insgesamt über 250 Metern gebracht. In Deutschland hatte er wegen seiner vielen Mißgeschicke den Spitznamen »Katastrophen-Karl«. Sein Vorstieg zum Pfeilerkopf kostete Layton einige Nerven. Als er in einem Moment, in dem unter ihm keine Zwischensicherung war, ein kurzes Stück nach unten rutschte, dachte Layton schon, »daß er uns beide umbringt«.

Dad erzählte an jenem Tag einem Reporter: »Das ist kein Wettrennen, und es ist auch nie eins gewesen. Wir teilen unsere Seile, Routen und notfalls sogar unseren Proviant miteinander. Beispielsweise haben die Deutschen über Funk gemeldet, daß sie noch 180 Meter Perlonseile brauchen, und ich werde das Material morgen zu ihnen hinaufbringen. Man kann Burschen wie Karl Golikow nicht unangeseilt mit Steigeisen herumturnen lassen, aber genau das tut er. Was ihnen an Ausrüstung fehlt, gleichen sie durch Nervenstärke aus. (Karl kam 1972 bei einem Kletterunfall am Piz Badile ums Leben.)

Am Abend des 20. März funkte Dad von der Kleinen Scheidegg zur Wand hinauf: »Die Wetterprognosen sind günstig. Ich werde alles zusammenpacken, was wir für den endgültigen Gipfelvorstoß brauchen. [...] Geplant ist, daß wir morgen abend entweder im Todesbiwak übernachten und dann in aller Frühe aufbrechen oder daß wir unsere Biwakausrüstung zum Pfeilerkopf transportieren und uns dort eine Plattform ausgraben.« Layton glaubte nicht, daß auf dem Pfeilerkopf genug Schnee lag, um einen Biwakplatz ausschaufeln zu können, und hielt es für besser, vom Todesbiwak aus weiterzusteigen. Er glaubte auch nicht, daß die Deutschen bereit wären, ihr Team aufzuteilen und zwei ihrer Männer mit ihnen weiterklettern zu lassen. Wie auch immer, Layton, Dougal und Dad würden auf jeden Fall den Gipfel angehen, mit oder ohne Deutsche im Team. Dad sagte zu Layton, er solle am nächsten Tag mit Karl weiterklettern, und schätzte, daß sie bis zur Spinne kommen müßten. Seine Sachen solle er fertig gepackt im Todesbiwak zurückzulassen, damit er und Dougal sie hochbringen könnten. Um ein Uhr morgens gingen Dougal und Dad in voller Eiger-Wintermontur an den späten Zechern an der Bar vorbei in die sternenklare Nacht hinaus, um den lang ersehnten Gipfelvorstoß in Angriff zu nehmen.

Beim Aufstieg an den Fixseilen hatte Dad immer wieder heftige Hustenanfälle und kam deshalb nur langsam voran, doch kurz nach Mittag erreichten sie mit ihren Lasten das Todesbiwak. Der Wetterbericht versprach drei schöne Tage – die konnte man nicht ungenutzt verstreichen lassen, Bronchitis hin oder her. Es war ein herrlicher Tag, und in der Wand war es so still, daß Layton und Dougal sich über eine Entfernung von 300 Metern hinweg verständigen konnten – Layton in Trittschlingen unter einem Überhang hängend und Dougal unten auf dem Zweiten Eisfeld. Vom Todesbiwak aus war zu sehen, wie weit Jörg, Karl und Layton vorangekommen waren – bis in das untere Bein der Spinne. Endlich sah alles gut aus – sehr, sehr gut. Bei diesem Wetter würde sie nichts mehr zurückhalten.

Als der für 15.45 Uhr vereinbarte Funkruf einging, sortierte Dad gerade im Todesbiwak die Ausrüstung. Peter rief: »Scheidegg an Eiger, Scheidegg an Eiger, hört ihr uns, bitte kommen.« Dad erwiderte: »Roger, Pete«, erzählte ihm dann von den Fortschritten, die Layton und Jörg gemacht hatten, und fuhr fort: »Wir bereiten uns auf den endgültigen Durchstoß zum Gipfel vor. Wir haben Proviant für drei Tage zusammengestellt und wollen morgen früh an den Fixseilen aufsteigen und den Gipfel angehen. Ich hoffe, du hast eine gute Wetterprognose für uns.«

Peter zögerte mit der Antwort. Es fiel ihm schwer, eine schlechte Nachricht zu übermitteln, aber ihm blieb keine Wahl: »Bedaure sagen zu müssen, daß den vorläufigen Wetterberichten aus Zürich und Genf zufolge eine Kaltfront im Anzug ist. Sie dürfte im Laufe des morgigen Abends da sein. Bedaure, eine Kaltfront kommt im Laufe des morgigen Abends. Wir werden dranbleiben. Aber es sieht nicht gut aus.«

Dougal und Dad fluchten beide heftig vor sich hin. »Zum Donnerwetter, wann hört das endlich mal auf?« schimpfte Dougal, während Peter zu seinen Kumpeln sagte: »Sie haben die Nase voll.« Dann wandte Dad sich wieder dem Funkgerät zu und entgegnete mit ausdrucksloser Stimme. »Es bleibt uns nichts anderes übrig, als abzuwarten, bis wir eine gute Prognose bekommen.«

Am nächsten Tag, dem 22. März, rief Dad über Funk am frühen Morgen unten an, um sich die neueste Wetterprognose geben zu lassen. Chris antwortete: »Es scheinen jetzt zwei Kaltfronten zu sein«, und erläuterte, daß eine kleinere am Abend etwas Schnee bringen würde und eine größere am nächsten Abend mehr Schnee. Layton erbot sich, zur Kleinen Scheidegg abzusteigen, um zusätzlichen Proviant hochzubringen, sobald sich das Wetter besserte. Widerstrebend kamen sie alle überein, daß es das Beste sei, und Layton seilte sich schnurstracks nach unten ab.

Als Mick Burke – er war angereist, um Don Whillans beim Sichern von Bonington abzulösen – zu einem späteren Zeitpunkt jenes Vormittags durch das Teleskop blickte, sah er, wie ein Deutscher gerade die Fliege erreichte, das Eisfeld oberhalb der Spinne. Alle hatten geglaubt, der Übergang von der Spinne zur Fliege würde sehr schwierig sein, und dieser überraschende Fortschritt elektrisierte Dougal und Dad. Ich habe diese auf Band aufgenommenen Funkgespräche schon so oft gehört, daß ich sie fast auswendig kenne. Dads Emotionen gegen Ende des von Knackgeräuschen untermalten Gesprächs sind schwer zu deuten. Dads Stimme klingt bedächtig, kontrolliert, fast fatalistisch. Die Stimmen am anderen Ende, auf der Kleinen Scheidegg, wo die Aufzeichnungen gemacht wurden, klangen hingegen sehr lebhaft. Peter sagte: »Wir haben vier Wetterprognosen. Die Kaltfront ist nach wie vor im Anzug, hat sich aber verlangsamt. Alle Vorhersagen stimmen weitgehend dahingehend überein, daß sie nicht vor morgen abend kommen wird.«

Chris fragte: »John, wie sehen jetzt eure genauen Pläne aus?« Nach einigem Hin und Her sagte Dad: »Vielleicht ändern wir unsere Pläne und steigen heute so hoch, wie es irgend möglich ist, um es morgen vielleicht bis zum Gipfel zu schaffen.« Es folgten ein paar weitere Wortwechsel, dann sagte Dad: »Sag Layton, er möge entschuldigen, daß wir ohne ihn aufbrechen, aber ich denke, er wird es verstehen.« Sie hatten in der Tat über eine solche Möglichkeit gesprochen, und Layton hatte sich bereit erklärt, in diesem Fall mit dem zweiten deutschen Team zum Gipfel aufzusteigen. Guido Tonella, ein mit Dad befreundeter Schweizer Journalist, kam ans Funkgerät und sagte zu Dad: »Ich bringe morgen eine Flasche Champagner mit.« Als Peter das nächste Funkgespräch für 15.45 Uhr festsetzte, erwiderte Dad: »Wir werden um diese Zeit sehr beschäftigt sein, und ich kann nicht garantieren, ob wir es führen können.« Auf Peters Frage nach seinem Gesundheitszustand erwiderte Dad: »Alles bestens. Okay, Pete, ich muß weitermachen. Sonst noch was? Wenn nicht, Eiger Ende.« Auf dem Band ist ein Durcheinander von Stimmen zu hören, die ihnen viel Glück wünschen, und am Schluß sagt Peter: »Also, dann nichts wir ran! Wir sehen uns morgen auf dem Gipfel!«

Dougal und Dad grinsten sich breit an. Ja, sie würden sich den Gipfel holen! Später schrieb Dougal: »Ich hatte das Gefühl, daß die Erfüllung meines größten Traums unmittelbar bevorstand.« Dad blieb zurück, um das Todesbiwak ein letztes Mal sauberzumachen, während Dougal an den Seilen aufzusteigen begann. Ein Stück über Dougal jümarte Sigi

Hupfauer mitsamt seinem schweren Rucksack das Seil hinauf. Jedesmal, wenn er das obere Ende eines Fixseils erreichte, rief er Dougal zu, daß er nachkommen könne. Es war gruselig, an den unter Überhängen frei hängenden Seilen hochzusteigen, unter sich den 1200 Meter tiefen Abgrund bis zum Wandfuß, von dem aus es noch einmal 1200 Höhenmeter bis hinunter nach Grindelwald waren. Die Seile, an denen sie mit den Steigklemmen aufstiegen, waren zwar nur sieben Millimeter stark, hingen aber zumindest erst seit wenigen Tagen in der Wand. Während Dougal sich am frei hängenden Seil den Überhang seitlich des Zentralpfeilers hinaufkämpfte, sah er, wie Dad auf dem Dritten Eisfeld erschien und im Begriff war, in die steileren Seillängen einzusteigen. Chris erinnerte sich später an Dougals Bemerkung, daß das Seil am letzten Überhang vor der Spinne über eine besonders scharfe Kante gelaufen sei. Und meine Mutter erinnerte sich, daß Dougal ihr berichtete, er habe dort eine Scheuerstelle bemerkt, aber geglaubt, das Seil würde halten.

Ein paar Minuten später hängte Dad seine Jümars in das frei herabhängende Seil Richtung Spinne ein und begann den Aufstieg. Obwohl er so viel Zeit in dieser Wand verbracht hatte, würde er nun zum ersten Mal seit dem Sommer 1962 wieder in der Spinne sein, und in vier Jahren änderte sich sehr viel. 1962 hatte er zum 28. Team gehört, das die klassische und damals einzige Route in dieser Wand durchstieg. Jetzt würde er bald zum ersten Team gehören, das die wichtigste Route seiner Generation bewältigte, die begehrteste Route in den Alpen, die Route, die er nun schon seit drei Jahren zu vollenden versuchte, die Route, die ihm mehr bedeutete als alle anderen zusammen. Das Seil, an dem er nun aufstieg, würde ihn zur Spinne bringen, und dann würde nur noch ein einziger Tag schnellen Kletterns nötig sein, bis sich sein größter Traum erfüllen und er die größte Zufriedenheit seines Lebens empfinden würde. Er schob seine Jümars das Seil hinauf, links, rechts, links, rechts, links, rechts, kam mit jedem Schritt etwa dreißig Zentimeter höher und achtete darauf, daß er nicht ins Trudeln geriet. Auf einmal spürte er, wie das Seil über ihm schlaff wurde, und dann schoß er mit halsbrecherischer Geschwindigkeit auf das Dritte Eisfeld zu.

Als Peter um 15.15 Uhr ans Teleskop trat und sein Blick den Seilen vom Todesbiwak aufwärts folgte, fiel eine rot gekleidete Gestalt durch sein Blickfeld. Sie war »ausgestreckt und überschlug sich langsam, sanft und mit grausamer Endgültigkeit«.

Peter schrie zu Chris' Fenster drei Stockwerke weiter oben hinauf: »Chris! Chris Bonington! Chris, komm sofort runter!«

Als Chris unten erschien, führte Peter ihn ans Teleskop, und als Chris sich vorbeugte, um hindurchzuschauen, sagte Peter leise in sein Ohr: »Ich glaube, da ist jemand abgestürzt, Chris. Ich bin mir ziemlich sicher. Ich weiß aber nicht, wer.«

Chris fragte ihn, ob es nicht auch ein Rucksack gewesen sein könne. Peter sagte, er glaube das nicht.

Inzwischen war Fritz von Almen ans Teleskop gekommen und richtete es auf den Fuß der Wand. Bald schon erblickte er, was er gesucht hatte: ein dunkles Etwas im Schnee, etwa 150 Meter unterhalb der Stelle, an der die Fixseile begannen. Anschließend schaute Chris wieder durch das Teleskop und entdeckte im Geröll einen blauen Rucksack, der aussah wie der von Dad. Chris war sich ziemlich sicher, daß das rote Etwas ein Mensch war und glaubte, es sei Dad. Er ging Layton holen, damit sie sofort mit den Skiern zur Wand hinüberfahren konnten. Als Layton durch das Teleskop schaute, glaubte er, es sei nur ein Biwaksack. Sie richteten das Teleskop auf die Spinne, aber dort wirkte alles ganz normal, als wäre nichts geschehen. Guido Tonella von der *Tribune de Genève* hatte jedoch kurz vorher noch eine Gestalt an den Seilen unterhalb der Spinne gesehen. Und jetzt war sie weg.

Das nächste Funkgespräch war für 15.45 Uhr festgesetzt. Dad, der das Funksprechgerät bei sich trug, hatte gesagt, sie würden um diese Zeit sehr beschäftigt sein und das Gespräch vielleicht gar nicht führen können. Um 15.45 Uhr drückte Peter die Sprechtaste:

»Scheidegg an Eiger, Scheidegg an Eiger, könnt ihr uns verstehen, könnt ihr uns verstehen? Bitte kommen.«

Es war nur ein konstantes Knacken zu hören.

Fünf Minuten später fuhren Chris und Layton schweigend auf Skiern zur Wand und fürchteten, genau das zu finden, was sie erwarteten. Um 16.30 Uhr erreichten sie verstreut herumliegende Ausrüstungsgegenstände.

»Es ist nur ein Rucksack!« rief Chris erleichtert aus. Doch dann erblickten sie weiter oben noch etwas anderes.

Es war Dad. Oder das, was einmal Dad gewesen war. Chris beschrieb seinen Körper als »von der Wucht des Aufpralls nach dem 1200 Meter tiefen Sturz völlig entstellt, aber dennoch auf grausame Weise identifizierbar«.

»Es lag eine seltsame, schreckliche Schönheit in dem Nebeneinander der verdrehten Glieder dieses Mannes, der sich ganz dem Klettern und zuletzt diesem Projekt in der über uns aufragenden Wand verschrieben hatte«, schrieb Chris in *The Next Horizon*. Im ersten Moment dachte er, dieses Bild würde »ein vollendetes Foto abgeben, ein Foto, das alles aussagen würde, was über die Nordwand des Eiger auszusagen war«. Doch im nächsten Augenblick »war ich schockiert über mich selbst, daß ich so etwas auch nur hatte denken können; ich wußte, daß ich solch ein Foto niemals machen könnte«. Statt dessen legte er zögernd die Hand auf Dads Herz, um das Offensichtliche formell zu bestätigen. Und dann sprach er schluchzend ins Funksprechgerät.

»Es ist John. Er ist tot.«

Chris bat darum, ein Team Schweizer Bergführer hochzuschicken, um den Leichnam hinunterzutragen. Fritz von Almen bestand jedoch darauf, daß Chris und Layton es machten, doch die beiden waren am Boden zerstört und brachten es trotz von Almens Anweisung nicht fertig. »Wir können es nicht, Pete, wir können es einfach nicht«, funkte Chris mit kläglicher Stimme zurück.

Wendy Bonington war schon mit dem Auto nach Leysin losgeschickt worden, um meine Mutter zu benachrichtigen, falls sich bestätigen sollte, daß es sich bei dem Verunglückten tatsächlich um Dad handelte. Sie sollte unterwegs auf der Kleinen Scheidegg anrufen. Um 17 Uhr rief jedoch Don Whillans, der zu der Zeit an der Amerikanischen Schule in Leysin arbeitete, auf der Kleinen Scheidegg an. Als er von dem Unglück erfuhr, erbot er sich, mit seiner Frau Audrey zu meiner Mutter zu gehen, um ihr die Nachricht zu überbringen. Zehn Minuten, nachdem sie bei ihr eintrafen, wurde das Unglück schon im Radio gemeldet.

Meine Schwester und ich waren gerade mit unseren Freunden im benachbarten Chalet beim Spielen. Als Mom zur Tür des Kinderzimmers hereinkam, genügte ein Blick, um zu wissen, daß etwas Schlimmes geschehen war. An ihre Worte kann ich mich nicht erinnern, bloß daran, daß im nächsten Moment alle anderen weinten und ich wie vor den Kopf geschlagen war. Moms Erinnerung zufolge waren meine ersten Worte: »Und ich dachte, diesmal würde er es schaffen.« Ich selbst erinnere mich nur, daß ich völlig durcheinander war. Wie war es möglich, daß Dad abgestürzt war? Es ging mir einfach nicht in den Kopf. Daß er bis zum nächsten Felsband hinuntergefallen war, konnte ich mir vorstellen, aber den ganzen Berg hinunter? Ich brauchte Informationen, wollte hören, daß er keinen Fehler gemacht hatte, ich konnte mir nicht vorstellen, daß er sich nicht angeseilt oder sich nicht in ein Fixseil eingehängt hatte. Dad machte keine so dummen Fehler. Wie hatte es also dazu kommen können, daß er abgestürzt war? Die Information über das gerissene Seil schien irgendwie nicht zu mir durchgedrungen zu sein. Auf die Rückseite eines Fotos, daß ich kürzlich fand, hat jemand – ich habe keine Ahnung, wer – geschrieben: »Sohn Johnnie sehr guter Skifahrer. Sein erster Kommentar zum Tod seines Vaters: »Er hat keinen Fehler gemacht.«

Andréas erste Worte – auch sie nach Moms Erinnerung einige Monate später – waren: »Warum mußte Dad auf diesen verdammten Berg steigen?« Jahrzehnte später erzählte sie Maria Coffey: »Ich war wütend, weil er doch eigentlich nach Hause kommen und mein Daddy sein sollte. Ich war so wütend, daß ich nicht einmal Trauer empfinden konnte. Ich mußte so tun, als ob ich weinte. Diese Wut habe ich noch lange mit mir herumgetragen.«

Während Andréa mit ihrer Wut kämpfte und Mom mit ihrem Kummer, wollte ich herausfinden, wie es zu dem Unfall hatte kommen können. Ich bin sicher, daß mir dies half, die Sache nüchtern zu sehen, statt unaufhörlich an die unbegreifliche Tatsache zu denken, daß Dad nun für immer fort war. Doch allmählich begannen sich meine Gedanken von der Frage, was schiefgelaufen war, der Frage zuzuwenden, was übriggeblieben war. Ich begriff, daß der Tod etwas absolut Endgültiges war. Was blieb, war allein die Tatsache, daß Dad nicht mehr da war. Ich dachte nicht darüber nach, welche Auswirkungen das auf mich hatte, weil ich keine Ahnung hatte, was sich, wenn überhaupt, in meinem Leben verändern würde, außer der Tatsache, daß Dad nicht mehr nach Hause kommen würde. Aber mir war klar, daß für ihn alles vorbei war, und das tat mir schrecklich leid. Auch Moms unermeßlichen Kummer konnte ich, der ich ihr gefühlsmäßig immer verbunden war, spüren. Ich drehte mich zur Wand und weinte leise.

Zwei Wochen nachdem mich Dads Eltern von der Trofeo Topolino nach Hause zurückgebracht hatten, war sein Vater nach Afrika geflogen und seine Mutter nach Kalifornien. Mom machte sie ausfindig, und einen Tag später trafen sie in Leysin ein. Mom hatte Dads Leichnam nach Leysin überfüh-

Dad, Mom und ich vor unserem Haus in Los Altos, Kalifornien, 1956.

Andréa und ich in Deutschland, um 1961 (etwa 3 und 5 Jahre alt).

Dads erste Begegnung mit Konrad Kirch, als dieser 1961 mit Henri Briquet zur Gambahütte am Montblanc absteigt. Gary Hemming ist links im Bild.

Mit Mom am Grenzpunkt von Österreich, Italien und der Schweiz bei meiner ersten großen Skitour im Februar 1963 im Alter von 6 Jahren.

Gondelfahrt mit Dad oberhalb von Leysin
im Jahr 1964.

Andréa (8 Jahre) und ich mit Dad vor der Höhle an der Nordseite
des Tour d'Aï, 1965.

Layton Kor, Dougal Haston und Dad mit ihrer Ausrüstung für die geplante zehntägige Erstbegehung der Direttissima.

Dad mit Layton und Dougal am ersten
Morgen in ihrer Schneehöhle am Todesbiwak.
Durch die Wände schimmert Tageslicht.

Dads Beerdigung in Leysin.
Von links nach rechts: Großvater John, ich,
Großmutter Sue, Konrad, Mom und Andréa.

Beim Bouldern in der Schweiz im Sommer nach Dads Tod.

Bei meiner ersten Tour im Arctic National Wildlife Range unterhalb des Mount Chamberlin.

San Juan Island, 1970:
Ranger bekommt sein tägliches Kaninchen zu fressen.

Mom Anfang der 70er Jahre auf dem Weg zum Unterricht beim Sammeln von Pflanzen.

Beim Fassadenklettern mit meinem Gipsverband auf dem Campus der UCSB, 1978.

Nico Mailänder 1980
in der Verdonschlucht.

Reinhard Karl 1980
in der Pfalz.

Mit Jimmy Katz nach der ersten Skiabfahrt vom linken Y-Couloir am Mount Ypsilon, Rocky Mountain National Park, 1984. Die Route beginnt am Gipfelschneefeld direkt über uns.

Kurz nach der Trauung vor der Blockhütte mit unserer jungen Hündin Lupine.

Ich auf meiner Kletterroute in der Scheune, die wir zu einem Haus umbauten. Die Decke ist 9 Meter hoch.

Blick auf unsere Route in der tatsächlichen Südwand des Mount Waddington, British Columbia, 1995.

Mit dem von einem Flugzeug abgeworfenen Überraschungsgeschenk in etwa 4000 Meter Höhe am Gletscher unterhalb des Gipfels des Waddington.

Mark Jenkins auf dem italienischen Gipfel des Matterhorns.

Kurz unterhalb des Ausstiegs aus »From Dawn to Decadence«, unserer neuen Route am Montblanc, 2004.

2005: Robert Jasper kurz vor dem Japanerband (oberhalb des Schwierigen Risses) in der Eiger-Nordwand.

Daniela Jasper in der Eiger-Nordwand, unter ihr der Zerschrundene Pfeiler und der Schatten des Eigers.

Robert und Daniela am oberen Ende des Eisschlauchs.

Robert im Götterquergang.

Robert und Daniela Jasper mit mir auf dem Gipfelgrat des Eigers im September 2005.

Mit jedem Schritt fielen die Ängste der vergangenen Jahrzehnte von mir ab, und ich hatte das Gefühl, noch nie zuvor an einem so schönen Ort gewesen zu sein.

Konrad und ich halten ein mit einer Rose geschmücktes Seilstück mit einem alten Felshaken aus der Eiger-Nordwand in der Hand, ein Geschenk von Daniela und Robert Jasper nach unserer Begehung.

Siena (9 Jahre) und ich auf der Kleinen Scheidegg vor meiner Eiger-Nordwand-Begehung 2005.

ren lassen, wo er begraben werden sollte; die Beerdigung war für den 25. März festgesetzt. Um Dad so in Erinnerung zu behalten, wie er gewesen war, wollte Mom den entstellten Leichnam nicht sehen. Aber man sagte ihr, daß er den Pullover getragen habe, den sie ihm zu Weihnachten gestrickt hatte, was sie sehr rührte.

Dougal hatte in der Spinne mit wachsender Besorgnis eine Stunde lang auf Dad gewartet. Als Dad nicht kam, war Dougal schließlich eine weitere Seillänge auf die Fliege zugestiegen, während Roland Votteler sich abgeseilt hatte, um Nachschub zu holen. Ein paar Minuten später kam Roland hastig wieder das Seil hinauf. Im ersten Moment war Dougal erleichtert, weil er glaubte, es sei Dad, doch als er Roland erblickte, befiel ihn »totale Mutlosigkeit«. Roland brüllte zu ihm hoch, daß sich das Seil an einer scharfen Felskante durchgescheuert habe. Kurz darauf tauchte Sigi von oben auf, nachdem er über Funk mit der Kleinen Scheidegg gesprochen hatte.

»John ist tot«, rief er zu Dougal hinunter.

Dougal sank fassungslos nieder. »Niemand sprach ein Wort«, schrieb er später. »Es gab nichts mehr zu sagen. Ein gerissenes Seil, und einer meiner besten Freunde, einer der besten Bergsteiger Europas, existierte nicht mehr.«

Als sie die Sprache wiederfanden, dachten sie automatisch an einen Abbruch der Tour. Nachdem sich der erste Schock gelegt hatte und sie im Laufe des Abends wieder klare Gedanken fassen konnten, wurde ihnen bewußt, daß Dads größter Wunsch kurz vor der Erfüllung stand und sie ihm keinen größeren Tribut zollen könnten, als die Route zu vollenden und sie zu seinem Gedenken »John-Harlin-Route« zu nennen. Ihr Entschluß würde zwar heftig kritisiert werden, aber jeder, der Dad kannte, wußte, das es die richtige Entscheidung war. Dad hätte es zweifelsohne so gewollt.

In den frühen Morgenstunden des 23. März stürmte Layton an den Fixseilen zu den anderen Kletterern hinauf. Dads Tod hatte ihn tief getroffen, aber er wollte die Tour unbedingt zu Ende führen, sowohl zu Dads Ehren als auch weil es nicht seine Art war, aus einer Tour auszusteigen. Später erzählte er mir, daß er »vorhatte, sich einfach einen Deutschen zu schnappen, um mit ihm durch die Ausstiegsrisse zum Gipfel zu steigen«, falls auf dem Endstück der Direttissima zu viele Kletterer gewesen wären. »Es war mir egal, auf welchem Weg ich zum Gipfel kam. ›Layton, steig da rauf und bring es hinter dich!‹, sagte ich mir.« Als er das Todesbiwak erreichte, wo sich die untere Gruppe der Deutschen befand, hatte Karl Golikow jedoch eigenmächtig sämtliche Seile unterhalb der Spinne abgezogen, weil sie seiner Ansicht nach schadhaft waren. Damit hatte er der Gipfelmannschaft oberhalb der Spinne den Rückzug abgeschnitten und den Bergsteigern weiter unten die Möglichkeit genommen, den Aufstieg zu vollenden. »Ich weiß nicht, warum er das getan hat, es war äußerst seltsam«, erinnerte sich Layton später. Statt weiterzusteigen, half Layton also beim Verpacken und Hinabwerfen des Materials. Auf dem Weg nach unten zogen sie auch die restlichen Seile ab, und nachdem sie den Wandfuß erreicht hatten, sammelten sie die hinuntergeworfene Ausrüstung ein.

Dougal verbrachte in der Spinne eine elende Nacht, und auch die übrigen drei Tage bis zum Erreichen des Gipfels waren nicht besser. Weil nirgends eine Stelle zu finden war, wo sie sich einen einigermaßen annehmbaren Biwakplatz, geschweige denn eine Höhle hätten graben können, blieb den Männern nichts anderes übrig, als in dem heftigen Schneesturm – dem schlimmsten des gesamten Winters – weiterzuklettern. Ihre Vorräte gingen allmählich zur Neige, ihre Schlafsäcke waren steifgefroren. Sie machten fast keine Auge zu und erlitten Erfrierungen an Zehen und Fingern, von denen später etliche amputiert wurden.

Das deutsche Team schickte meiner Mutter folgendes

Telegramm: »*Das vorzeitige Ableben Ihres Mannes hat uns zutiefst getroffen* STOP *Wir sind außerstande, unsere Erschütterung über diesen Verlust angemessen zum Ausdruck zu bringen* STOP *Wir vier sind vom Bügeleisen abgestiegen um an der Beerdigung teilnehmen zu können* STOP *Leider befinden sich unsere vier Kameraden und Dougal Haston kurz unterhalb des Gipfels in extremen Schwierigkeiten* STOP *Wir müssen deshalb aufsteigen um notfalls eine sofortige Rettungsaktion einleiten zu können* STOP *Wir sind sicher Sie werden unsere Lage verstehen* STOP *Wir bedauern aufrichtig nicht anwesend sein zu können* STOP *Wir werden in Gedanken bei Ihnen sein* STOP *Haag Schnaidt Golikow Rosenzopf*«

Unterdessen stiegen Chris und Mick über die Westflanke zum Gipfel auf, um sich der Kletterer annehmen zu können, sobald sie oben ankämen. 120 Meter unterhalb des Gipfels gruben sie eine Höhle in den Schnee und stiegen hin und wieder nach oben, um nach den Männern Ausschau zu halten. Die Wetterverhältnisse waren jedoch so miserabel, daß die Wand unter ihnen nicht zu sehen war, und es war so kalt, daß sie es nicht länger als jeweils eine halbe Stunde auf dem Gipfel aushielten. Chris funkte nach unten: »Das Wetter ist wirklich grauenhaft. Es ist zum Verzweifeln.«

Nach einem Kampf um ihr Leben erreichten Sigi Hupfauer, Jörg Lehne, Günther Strobel, Roland Votteler und Dougal Haston schließlich am 25. März mit letzten Kräften den Gipfel. Von den fünf Kameras, die Chris dabeihatte, um auf dem Gipfel Fotos zu machen, fror eine nach der anderen ein, am Ende funktionierte nur noch eine. Mick und Karl Golikow geleiteten die Kletterer zu der Schneehöhle an der Westflanke. In der Höhle, die eigentlich für vier Leute gedacht war, drängten sich alle elf Männer zusammen. Viele von ihnen konnten ihre Hände nicht mehr bewegen, doch alle waren froh, endlich oben zu sein. Dougal schrieb später: »Der Geist des extremen Kletterns vereinte uns.«

Als sie am nächsten Tag zur Kleinen Scheidegg abstiegen, wartete dort schon ein von meiner Mutter und Dads Eltern aufgegebenes Telegramm auf sie: »*Wir danken Ihnen allen von ganzem Herzen daß sie die Begehung in Johns Geist fortgesetzt haben* STOP *Es ist uns bewußt daß Sie unter äußerst schwierigen und gefährlichen Bedingungen weitergemacht haben* STOP *Wir gratulieren Ihnen zu Ihrem Erfolg und wünschen Ihnen eine baldige Genesung*«

Während die Bergsteiger am Tag ihres Triumphes über den Gipfel zu der beengten Schneehöhle hinunterwankten, strömten die Menschen in Leysin in die Kirche, um am Trauergottesdienst für Dad teilzunehmen. Es war eine kleine Kirche, und die Leute standen bis auf die Straße hinaus, wo dicke Schneeflocken vom Himmel herabrieselten. Konrad fuhr im Schneetreiben von München nach Leysin, um meiner Mutter beizustehen und bei der Beerdigung eine Rede zu halten. An den genauen Wortlaut kann ich mich nicht mehr erinnern, aber es dürfte etwas ähnliches gewesen sein, wie das, was er in seinem Nachruf auf Dad schrieb. Nach einem Überblick über Dads Leben heißt es darin: »Leistung und vor allem Erfolg am Berg berühren letztlich nur Äußeres, ihre Würdigung allein wird John nicht gerecht. [...] Die ›Publicity‹ der vergangenen Wochen mag ein anderes Bild John Harlins in der Öffentlichkeit gezeichnet haben, doch ich weiß, daß John kein Sportkletterer, kein Profi des Leistungssports war, sondern ein Bergsteiger im echten Sinn des Wortes. Und der Einsatz für den anderen ist auch und gerade für John mit der wesentliche Inhalt dieses Begriffs gewesen. John war ein echter Bergsteiger, ein ›alpiniste complet‹ nach französischen Begriffen, vor allem dadurch, daß er Bergsteigen als Lebensform begriff. [...]

Zweierlei war in dieser Hinsicht bei John bemerkenswert: Zunächst sein wacher Sinn für all das, was das Bergsteigen dem Menschen schenkt, vor allem dem Gemüt und dem Charakter. Dies zu empfinden war wohl ein Teil seiner künstlerischen Natur. [...] Doch seine Kraft ging über das rein Rezeptive und Darstellende hinaus. Er gab weiter, lehrte, war Vorbild. Seine Tätigkeit in der Leysin American School und die Gründung der International School of Modern Mountaineering waren nur ein Anfang. Und Unternehmungen wie die, von der er nicht zurückkehrte, letztlich nur Ausdrucksform, nur Mittel zum Zweck.

Und schließlich gehörte John zu denen, die das Bergsteigen als etwas Einendes begreifen, als eine Lebensform, von Sprache, Herkunft und Nationalität unabhängig. Für ihn war der Gedanke der Völkerverständigung nicht angenehmes, aber unverbindliches Dekor, sondern eine unendlich wichtige und ebenso schwierige Aufgabe. [...]

Nicht ein Symbol haben wir verloren, sondern eine gestaltende Kraft.«

Allan Rankin, der Inhaber des Club Vagabond, war ebenfalls auf der Beerdigung. Ich glaube nicht, daß er zu der Trauergesellschaft sprach, aber ein Brief, den er zwei Wochen später an einen Freund schrieb, enthielt ebenfalls nur lobende Worte: »Der Tod ist für uns, Johns Freunde, kein Unbekannter, aber es ist noch immer nicht richtig begreifbar, daß diese Überfülle an Gedanken und Energie nicht mehr zurückkehren wird. Mit dem, was er bewirkte, war er seinen Jahren weit voraus, der Höhepunkt, die Synthese dessen, was er zu tun hoffte, begann sich gerade erst herauszukristallisieren.

Dies ist für uns zweifellos ein unersetzlicher Verlust. Die von ihm ins Leben gerufene Bergsteigerschule spiegelte seine ureigenen Ideen wider, der Plan von seiner anderen Schule [the International Institute at Mont Blanc] wäre vielleicht ebenfalls noch verwirklicht worden. Die Ideen, die uns dazu verhelfen sollten, so vieles zu tun, sind nach wie vor vorhanden, ihre Fortsetzung, ihre Erweiterung sind mit dem Verlust der treibenden Kraft sehr eingeschränkt. Für mich persönlich sind die ungetanen, ungesagten, undiskutierten Dinge und die Erinnerungspflicht von großer Wichtigkeit.

Er ist unersetzlich – er war John Harlin.«

Mom hielt bei der Beerdigung keine Rede, aber wenn sie es getan hätte, hätte sie vermutlich etwas Ähnliches gesagt wie das, was sie später niederschrieb: »John führte mich in eine Welt des Fühlens, der Beobachtung und der Teilnahme ein, die ich ohne ihn nie kennengelernt hätte. Man kann ihn nicht mit dem gleichen Maßstab messen, mit dem man normale Menschen mißt. Das wäre, als würde man einen Elefanten in Mikronen messen.«

Ich selbst erinnere mich nur an das Bild, wie sich die Menschenmenge von der Kirche bis auf die Straße ergoß, an die Prozession französischer und schweizerischer Bergführer in ihrer Bergführertracht, wie wir später im Schneetreiben die Stufen zum Grab hinaufstiegen, neben dem sich Berge von Kränzen und riesigen Blumensträußen türmten, und wie eine Menschenschar nach unten blickte, als Dads Sarg in die frisch gegrabene Grube hinabgelassen wurde. Der Vorstand von Dads Ortsgruppe des Schweizer Alpen-Clubs sprach am Grab die letzten Worte und bezeichnete Dad dabei als ihren Bruder. Aber vor allem erinnere ich mich daran, wie wir von der Kirche auf einen langen, gewundenen Weg durch den verschneiten Wald zum Friedhof fuhren, vor uns ein Wagen, auf dessen Heck ein riesiger Kranz des deutschen Teams befestigt war, das sich zu diesem Zeitpunkt noch auf dem Eiger befand. Auf der breiten Kranzschleife standen die Worte: »Goodbye John.«

Zwölf Vor dem Scherbenhaufen

Jemand hatte meine Mutter gewarnt, sie würde von Dad träumen, wenn sie sich seinen Leichnam nicht ansah, und so war es auch. In ihren Träumen hatte Dad seinen Tod nur vorgetäuscht: In Wirklichkeit war er nach Algerien gegangen, um sich vor seinen familiären Verpflichtungen zu drücken. Sie begegnete ihm auf Skiliften oder in Zügen, und jedesmal fragte sie ihn: »Wie konntest du das den Kindern antun?«

In meinen eigenen Träumen tauchte Dad einfach auf, wenn wir am Eßtisch saßen – oder ebenfalls in Zügen. Er schwieg, und ich beobachtete ihn schweigend und fragte mich, wo er wohl gewesen sei. Bei mir vergingen diese Träume viel schneller als bei Mom. Für die achtjährige Andréa war es am schwersten, und das Geständnis, das sie Maria Coffey fast vier Jahrzehnte später in dem Buch *Extrem. Glück und Gefahr des Bergsteigens* machte, schockierte sowohl Mom als auch mich. Andréa erzählte Maria, es sei ihr immer egal gewesen, ob eine von Dads Touren »erfolgreich« verlief, Hauptsache, er kam zu ihr zurück. Die Wut, die sie wegen seines Todes auf ihn hatte, ließ sie an Mom aus. Ihre Tobsuchtsanfälle wurden immer schlimmer, und als Gary ihr in Leysin einmal den Hintern versohlen wollte, damit sie sich wieder einkriegte, schrie sie ihn an: »Du bist nicht mein Vater!« Sie flüchtete sich in eine Phantasievorstellung, an der sie sieben Jahre lang festhielt: Dad war nicht tot. Sein Sarg war leer. Er würde zurückkommen und Andréa mitnehmen an den Ort, an den er gezogen war. Eines Tages in der

Highschool, so erzählte sie Maria, sei ihr dann urplötzlich aufgegangen: »Nein, er wird nie mehr zurückkommen. Er ist tot.«

Wendy Bonington war Mom ein großer Trost, während Chris noch auf dem Eiger war, doch als er anschließend drei Tage im Krankenhaus lag, wo man ihn wegen der Erfrierungen an seinen Zehen behandelte, fuhr Wendy zu ihm. Danach kehrten die beiden nach England zurück, wo ihr zweijähriger Sohn auf sie wartete.

Eine Woche nach der Beerdigung schrieb Mom in einem Brief an Chris: »Auch ich vermisse ihn über alle Maßen. Trotzdem darf ich kein Bedauern empfinden, denn mein Leben wurde durch ihn in den letzten elfeinhalb Jahren sehr bereichert. Die Kinder sind stolz auf ihren Dad und wissen um die Fundamente, die er für sie errichtet hat – Fundamente von solider Qualität, die manche Kinder, die ihr Leben lang einen Vater haben, niemals erhalten. Abgesehen von uns ist es für die Gemeinde und einen guten Teil der Welt nicht nur ein *Schock* gewesen, sondern auch *Stimulation*. Zu bedauern ist – sofern man es zuläßt –, was er in der vollen Blüte seines Lebens noch alles hätte tun, wozu er andere noch inspirieren hätte können.«

Schon bevor Dad gestorben war, hatten wir Leysin und seine Bewohner gemocht und sie uns. Wir kannten die Ladenbesitzer, die Restaurantbesitzer, die Bergführer, die Skilehrer. Albino Viecelli, ein Skitrainer, behandelte mich wie seinen eigenen Sohn, und wir kauften abwechselnd in seinem Skiladen und bei Hefti ein, einem Freund, der Skiläufer für die Olympiade trainiert hatte. Lehrer von Andréa und mir kamen zu uns zum Abendessen, und Dad hatte ihnen angeboten, sie zum Klettern mitzunehmen. Dad hatte sich häufig mit dem Bürgermeister unterhalten, der gleichzeitig Drucker war. Dad hatte auch des öfteren die Polizeistation aufgesucht und mit den Beamten beratschlagt, wie man Kletterchaoten davon abhalten könne, nach Leysin zu kommen, während man die zivilisierten Kletterer willkommen hieß.

Der Gemeinderat hatte Mom die Genehmigung für die Einrichtung einer Berghütte zu alpinen Forschungszwecken erteilt – ich erinnere mich, wie wir am Fuß von Felswänden nach Höhlen Ausschau hielten, die sich in Moms Refugium verwandeln ließen. Wir hatten vorgehabt, in Leysin ein großes Chalet zu kaufen, mit Apartments, die wir vermieten konnten – die endgültigen Banktransaktionen hätten gleich nach Dads Rückkehr vom Eiger über die Bühne gehen sollen. Nach Dads Tod standen uns die Dorfbewohner hilfreich zur Seite.

Bei der Beerdigung hatten sowohl der protestantische als auch der katholische Pfarrer gesprochen. Auch städtische Beamte und Honoratioren waren zugegen, Polizisten hielten Journalisten und Fernsehkameras in Schach, aber genauso wichtig war die Teilnahme von Hausmeistern, Ladeninhabern, Lehrern und Schülern. Wie wir später erfuhren, hatte in Leysin noch nie zuvor eine Beerdigung stattgefunden, bei der sich die Bevölkerung in solchem Maße über soziale und konfessionelle Grenzen hinweggesetzt hatte. An der American School und am College fand ein eigener Trauergottesdienst statt, damit in der Kirche mehr Platz für die von weit her durch den schrecklichen Schneesturm Anreisenden war. Ein College-Student, ein junger Sylvester Stallone, malte ein Bild von Dad mit dem Titel »Der Tag, an dem Superman starb« (den auch die lokalen Tageszeitungen als Schlagzeile benutzten), das ich erst 1992 als Abdruck im Magazin *Rock & Ice* zum ersten Mal sah.

Dad hätte sich riesig gefreut, wenn er gesehen hätte, wie groß die Anteilnahme in der Gemeinde war. Bevor meine Eltern heirateten, hatte Dad zu Mom gesagt, er wünsche sich, dauerhaft in den Bergen oberhalb von Montreux wohnen zu können. Dads Wunsch ist in Erfüllung gegangen; dieses Land ist nun für immer seine Heimat.

Innerhalb der Familie taten wir so, als sei Dad »auf einer Expedition«, und versuchten so gut es ging weiterzuleben, indem wir uns einredeten, es sei eine ganz normale Abwesenheit. Weil mein Leben damals so ausgefüllt und so schwierig war, nahm ich kaum wahr, daß Dads »Expedition« sich immer mehr in die Länge zog. Ich hatte beim Topolino-Skirennen ganz gut abgeschnitten. Es waren insgesamt 689 Wettkampfteilnehmer gewesen, und ich war in meinem Skiclub Zweiter geworden, wodurch ich für meine Kameraden zu einer Art Star wurde. Bei meiner Rückkehr war ich in zuversichtlicher Stimmung, was sich positiv auf die Prüfung für die weiterführende Schule auswirkte. Die Tests waren sehr hart – zwei ganze Tage von acht Uhr morgens bis vier Uhr nachmittags, mit einer kurzen Mittagspause. Mom hatte mir gesagt, daß ein Teil der Prüfung aus einem Intelligenztest bestehe, und zu meiner Beruhigung hinzugefügt, daß es eine Art Spiel sein würde. Zu meinem Verdruß stellte sich jedoch heraus, daß sich die Prüfung vor allem aus Vokabeltests, Vorlesen, Diktat, Grammatik, Schreibübungen und Inhaltsfragen zu den Texten zusammensetzte. Wenigstens der Mathetest machte mir Spaß, doch als ich aus der Prüfung herauskam, war ich überzeugt, daß ich sie nicht bestanden hatte. Durchzufallen war mir nicht nur verhaßt, ich wollte auch unbedingt in die »große Schule« unten im Tal wechseln. Ich hoffte, die Kinder dort würden einen weiteren Horizont haben als meine Klassenkameraden in der Dorfschule, außerdem wollte ich den schlimmsten Rabauken unserer Klasse loswerden.

Wie sich herausstellte, hatte ich die Prüfung doch bestanden, und so fuhr ich fortan jeden Morgen mit dem Zug ins Tal, mühte mich den ganzen Tag in dem sehr schwierigen Unterricht ab und verbrachte anschließend zu Hause den ganzen Abend mit Hausaufgaben. Es blieb keine Zeit, um herauszufinden, wie weit der Horizont der Kinder an der »großen Schule« nun tatsächlich war, es war schon schwierig genug, mit ihnen mithalten zu können.

An einem Wochenende Anfang Juni, ungefähr drei Wochen nach meinem zehnten Geburtstag, fuhren Mom und ich nach Zermatt. Wir machten eine Wanderung unterhalb der Nordwand des Matterhorns und übernachteten in einer verlassenen Scheune. Wir hatten eigentlich bis zur Hörnlihütte kommen wollen, aber Mom war nach all den seelischen Erschütterungen des vergangenen Winters und Frühlings nicht in Form. Auf dem Weg in den Ort durchquerten wir malerische kleine Weiler, kamen an einer Gruppe pfeifender Murmeltiere vorbei, und ich machte mit Dads 35-Millimeter-Kamera Nahaufnahmen von Blumen, Flechten, alten Chalets und Felsformationen. Mom schrieb hinterher an Sandy Bill: »Johnny ist nach wie vor entschlossen, der jüngste Besteiger des Matterhorns zu werden, obwohl sein ursprünglicher Führer nicht mehr da ist. Er hat mir gezeigt, welche Route er nehmen will und wo die anderen Routen liegen. Für den Eiger hat er sich noch nie so interessiert wie *seit Jahren* fürs Matterhorn. Gestern hat er mir gesagt, wenn keiner mit ihm hochsteigt, bevor er siebzehn Jahre alt wird, wird er eben alleine gehen. Ich weiß nicht, ob das eine Drohung oder eine reine Feststellung war.«

Mir ist bis heute schleierhaft, wie Mom all ihre Aktivitäten zeitlich unter einen Hut brachte. Sie war Leiterin des Naturwissenschaftlichen Bereichs des Gymnasiums und des College und gab an beiden Instituten Unterricht. Am Ende des Schuljahres machte sie mit ihren Schülern Exkursionen an die französische und die griechische Mittelmeerküste, außerdem mußten Laborvorbereitungen gemacht, Beurteilungen geschrieben, Prüfungen ausgearbeitet und korrigiert, Noten und Materialbestellungen gemacht werden. Nebenher bearbeitete sie Dads Super-8-Film vom Eiger, aus dem er einen kommerziellen Film hatte machen wollen. Sie wertete die während der Besteigung aufgezeichneten Funkgespräche aus und stellte Dads Aufzeichnungen zusammen, um daraus ein Buch machen zu können. Sie mußte sich um rechtliche und geschäftliche Dinge und um die Haushaltsführung kümmern. Sie stand mit dem Ozeanographischen Institut in Monaco wegen einer möglichen Anstellung und mit der University of Washington wegen eines Postgraduiertenstudiums in Verbindung. Außerdem willigte sie im April ein, mit James Ramsey Ullman bezüglich Dads Biographie zusammenzuarbeiten. Sie nahm sein Angebot an, weil er, so schrieb sie ihm, deutlich gemacht habe, daß er über das Individuelle hinauszugehen gedenke. »Ich bin überzeugt, daß Sie Johns Ideale und Inspirationen authentisch darstellen können. Eine bloße Schilderung seiner Aktivitäten und des abschließenden Dramas wäre alles anderes als in meinem – oder in Johns – Interesse.« Dies war der Beginn eines fast zweijährigen intensiven Schriftwechsels – Briefe, von denen ich damals nichts sah und die ich erst fast vierzig Jahre später im Ullman Papers Archiv an der Princeton University entdeckte.

Eine Schülerin der LAS, Carol Florell, berichtete mir kürzlich, daß Mom bei der Griechenland-Exkursion sehr niedergeschlagen gewesen sei. Um sie aufzumuntern, verpaßten Carol und ihre Freundinnen Mom eine »Auffrischungskur« einschließlich Haarstyling und Maniküre. »Wir wollten ihr auf diese Weise unsere Zuneigung demonstrieren«, sagte Carol. Bei dieser Exkursion kam Mom zu dem Schluß, daß sie schleunigst ihr altes Studiengebiet wiederaufnehmen müsse. Nach ihrer Rückkehr nach Leysin vereinbarte sie mit dem Ozeanographischen Institut in Monaco, daß sie dort als Forschungsassistentin arbeiten würde, um radioaktive Isotope in Algen zu untersuchen, wenn die französische Regierung dem nächsten Cousteau-Projekt genügend finanzielle Mittel zukommen ließ. Seit vier Jahren hatte sie das Institut immer wieder besucht, und Professor Vaissiere, der Forschungsdirektor, schlug ihr vor, ihre Arbeit mit einem Postgraduiertenstudium zu koordinieren, um über dieses Thema eine Doktorarbeit zu schreiben. Wir Kinder sollten den Sommer bei unseren Großeltern in den Wäldern außerhalb von Olympia im Bundesstaat Washington verbringen. Wenn Mom die Stelle in Monaco bekäme, würden wir nach Europa zurückkehren, wenn nicht, würde sich Mom an der University of Washington dem Studium der Meeresalgen widmen.

Meine Schwester flog im Mai nach Olympia, und ich sollte Ende Juli nachkommen – jeweils durch Vermittlung der Großeltern väterlicherseits mit der TWA. An dem Tag, an dem Dad tödlich verunglückte, hatte Moms Vater spontan mit dem Bau eines kleinen Gästehauses begonnen, damit wir, wenn wir zu ihnen kämen, unsere eigenen vier Wände hätten. Dabei wußte er gar nicht, ob wir überhaupt kommen würden, und er hatte uns auch nicht gefragt, aber er war nun einmal ein impulsiver Mensch. Mom glaubte, Andréa würde bei ihnen mehr Zuwendung bekommen, als sie es in diesen schwierigen Zeiten bei uns bekam. Von ihren Eltern erfuhr Mom, daß Andréa offenbar glücklich sei, doch etwa einen Monat nach ihrer Ankunft kam Sandy bei ihnen vorbei und nahm Andréa zu einer Wanderung mit. In Leysin war Andréa von Sandy ganz begeistert gewesen, weil er gleich nach seiner Entlassung aus dem Krankenhaus – er war beim Klettern weit gestürzt – mit ihr den Berg hinter unserem Haus hinaufgestiegen war. Der Arzt hatte ihm gesagt, er dürfe nur auf ebenem Gelände gehen, doch er befolgte ärztliche Anweisungen genausowenig wie Dad. Sandy berichtete Mom, daß Andréa bei ihren Großeltern alles andere als glücklich sei, sondern das Gefühl habe, zu Leuten abgeschoben worden zu sein, die sie kaum kannte.

Mom schrieb an Sandy zurück: »Andréa ist ganz das weibliche Gegenstück zu John – mit ihrer Phantasie, ihrer Neigung zur Idealisierung, ihrer Rührseligkeit, ihrer Empfindsamkeit und ihrer Großzügigkeit, dazu mit einem gewissen Hang zur Unaufrichtigkeit und Umständlichkeit, mit dem sie anderen auf die Nerven gehen kann. Sie ist in mancherlei

Hinsicht schon so erwachsen, daß man zuweilen vergißt, daß sie noch ein Kind ist und zuviel von ihr erwartet. Das passiert mir immer wieder. Ich werde oft nicht schlau aus ihr.« Ob es Andréa in Leysin besser gegangen wäre, sei dahingestellt. Mit Sicherheit wäre es ihr besser gegangen, wenn ihr Vater noch dagewesen wäre.

Als Dad ums Leben kam, war Gary Hemming gerade in Paris und führte sich nach Erhalt der Todesnachricht dermaßen unmöglich auf, daß der Vater seiner jungen Freundin die Polizei anrief und ihn aus dem Haus werfen ließ. Kurze Zeit nach der Beerdigung kam er bei uns an, teilweise in der Absicht, meiner Mutter beizustehen. Gary half Mom, auf Dads Leben und Tod auf eine Weise zurückzublicken, wie es sonst keiner anderer vermocht hätte. Aber Gary redete viel und erwartete, daß sie ihm aufmerksam lauschte und alles andere liegenließ. Wenn er merkte, daß sie nicht mehr richtig zuhörte, war er eingeschnappt oder wurde wütend.

Mom erinnert sich, wie Gary, kurz nachdem er Andréa fast den Hintern versohlt hätte, fluchtartig das Haus verließ. Er hatte sich über ihre materialistische Einstellung beschwert und ihr gesagt, wie großzügig Dad im Vergleich zu ihr gewesen sei, worauf sie ihm erwiderte, warum er dann eigentlich unter ihrem materialistischen Dach wohne, ihr materialistisches Essen verzehre und ihre wertvolle Zeit vergeude. Gary hinterließ eine versöhnliche Nachricht, in der unter anderem folgendes stand: »Ich habe bei diesem Aufenthalt eine Menge äußerst wichtiger Dinge gelernt und möchte dir aufrichtig für den ›Trip‹ danken, für die langen Gespräche, für alles in dieser Hinsicht – nicht zu vergessen so materielle Aspekte wie das Auffüllen meiner Körperfasern und -flüssigkeiten mit Essen und Trinken! Solange ich noch kein wahrhaft freier Geist bin, muß ich darauf vertrauen, daß andere Leute so gütig sind, dies hin und wieder für mich zu tun! Ich hoffe zudem, daß du nun besser imstande bist, die Unwirklichkeit des Todes und damit die Unwirklichkeit unseres Lebens zu erkennen. Je t'embrace encore, Gary«

Viele Leute glauben, daß Gary den Schock über Dads Tod nie überwand und darin »eine Vorwarnung für seinen eigenen Tod sah«. Mirella Tenderini zufolge behauptete Gary, »wenn jemand bei einem Unfall sterbe, dann geschah das nur deshalb, weil er sterben wollte. [...] Er gelangte zu der Überzeugung, daß Johns Todessturz unbewußt durch den Wunsch verursacht wurde, sich selbst für das Vergehen zu bestrafen, sich den Eiger mit brutaler Gewalt aneignen zu wollen, ihn besitzen zu wollen.« Nachdem er darüber nachgedacht hatte, schrieb Gary in sein Tagebuch: »Und John? Sein sogenannter Tod. Ist er real? Was ist aus seinem Werden geworden? Wie kann man zu irgend etwas werden, wenn man den physischen Kontakt zur Welt verloren hat? [...] John ist einer meiner besten Freunde. Ich weigere mich, seinen Tod zu akzeptieren, und für mich ist er nach wie vor sehr lebendig; man möge es deuten, wie man will, aber sein Sturz vom Eiger letzte Woche bedeutet, daß ich nächsten Sommer nicht alleine klettern kann. Ich habe mit ihm darüber gesprochen und aufgrund unserer langen gemeinsamen Vergangenheit, aufgrund unserer Freundschaft muß ich diese Touren zusammen mit ihm machen [...] Du, John, bist mein bester Kumpel. Dir überlasse ich die Herrschaft. [...] Das ist für uns die beste Weise, um im Sommer zu klettern, John – jeder von uns solo, und du kommst dazu, wann immer du willst, und gehst, wann immer du willst.«

Gary kletterte eine Saison lang solo, und das zweite einschneidende Erlebnis jenes Jahres war für ihn, daß er im Sommer eine Rettungsaktion in der Westwand der Dru leitete, durch die er in Frankreich zum Superstar wurde. Anfangs amüsierte ihn der Ruhm, dann konnte er ihm nicht mehr entfliehen, was schließlich dazu führte, daß er die seltsame Ungerechtigkeit auf der Welt noch mehr denn je in Frage stellte. Er schrieb: »Ich bin noch immer der gleiche

Mensch. Ich war vorher nicht anders, als ich jetzt bin. Warum hat mich dann niemand wahrgenommen? Warum wurde ich gemieden, hat man mich mitleidig belächelt?« Diese Fragen rieben ihn auf, wie so vieles andere in seinem Leben.

Ted Wilson sah Gary im Jahr 1969 wieder. Er schrieb mir: »Gary kam nach Jackson Hole, wo ich in der Jenny Lake Ranger Station arbeitete. Er wohnte bei uns, und eines Mittags fuhren wir zusammen zu einem Bergführertreffen bei Leigh Ortenburger. Ich sprach ihn auf Johns Tod an und fragte ihn, wie er damit fertiggeworden sei. Gary vermißte John sehr. Er erzählte mir, daß er kurz nach Johns Tod nach Leysin gefahren sei, sich an einem Abend in Gegenwart Deiner Mutter betrunken und Annäherungsversuche gemacht habe. Marilyn habe ihn schroff zurückgewiesen. Er sagte mir, er fühle sich wegen seines Verhaltens sehr mies. Ich erwiderte, daß Marilyn eine wunderbare Frau sei und ihm bestimmt verzeihen würde, wenn er ihr sage, daß er sein Verhalten bereue. Er entgegnete, dazu sei es zu spät. Am nächsten Abend betrank er sich an einem Lagerfeuer in den Teton Mountains am Guide's Hill und geriet in eine Schlägerei, bei der er ziemlich heftig verprügelt wurde. Anschließend ging Gary in den Wald abseits des Lagerfeuers und schoß sich eine Kugel in den Kopf. Ich glaubte keine Sekunde lang, daß Marilyns barsche Zurückweisung etwas damit zu tun hatte. Ich glaube, die Umstände des Abends und die Blamage, aus der Schlägerei nicht als Sieger hervorgegangen zu sein, obwohl er als ein so harter Kerl galt, spielte eher eine Rolle. Damals herrschte in der Bergsteigerwelt ein gewisser Heming-way'scher Fatalismus, der auch Gary, Deinen Dad und viele andere beeinflußte. Wie Hemingway genossen sie das Leben in vollen Zügen, eroberten das Leben im Sturm und waren bereit, notfalls jung zu sterben. Sie waren eine wahrhaft leidenschaftliche Generation.«

Moms Beziehung zu Dougal Haston war nie gut gewesen und verschlechterte sich nach Dads Tod noch. Er sagte zu

Mom, er kenne John viel besser als sie, weil er mit ihm wochenlang in Schneehöhlen zugebracht habe. Deshalb sei er auch berechtigt, den Großteil von Dads Kletter- und Skiausrüstung aus unserem Chalet mitzunehmen, denn Dad hätte es so gewollt. Und dann übernahm er nach vielen Kämpfen die Leitung der ISMM, wozu er sich ebenfalls berechtigt fühlte. Dougal lehnte es rigoros ab, Dads Visionen und Vorstellungen in die Schule einzubringen, die meine Eltern gemeinsam aufgebaut hatten. »Dougal hat das Leben deines Dads, seinen Gipfel, sein Buch [*Eiger Direct*, das Dougal gemeinsam mit Peter Gillman herausgab] und seine Bergsteigerschule an sich gerissen«, erzählte mir meine Mutter später. »Das wäre ja noch fast hinnehmbar gewesen«, fuhr sie fort, »wenn er sich nicht strikt geweigert hätte, John Harlins Gene oder meine Beiträge in das Ganze einfließen zu lassen. Statt dessen reagierte er mit unflätigen Bemerkungen.« Dougal war der Hauptgrund dafür, daß Mom nicht nach Leysin zurückkehren wollte, was sie auch nie getan hat. Er machte später eine legendäre Bergsteigerkarriere im Himalaja, wurde jedoch 1977 von einer Lawine oberhalb von Leysin getötet.

Die Ankunft unseres Hundes Rongo und unserer Katze Kuzma Mitte Juli 1966, zwei Wochen, bevor auch ich eintraf, munterte Andréa auf. Als ich in Washington landete, erzählte mir Andréa, wie sie am Flughafen Rongos Namen gerufen hatte und seinen Käfig daran erkannte, daß er wie verrückt hin und her schaukelte, weil Rongo vor Freude, ihre Stimme zu hören, darin herumsprang. Kuzma fing auf ihrem Schoß sofort an zu schnurren, und plötzlich war ihre Welt nicht mehr so trostlos. Nachdem auch ich dazugekommen war, wurde ihre Familie allmählich wieder komplett.

Während unsere Großeltern für Andréa nichts weiter als Hüter einer sich einsam fühlenden Verbannten gewesen waren, erschlossen sie mir eine fremde und magische neue

Welt. Großvater war darauf bedacht, möglichst autark zu leben. Er arbeitete so wenig wie möglich für Geld – als ich ihn kannte, überhaupt nicht – und verbrachte seine Tage stattdessen mit Gartenarbeit, dem Schlagen von Brennholz in seinem dreißig Hektar großen Wald und dem Lesen von Büchern – stapelweise. Sein Haus hatte zwar Elektrizität, aber mit dem Holz von seinem Grundbesitz wurde geheizt, Warmwasser bereitet und auch der Herd befeuert. Als viele Jahre später ein Elektroherd ins Haus kam, war ich schwer enttäuscht, obwohl sich Großmama schon seit Jahrzehnten einen gewünscht hatte. Großvater zeigte mir erneut, wie man mit dem Gewehr umging (er hatte es mir schon zwei Jahre zuvor bei unserem Besuch beigebracht), und ich machte mit ihm lange Streifzüge durch den Wald, mit einer Pistole Kaliber .22 an der Hüfte und manchmal mit einem Gewehr Kaliber .25–.35 in den Armen, die er mir beide gegeben hatte. Er brachte mir bei, eine Doppelaxt akkurat zu schwingen (die Holzfälleraxt mit einer Klinge auf beiden Seiten). Er lehrte mich Traktorfahren und wie man mit dem Traktor Baumstämme aus dem Wald zieht. Er brachte mir das Fischen bei, die Liebe zur Gartenerde, er zeigte mir, wie man Baumstämme einkerbt, um damit ein Fort zu bauen, wie man mit einem Keil Holz spaltet, und spürte mit mir alte Furchen auf, die noch aus seiner Jugendzeit stammten, als die Baumstämme von Ochsen und Eseln aus dem Wald gezogen wurden. Er erzählte mir vom Urknall und wie sich daraus alles entwickelte.

Während der Regen auf das Blechdach tropfte, unter dem unsere Betten standen, und draußen der angeschwollene Bach rauschte, lauschte ich Großvaters Erzählungen. Meist wehte eine kühle, feuchte Brise in das Dachzimmer hinein, während ich von Großvaters puritanischen Wurzeln erfuhr, der Überfahrt mit der *Mayflower*, und wie es dazu gekommen war, daß er sich von diesen Wurzeln befreite. Großvaters Vater war in der Nähe von San Francisco geboren worden wie er selbst auch (und meine Mutter und ich), und es gab in der Familie viele Wissenschaftler, Ärzte, Professoren und dergleichen. Großvater konnte sie nicht leiden, weil er sie eingebildet fand. Er hängte sein Studium an den Nagel, und nachdem zu Beginn der Wirtschaftskrise die Hypothek auf die Farm seines Vaters in Walnut Creek gekündigt worden war, beschloß er, mit dem Fahrrad in die Wildnis von British Columbia zu fahren. Als er unterwegs durch Olympia kam, suchte er auf einer Veranda Schutz vor dem Regen. Wie sich herausstellte, gehörte die Veranda zu einem Immobilienbüro. An der Wand hing eine Verkaufsanzeige für sechzehn Hektar Land mitsamt Blockhütte, Bach und Quelle für 400 Dollar. Er zog vier der fünf in seinem Fahrradlenker versteckten Dollars heraus und machte damit eine Anzahlung. Dann fuhr er als blinder Passagier auf Güterzügen nach Kalifornien zurück und suchte sich dort einen Job, um sich die fehlenden 396 Dollar zu verdienen. Erst acht Jahre später kam er nach Olympia zurück; in der Zwischenzeit lernte er Gertrude Turula kennen, die beiden heirateten und bekamen Kinder. Als seine Familie und er schließlich nordwärts zogen, stellten sie fest, daß die Blockhütte abgebrannt war, und so wohnten sie fast ein Jahr lang im Zelt. Immerhin konnte Großvater seinen Grundbesitz um weitere sechzehn Hektar vergrößern, ebenfalls für etwa 400 Dollar.

Großvater, der nicht nur den Haushalt dominierte, sondern auch die Gespräche, erzählte mir ebenfalls aus Großmutters Leben. Ihre Eltern waren aus Finnland eingewandert und arbeiteten zunächst in einem Bergwerk in Montana, bevor sie zu dem Schluß kamen, daß sie »nicht nach Amerika gekommen waren, um solch ein Leben zu führen«. Großmutter wurde in einer finnischen Gemeinde nördlich von San Francisco geboren, wo die Familie Wein anbaute. Mit vierzehn ging sie von zu Hause weg, und als Großvater sie kennenlernte, studierte sie gerade in Berkeley und verdiente sich das Geld für ihren Lebensunterhalt bei Großvaters Lieblingstante Susan, einer Missionsärztin, die vielen weiblichen Säuglingen, die auf chinesischen Flüssen ausgesetzt worden waren, das Leben gerettet hatte.

Ich nahm diese Geschichten, die für mich alle vollkommen neu waren, begierig auf. Sie vermittelten mir ein neues Familienbild – angefangen von den Wurzeln in grauer Vorzeit bis hin zu unbekannten Zweigen. Am meisten redeten Großvater und ich jedoch über den Mond und die Sterne, über die Natur, das autarke Leben und Bücher. Großvater las jede Ausgabe des *Scientific American* von der ersten bis zur letzten Seite. Während er mit dem Spaten im Garten zugange war, dachte er über die neuen Erkenntnisse nach und gab sie dann an mich weiter.

Obwohl Grandpa das kleine Gästehaus – wir nannten es »das Blockhaus« – einfach gebaut hatte, um seiner Tochter in einer schwierigen Zeit zu helfen, ohne sie zu fragen, ob sie das überhaupt wollte, zogen wir tatsächlich darin ein. Aus der staatlichen Finanzierung des Projekts in Monaco wurde nichts, und Mom bekam eine Stelle im Botanischen Institut der University of Washington in Seattle. In den Tagen vor dem Bau der modernen Freeways dauerte die Fahrt von Seattle nach Olympia zwei bis drei Stunden, so daß Mom zwischen Universität und Zuhause hin und her zu pendeln begann, d. h. sie blieb unter der Woche vier Tage in Seattle und ließ uns in dieser Zeit in der Obhut ihrer Eltern. Wenn Mom weg war, schlief Andréa unten bei Großmutter, während ich mit Großvater auf dem Dachboden schlief. Die Schule war schrecklich, weil ich mit den Provinzkindern der sechsten Klasse überhaupt nicht zurechtkam, teilweise deshalb, weil man mich mehrere Schuljahre hatte überspringen lassen. Jeder einzelne dieser Jungen schien es auf mich abgesehen zu haben und mich verprügeln zu wollen, und von dem Augenblick, da ich in den gelben Schulbus stieg, bis zu dem Augenblick, da er mich wieder zu Hause bei meinen

Großeltern ablieferte, lebte ich in ständiger Angst. Das Leben mit Grandpa hingegen war für einen Jungen wie mich ein Traum.

Wenn Mom am Wochenende nach Hause kam, zogen Andréa und ich zu ihr ins Blockhaus. Sie war bestrebt, uns möglichst viele Freiheiten zu lassen, damit wir später – so hoffte sie – nicht gegen sie rebellieren müßten. Es wurde von uns allerdings erwartet, daß wir im Haushalt bestimmte Pflichten übernahmen. So waren wir fürs Kochen, Geschirrspülen, Bettenmachen und das Besorgen von Brennholz zuständig, mit dem wir alles heizten. Andréa und ich bahnten uns am Hang hinter dem Blockhaus Wege durch den Wald, und einmal kramten wir Dads Ölfarben hervor, die er fast zehn Jahre lang nicht benutzt hatte. Wir malten große Bilder mit einem Schmetterling und einem Fisch – Motive von Dads Gemälden, die in unserem Chalet in der Schweiz an den Wänden gehangen hatten.

Neben ihren Vorbereitungen für die Universität schrieb Mom unzählige Briefe an Ullman. Im Februar schrieb sie: »Letzte Woche haben wir Andréas neunten Geburtstag gefeiert. Es war unsere erste Party in englischer Sprache! Das Gerede der Mädchen erinnerte mich an meine Highschool-Zeit. Sie war die einzige Neunjährige ohne BH – manchmal würde ich meine Kinder am liebsten nach Europa zurückschicken, wo sie etwas länger Kind sein dürfen! [...] Andréa hat mir erklärt, daß sie in drei Jahren ein Baby bekommen könnte – und Johnny fügte hinzu, daß sie ›dazu, wie Claude, nicht zu heiraten braucht‹.«

Meistens ging es in Moms Briefen an Ullman um Dad und ihr früheres Leben. Sie erzählte aber auch viel von ihrer unmittelbaren Umgebung und unserem jetzigem Leben und erwähnte stolz, wie wir Kinder ihr halfen, die richtige Perspektive zu bewahren, und daß es großen Spaß mache, bei unserer Entwicklung die Kombination von prägenden »genetischen Faktoren und Umwelteinflüssen« zu beobachten.

»Wir genießen diese Zeit voll und ganz«, schrieb sie, »und wir werden alle drei langsam erwachsen.«

Im Frühjahr 1967, ein Jahr nach dem Unglück, schrieb sie: »Die Kinder haben in letzter Zeit häufig von John gesprochen – vor allem Andréa. Ich selbst schneide das Thema weder an, noch vermeide ich es. Wenn sie von ihm sprechen, spürt man stets, wie sehr sie ihn geschätzt und geliebt haben – auch hier Andréa wieder viel stärker als Johnny. Vor ein paar Wochen schrieb mir ihre Lehrerin, daß Andréa bitterlich geweint habe, weil sie ihren Vater so schrecklich vermisse. Sie fängt gerade erst an, die Vergangenheitsform zu benutzen. Eine Außenstehende hat mir berichtet, daß sie jetzt statt ›Daddy sucht für Mommy die Kleider aus‹ ›Daddy hat für Mommy immer die Kleider ausgesucht‹ sagt. Das war bei der Botanikexkursion letztes Wochenende. Gestern hat Andréa mir erzählt, was für ein guter Vater er war, wie sie immer miteinander geschmust haben und wie er sie immer geneckt hat. ›Daddy war immer so lustig.‹ Sie erinnerte sich, wie er Grimassen schneidend und mit gekrallten Händen wie Frankenstein ins Zimmer kam. Die Kinder kreischten jedesmal vor Begeisterung und stürzten sich auf ihn, während er wie ein Löwe brüllte. Im Kreis der Familie war er überaus fürsorglich. Ungefähr in seinem letzten Lebensjahr sagte er mir, wie sehr er die Kinder liebe und daß er ohne zu zögern sein Leben für sie opfern würde. Von mir wollte er wissen, ob ich ebenfalls dazu bereit wäre. Ich erwiderte, daß die Kinder mehr davon hätten, wenn er für sie am Leben bliebe. Wie man sich denken kann, wurde mein Kommentar nicht wohlwollend aufgenommen. Ich versuchte ihm zu erklären, daß es den gleichen Stellenwert habe, wenn ich für die Kinder am Leben bliebe, wie wenn er seines für sie opfere. Ich wollte damit lediglich erreichen, daß er diese Ideen irgendwann einmal als seine ›eigenen‹ übernahm.«

Ich selbst erinnere mich kaum an meine Gefühle in dieser Zeit, zumindest nicht an meine Gefühle in bezug auf Dad.

Ich erinnere mich an die Angst vor meinen Klassenkameraden, an die wilde Freude, die mich durchfuhr, wenn ich »Achtung, Baum!« brüllte, kurz bevor ein riesiger Baum umstürzte, an die Nervosität, wenn ich mich im Wald verlaufen hatte, an das Brennen der Nesseln, wenn ich mir mit Großvaters Machete einen Weg durchs Gestrüpp bahnte. Was ich in dieser Zeit über Dad dachte, weiß ich einfach nicht, und ich habe mich lange gefragt, ob ich lediglich vergessen habe, was ich damals empfand, oder ob ich gar nichts empfunden habe und was das wiederum über mich aussagen würde. Moms Briefe an Ullman haben mir die Augen geöffnet. Ich habe das Gefühl, durch sie irgendwie ein Stück weitergekommen zu sein.

Nicht lange nach unserem Umzug nach Seattle in jenem Herbst kehrten die Berge in mein Leben zurück. Die Großeltern Harlin, die wir nur selten sahen, bezahlten mir die Gebühren für das Kinder-Skiprogramm »Mighty Mite« am Crystal Mountain, einem Skigebiet, das von Seattle aus mit dem Bus zu erreichen war, so daß ich samstags zum Skilaufen dorthin fahren konnte. Studienkollegen meiner Mutter nahmen mich zum Bergsteigen mit, einfache Touren auf Vulkane des Kaskadengebirges und Klettereien in den Olympic Mountains mit ein paar schwierigen Zügen. Aber ich brauchte gar keine anspruchsvolle Kletterei, um Spaß zu haben. Als Ted Wilson an der University of Washington sein Studium fortsetzte, nahm er mich zu einer richtigen Felswand mit, und es machte mir so lange Spaß, bis ich unter einem Überhang stand, der sich etwa dreißig Meter über mir aus der senkrechten Wand wölbte und schwierig aussah. Ich habe noch nie Höhenangst gehabt, aber hin und wieder habe ich große Angst abzustürzen, und ich hatte einfach kein Vertrauen in das über mir hängende Seil.

Die Wochenendausflüge in die Wildnis, zu denen mich Moms Studienfreunde Steve und Ginny Burger und später Ken Davis mitnahmen, waren genau das Richtige für einen elfjährigen Jungen, dazu häufige »Männerausflüge« mit Großvater zum Holzmachen, Messerwerfen und Flaschenschießen. Einmal nahm ich an einem Pfadfindertreffen in Seattle teil, in der Hoffnung, mit den Pfadfindern noch häufiger in die Berge zu kommen, doch mir wurde augenblicklich klar, daß die städtischen Pfadfinder nicht meine Eintrittskarte in die Welt der Abenteuer waren.

Auch die Schule in Seattle war wieder ein leibhaftiger Alptraum. Statt der prügelnden Provinzler von Olympia waren es hier schwarze Unterstufenschüler mit riesigen Komplexen, die sich daher ständig angegriffen fühlten. Wenn sie groß wären, würden Weiße ihre Sklaven sein, sagten sie mir drohend. In Amerika schien infolge des Vietnamkriegs und der Rassenunruhen eine Revolution ausgebrochen zu sein, und am Tag nach dem Attentat auf Martin Luther King blieb ich aus Angst zu Hause. Es war keine schöne Zeit für einen schmächtigen weißen Jungen an einer Schule in der Innenstadt, an der überwiegend Schwarze waren, doch die Angriffe auf mich beschränkten sich im wesentlichen auf Schubsereien, und das eine Mal, als ein Junge mich mit einer Eisenkette schlug, verursachte keinen körperlichen, sondern nur psychischen Schmerz.

Ich fand meine tägliche Zuflucht in Büchern und verschlang Geschichten über Jungen mit einem Hund und das Überleben in der Wildnis, bis ich schließlich alles gelesen hatte, was die Schulbücherei zu bieten hatte. Als ich dann in der Stadtbücherei von Seattle nach Lesestoff suchte, entdeckte ich das Buch, das mein Leben verändern sollte. An oberster Stelle einer Vitrine ausgelegt war Farley Mowats *Ein Sommer mit Wölfen*, ein in Romanform geschriebener Bericht über das Jahr, das der Autor mit einem kanadischen Wolfsrudel zugebracht hatte. Mit einem Schlag war die Arktis mein ein und alles und Wölfe ihr lebendes Symbol. Ich wollte Biologe werden, der die Wölfe der Arktis erforschte. Ken Davis gab ich den Spitzennamen »Onkel Albert«, den

Mowat in dem Buch dem Wolfsrüden gab, der dem Wolfspaar selbstlos half, ihre Welpen aufzuziehen, und ich gab das Buch den Burgers zu lesen. Vielleicht hat dieses Buch tatsächlich dazu beigetragen, das Schicksal der Wölfe in Nordamerika zu verändern. Mowat schrieb auch Geschichten über das Überleben in der Wildnis und andere Geschichten über die Arktis, die meine Leidenschaft für Polargebiete verstärkten.

Ein Tag im Frühjahr 1969, kurz vor meinem dreizehnten Geburtstag, war einer der glücklichsten meines Lebens: Ken fragte mich, ob ich Lust hätte, im Sommer zum North Slope in Alaska mitzukommen. Eine große Gruppe von Bergsteigern aus Seattle würde mit Wasserflugzeugen zu einem See im Arctic National Wildlife Range gebracht werden, um den höchsten Gipfel der Brooks-Kette zu besteigen, den 2750 Meter hohen Mount Chamberlin. Ich war außer mir vor Freude.

Wir bestiegen den Berg trotz einer Passage mit steilen Eis, und auf dem Gipfel warfen Ken und ich eine Frisbee-Scheibe über die Arktische Wasserscheide zwischen der Beaufortsee (Arktischer Ozean) und dem Yukon River (der zum Pazifik strömt). Genauso groß wie meine Freude über die Bergtour selbst war meine Freude, als ich in der Tundra in der Nähe des Zeltplatzes meinen Lederhandschuh wiederfand und darin zwei Bißspuren entdeckte, die aussahen, als stammten sie von einem Wolf. Wir sahen auf dieser Tour zwar keine Wölfe, aber die Arktis ließ mich seitdem nicht mehr los, und in den darauffolgenden Jahren fuhr ein Teil der ursprünglichen Gruppe einschließlich mir jeden Sommer wieder ins den Nationalpark der Arktis zu immer längeren Bergtouren und Kajakabenteuern.

Als ich nach Washington heimkam, waren Andréa und meine Mutter schon auf San Juan Island, wo Mom ein Jahr lang am Friday Harbor Marine Laboratory tätig war. Kurz nachdem Neil Armstrong auf dem flimmernden Bildschirm eines Schwarzweißfernsehers bei seiner Mondlandung zu sehen gewesen war, bezogen wir unser neues Haus auf dem Land. Panoramafenster mit geriffeltem Glas gaben den Blick auf die Juan-de-Fuca-Straße frei, im Vordergrund schwimmende Schwertwale, im Hintergrund die Olympic Mountains. Auf den Feldern wimmelte es von Kaninchen, die regelrecht darum bettelten, mit meinem Gewehr erschossen zu werden. Ich gab sie meinem neuen Hund Ranger und den Falken und Adlern am Himmel über mir zu fressen. Die neunte Klasse, die ich dort besuchte, war klein, nett und ohne einen einzigen Schlägertypen. Dreizehn zu sein war wunderbar.

Dreizehn
Ja, er war mein Vater

Als wir auf San Juan Island wohnten, nahm ich nicht mehr an Skiwettkämpfen teil. Ich war ein ganz vielversprechender Skiläufer gewesen und hatte sogar eine Teilnahme an der Olympiade im Hinterkopf gehabt, obwohl ich mir nichts aus konventionellen Wettkämpfen und dem Training für Abfahrtsläufe machte, wo Tore die Fahrtrichtung bestimmten und statt freier Wildbahn Liftbahnen waren. Das Beste an jeder Skisaison war gewesen, wenn unser Trainer – er war Österreicher und hatte die Berge im Blut – nach dem Ende der Wettkampfsaison mit uns Abfahrten von Vulkanbergen machte. Im ersten Jahr war es der Mount St. Helens (vor seinem Ausbruch), im zweiten der Mount Hood (wir stiegen bis zum Gipfel hoch, fuhren aber erst ein Stück weiter unten ab). In dem Jahr, in dem wir auf San Juan wohnten, verbrachte ich mehr Zeit in der Natur als je zuvor und vermißte den Schnee zu meiner eigenen Überraschung nur wenig.

Als wir wieder nach Seattle zurückkehrten, besuchte ich eine Vorortschule, an der Ken Davis unterrichtete, so daß ich nun von den Unruhen an der Highschool im Stadtzentrum verschont blieb. In den folgenden zwei Sommern nahmen mich Ken und andere erwachsene Freunde zu vierwöchigen Trekkingtouren durch den Arktischen Nationalpark und zu Kanufahrten in der Brooks-Kette mit, außerdem unternahmen wir Bergtouren im Kaskadengebirge und in den Olympic Mountains. Meine neue große Leidenschaft war jetzt das Fliegenfischen, und zwischen meiner Suche nach dem Arktischen Saibling, dem Washingtoner Stahlkopf und dem Kanadischen Kokanee blieb mir kaum genügend Zeit, um meine Bücher über die Technik des Fliegenbindens zu lesen.

Im Frühjahr 1971 wurde Mom schließlich der Doktortitel verliehen. Sie muß darüber sehr stolz und glücklich gewesen sein, was ich damals aber gar nicht groß mitbekam, eher ihre anfängliche Anspannung, weil es für Dozenten im Bereich Meeresbiologie kaum freie Stellen gab. Sie war 36 Jahre alt, hatte viel durchgemacht und wollte endlich Forschungen betreiben und Doktoranden betreuen, statt an einem staatlichen College zu unterrichten, was ihr sowohl an der Westküste als auch an der Ostküste angeboten worden war. Zudem wurde ihr ein Stipendium der National Science Foundation am Scripps Institute of Oceanography (SIO) in Kalifornien angeboten. Weil es nur für ein Jahr garantiert war, hatte sie Bedenken, daß ihre Familie dann womöglich schon wieder umziehen müßte. In ihrem letzten Brief an Ullman, drei Jahre nach Veröffentlichung von *Straight Up*, erklärte sie, warum sie es trotzdem annahm: »Mein Sohn hat die Entscheidung für mich getroffen: ›Tu *jetzt*, was du dir am meisten wünschst, denn wir werden bald aus dem Haus gehen, und schließlich ist es *deine* Karriere.‹«

Dann wurde an der Universität von Rhode Island eine vielversprechende Dozentenstelle frei, und so ging es für uns wieder ostwärts. Mom war am College of Arts and Sciences das erste weibliche Fakultätsmitglied im Bereich Naturwissenschaften. Es war der Beginn langer Kämpfe mit chauvinistischen Kollegen, doch im Laufe der folgenden drei Jahrzehnte trug sie zur Modernisierung der verknöcherten Institution bei. Ihren jungen Kolleginnen blieb später der ganze schmerzhafte Prozeß erspart; für sie gehörte Mom zur alten Garde, ohne daß sie ahnten, was für eine Revolutionärin sie gewesen war.

Im Spätsommer des Jahres 1971, als ich fünfzehn Jahre alt war, luden wir also unsere Siebensachen in unseren Kombi und fuhren 5000 Kilometer bis zu einer Gegend, die mir als die langweiligste der ganzen Welt erschien. Rhode Island war nicht nur der am dichtesten besiedelte Staat Amerikas, es gab dort auch keinen Punkt, der höher als 250 Meter war. Was war das bloß für eine Landschaft? Zum Glück war ich schon lange genug auf der Welt, um zu wissen, daß man nicht ewig an einem Ort wohnen muß und daß jeder seine speziellen Reize hat.

Im »Ozeanstaat« schloß ich mich einer Gruppe von Jugendlichen meines Alters an. Es begann im Mathematikunterricht, wo sich ein halbes Dutzend motivierter Kinder zu einer Arbeitsgruppe zusammentaten und sich auch zu außerschulischen Aktivitäten trafen. Dort lernte ich endlich, mich zu sozialisieren. Ich ließ mir die Haare schulterlang wachsen (so blieben sie neun Jahre lang), und Mom sagt, ich hätte mich binnen eines Jahres vom Erwachsenen zum Teenager und wieder zum Erwachsenen entwickelt. Bald schon hatte ich ein eigenes Auto, mit dem ich in drei Stunden zum Skifahren nach New Hampshire fahren konnte, wo ein alter Freund aus Bernkastel-Kues wohnte.

Weil ich nach unserer Rückkehr aus der Schweiz mehrere Klassen übersprungen hatte, konnte ich im Winter 1973 mit einer Sondergenehmigung im Alter von sechzehn Jahren an der University of Rhode Island (URI) mit dem Studium beginnen. Ich wählte Zoologie als Hauptfach, weil die Erforschung des Lebens der arktischen Wölfe nach wie vor mein Lebensziel war. Das Studium sagte mir zu, allerdings stellte ich fest, daß mir Physik, Differential- und Integralrechnung mehr Spaß machten als Biologie. Um gute Noten zu bekommen, mußte ich denselben Trick anwenden wie meine Mutter in Stanford: mich auf den Hosenboden setzen. Mom nannte es ihre Art zu schummeln, weil es in Stanford viele begabte Studenten gab, die sich einfach auf ihre Intelligenz verließen. Indem Mom fleißiger studierte als die anderen, konnte sie, wie sich zeigte, auch mit einer weniger schnellen Auffassungsgabe gut mit den anderen mithalten.

Die URI ist mit Stanford kaum zu vergleichen, doch ich hatte genau wie Mom den Ehrgeiz, mich auf wissenschaftlichem Gebiet hervorzutun, was zur Folge hatte, daß ich mich in meine Bücher vergrub. Das Problem war nur, daß es mir an Durchhaltevermögen mangelte. So gerne ich auch lernte, meine Gedanken schweiften doch immer wieder zu der Welt dort draußen ab – nicht der Welt außerhalb des Elfenbeinturms, sondern der Welt *draußen* im Freien mit ihren Abenteuern. Zuerst waren es nur vage Träume, doch dann begann ich in allen Einzelheiten eine Fahrt nach Patagonien in meinem kleinen Fiat 128 zu planen. Nicht, um dort zu klettern – ich kannte keine Kletterer, und das Gekraxel auf den Felsen von Rhode Island mit Freunden, die keine anderen Seile als Bootsseile kannten, war reine Spielerei –, sondern einfach nur, um die Gegend zu erkunden. Dummerweise ging ich davon aus, daß mich meine Freundin aus Connecticut auf dieser Südamerikafahrt begleiten würde, doch wie sich herausstellte, war ihre Mutter alles andere als überzeugt, daß dies für ihre sechzehnjährige Tochter (die sich in Stanford immatrikulieren wollte) das Beste war.

Aber ich mußte unbedingt etwas *tun*. In Rhode Island zu hocken wurde mir auf die Dauer zu öde. Nach einem Jahr Studium ließ ich mich ein Semester beurlauben, um wieder in den Bundesstaat Washington zu fahren. Sandy, der gerade bei Weyerhaeuser, einem riesigen Holzeinschlagunternehmen, arbeitete, hatte angeboten, mir dort einen Job zu besorgen, und daß ich in dieser Zeit bei ihm wohnen könnte. Das Mindestalter für die gefährliche Arbeit des Holzrückers war achtzehn, weshalb ich mich für älter ausgeben mußte, als ich war. Es waren lange, sehr anstrengende Stunden mit mächtigen Maschinen und riesigen Stämmen, die manchmal an steilen Hängen ins Rollen kamen und Waldarbeiter unter sich zerquetschten. Mom und Grandpa waren alles andere als begeistert von diesem gefährlichen Job. Was Mom jedoch noch viel mehr fürchtete, war, daß ich mit Sandy klettern gehen könnte. Sandy hatte unter anderem die Erstbesteigung einer brillanten Route am Lotus Flower Tower im entlegenen Cirque of the Unclimbables in Kanada gemacht. Beim Felsklettern in Deutschland hatte er allerdings schon einmal einen weiten Sturz gebaut, bei dem er sich fast sämtliche Knochen gebrochen hatte. Davor war er Abfahrtsskiläufer gewesen und zweimal bei Skirennen gegen einen Baum geprallt, so daß er auf einer Tragbahre heruntergetragen werden mußte. Außerdem hatte er schon zwei Porsche aufs Dach gelegt. Vielleicht lag es am Respekt vor Mom, daß Sandy mir gar nicht erst vorschlug, mit ihm klettern zu gehen.

Nachdem ich ein verregnetes Frühjahr lang Baumstämme aus Kahlschlägen im westlichen Washington gezogen hatte, hatte ich genug Geld beisammen, um mit meinen alten Freunden vom North Slope wieder in den Nationalpark der Arktis zu fahren. Wir hatten vor, mit einem Skiflugzeug auf dem Aufeis am Oberlauf des Kongakut River, dem nordöstlichsten Fluß Alaskas, zu landen und von dort aus die erste Kajaktour flußabwärts zu machen. Damit unsere Fiberglaskajaks in einen kleinen Buschflieger paßten, zersägten wir sie in drei Teile. Ward Irwin, Ingenieur bei Boeing, entwarf ein System aus Fiberglasmanschetten, mit dem man die Boote wieder zusammensetzen konnte, so daß man damit mit schweren Lasten auf Wildwasser im dritten Schwierigkeitsgrad fahren konnte. Die zwei Monate, die wir paddelnd im Nationalpark verbrachten, und die anschließenden Trekkingtouren in der Arrigetch-Kette bestärkten meine Liebe zur Arktis. Wir sahen zahlreiche Wölfe, Grizzlybären und um die 10 000 Karibus. Anschließend hatte ich auch wieder genügend Sitzfleisch, um weitere zwei Semester an der Uni durchzuhalten.

Dann ließ ich mich erneut ein Semester beurlauben, in

dem ich für Kapitän Robert Hempstead arbeitete und bei der Auslieferung von Schiffen half, darunter dreißig Meter lange Fähren, die wir von Rhode Island nach Puerto Rico brachten und von Rhode Island zur Halbinsel Yucatán. Auf Yucatán lieferten wir ein Schiff für einen Bauunternehmer aus, der damals in Cancún einige der ersten Hotels baute. Der Rest der Truppe flog anschließend mit dem Flugzeug nach Hause, ich aber wollte Geld sparen und mehr erleben und fuhr deshalb mit dem Bus nach Rhode Island zurück. (In jenem Jahr fuhr ich insgesamt fast 30000 Kilometer mit dem Bus.) Am Tag nach unserer Ankunft auf Yucatan fragte mich der Kapitän, der sich über mein vieles Herumwandern amüsierte, ob ich eigentlich auch im Hotel jeden Abend in ein anderes Zimmer ziehen würde, worauf ich erwiderte: »Das hängt davon ab, ob man von den anderen jeweils eine andere Aussicht hat.« Später erhielt der Kapitän den Auftrag, für das Militär ein neues Kriegsschiff zu testen, und so brachten wir ein Landungsboot, auf dem drei Panzer Platz hatten, von den Großen Seen durch den Eriekanal und prüften es auf Herz und Nieren, indem wir an verschiedenen Stränden Neuenglands achtmal damit anlegten, sehr zum Mißvergnügen der Sonnenbadenden.

Als ich dann im Herbst weiterstudierte, wohnte ich wieder zu Hause und vergrub mich in meine Bücher. Ich vermißte zwar nichts, aber mir war klar, daß mir die Zurückgezogenheit nicht guttun würde. Mom und ich kamen zu dem Schluß, daß es besser wäre, wenn ich auf dem Campus wohnte und Kontakt zu anderen Studenten hätte. Weil es mich mit Leib und Seele in den Westen zog, wäre die University of Washington für mich ideal gewesen, bis auf die Tatsache, daß ich Washington schon kannte und befürchtete, daß ich am Ende dort hängenbleiben würde. Ich bewarb mich in Stanford, weil meine Eltern dort studiert hatten, wurde aber nicht angenommen (Mom bestand darauf, daß es daran lag, daß sie nur wenige Studienplatzwechsler annahmen). Also entschied ich mich für die University of California, Santa Barbara, die ein großes Ökologie-Institut hatte, für mich eine Grundvoraussetzung. Der Hauptgrund für diese Wahl war jedoch, daß ich noch nie in Südkalifornien gewohnt hatte. Die letzten beiden Studienjahre schienen mir eine ideale Gelegenheit, um etwas Neues auszuprobieren. Als ich im Herbst 1976, im Alter von 21 Jahren, aus dem Bus stieg, fand ich mich auf einem Campus wieder, der aussah wie ein tropisches Strandparadies. Das Studentenwohnheim, das ich mir ausgesucht hatte, hieß »Tropicana Gardens« und kam mir exotischer vor als jeder andere Ort, an dem ich bislang gewesen war.

Ungefähr eine Woche später fand das erste Treffen der UCSB Mountaineering Association, des Bergsteigerclubs der Universität, statt. Wir füllten Anmeldeformulare aus, und in einer Vortragspause blätterte ich in Magazinen, die ich noch nie zuvor gesehen hatte: *Mountain, Climbing, Summit.* Sie riefen Erinnerungen an meine Kindheit wach, und irgendwie kam es mir vor, als befände sich hier die vergessene Tür zu »meiner Welt«, durch die ich unbedingt hindurchgehen sollte. Während ich noch in die Zeitschriften vertieft war, hörte ich auf einmal jemanden mit belustigtem Unterton aus der Mitte des Vortragssaals rufen: »John Harlin? Wer ist denn hier John Harlin?«

Überrascht blickte ich auf, sah zu einem Pulk aufgekratzter Typen hin, die die Anmeldeformulare durchsahen, und sagte: »Ich!«

Nun waren sie es, die überrascht dreinblickten – sie hatten angenommen, jemand habe mit dem Namen nur einen Jux gemacht. »Aber John Harlin ist doch am Eiger tödlich verunglückt, als er eine neue Route erschließen wollte«, sagte ein langhaariger Kerl. Ich wurde knallrot im Gesicht, als die Leute von der anderen Seite des Vortragssaal plötzlich alle neugierig zu mir herüberstarrten, und stieß aus: »Ja, er war mein Vater.« Vor Aufregung und Stolz, daß diese Leute von Dad gehört hatten, kam ich mir fast wie betrunken vor. Mir war, als begegnete ich hier meinen Verwandten oder Gleichgesinnten. Wo würde das hinführen?

Bei diesem Treffen trug auch ich etwas in die Sammelbestelliste des Clubs ein: ein Paar Felskletterschuhe und ein Seil. Ich besaß nur die alten Bergschuhe von Dad, doch die waren mir zu groß, und außerdem löste sich das Leder schon auf. Dads altes Kletterseil war nicht viel besser.

Einige Wochen später wartete der Kleinbus des Clubs auf Chris Metcalf und mich – wir stiegen gerade vom Tahquitz Rock herunter, einem phantastischen Granitklettergebiet südöstlich von Los Angeles. Chris, ein hagerer, intellektueller Typ, wie ich mit schulterlangen Haaren, liebte den Sport, war aber kein Experte. Wir waren ein tolles Team und wurden die besten Freunde. Tags zuvor hatten wir die »Sahara Terror«, eine Fünf-Seillängen-Route im Grad 5.6 mit vielen kleinen Überhängen gemacht. Griffe und Tritte waren mir ganz winzig vorgekommen und die letzte Zwischensicherung weit entfernt. Während mir das Herz bis zum Hals schlug, hatte ich das Gefühl, einen alten Freund wiedergefunden zu haben. Am nächsten Tag machten wir »The Long Climb«, eine längere und schwierigere Route im Grad 5.7 (inzwischen mit 5.8 bewertet). Es fühlte sich ganz selbstverständlich an. Als wir abstiegen, versank die Sonne gerade im Smog von Los Angeles, und die Dämmerung legte sich auf die ungeduldig im Bus auf uns wartenden Gefährten.

Chris und ich ließen uns auf den Berg Klettermaterial auf dem Boden des Busses sinken. Die ganze Rückfahrt hindurch war ich wie berauscht und ließ die Erlebnisse dieses Wochenendes Revue passieren: die heiklen Züge auf steilen Platten, den Abgrund zwischen meinen Füßen, die sorgsam kontrollierte Angst, die süße, berauschende Woge des Triumphs. Ich fühlte mich wie ein Kind, das sich verirrt hatte und plötzlich in die warme Umarmung seines Zuhauses zurückgekehrt war – ein Zuhause voller Wunder, die alles bisher Erlebte übertrafen. Jede einzelne knifflige Passage ging ich im Geiste wieder und wieder durch. Chris schien genauso selig zu sein wie ich. In den folgenden Jahrzehnten habe ich dieses Gefühl nach einer Klettertour immer wieder heraufzubeschwören versucht, doch irgendwie verhindern wohl Gewohnheit oder der Verlust der Unschuld dieses überbordende Glücksgefühl. Ich hoffe, ich werde nie vergessen, wie es damals war.

Chris und ich beschlossen, an Thanksgiving die Direttissima an der Washington's Column im Yosemite Valley zu klettern. Es war eine ganztägige Tour mit relativ einfacher Kletterei (Schwierigkeitsgrad 5.7), und ich wußte, daß Dad sie gemacht hatte. Wir waren jedoch kein schnelles Team und hatten zu viel Gepäck dabei, u. a. meine schweren »Pac-Boots« (wärmeisolierte Schaftstiefel für die Arktis, denn normale Wanderstiefel hatte ich nicht), die ich an meinen Rucksack gebunden hatte, weil wir von den Wasserfällen ins Tal zurückwandern wollten, eine Strecke von mehr als fünfzehn Kilometern. Als wir noch mehrere Seillängen vom Gipfel entfernt waren, ging bereits die Sonne unter, und 300 Meter unter uns begannen die Lagerfeuer zu leuchten. Wir hatten so gut wie keinen Proviant mehr, unsere Wasserflaschen waren leer, und wir konnten förmlich riechen, wie unten die Thanksgiving-Truthähne brutzelten. Trotzdem saßen wir ganz gemütlich auf zwei abschüssigen Felsvorsprüngen in einem seichten Kamin. Damals kletterte ich noch nicht lange genug, um mich über unser langsames Vorankommen zu ärgern. Dort oben in der Wand zu hocken erschien mir unendlich viel besser, als unten im Wald zu sitzen und mir den Bauch vollzuschlagen.

Weil es ein ungewöhnlich trockenes Jahr war, beschlossen Chris und ich, im Winter den Mount Ritter in der Sierra Nevada zu besteigen. Wir suchten uns eine Kletterroute aus und wurden wieder vom Einbruch der Dunkelheit überrascht, diesmal beim Abstieg. Folglich mußten wir in der

Januarkälte ohne Schlafsäcke auf einem zugigen Felsvorsprung in etwa 3700 Meter Höhe übernachten. Meine engsten Freunde waren mittlerweile alle im Vorstand der Mountaineering Association, und in jenem Winter machte sich unsere kleine Clique auf die Suche nach gefrorenen Wasserfällen, um Eisklettern zu lernen. Bei dieser Fahrt sprang Wayne Sawka, dem stellvertretenden Vorstand des Clubs, und mir der Nordostpfeiler des Mount Morrison ins Auge, eine über dem Highway 395 südlich der Mammoth Lakes aufragende pyramidenförmige Wand. Der Mount Morrison hat vom Highway aus gesehen regelrecht Himalaja-Dimensionen, vor allem im Winter mit Schnee – ein beeindruckender Monolith, den man nicht ignorieren kann. Folglich mußten wir ihn ersteigen. Es erwies sich als eine lange, kalte, luftige und grandiose Tour, und am Abend, auf der langen Rückfahrt nach Santa Barbara, küßte ich Paula Brooks, mit der ich in der Nacht vor der Tour sittsam in einem Zelt geschlafen hatte. Die Romanze mit Paula, einer bildschönen Doktorandin, die einige Jahre älter war als ich, vervollständigte meine Transformation. In diesem entdeckungsreichen Jahr war mir schwindlig vor Glück, das einzige Problem war, daß meine Noten immer schlechter wurden. Aber das schien mir in einer ansonsten perfekten Welt nicht weiter schlimm zu sein.

Im darauffolgenden Sommer kam ich zu dem Schluß, daß das Leben zu kurz war, um einen Job anzunehmen. Diese Einstellung konnte ich mir aber nur leisten, solange ich an der Universität eingeschrieben war und genügend staatliche Unterstützung bekam, um davon leben zu können – eine Einstellung, die ich neben meinem Namen und einigen Erinnerungen mit Dad gemeinsam hatte. Geld war bei allem, was ich in Angriff nahm, selten ausschlaggebend, weshalb ich auch jedesmal gern auf die Unterstützung verzichtete, wenn ich mich ein Semester beurlauben ließ. In jenem Sommer mietete ich mir für einen Monat ein Apartment in Ventura, damit mich Paula, die in Santa Monica einen Sommerjob hatte, unter der Woche besuchen konnte. In Ventura konnte ich meinem Freund Del Johns ein bißchen zur Hand gehen, der gerade eine Verkaufshalle mit Artikeln zweiter Wahl des Outdoor-Ausstatters Great Pacific Iron Works und dessen neuer Zweigfirma Patagonia füllte – Kisten voller Foamback-Regenbekleidung mit fehlerhaften Ziernähten, Klemmkeile mit verformten Löchern und Eisbeile mit winzigen Rissen im Griff, auf die jeweils die Zahl »2« gestempelt war. Yvon Chouinard persönlich schien unser Tun gutzuheißen und hatte nichts dagegen, daß wir uns, statt einen Arbeitslohn zu verlangen, die besten Stücke heraussuchten. Anschließend brachen Del, ein paar seiner Freunde und ich zum Wind River Range in Wyoming auf, um den Sommer mit Bergsteigen in der Wildnis abzurunden.

Auf dem vierzig Kilometer langen Anmarschweg zum Gannett Peak, dem höchsten Gipfel dieser Bergkette, hatte ich Dads alten Rucksack auf meinen Rucksack mit Traggestell geschnallt – in erster Linie aus praktischen Gründen (weil ich neben der Kletterausrüstung auch den Proviant für zwei Wochen und die Campingausrüstung verstauen mußte), aber es war auch ein bißchen symbolhaft gemeint. Inzwischen überlegte ich nämlich, ob meine zukünftige naturwissenschaftliche Karriere neben der Arktis nicht auch die Alpen einschließen sollte. Beide Gebiete haben, abgesehen von Wölfen, viele Gemeinsamkeiten. Und Tundra, die zu einer großen Granitwand führt, erschien mir zweckmäßiger als Tundra, die zu nichts als Tundra führt. Wir wählten eine Standardroute zum Gipfel des Gannett, und ich genoß es, seit den Skitouren auf den Vulkanbergen in Washington zum ersten Mal wieder einen richtigen Gletscher zu begehen. Ein paar Tage später stiegen wir in eine Eiswand am benachbarten Fremont Peak ein. Ich weiß nicht genau, wie hoch oder steil sie war: steil genug jedenfalls, um interessant zu sein, mit einer Neigung, bei der man sich vollkommen sicher fühlte, außerdem lang genug, um sich sehr real zu fühlen. Ich war noch nie zuvor in einer richtigen Eiswand gewesen, doch auch diesmal erschien mir die Kletterei ganz selbstverständlich. Die Frontalzacken unserer Steigeisen drangen nur ein, wenn wir sie fest ins Eis stießen, und der Hang hatte eine so geringe Neigung, daß wir ausruhen konnten, indem wir einen Fuß mit abgewinkeltem Knie flach auf das Eis stellten und so unsere Wadenmuskeln entspannten. Das Seil holten wir gar nicht aus dem Rucksack. Es war die erste schwierigere Route, die ich solo ging, besser gesagt »simultan solo«, weil wir zu zweit unangeseilt nebeneinandergingen. Auf dem zerklüfteten Gipfel des Fremont inmitten einer äußerst wilden Bergkette ohne jedes Zeichen menschlicher Zivilisation zu stehen war für mich ein weiterer schwindelerregender Augenblick. Wir blickten zu den riesigen Granitbergen im weiter westlich gelegenen Tal hinüber und träumten davon, eines Tages dort zu sein.

Als ich bei meiner Rückkehr nach Kalifornien bei Paula anrief, teilte sie mir mit, daß sie mit mir Schluß machen wolle. Mir war, als würde ein goldener Teppich unter meinen Füßen weggezogen und als stürzte ich in ein dunkles Loch. Ich konnte es einfach nicht glauben. Sie wollte mir nicht sagen, warum. Sie weigerte sich, mich zu sehen. Schließlich, nachdem sie meinen Liebesbrief erhalten hatte, den ich nur wenige Stunden vor unserem schicksalhaften Telefonat abgeschickt hatte, erklärte sie sich bereit, von Santa Monica heraufzufahren und mit mir zu reden. Während wir in ihrem Auto saßen und mir die Tränen übers Gesicht liefen, erklärte sie mir, daß ihr voriger Freund ebenfalls Kletterer gewesen sei, sie jedesmal, wenn er unterwegs gewesen war, Ängste um ihn ausgestanden habe und sie all das nicht noch einmal durchmachen wolle. Dies war der einzige Grund, den sie mir nannte, oder zumindest der einzige, der mir in Erinnerung geblieben ist. Es muß noch mehr dahinter gesteckt haben, aber eins war sicher: Ich war eindeutig Kletterer geworden. Eine Woche später begann mein letztes Studienjahr an der UCSB, und meine erste Aufgabe bestand darin, die Eröffnungsveranstaltung der Mountaineering Association vorzubereiten, deren Vorstand ich nun war – so wie Dad genau zwanzig Jahre zuvor in Stanford.

Für die Versammlung der Mountaineering Association bereitete ich eine Diashow vor, die alle meine Passionen beinhaltete: Reisen in die Arktis, Klettern und klassische Musik. Als wir in Rhode Island wohnten, hatte ich meine Naturfotos zu einer mit Vivaldis *Vier Jahreszeiten* vertonten Diashow zusammengestellt, und darauf konnte ich jetzt, im Herbst 1977, zurückgreifen. Zu diesem Zeitpunkt glaubte ich immer noch, daß ich später eine wissenschaftliche Karriere einschlagen würde. Um die Miete für mein Zimmer und das Essen bezahlen zu können, hatte ich in meinem Wohnheim einen Job als Heimassistent übernommen. An dem Abend, als das Treffen des Bergsteigerclubs stattfand, stellte der Wohnheimleiter den Bewohnern von »Tropicana Gardens« die anderen Heimassistenten vor und teilte ihnen mit, daß ich wegen anderweitiger Verpflichtungen nicht anwesend sei.

Eine Studienanfängerin, die im gleichen Gang wie ich wohnte, mich aber noch nie gesehen hatte, wurde langsam neugierig, wer eigentlich ihr Heimassistent war, und suchte deshalb das Büro des Wohnheimleiters auf, in dem Fotos sämtlicher Assistenten hingen. Das Foto von mir zeigte mich in einem Kajak mit einem norwegischen Elchhund auf dem Schoß. Sie fand, daß sie diesen Typ unbedingt kennenlernen müsse, und ein paar Tage später war sie in meinem Zimmer und fragte mich über eine Exkursion zu einer Insel vor der Küste von Santa Barbara aus. Danach lud sie mich immer wieder zum Frisbee-Spielen ein, eine Weile später gingen wir miteinander unsere Seminararbeiten durch, und dann machten wir Strandspaziergänge, bei denen wir einander sachte an die Schulter stießen, um zu sehen, wie der andere darauf reagierte. Zwei Wochen nach unserer ersten Begegnung küßten wir uns zum ersten Mal und waren ineinander verliebt.

Adele Hammond war ein achtzehnjähriges Mädchen aus Denver, Colorado. Seit ihrer Geburt hatte sie immer in demselben Haus gelebt und vor ihrer Ankunft in Santa Barbara noch nie den Ozean gesehen. Bei unseren Strandspaziergängen stellte sich heraus, daß sie glaubte, die Flut ziehe sich immer tagsüber zurück und komme nachts wieder. Weil ihr der Ozean bei Nacht unheimlich war, nutzte ich das aus, um nachts mit ihr schwimmen zu gehen. Sie hatte einen großen Appetit auf die Welt und war genauso begierig wie ich, neue Orte und Kulturen kennenzulernen, mit dem Unterschied, daß ich schon viel mehr gesehen hatte. Und sie hatte einen wachen Geist. Sie hatte ein Stipendium für das Studium am College of Creative Studies (CCS) bekommen, einer kleinen Fakultät innerhalb der UCSB, die sechs Jahre zuvor gegründet worden war, kurz nach den Protesten gegen den Vietnamkrieg, bei denen Studenten eine Filiale der Bank of America in Brand steckten. Am CCS, das ein selbstverwaltetes College ohne Notendruck war, sollte besonders talentierten Studenten in erster Linie die Möglichkeit gegeben werden, ihre Kreativität zum Ausdruck zu bringen. Man bekommt nur schwer einen Platz an dieser kleinen Universität, die Bewerber müssen nachweisen, daß sie auf ihrem Studiengebiet bereits Erfolge erzielt haben. Adele hatte zwanzig Dias von ihren Gemälden eingereicht, um im Fachbereich Kunst aufgenommen zu werden. Ich war von ihren Arbeiten so beeindruckt, daß ich mich im nächsten Semester in Kunstgeschichte einschrieb, um eine Ahnung von ihrem Fachgebiet zu bekommen.

An Thanksgiving fuhren wir zur Familie ihrer Zimmergenossin, die in der Nähe des Yosemite-Nationalparks wohnte. Anschließend traf ich mich dort mit Chris Metcalf zu einer erneuten Durchsteigung der Washington's Column, diesmal auf einer viel steileren und anspruchsvolleren Route. Im vorangegangenen Sommer hatte ich die Nordwand des Sentinel Rock im Yosemite durchstiegen, eine Tour, bei der man laut Yosemite-Führer ein Biwak von vornherein einplanen und nicht etwa nur deshalb biwakieren muß, weil man zu langsam geklettert ist. Am Sentinel Rock hatte ich festgestellt, daß mein gleichermaßen unerfahrener Partner im Vorstieg viel zu langsam war, weshalb ich ihn abgelöst und den Rest der Route vorgestiegen war. Bei der Südwandroute an der Washington's Column machte ich dieselbe Erfahrung. Ich fühlte mich auf der Tour in meinem Element und kletterte entsprechend. Bei Chris funkte es einfach nicht, und er kam zu dem Schluß, daß es seiner empfindsameren Natur nicht behagte, an einer senkrechten Wand 300 Meter über dem Sockel in Trittschlingen zu hängen. Im Grunde genommen schien ihm an der Route eigentlich so gut wie gar nichts zu gefallen, und wir krochen im Schneckentempo die Wand hinauf. Nachdem wir nach einigen Seillängen planmäßig auf einem großen Biwakband übernachtet hatten, mußten wir am Ausstieg ein zweites Mal, diesmal außerplanmäßig, biwakieren. Weil unsere Wasservorräte längst aufgebraucht waren, nahmen wir einen Batzen Schnee und schmolzen ihn über einem rußenden Feuer in einer leeren Sardinenbüchse. Es schmeckte genauso abscheulich wie es klingt, und zu essen hatten wir auch nichts mehr. Also mußten wir uns an unserem Platz 600 Meter oberhalb der Lagerfeuer unten im Tal, wo die anderen sich am Festschmaus zu Thanksgiving labten, wieder einmal damit begnügen, im Geiste mitzuessen. Dies war unsere letzte gemeinsame große Klettertour. Wenn Chris und ich auch Freunde blieben, wichen doch unsere Ziele beim Klettern immer mehr voneinander ab. Damals verwirrte mich das, weil ich glaubte, daß einer, der gerne klettert, immer schwierigere, größere und längere Routen klettern will. Auf Chris schien das jedoch nicht zu-

zutreffen. Er hatte nicht vor, sich mit Leib und Seele in die Kletterwelt zu stürzen, ihm genügte es, das Klettern in seine Welt einzufügen.

In meinem letzten Studienjahr widmete auch ich mich weniger der Kletterei, dafür aber mehr meiner Freundin. Statt die Weihnachtsferien in den Bergen zu verbringen, fuhren Adele und ich mit dem Bus nach Rhode Island, damit sie meine Mutter kennenlernen konnte. Ich war schon so oft Bus gefahren, daß es mir zur zweiten Natur geworden war, Adele hingegen fand es ermüdend. Auf dem Rückweg nahmen wir ein Flugzeug. Den Großteil der Semesterferien im Frühjahr brachte ich mit Lernen zu, und ein Großteil der verbleibenden Zeit, die ich eigentlich zum Klettern hätte nutzen wollen, ging für den Club und meinen Nebenjob im Wohnheim drauf. Doch meine Gedanken wanderten ständig zu den Bergen. Es war eindeutig nicht das Richtige, mein Studium gleich nach dem Bachelor-Abschluß fortzusetzen. Nein, ich brauchte ein paar freie Jahre, um nach Herzenslust klettern zu können, bis ich schließlich genug davon hätte – jedenfalls glaubte ich, daß es sich so ergeben würde.

Das erste Problem jedoch war das Geld. Jetzt brach der Ernst des Lebens an, denn nach Abschluß des Studiums bekam ich keine Unterstützung mehr. Der schnellste, flexibelste Weg, um Geld zu verdienen, war, zu Willapa Logging, dem kleinen Forstunternehmen, zu gehen, wo ich schon einmal gejobbt hatte. Die Inhaber waren nette Leute und hatten mir gesagt, daß ich jederzeit wiederkommen könne. Trotz der besorgniserregenden Auswirkungen des Holzeinschlags in den Wäldern des Nordwestens machte mir die Arbeit sehr viel Spaß. Außerdem bin ich nach wie vor der Meinung, daß nicht das Abholzen an sich schlecht ist, sondern die Art, wie es gemacht wird. Ob Baumfällarbeiten gefährlich sind oder nicht, hängt ebenfalls davon ab, wie man es macht – genau wie beim alpinen Klettern. Wenn man aufmerksam bleibt, wenn man die Sicherheitsvorkehrungen nicht vernachlässigt, weil man müde ist, und wenn man mit verantwortungsbewußten Leuten zusammenarbeitet, sind die Risiken relativ gering. Wenn man jedoch aus irgendeinem Grund – meist aus Erschöpfung – leichtsinnig wird, können Baumfällarbeiten und Klettern im Handumdrehen tödlich werden.

Meine Hauptaufgabe bei der Arbeit als Holzrücker war das Befestigen der Würgeketten an den entasteten Baumstämmen. Würgeketten sind neun bis zwölf Meter lange, zwei Zentimeter dicke Stahlketten mit drei oder vier Strängen. Das eine Ende der Kette wird um den Baumstamm geschlungen und mit Haken festgemacht, das andere Ende wird mit dem Zugseil verbunden, und eine Seilwinde zieht die gefällten Stämme hangaufwärts zu den warteten Lastwagen. Sobald die Baumstämme abgenommen worden sind, werden die Würgeketten und das Windenseil mit einem dünneren Seil wieder hangabwärts gezogen.

Ich liebte den Geruch von frisch geschlagenen Bäumen, liebte es, an der frischen Luft zu arbeiten, und vor allem den Nervenkitzel, auf Ästen und Stämmen zu balancieren, die manchmal sechs Meter in der Luft hingen – wobei ich auf die Spikes an meinen Stiefeln und auf meinen Gleichgewichtssinn vertraute, um nicht herunterzufallen. Jeder versuchte beim Befestigen der Würgeketten der Schnellste zu sein, und dann sprangen wir zur Seite, damit die Baumstämme schnellstmöglich hangaufwärts gezogen werden konnten. Wir schleppten 35 Kilo schwere Seilumlenkrollen steile Hänge mit dichtem Unterholzbewuchs hinauf und hinunter und ertrugen kalte Regenschauer, bei denen jeglicher Regenschutz versagte.

Man mußte sich immer wieder einschärfen, wachsam zu bleiben. Manchmal überschlug sich ein zehn Meter langer Baumstamm von einem halben Meter Durchmesser in der Luft, wenn er beim Herausziehen aus dem Wald an einem Baumstumpf hängenblieb. Manchmal löste sich die Kette mitsamt dem Stahlhaken vom Baumstamm, so daß er den

Hang hinunterrollte. Manchmal riß eines der Zugseile unter der Last und kam unversehens zurückgeschwirrt. Einmal waren wir zu träge gewesen, weit genug auszuweichen, als die Würgeketten wieder über den Boden auf uns zugezogen wurden. Auf einmal verhedderten sich die drei Kettenstränge mit den Haken im Unterholz, und der Vorarbeiter brüllte sofort: »In Deckung!«. Kaum hatten wir uns flach auf den Boden geworfen, peitschten die Ketten über uns hinweg. Wären wir nicht rechtzeitig in Deckung gegangen, hätten sie uns womöglich in zwei Teile geschnitten. Wir hätten einen größeren Abstand zu den Ketten einhalten müssen, aber wir waren unaufmerksam geworden. Das darf einfach nicht passieren, weder beim Holzrücken noch beim Klettern.

Wayne und ich hatten vor, uns im Juli zu treffen, um gemeinsam zum Devil's Thumb in Südostalaska zu fliegen. In einer Zeitschrift war gerade ein Artikel erschienen, der einen Begehungsversuch der bislang unbestiegenen 1800 Meter hohen Nordwand beschrieb (die 28 Jahre später, nach dreizehn Versuchen, bei denen zwei Kletterer ums Leben kamen, noch immer nicht erstiegen ist), und wir dachten, wir probieren's mal. Es sollte meine erste große Tour quasi im Expeditionsstil sein. Zwei Tage vor unserem geplanten Treffen kam mein Boss abends in den Wald gefahren, in dem der Holzeinschlag stattfand und wo ich in meinem Kleintransporter schlief. Er teilte mir mit, daß ich Wayne zurückrufen solle. Nach zweistündiger Fahrt bis zum nächsten Telefon rief ich Wayne an und erfuhr, daß er die Tour abblasen wolle. Niedergeschmettert leerte ich auf der Rückfahrt einen Sechserpack Bier und verdrückte dazu ein Dutzend Donuts. Ich sagte mir, daß ich dann eben weiter Geld verdienen würde, wenn ich schon mal dabei war, und später irgendwo anders eine Bergtour machen würde. Ich hatte mir den Kleintransporter erst kürzlich gekauft und mußte ihn noch abzahlen. Trotzdem war ich enttäuscht, daß mir die Tour, auf die ich mich so gefreut hatte, entgangen war, und fühlte mich leer und ein bißchen richtungslos. Adele arbeitete in Colorado beim Youth Conservation Corps, und ohne ein Ziel vor Augen, fühlte ich mich plötzlich sehr einsam.

Als wir eines Nachmittags gerade das Gehänge einer Würgekette hochhielten, um die verhedderten Stränge zu entwirren, schlug einer der in der Luft pendelnden Stahlhaken an meinen Daumen. Ich jaulte vor Schmerz auf, arbeitete aber trotzdem noch zwei Wochen weiter, indem ich beim Befestigen der Ketten statt des Daumens den Zeigefinger benutzte. Ich glaubte, der Daumen sei nur stark geprellt, doch die Schmerzen ließen einfach nicht nach. Schließlich fuhr ich in die nächstgelegene Stadt, um einen Arzt aufzusuchen. Das Röntgenbild zeigte, daß das obere Daumenglied zertrümmert war und nun als unförmiger Klumpen zusammenwuchs. Ohne Operation würde ich die Daumenspitze nicht mehr bewegen können. Ich entschloß mich zu der Operation, weniger aus dem Grund, um weiterhin mit dem Daumen wackeln zu können, sondern weil ich seit meiner Kindheit, als mir die Mandeln entfernt worden waren, nicht mehr unters Messer gekommen war und dachte, das könnte eine ganz interessante Erfahrung sein. Außerdem würde ich anschließend sechs Wochen krank geschrieben sein und achtzig Prozent meines Lohns erhalten, während ich mit Adele zusammensein konnte, die inzwischen wieder in Santa Barbara war. Ich zahlte ohnehin die Hälfte der Miete für ihr Apartment an der Uni, weil ich des öfteren bei ihr wohnte.

Mein erstes volles Studienjahr ohne Studium endete, ohne daß ich viel vorzuweisen hatte. Zunächst hatte ich es genossen, die kalifornischen Kletterer damit zu schockieren, daß ich mit meinem Gipsverband kletterte (die Finger schauten heraus, so daß ich damit klettern konnte, weil aber die ganze Hand eingegipst war, sah es viel schlimmer aus, als es in Wirklichkeit war). Als der Gipsverband abgenommen wurde, arbeitete ich wieder ein paar Monate in Washington und kehrte dann nach Santa Barbara zurück. Ich schrieb nach Pakistan und forderte Antragsformulare für eine Expedition an, weil ich eine faszinierende Linie am Paiju Peak klettern wollte. Diese Expedition war für 1980 geplant, nachdem ich wieder aus Europa zurück wäre. Adele wollte in ihrem vorletzten Studienjahr in Frankreich studieren, und ich wollte in dieser Zeit nach Herzenslust in den Alpen klettern. Zuerst wollte ich sämtliche großen Routen machen, die Dad eröffnet hatte, und dann seine Direttissima am Eiger bis zum Gipfel durchsteigen. Danach wollte ich selbst neue Routen erschließen.

Außerdem schrieb ich, nur so zum Spaß, viele Erzählungen. In den meisten meiner Geschichten steckten die bergsteigenden Protagonisten in Situationen, in denen es moralische Konflikte auszutragen galt. In einer Geschichte stritten sich ein Bergsteiger und sein Partner, ob sie die Tour abbrechen oder fortsetzen sollten. Der Partner wollte unbedingt weitergehen, während der »Held« umkehren wollte, weil er den Aufstieg für zu gefährlich hielt. Schließlich blieb dem »Held« nichts anderes übrig, als das Seil zu nehmen und alleine abzusteigen, womit er seinen Partner dem Tod auslieferte, eine Entscheidung, die ihn am Ende den Verstand verlieren ließ. In einer anderen Geschichte stieg ein Bergführer mit seinem Kunden einen Berg hinauf, als ein heftiger Sturm aufkam. Dem Kunden gingen die Kräfte aus, und es war klar, daß er vor Erschöpfung sterben würde. Der Bergführer hätte seinen Kunden im Stich lassen und sein eigenes Leben retten können. Statt dessen blieb er jedoch bei seinem Kunden, und als dieser schließlich starb, war der Bergführer inzwischen selbst zu geschwächt, um sich noch retten zu können. In wieder einer anderen versuchte ein junger Mann, eine Route zu vollenden, bei deren Begehung sein Vater viele Jahre zuvor verschollen war. Am Ende erfror der Sohn neben dem Leichnam seines Vaters, den er zufällig entdeckt hatte, als er auf einem Felssims kauerte und das Ende eines Gewitters abwartete. Ich wollte die philosophischen Fragen und moralisch schwierigen Situationen erkunden, in welche die Berge die Beteiligten bringen – ähnlich wie das Meer und der Dschungel in Joseph Conrads Erzählungen, die ich sehr mochte.

Wenn ich auf den seltsamen Widerspruch zwischen meinen Kletterambitionen und dem, was ich im Studienjahr 1978/79 tatsächlich unternahm, zurückblicke, sehe ich den Beginn eines lebenslangen Musters. Immer wieder zog es mich an Heim und Herd – mit anderen Worten: zu Adele – zurück, weil mir ihre Gesellschaft wichtiger war. Weil sie selbst nicht kletterte, bedeutete meine Kletterei stets eine Trennung von ihr, was ich nur selten wollte.

Aber ich habe nicht das ganze Jahr ausschließlich damit zugebracht, von zukünftigen Bergeroberungen zu träumen, während ich mich mit meiner Freundin im tropischen Paradies aalte. Im Frühjahr brachte ich mehr als einen Monat im Yosemite Valley zu und lebte dort das Ideal von Camp 4, mit der Erde eins zu werden. Inzwischen war ich so weit fortgeschritten, daß ich mich an den Schwierigkeitsgrad 5.11 heranwagte, bekam aber trotz meiner Kletterfortschritte die Angst vor einem möglichen Absturz nie in den Griff. Diese Angst ist nicht so rational, wie es klingt. Zweifellos gibt es Umstände, unter denen ein Sturz schlimme Folgen hätte. In den meisten Fällen jedoch kann einem beim Felsklettern bei einem gut abgesicherten Sturz nicht viel passieren. Normalerweise hat ein Sturz lediglich ein verletztes Ego zur Folge oder vielleicht ein aufgeschürftes Knie. Daß man sich beim Aufprall auf einem Felsband einen Knochen bricht, kommt höchst selten vor. Daß man beim Felsklettern mit korrekter Seilsicherung tödlich verunglückt, ist so gut wie ausgeschlossen. Mom machte sich wegen meiner Kletterei »im Stil von Royal Robbins«, wie sie es nannte, nie große Sorgen. Mit Royal assoziierte sie Felsklettern mit Sicherung und ohne die zusätzlichen Risiken, denen man in den Alpen ausgesetzt ist. Entweder wußte sie nicht, daß Royal bei vielen seiner Touren diese zusätzlichen Risiken eingegangen war, oder sie ignorierte es bewußt, aber im großen und ganzen hatte sie recht, was die relativen Gefahren des Felskletterns in einem Gebiet wie dem Yosemite Valley im Vergleich zu den Alpen betraf. Im letzten Moment vor einem Sturz bekomme ich trotz allem panische Angst, egal, wie sicher die Situation auch sein mag. Ich wage es einfach nicht, mich ins Seil fallen zu lassen. Manchmal treibt einen diese Angst eine Route hinauf, die man andernfalls vielleicht aufgegeben hätte. Häufiger jedoch bewirkt diese Angst, daß man an nichts anderes mehr denken kann. Man redet sich ein, daß man es nicht schafft, und dann stürzt man tatsächlich. Es ist ein klassisches Denkmuster, das durch einen Adrenalinstoß in Sekundenschnelle umgesetzt wird.

In der Zeit zwischen den Regenschauern im Yosemite Valley schloß ich mich einem der Helden des amerikanischen Kletterns der siebziger Jahre an: Tobin Sorenson, ein Mann, der nicht an der Angstkrankheit litt. Wir machten nur eine einzige Route zusammen, einen Drei-Seillängen-Riß namens »Moratorium«, doch mir war schon so manche Legende über ihn zu Ohren gekommen. Tobin hatte zunächst am Tahquitz Rock und am benachbarten Suicide Rock von sich reden gemacht. Letzterer wies einen berüchtigten Weitsprung auf, den nur die Kühnsten zu springen wagten oder solche, deren Männlichkeit herausgefordert worden war. Das Problem war, daß man von einem 45 Meter hohen Felsturm auf einen erheblich niedrigeren springen mußte, was noch durch die Tatsache erschwert wurde, daß der Landepunkt ziemlich abschüssig war. Um dort nicht den Halt zu verlieren, war große Präzision vonnöten. Die meisten waren schon froh, wenn sie den Sprung überlebten. Um dem Ganzen mehr Würze zu verleihen, baute Tobin noch eine Drehung um die eigene Achse ein. Außerdem kletterte er einmal einen senkrechten Riß im Grad 5.11 ab, zu einer Zeit, als 5.11 noch fast ganz oben auf der Schwierigkeitsskala stand – und er tat es mit dem Seil um den Hals gebunden. Auch nachdem er Jesus für sich entdeckt hatte, stellte Tobin solche Mätzchen nicht ein, sondern verlegte den Schwerpunkt lediglich aufs Alpinklettern. Bei Trips nach Europa, die er dazu nutzte, um Bibeln nach Rumänien zu schmuggeln, machte er in den Alpen Zwischenstation, um mit seinem Markenzeichen, einem Helm mit einem nach oben zeigenden Pfeil, schnelle und waghalsige Besteigungen zu machen. Der wird von Gott toprope gesichert, sagten die Leute.

Sechs Monate bevor wir uns kennenlernten, hatte Tobin mit dem gleichermaßen legendären Schotten Alex MacIntyre die vierte Begehung von Dads Route am Eiger gemacht. Die Japaner hatten 1969 für die zweite Winterbegehung der Direttissima drei *Monate* gebraucht, noch dazu hatten sie in den Passagen, die Layton Kor technisch überwunden hatte, unzählige Bohrhaken gesetzt, was den Charakter der Kletterei veränderte. 1976 machte ein tschechisches Team Geschichte, dem im Sommer die dritte Begehung der Direttissima in nur sieben Tagen im Alpinstil gelang – klettertechnische Meisterschaft, perfekte Wetterverhältnisse und Kühnheit machten dies möglich, aber die von den Japanern belassenen gebohrten und geschlagenen Haken waren dabei gewiß nicht hinderlich. Im Oktober 1977 gelang Tobin und Alex die vierte Begehung der Direttissima in nur fünf Tagen. Tobin sagte mir, es sei die beste Route in den Alpen, wenn man sie so klettere wie er. Der Trick sei, im Herbst zu klettern, wenn die Wand einen Eisüberzug habe, aber noch keine extreme Kälte herrsche und noch kein tiefer Schnee vorhanden sei. Er hatte die ganze Tour mit Steigeisen gemacht und behauptete, er könne fast jede Felsroute im Schwierigkeitsgrad 5.10 mit Steigeisen klettern. Sein Ansatz kündigte bereits die zehn Jahre später einsetzende Revolution im Mixed-Klettern an, die in den späten Neunzigern relativ alltäglich geworden war. Unter Mixed-Klettern versteht man die Verwendung von Eisgeräten (moderne Eispickel) und Steigeisen, um Mixed-Routen aus Eis und Fels zu klettern, in denen zum Teil dünnes oder gar kein Eis vorhanden ist. Die Hauen der Eisgeräte und die Frontalzacken der Steigeisen werden auf Bändern und in Risse eingehakt, eine seltsame Art des »Freikletterns« unter Zuhilfenahme der Hardware.

Dads Route war mir schon ständig im Kopf herumgespukt, erst recht nach Tobins Beschreibung mit der Auskunft, daß im Oktober das richtige Wetter herrsche. Ich nahm mir vor, sie im folgenden Herbst 1979 in Angriff zu nehmen, obwohl Tobins Ansichten nicht unbedingt vertrauenswürdig waren. Tobin war wagemutiger, als ich es selbst in meinen kühnsten Träumen je angestrebt hatte. Als ihn seine Toprope-Sicherung vom Himmel zwei Jahre später im Stich ließ, war das keine große Überraschung. Er wurde tot am Fuß der Nordwand des Mount Alberta gefunden, einer äußerst berüchtigten Route. An dem Seil zwischen ihm und seinem Rucksack hing nur ein einziger Haken. Offenbar hatte er den Rucksack bei einem riskanten Selbstsicherungsmanöver als Gegengewicht benutzt. Der Haken mußte bei seinem Sturz ausgebrochen sein.

Das Frühjahr im Yosemite Valley war in jenem Jahr sehr regenreich, so daß wir einen Großteil unserer Zeit damit zubrachten, gegen die Nässe anzukämpfen. Als Peter von Gaza, ein Studienfreund, der damals die Leitung der Mountaineering Association übernommen hatte, in seinen Frühjahrsferien ins Tal kam, entstand die Idee, dem Regen ein Schnippchen zu schlagen, indem wir eine durchgehend überhängende Wand durchstiegen. Der Leaning Tower (»Schiefer Turm«) war genau das Richtige: Zwei der zehn Seillängen der Route sind senkrecht, die restlichen überhängend, teilweise extrem überhängend. Und es funktionierte. Es regnete an beiden Tagen, die wir in der Wand waren, doch als wir auf unserem Biwakband saßen, waren die Regenschleier weit außerhalb unserer Reichweite. Als wir das obere Ende der letzten Seillänge erreichten, zogen wir uns direkt in den Sturzregen hinein und waren im Nu klitschnaß. Dies war die erste Wand, in der ich nicht fast den gesamten Vorstieg machte: Peter und ich gingen in Wechselführung, wie es normalerweise üblich ist. Dabei machte ich eine völlig unerwartete Entdeckung: 300 Meter oberhalb des Wandfußes ist es ziemlich gruselig, an einem Seil hochzujümarn, das über einem Überhang verschwindet. Obwohl unsere Seile elf Millimeter stark waren und nicht nur sieben Millimeter wie das von Dad, gelang es mir einfach nicht, darauf zu vertrauen, daß das Seil nicht durchscheuern würde. Da ich die zuvor gekletterten Routen allesamt geführt hatte, hatte ich dieses Gefühl noch nie zuvor erlebt. Eigentlich hatten wir diese Tour zu dritt machen wollen, doch der dritte Mann war abgesprungen. Als wir schon mehrere Seillängen hinter uns hatten, begann ich mich zu fragen, ob ich die Route psychisch überhaupt durchgestanden hätte, wenn wir zu dritt gewesen wären. Wenn man nur zu zweit ist, entfernt der Nachsteiger die vom Vorsteiger gesetzten Haken und Klemmkeile und bleibt auf diese Weise dicht am Fels, selbst wenn er überhängend ist. Weil man sich stets an Sicherungspunkten festhalten kann, fühlt man sich viel sicherer. Bei einem Dreierteam hingegen muß einer an einem frei hängenden Seil hochjümarn. Am Leaning Tower war dieses Seil manchmal sechs bis neun Meter von der Wand entfernt, wie man an dem Rucksack, den wir nachzogen, sah. Die Vorstellung, anstelle des Rucksacks dort draußen hin und her zu pendeln, war mir unerträglich.

Während die Angst real ist, ist die Gefahr meist nur eingebildet. Elf Millimeter starke Seile reißen nicht und scheuern nur selten durch. Im Yosemite besteht so gut wie keine Steinschlaggefahr, außerdem würde ein vom Leaning Tower herabfallender Stein ohnehin durch die Luft sausen, statt aufs Seil zu prallen. Bei derart steiler Felskletterei kann man zwar Angst bekommen, aber nicht ernsthaft verletzt werden, es sei denn, man begeht irgendeine Dummheit. Die alpine Kletterwelt ist, wie Mom sehr wohl wußte, so ziemlich das Gegenteil: Sicherheit ist dort eine Illusion. Statt sich einzureden, daß auf das Klettermaterial Verlaß ist und der Fels vertrauenswürdig, muß man sich in den Alpen einschärfen, daß man sich hier auf gar nichts verlassen kann, aber trotzdem damit umgehen muß.

Ein alter Ausspruch besagt, daß das, was ein Bergsteiger am dringendsten braucht, ein kurzes Gedächtnis ist. Kaum sieht man vor sich den nächsten Berg, hat man die zahllosen Schmerzen vergessen, die man beim Besteigen des vorigen durchgemacht hat. Beim alpinen Klettern ist es das Ziel, einen herrlichen Gipfel zu erreichen, vorzugsweise über einen ästhetischen Grat, eine schöne Wand oder eine andere »natürliche« Linie. Mit etwas Glück bietet die Route vielleicht auch gute Kletterei. Weil das eigentliche Klettern (die einzelnen Kletterzüge zu machen) weniger zählt als die Schönheit der Route oder des Gipfels, ist man geneigt, schlechten Fels und schlechtes Eis in Kauf zu nehmen, was man auf einer Route im Tiefland nie tun würde. Schlechten Fels könnte man definieren als Fels, der nicht fest genug ist, um das Gewicht des Kletterers zuverlässig zu halten, oder Fels, in dem bei einem Sturz kein Klemmkeil und kein Haken hält. Schlechter Fels kann auch von oben auf einen herabprasseln, vor allem, wenn die Sonne den oberen Wandteil bescheint und das schlechte Eis aufweicht, das den schlechten Fels zusammenhält. In gutem Eis halten die Eisschrauben, gutes Eis splittert unter deinem Eispickel oder deinen Steigeisen nicht ab. Schlechtes Eis hingegen zersplittert.

Auf schlechtem Fels oder schlechtem Eis sollte man sich keinen Sturz erlauben, weil man nie weiß, nach wie vielen Metern man zum Halten kommt. Im Hochgebirge ist es sehr schwierig, mit Verletzungen den Rückweg zu bewältigen, vor allem deshalb, weil eine Bergtour gerade dann besonders attraktiv ist, wenn sie lang, hoch und abgelegen ist. Beim alpinen Klettern ist man normalerweise bemüht, in möglichst kurzer Zeit eine möglichst lange Strecke hinter sich zu bringen – damit man nicht biwakieren muß, damit man nicht in ein Unwetter gerät oder damit die Sonne das Eis über einem nicht aufweicht. Um Zeit zu sparen, neigt man dazu, nur wenige Sicherungen anzubringen, selbst dann, wenn Fels und Eis gut genug sind, um sie zuverlässig zu setzen. Um Gewicht einzusparen und um schneller voranzukommen, hat man vielleicht auch gar nicht so viel Klettermaterial dabei. Deshalb fällt man bei einem Sturz um so tiefer. Und weil alpiner Fels im allgemeinen nicht so steil ist wie reine Felskletterwände, weil Berge in der Regel mehr Felsbänder haben, stehen die Chancen, hart genug aufzuschlagen, um sich einen Knochen zu brechen, ziemlich gut. Ein anderer Ausspruch besagt, daß es nicht der Sturz ist, der schmerzt, sondern der Aufprall. Wenn man von einem Überhang am Leaning Tower dreißig Meter in die Tiefe stürzt und einen die Elastizität des Seils mittendrin sanft auffängt, werden lediglich die Nerven strapaziert. Rutscht man hingegen an einer einfachen Felsplatte drei Meter hinunter und prallt dann mit Steigeisen an den Füßen auf ein Felsband, könnte es sein, daß der Knöchel gebrochen ist. In den Bergen klettern die meisten von uns geringere Schwierigkeitsgrade als auf amerikanischen Kletterfelsen. Das führt dazu, daß wir uns auch dann sicher fühlen, wenn sich unter uns ein knöchelbrechendes Felsband befindet. Doch es gibt neben der reinen Schwierigkeit noch vieles andere, was zu einem Sturz führen kann. Ein herabfallender Stein kann einem auf den Helm knallen, man kann erschöpft sein von der großen Höhe und vom Klettern seit drei Uhr in der Früh, vielleicht hat man auf dem winzigen abschüssigen Biwakband kaum geschlafen, und dann passieren einem die dummen Dinge, die übermüdeten Kletterern nun mal passieren: Man tritt auf einen Schnürsenkel oder bleibt mit einer Steigeisenzacke im Hosenbein hängen, ein Klemmkeil fällt einem aus der Hand oder man übersieht die Einbuchtung im Schnee, die auf eine verborgene Gletscherspalte hindeutet.

Aber man ist in den Bergen nicht nur der Gefahr eines möglichen Sturzes ausgesetzt. Die Luft kann am Morgen frisch und klar sein, am Nachmittag hingegen vor Elektrizität nur so knistern oder eisig kalt und voll wirbelnden Schnees sein. Ein Schneefeld kann aus der Ferne weich und schön aussehen, doch sobald man es betritt, löst man eine Lawine aus. Der Gipfel, der im Morgenlicht ganz nah zu sein schien, ist etliche Stunden später, wenn die Sonne am Horizont versinkt und einen die Erschöpfung übermannt, in unerreichbarer Ferne. Auf dem Gletscher, der ganz glatt und weiß erschien, öffnet sich plötzlich eine riesige Gletscherspalte. Von der Eiswand, aus der sich seit Tagen kein einziger Splitter gelöst hat, donnern auf einmal tennisballgroße Brocken auf einen herab. Kurzum, man ist so ziemlich jeder Gefahr ausgesetzt, die man sich nur vorstellen kann, und die Kunst besteht darin, sich vorzustellen, welche davon bei der bevorstehenden Tour auftreten könnte und wie man ihr entgeht.

Ein Alpinist findet all diese Dinge reizvoll. Ein echter Alpinist folgt dem Ruf der Sirene, weil es ihm großen Spaß macht, mit der Sirene zu tanzen, und er sich einbildet, hinterher ihren Klauen entkommen zu können. Je weiter man das Spiel treibt, um so mehr Geschick, Mut und körperliche Leistungsfähigkeit sind vonnöten. Ein Alpinist kann sich nicht auf eine einzige Disziplin spezialisieren – Fels, Eis, Riß, Wand, steil, Platte und anderes –, weil er mit allem konfrontiert wird. Ein klein wenig Angst läßt den Puls schneller schlagen und steigert das Gefühl, etwas geleistet zu haben. Übermäßige Angst hingegen läßt einen zu viel an unangenehme Alternativen denken, deshalb bezwingt man seine Ängste so gut man kann.

Es gibt noch einen anderen Weg, Bergsteiger zu werden:

die Leidenschaft für die rauhe Schönheit der Natur. Die Liebe eines Bergsteigers zur wunderbaren Bergwelt muß nicht unbedingt größer sein als die des Touristen, der auf dem Balkon eines Schweizer Chalets sitzt. Der Bergsteiger liebt es jedoch auch, inmitten dieser Schönheit zu sein, Teil dieser schwindelerregenden elementaren Kraft zu sein. Und er stellt fest, daß die physischen und mentalen Schwierigkeiten, die er bewältigt hat, um dorthin zu gelangen, seine Sinne geschärft haben. An einem guten Tag kommt einem die Luft ganz rein und kristallin vor und die Augen sehen ganz scharf, selbst nach innen. An einem schlechten Tag spürt man das Wüten der Erde und vergißt dabei nie ihre Pracht.

Freude an Herausforderungen, Freude an der Natur und Risikobereitschaft (oder Freude daran) – all das beherrscht die Welt von Bergsteigern und Alpinisten. Jeder von uns vermischt diese Zutaten nach seinem persönlichen Geschmack, und trotz enorm unterschiedlicher Grade von Können und Mut können alle eine ähnliche Befriedigung finden.

Und schließlich klettern wir, um mit unseren Partnern zusammen zu sein, die, wenn wir Glück haben, mehr als einfach nur Freunde sind. Wir sind Teamkameraden, durch die »Seilgemeinschaft« vereint. Wir helfen einander, brauchen einander und bringen einander zum Lachen. Intensive gemeinsame Erfahrungen schweißen uns zusammen, wie es auch bei Paaren der Fall sein soll, die sich zusammen einen Gruselfilm angesehen haben. Es ist kein Sport, dem jeder ein paar Stunden lang für sich alleine nachgeht, und man wetteifert auch nicht miteinander. Man übt diesen Sport gemeinsam aus und genießt schließlich den gemeinsamen Triumph – oder zumindest die Befriedigung, einen kühnen Versuch unternommen zu haben –, einen Triumph, der sich nur unter gemeinsamer Anstrengung erzielen ließ.

Heutzutage mögen Bergsteiger den Begriff »Eroberung« in Verbindung mit den Bergen nicht, und im allgemeinen meiden wir kriegerische Ausdrücke. Wir besiegen nicht den

Berg, wir besiegen nur die Dinge in uns selbst, die uns davon abhalten wollen, den Berg zu besteigen.

Und natürlich geht es beim Bergsteigen nicht nur um metaphysische und moralische Dinge. Es macht auch verdammt viel Spaß.

Aus allen diesen Gründen hielt ich mich eher für einen Bergsteiger als bloß für einen Kletterer. Für den bevorstehenden Sommer nahm ich mir vor, in den kanadischen Rockies richtige Berge zu besteigen. Diese Berge sollten meine Vorbereitung auf Adeles und mein Jahr in Europa sein. Am Ende des Studienjahrs fuhr ich Adele nach Colorado, wo sie den dritten Sommer damit zubringen würde, mit dem Youth Conservation Corps Campingplätze und Wege zu bauen, diesmal als Gruppenleiterin. Von dort aus würde sie über den Atlantik fliegen, um ein Jahr lang zuerst im französischen Pau und anschließend in Paris zu studieren. Ich würde ihre Studentenbuden als Standquartiere benutzen, während ich in den Alpen kletterte. Erste Priorität meines Alpenprogramms nach der Kletterei in den Kanadischen Rockies hatte der Eiger: Ende September oder Oktober.

Vierzehn
Bergführer

Ich lenkte den Wagen an den Straßenrand und blickte fasziniert nach vorn. Einige Kilometer weiter blieb ich abermals stehen, und danach alle paar Kilometer immer wieder. Aus der Erde nördlich von Banff, Alberta, erhoben sich die herrlichsten Berge, die ich, abgesehen von den Alpen, je gesehen hatte. Von Banff nach Jasper zu fahren ist für einen Bergsteiger, als sähe er einem riesigen Umzug zu, in dem Bewußtsein, auf jeden einzelnen Festzugwagen aufspringen zu können, der jeder für sich eine eigene abenteuerliche Welt darstellt. Gletscher wälzen sich über mehr als tausend Meter hohe Felswände herab, während sich in riesigen Eiswänden die Morgensonne spiegelt. Auf dem Beifahrersitz neben mir lag aufgeklappt ein Exemplar von Chris Jones' Meisterwerk *Climbing in North America,* in dem er die Kletterpioniere und die von ihnen entdeckten und durch sie verwandelten Orte zum Leben erweckt. Dieses Buch war beim Erwachen meiner Kletterleidenschaft zu meiner Bibel geworden, und von all den darin geschilderten Geschichten spielten sich jene, die mich am meisten faszinierten, in den Bergen ab, die sich längs dieser Straße erhoben. Für einen Bergsteiger ist diese Fahrt unendlich viel mehr als nur eine Fahrt durch eine schöne Landschaft.

In Jasper hätte eigentlich Peter von Gaza schon auf mich warten oder zumindest kurz nach mir eintreffen müssen. Weil er nicht auftauchte, rief ich Adele an und erfuhr, daß er nicht kommen würde, zumindest vorerst noch nicht.

Doch die berühmten Wolken der Rockies rissen gerade auf, und die Berge sahen überaus verlockend aus. Mein Herz hatte sich schon für den höchsten Gipfel unter ihnen entschieden: den Mount Robson. Der 3954 Meter hohe Berg steht am nordwestlichen Rand der Bergkette zwischen Banff und Jasper. Dabei hatte ich ihn noch gar nicht gesehen, und er war auch dafür bekannt, daß er sich meist in den Wolken versteckte. Ich hatte gelesen, daß er jedes Jahr nur insgesamt zwei Wochen lang vom Highway aus zu sehen ist. Westlich des Kamms der Rockies gelegen, ragt der Robson wie ein Bugspriet in die zahlreichen Sturmfronten aus Richtung British Columbia hinein. Selbst wenn es in British Columbia lange Zeit trocken ist, erzeugt der mächtige, isoliert stehende Robson sein eigenes Wetter. In beiden Punkten – Bugspriet und eigenes Wetter – hat der Mount Robson viel mit dem Eiger gemein. Was er außerdem noch mit dem Eiger gemein hat, ist der Ruf, aus dem schlechtesten Fels einer Bergkette zu bestehen, die für ihr brüchiges Gestein berüchtigt ist. Trotzdem hat der Robson genau die Eigenschaften, die ihn für einen Kletterer attraktiv machen: Er ist der Höchste im Land, was unserem Ego schmeichelt, wenn wir ihn bestiegen haben, und sämtliche Routen sind klettertechnisch anspruchsvoll, d.h., nur richtige Kletterer schaffen es nach oben – was unserem Ego abermals schmeichelt. Außerdem hat er eine grandiose Klettergeschichte, die schon vor dem Zeitpunkt beginnt, als ihn der Schweizer Bergführer Conrad Kain, der große Pionier der kanadischen Rockies, im Jahr 1913 zum ersten Mal bestieg. Seine Grate sind berühmt und sogar berüchtigt, angefangen vom Emperor Ridge mit seinen vielen Eispfeilern, die einer nach dem anderen umgangen werden müssen, während man sich über den messerscharfen Kamm zwischen zwei großen Wänden seinen Weg bahnt, bis hin zum steilen Wishbonegrat, der die riesige Südwand durch zahlreiche Aufschwünge aus äußerst brüchigem Fels teilt.

Der Robson schien mir das ideale Training für den Eiger zu sein. Allerdings hatte ich nun keinen Partner.

Während ich noch überlegte, was ich tun sollte, suchte ich die Wetterstation von Jasper auf. Genau wie in den Alpen muß man sich in den kanadischen Rockies als erstes nach den Wetteraussichten erkundigen. Man kann sich auf den Wetterbericht zwar nicht langfristig verlassen, aber für die kurzfristige Planung ist er durchaus hilfreich. Ich fragte, wie die Verhältnisse auf dem Mount Robson seien. Der Mann am Schreibtisch schien selbst Bergsteiger zu sein oder zumindest welche zu kennen.

»Sie hätten vor einem Monat hier sein sollen«, meinte er. »Da war die ganze Zeit schönes Wetter. In den letzten drei Wochen hat es fast ununterbrochen geschneit, und die Aussichten für die nächsten Tage sind alles andere als gut. Der Robson ist dieses Jahr noch kein einziges Mal bestiegen worden.«

Es war der 19. Juli, der Sommer also noch längst nicht zu Ende; somit bestand immerhin die Möglichkeit, daß sich das Wetter noch bessern würde. Außerdem hatte ich den Kletterführer studiert und wußte, daß an der Südseite in etwa 2600 Meter Höhe eine Hütte stand und daß die Route oberhalb dieser Hütte die leichteste an diesem Berg war: ein bißchen schwierige Kletterei und viel mittelschwerer Fels, Eis und Schnee. Sobald die Sonne herauskam – was gerade der Fall zu sein schien –, würde der Schnee wegen der Südlage entweder schmelzen oder sich schnell setzen. Die Lösung lag also nahe: Ich würde mit einem Haufen Proviant zur Hütte hinaufwandern und, während ich dort gemütlich ein gutes Buch las, abwarten, was sich tat. Wenn das Wetter schön blieb, würde ich bis zum Gipfel steigen. Und so »wanderte« ich am nächsten Morgen – nachdem ich unten im Tal im Freien übernachtet hatte (was wegen der Grizzlybären nicht zu empfehlen ist) – fast 1800 Höhenmeter den steilsten Pfad hinauf, den ich je ohne technische Hilfsmittel überwunden habe. Bäume fanden nur im unteren Bereich Halt, bis zu einer Höhe von etwa 2000 Metern stand jedoch hier und da noch ein knorriger Nadelbaum, an dessen Ästen man sich festhalten konnte. Wäre der Fels im unteren Bereich nicht zu Erde zerfallen, würde die offizielle Klettertour fast schon unten im Tal beginnen.

Dennoch erreichte ich im Laufe des Nachmittags die Forsterhütte, eine winzige Holzhütte auf einer Felsterrasse, die geradezu im Herzen des Bergs zu stehen scheint. Links davon, 500 bis 1000 Meter weiter unten, war der untere Teil des Wishbonegrats zu sehen. Der obere Teil des Bergs tauchte über mir in die Wolken ein, aber ich konnte das Krachen und Dröhnen recht aktiver Gletscher hören. Ich packte meine Essensvorräte aus – Brot mit Erdnußbutter und Marmelade – und stellte mich auf eine längere Wartezeit ein, bis sich das Wetter bessern würde.

Den ganzen nächsten Tag stiegen die Wolken, als wollten sie mich foppen, immer wieder ein Stück hinauf und sanken dann wieder herab, um ihre Königin zu verstecken. Sie stiegen gerade hoch genug, um mir einen Blick auf den ersten Abschnitt der Felsroute weiter oben zu gewähren, dann sanken sie wieder herunter, so daß ich mir sagte, warte doch besser noch ab. Als sie das nächste Mal hochstiegen, konnte ich bis zu dem Bereich hinaufsehen, wo die Felsen teilweise von Schnee überzogen waren und nur die Kämme herausschauten. Dann sanken die Wolken wieder herunter, und ich sagte mir, verschieb es besser auf später. Bis zum Nachmittag hatte ich einen Blick auf die Hängegletscher noch weiter oben erhascht und dabei erkennen können, daß ich unterhalb eines solchen Gletschers steilen Fels queren müßte. Ich beschloß, den Wecker auf ein Uhr zu stellen, um dann erneut nach dem Wetter zu sehen.

Als ich den Kopf aus der Tür steckte, funkelten am schwarzen Nachthimmel Tausende von Sternen, und der schneebedeckte Berg schimmerte sanft in ihrem Glanz. Die

Luft war einladend frisch, der Berg still und alles fest gefroren. Also blieb mir wohl nichts anderes übrig, als den Aufstieg zu wagen. Zur Beruhigung meiner Nerven sagte ich mir, daß ich jederzeit umdrehen könnte und nicht unbedingt bis zum Gipfel steigen müßte. Diese List funktionierte ganz gut, und ich fühlte mich der Sache im großen und ganzen gewachsen, im Hintergrund nagten jedoch immer noch Zweifel. Immerhin mußte ich für diesen Berg, der größer und legendärer war als sämtliche Berge, die ich bisher kennengelernt hatte, 1500 Höhenmeter bewältigen, und ich war kein Solo-Kletterer (und würde auch nie einer werden) mit tiefem innerem Glauben an sich selbst. Aber ich konnte ja jederzeit die Flucht ergreifen, also umkehren.

Auf diesem Breitengrad wird es auch im Sommer nur langsam hell, so daß ich die ersten paar hundert Meter mit meinen Steigeisen in der sternenklaren Dunkelheit aufstieg, dann begann allmählich der Morgen zu dämmern. Kurz vor Erreichen des Hängegletschers drehte ich mich um und blickte auf die Linie meiner Fußspuren längs des messerscharfen Grates zurück – ein Fuß auf der rechten, der andere auf der linken Seite, damit ich, falls ich ausglitt, rittlings auf dem Grat landete und nicht herunterfiel. Als die Sonne schließlich am Himmel stand, stapfte ich schon über harten, windgepreßten Schnee den Gipfelgrat hinauf. Oben angekommen, war ich außer mir vor Freude. Ich hatte meine Nerven besiegt und den höchsten Berg meines Lebens bestiegen, den höchsten in diesem Gebiet. Ich genoß den grandiosen Ausblick auf unzählige Berge und eine endlose Weite. Das einzige Zeichen menschlicher Zivilisation war 3000 Meter weiter unten ein schmales Band: die zweispurige Straße nach Jasper. Und ich war der erste Mensch, der in diesem Jahr hier oben stand. Auf den Selbstporträts, die ich mit meiner Kamera machte, ist unter Dads peruanischem Hut ein breit grinsender Mund zu sehen.

Als ich, einen Eispickel in jeder Hand, mit dem Abstieg

begann, war der Schnee schon aufgeweicht, so daß ich bei jedem Schritt durch die Harschschicht brach. Ich steuerte auf das obere Ende einer vereisten Felsstufe zu, die ich im Abstieg rechts umgehen wollte. Während mein Blick auf den Weg vor mir gerichtet war, sausten plötzlich zwei Schneekugeln rechts von mir vorbei, und dann spürte ich, wie mich einer am Hinterkopf traf. Ohne mich umzusehen oder etwas zu denken, stieß ich meine Eispickel mit dem gesamten Schaft in den Schnee, warf mich flach auf den Bauch und klammerte mich fest. Einen Augenblick später rauschte eine Lawine über mich hinweg. Der Schnee deckte mich wie eine nasse Decke zu und zerrte und riß an mir, während er über meinen Rücken glitt. Ich hatte gerade noch Zeit, mir Gedanken zu machen, ob ich wohl genug Luft bekommen würde, da war er schon über mich hinweggeglitten. Ich war unversehrt geblieben. Ich sah, wie die Schneemasse weiter unten auf die Felsstufe zuschoß und dann über den Rand hinuntersprühte. Ich sprang auf und rannte hinterher, bevor eine weitere Lawine Gelegenheit hätte, mich mit sich zu reißen.

Am Nachmittag suchte ich wieder die Wetterstation von Jasper auf.

»Warum sind Sie nicht auf dem Robson?« rief mir der Mann mit herablassendem Unterton entgegen. »Das Wetter ist ideal!«

»Bin schon oben gewesen«, sagte ich und versuchte, meinen Stolz zu unterdrücken.

Ich fragte ihn erneut nach möglichen Kletterpartnern, und diesmal gab mir der Wettermann die Adresse seines Freundes Chuck Hospidales.

Chuck – ein Einwanderer der ersten Generation, dessen Eltern aus Venezuela stammten – und ich verstanden uns auf Anhieb prächtig. Er hatte dunkles Haar, war etwas kleiner als ich und sprudelte vor Begeisterung. Wir kamen gleich ins Gespräch, die Pläne entstanden wie von selbst, und er lud mich ein, es mir auf dem Sofa in seiner Wohnung bequem zu machen. Dazu blieb allerdings kaum Zeit, denn in den folgenden zwei Wochen war der Himmel gnadenlos blau. Chuck und ich gingen jeden Tag nach dem gleichen Muster vor: In der Nacht vor dem Aufstieg zum Gipfel schliefen wir wenig oder überhaupt nicht, brachen um ein Uhr morgens auf, und nach jeder Bergtour hielten wir jeweils vierzehnstündige Schlaforgien ab. Jedesmal, wenn wir aufwachten, war der Himmel immer noch blau, so daß uns nichts anderes übrigblieb, als in der darauffolgenden Nacht wieder um ein Uhr aufzustehen, um einen weiteren Berg zu besteigen. Das Wertvollste, was die kanadischen Rockies zu bieten haben – Sonnenschein –, mußte man schließlich ausnutzen.

In der Nordwand des Mount Athabasca, die wir nach einem Tag im Klettergarten erstiegen, kamen wir überein, daß ich den gesamten Vorstieg machen würde. Obwohl Chuck seit mehreren Jahren kletterte – mindestens so lange wie ich seit meinem Wiedereinstieg –, war ich erfahrener, resoluter und kräftiger. Ich war 23, er ungefähr ein Jahr jünger. Am Athabasca bekamen wir es mit Eisfeldern mit einer Neigung von 55 Grad zu tun. In der Route »Photo Finish« am Andromeda lernten wir den Fels der Rockies kennen: Die einzige Sicherung, die ich dort anbringen konnte, war ein mit der Hand plazierter Haken unter einem lockeren Stein – man nennt so etwas eine »psychologische Sicherung«, was bedeutet, daß man sich besser fühlt, wenn man einen Haken im Fels sieht, selbst wenn man weiß, daß er nicht hält. Weil man sich besser fühlt, ist man in der Lage weiterzuklettern, während man normalerweise umkehren würde. Natürlich besteht manchmal die Chance, daß eine psychologische Sicherung tatsächlich einen Sturz halten kann; man würde darauf zwar niemals mit Geld wetten, manchmal jedoch mit seinem Leben.

Dann wandten wir uns dem Mount Robson zu. Am liebsten wäre ich über die Nordwand hochgestiegen, doch der

Berg war immer noch von einer Menge Schnee bedeckt, und ich wollte in der größten Eiswand der Rockies schließlich keinen Schneehatscher machen. Statt dessen einigten wir uns auf den Wishbonegrat, weil er eine atemberaubend schöne Linie ist und weil wir davon ausgingen, daß er gut sein mußte, weil er in dem populären Band *50 Classic Climbs of North America* enthalten war. Chuck war nervös. Weil er in der Nähe des Mount Robson wohnte, war er von dem Ruf, den dieser Berg hatte, noch mehr durchdrungen. Die Route war außerdem sehr lang, viel länger als alle unsere bislang gemeinsam unternommenen Touren. Auf dem Weg zum Einstieg bemerkten wir zum ersten Mal seit einer Woche hoch oben am Himmel ein paar dünne Wolken, die sich nach einer Weile in Schäfchenwolken verwandelten. Die Wolken genügten, um Chuck zur Aufgabe der Tour zu bewegen. Ich glaubte nicht, daß diese Wolken unbedingt schlechtes Wetter verhießen, außerdem gab es ungefähr auf halber Höhe des Grates ein großes Bändersystem, über das man notfalls zur Forsterhütte queren konnte. Ich war der Ansicht, daß es sich zu klettern lohne, bis das Wetter zeigte, was es wirklich im Sinn hatte. Also stieg ich alleine los, während Chuck unten im Tal wartete. Ich war richtig begierig darauf, den Wishbone solo zu ersteigen, weil das zweifellos meine bislang stolzeste Leistung sein würde. Ohne einen Partner kam ich mir jedoch auf einmal ziemlich mutlos vor. Der Berg erschien mir plötzlich viel größer und gefährlicher, als er tatsächlich war, und ich zweifelte an meinen Fähigkeiten. Nach mehreren Stunden Kraxelei erreichte ich das erste Kalksteinband, an dem richtiges Klettern angesagt war. Zu meiner eigenen Beruhigung würde ich ein Selbstsicherungssystem improvisieren müssen, was ich noch nie zuvor getan hatte. Ich blieb eine lange Weile dort stehen und überlegte, wie ich mich sichern könnte, wie die Kletterei sein würde, ob die Schäfchenwolken wirklich schlechtes Wetter ankündigten und ob mein Können und mein Mut ausreichten für das, was ich mir vorgenommen hatte. Nach etwa einer Stunde kam ich zu dem Schluß, daß das Wetter zu unsicher war, um den nächsten Kletterabschnitt in Angriff zu nehmen, der zudem wesentlich schwieriger aussah, als ich erwartet hatte. Jedenfalls war das die Ausrede, auf die ich mich verlegte, während ich mich an den Abstieg machte.

Weil das Wetter an jenem Tag unverändert blieb, beschlossen Chuck und ich, uns am nächsten Tag am Mount Whitehorn zu versuchen, einem kleineren Gipfel in der Umgebung. Als wir uns im Morgengrauen dem Gletscher näherten, zeigten sich dort, wo unser Gipfel sein sollte, dichte Wolken. Zum ersten Mal seit meiner Ankunft in den Rockies herrschte unfreundliches Wetter, und wir waren froh, die Wishbone-Tour abgeblasen zu haben. Als einer von uns etwas von einer Pizza bei Chuck zu Hause sagte, traten wir flugs den Rückzug an.

In etwas mehr als einer Woche waren Chuck und ich die besten Freunde geworden. Ich mochte ihn, weil er intelligent und begeisterungsfähig war; wir konnten stundenlang miteinander reden oder miteinander schweigen, je nachdem, wonach uns gerade zumute war. Wir machten aus, daß er mit mir nach Colorado zurückfahren würde, wo wir unseren Kletterfeldzug fortsetzen würden. Chuck kletterte nicht so sicher wie ich, aber das würde sich mit zunehmender Erfahrung ändern. Ich hatte meine Kletterpartnerschaften immer auf Freundschaft gegründet, auf nichts anderem. Ich genoß es unheimlich, mit Chuck zusammenzusein, und es gab noch so vieles, was wir gemeinsam unternehmen konnten. Ich konnte es kaum erwarten, bis ich ihn Adele vorstellen konnte und umgekehrt.

In Jasper war der Himmel blau, die Wetterprognose gut. Am nächsten Morgen war Chuck zu meiner Überraschung bereit, die große Tour anzugehen. Wir kauften zusätzlichen Proviant ein und fuhren wieder zum Robson. Das Kalksteinband, an dem ich beim letzten Mal kapituliert hatte, war mit einem sichernden Seil an meinem Gurt leicht zu überwinden, und den restlichen Tag stiegen wir größtenteils angeseilt über brüchigen Schiefer höher. Chuck und ich hatten bisher hauptsächlich Eisrouten zusammen gemacht, und die brüchigen, dachziegelartigen Schieferplatten am Wishbone waren nicht nach Chucks Geschmack. Wir waren heilfroh, als wir endlich die große Terrasse in etwa halber Höhe des Grats erreichten, wo wir unsere Biwakausrüstung auspackten. Wir mußten uns meinen Biwaksack teilen und zwängten uns Rücken an Bauch hinein.

Der nächste Tag würde der entscheidende sein. Laut Führer stand uns ein bißchen Kletterei im Grad 5.6 bevor, danach bis zum Gipfel eine Menge Eis. Unter dem klaren Himmel und in der Brise, die unseren Biwaksack flattern ließ, wurde uns eisig kalt. Der Hauptgrund für das Kältegefühl rührte jedoch von der bangen Frage her, was der morgige Tag bringen würde. Chuck schlief schlecht, ich selbst wegen der beengten Verhältnisse nicht viel besser.

Kurz nach Sonnenaufgang überwanden wir die Schlüsselstelle der Felspassage und stiegen in einem gleichmäßigen, aber langsamen Tempo weiter auf. Der gesamte Berg schien aus einer Mischung von Geröll und Fels zu bestehen, dazwischen zur Abwechslung hin und wieder Rinnen aus brüchigem Eis. Wir kletterten gemeinsam und ohne innezuhalten, ich führte und brachte hin und wieder eine Sicherung an, wenn sich eine Gelegenheit bot. Chuck baute das Material wieder ab, wenn er daran vorbeikam. Weiter oben wurde Chuck noch langsamer. Immer wieder beschwerte er sich über die schlechte Kletterei, worauf ich jedesmal halb im Spaß, halb zur Ermutigung erwiderte: »Du wirst's überleben.« Ein bißchen später klagte er, er sei müde, und wieder antwortete ich: »Du wirst's überleben.« Er klagte, daß die Kletterei kein Ende nehme, und ich antwortete ein weiteres Mal: »Du wirst's überleben.« Was nicht heißt, daß mir seine Klagen gleichgültig gewesen wären, wir legten sogar eine

Teepause ein, damit Chuck sich einmal ordentlich ausruhen konnte. Ich kann mit Gejammer einfach nicht viel anfangen. Beim Klettern wie im Leben muß man tun, was getan werden muß; hinterher blickt man lachend auf die kleinen Leiden zurück und ist stolz, sie überwunden zu haben.

Schließlich hatten wir eine Höhe erreicht, in welcher der Blockgrat von einer durchgehenden Eisdecke überzogen war. Jetzt begann die Kletterei endlich Spaß zu machen! Im oberen Teil des Wishbone gibt es viele solche Eisgendarmen, für die der Emperorgrat berühmt ist, und über neun Seillängen hinweg schlängelten wir uns zwischen ihnen hindurch. Manchmal versuchte ich einen Gendarm rechts zu umgehen, wo mir jedoch senkrechtes Eis den Weg abschnitt, also versuchte ich es links, wo ein siebzig Grad steiler Trichter zur nächsten Eisspitze führte. Dort kam ich dann auf der linken Seite nicht weiter und mußte statt dessen rechts vorbei. Es war schwierig, die Route zu finden, doch das Eis war hervorragend. Es kam mir vor, als hätten wir anderthalb Tage für einen miserablen Anmarsch gebraucht, bis wir endlich auf der eigentlichen Kletterroute waren. Aber selbst von hier war es bis zum Gipfel noch ein langer Weg, und wir kamen einfach nicht schnell genug voran. Als sich unterhalb des Gipfels die Gelegenheit bot, nach rechts zu dem Grat zu queren, den ich vor zwei Wochen erstiegen hatte, nahm ich sie wahr. Eine Stunde später klatschten wir auf dem Gipfel unsere Hände aneinander. Chuck strahlte vor Stolz, den Berg geschafft zu haben, und ich selbst konnte es gar nicht richtig glauben, daß ich ihn in zwei Wochen zweimal erstiegen hatte. Jetzt hatten wir nur noch eins im Sinn: den Abstieg. Das Wetter war zwar immer noch gut, doch weil sich die Sonne in ihrem Lauf nun mal nicht aufhalten ließ, mußten wir sehen, daß wir schleunigst hinunterkamen.

Wir hatten vor, in der Forsterhütte zu übernachten, zu der zwei Wege führten: Wir konnten über die Standardroute, die »Schwartzbänder« in der Südwand absteigen, wie ich es vor zwei Wochen gemacht hatte. Die andere Möglichkeit war die »Hourglass«-Route, die den Vorteil hatte, daß sie direkter war. Der Nachteil war jedoch, daß man unter einer langen Eiswand hindurchgehen mußte, und im Führer wurde vor Séracs gewarnt, die von dem kalbenden Hängegletscher abbrachen. Wir kamen zu dem Schluß, daß wir es über die Hourglass-Route eher vor Einbruch der Dunkelheit bis zur Hütte schaffen würden. Wir würden die Strategie anwenden, die Bergsteiger in Bereichen mit Stein- und Eisschlaggefahr üblicherweise benützen: ein hohes Tempo vorzulegen, um die Gefahrenzone schnellstmöglich hinter sich zu lassen. Beeilen mußten wir uns ohnehin, weil wir nicht noch eine Nacht im Freien verbringen wollten.

Nach zwei Abseillängen hatten wir das obere Couloir hinter uns, danach war das Gelände nicht mehr so steil, und man mußte sich in einem Gewirr aus Bändern und Schneeflecken die beste Linie suchen. Während Chuck das Seil von der letzten Abseillänge abzog, ging ich schon weiter, um die Route zu erkunden. (Wenn irgendwo eine weitere Abseillänge erforderlich wäre, wollte ich stehenbleiben und warten.) Ich bewegte mich langsam abwärts, während Chuck mir folgte und ich ihn immer wieder anwies, nach links oder nach rechts zu gehen, damit er auf dem Pfad blieb, den ich gewählt hatte. Die Sonne war inzwischen unter den Horizont gesunken, die Abenddämmerung legte sich über das Tal. Ich schaute immer wieder nervös zu der Eiswand über uns, der Unterseite des Gipfelgletschers des Mount Robson. Erst vor zwei Wochen hatte ich die Lawine, nachdem sie über mich hinweggerauscht war, über diese Eiswand hinüberschießen sehen, und überall lagen Brocken von jüngeren Schnee- und Eisrutschen.

»Komm schon, Chuck! Wir müssen uns beeilen!«

Ich blieb am oberen Ende eines etwa drei Meter langen, steil abfallenden Felsbands stehen, wartete eine Weile und begann dann mit dem Gesicht zur Wand hinunterzuklettern, um zu sehen, ob es gehen würde. Die Griffe waren stabil und führten zu einem etwa anderthalb Meter breiten Schneeband. Ich ging ein Stück darauf entlang und sah, daß es an einem Schneefeld endete, das wiederum zu dem Gletscher darunter führte. Na also, das Ende der Schwierigkeiten war in Sicht. Jetzt konnte es ruhig dunkel werden, denn bis zur Hütte war es von hier aus nicht mehr weit. Ich ging wieder bis zum unteren Ende des kleinen Felsbandes zurück, das ich heruntergeklettert war, und dirigierte Chuck in meine Richtung.

Seine Steigeisen waren drei Meter über mir, als er die Passage in Augenschein nahm.

»Dort unten ist ein guter Tritt«, sagte ich und deutete darauf. »Und gute Griffe ungefähr in Kniehöhe.«

Er fand sie und begann dann in der zunehmenden Dunkelheit nach weiteren Griffen zu tasten.

»Der Griff ist genau dort«, sagte ich. »Kannst du ihn fühlen?«

»Nein!« kam es kläglich zurück.

Mit Panik in der Stimme rief er auf einmal: »O nein!« und stürzte rückwärts hinunter. Ich machte einen Satz auf ihn zu, berührte noch seine Jacke, bekam sie aber nicht zu fassen. Ich dachte, er würde auf dem Band aufprallen, auf dem ich stand, aber er stürzte weiter hinunter.

»O Gott, o Gott, o Gott!« rief ich entsetzt, während jedesmal, wenn Chucks Steigeisen gegen den Fels schlugen, Funken in die Dunkelheit sprühten. Während ich schrie, hörte ich noch ein paar wimmernde Klagelaute, dann nichts mehr. Chuck verschwand in der Finsternis.

Von panischem Entsetzen ergriffen, rannte ich über das Band zum Schneefeld und über den 45 Grad steilen Hang zum Fuß der Felswand. Im Schnee lag eine dunkle Masse, und ich lief darauf zu. Chuck lag mit dem Gesicht nach oben. Sein Gesicht war dunkelblau. Er war tot. Ich wußte es. Er war über 150 Meter tief gestürzt. Schon bevor ich ihn erreicht hatte, wußte ich, daß er tot sein würde. Und sein bläulich verfärbter, lebloser Körper bestätigte meine Befürchtung. Trotzdem hätte ich nach Lebenszeichen suchen sollen. Statt dessen verlor ich die Nerven. Ich war wie betäubt und zugleich von wilder panischer Angst und entsetzlicher Trauer um den Menschen erfüllt, der innerhalb von nur zwei Wochen mein bester Freund geworden war und den ich wie einen jüngeren Bruder liebte. Ich mußte mich bewegen, mußte hier weg, zu Menschen hin, fliehen, bloß weg von hier. Ich rannte über den Gletscher zu dem Grat, der zur Hütte führte.

Im Gletscher waren Gletscherspalten, aber das kümmerte mich nicht. Als meine Beine durch den Schnee stießen und meine Füße auf einmal ins Leere ragten, zog ich sie heraus und rannte weiter. Ich war kein denkender Mensch mehr, sondern wie ein Tier, das in panischer Angst über eine stark befahrene Straße hetzt.

In der Hütte weiter unten war Licht zu sehen, an dem ich mich orientierte, als ich das andere Ende des Gletschers erreicht und wieder Erde unter den Füßen hatte. Als ich die Tür aufriß, fand ich im Inneren zwei Leute, die sich gerade ihr Abendessen zubereiteten. Nachdem ich ihnen mit knappen Worten erzählt hatte, daß mein Partner abgestürzt sei, kroch ich in eine Schlafkoje und kämpfte dort mit meinen Dämonen. Irgendwann schrieb ich etwas in das Hüttenbuch, einen kurzen Bericht, in dem ich das Vorgefallene zusammenzufassen versuchte. 25 Jahre später schickte mir der Vorstand des kanadischen Alpine Club eine Kopie dieser Seiten. Zuerst schilderte ich, wie es zu dem Unfall gekommen war, beschrieb dann Chuck als den liebenswürdigsten und rücksichtsvollsten Menschen, den ich je kennengelernt hatte, und schloß den Bericht mit den Worten: »Nachdem ich bereits meinen Vater durch einen 1200 Meter tiefen Sturz verloren habe und jetzt miterleben mußte, wie Chuck in den Tod stürzte, komme ich langsam zu dem Schluß, daß Klettern ein etwas zu gefährliches Spiel ist. Chuck war ein sehr auf Sicherheit bedachter und vorsichtiger Kletterer. Wenn ich nicht so ungeduldig gewesen wäre und er sich nicht auf meine größeren Kenntnisse verlassen hätte, hätte er mit Sicherheit darauf bestanden, daß wir uns anseilen. Andererseits wären wir angeseilt möglicherweise so langsam vorangekommen, daß uns einer der Eisrutsche erwischt hätte, die eine Seilschaft vor uns [in dem Hüttenbuch] erwähnt. Ich finde, in den Bergen kommen einfach zu viele Menschen ums Leben. Sind die Berge das wirklich wert?«

Schon vor Tagesanbruch verließ ich leise die Hütte, während die anderen noch schliefen. Als erstes suchte ich die Ranger-Station auf und wurde von dort zur Polizei von British Columbia geschickt, wo man mich ausführlich zu dem Unfall befragte. Dann bestiegen wir einen Hubschrauber, damit ich ihnen zeigen konnte, wo der Leichnam lag, und Minuten später hing ein Ranger an der Longline unter dem Helikopter, um Chuck zu bergen. Anschließend suchte ich die Wetterstation auf, um Chucks Freund zu benachrichtigen, den ich erst vor zweieinhalb Wochen kennengelernt hatte – es kam mir vor, als sei das eine Ewigkeit her und in einer anderen Welt gewesen. Und dann setzte ich mich ins Auto und floh, immer noch wie betäubt, südwärts nach Colorado, während mir die letzten Augenblicke des Unfalls unaufhörlich im Kopf herumgingen.

Nach ein paar Stunden Fahrt rief ich Mom an. Ich erinnere mich daran, wie sie nach Luft schnappte und zu weinen begann, und wie ich dabei das Gefühl hatte, sie hätte die Nachricht vielleicht nicht überlebt, wenn ich selbst der Verunglückte gewesen wäre.

Adele wunderte sich, daß ich in ihrem Wohnheim in Fort Collins einen Tag früher ankam als geplant, und erkundigte sich nach Chuck, der doch eigentlich hatte mitkommen wollen. Ich sagte, das würde ich ihr später erklären. Sie fragte, ob ich den Hagelschauer vor ein paar Stunden mitbekommen hätte, und ich antwortete, jaja, der war ganz schön heftig. Dann holte sie ein Hagelkorn von der Größe eines Baseballs aus dem Kühlschrank und wies mich auf die zerbrochenen Fenster und die verbeulten Autos hin. Der Hagelsturm hatte hier also viel schlimmer gewütet als auf meiner Fahrstrecke. Als dann alle Wiedersehensrituale vollzogen waren, ließ ich mich schließlich in ihre Arme sinken und erzählte ihr schluchzend die Geschichte.

Ich hing ein paar Tage in Fort Collins herum und wußte nicht, was ich tun sollte. Eigentlich hätte ich Chucks Eltern anrufen sollen, ließ es aber bleiben. Chuck hatte mir erzählt, daß seine Eltern geschieden seien und er ihnen entfremdet war. 28 Jahre später, inzwischen längst selbst Vater, weiß ich, daß Gefühle der Entfremdung kommen und gehen, Elternliebe aber dauerhaft ist. Ich hätte anrufen sollen. Zehn Monate später rief mich Chucks Vater in Paris an. Ich schrieb ihm einen langen Brief, und wir vereinbarten, daß wir uns treffen würden, wenn ich nach Amerika zurückgekehrt wäre. Seitdem haben wir nie wieder etwas voneinander gehört.

Adele kam bei ihrer Arbeit für das Youth Conservation Corps fast täglich nach Estes Park, der Stadt am Eingang zum Rocky Mountain National Park. Als ich einmal mitfuhr, ging ich zu Komito Boots, einer Schuhreparaturwerkstatt und Treffpunkt der örtlichen Kletterszene. Trotz meiner Beteuerungen in Bezug aufs Klettern unterschied ich schon jetzt zwischen der Hochgebirgswelt – in der man gezwungen ist, gefährliche Dinge zu tun, wie z. B. schnell und unangeseilt unterhalb von Eiswänden entlangzugehen – und der Kletterwelt, in der man nicht so vielen Unwägbarkeiten ausgesetzt ist. Meine Träume vom Klettern in den Alpen waren zerronnen, vor allem mein Traum vom Eiger. Auch der Paiju Peak in Pakistan kam nicht mehr in Frage. Ich gelobte, mich an sicheren Fels zu halten, dazu vielleicht ein wenig gut absicherbares Eis. In gewissem Maße gelang es mir, diese Gelübde bis auf ein paar Ausnahmen, meistens auf Skiern, zwanzig Jahre lang zu halten.

Als ich Anfang August das Komito Boots betrat, ahnte ich nicht, wie sehr dieser Ort mein Leben verändern würde. Es begann damit, daß mir Michael Covington einen Job als Bergführer im Rocky Mountain National Park anbot. Im Obergeschoß von Komito Boots befand sich das Büro von Michaels Berg- und Kletterführerservice »Fantasy Ridge Mountain Guides«. Fast alle namhaften Kletterer der Gegend arbeiteten, wenn sie Zeit hatten oder Geld brauchten, zeitweise für Michael oder Komito. Das Timing klappte nicht immer so, wie sie es sich vorstellten, weil die meisten Besucher mitten im Sommer kamen, also genau dann, wenn bestes Kletterwetter war. Folglich brauchte Michael einen Aushilfsbergführer, und hier war ich. Ich erzählte ihm vom kürzlichen Tod meines Partners und daß ich danach beschlossen hätte, das alpine Bergsteigen an den Nagel zu hängen. Aus Michaels Sicht machte mich das zu einem um so besseren Führer, weil davon auszugehen war, daß ich sehr auf die Sicherheit meiner Kunden bedacht sein würde. Freunde in den Bergen zu verlieren gehörte für Michael, einen der bekanntesten amerikanischen Kletterer jener Zeit, fast schon dazu. Und so kam es, daß ich in der Abstellkammer neben dem Büro von Fantasy Ridge mein Lager aufschlug. Mir gefiel das gesamte Ambiente, angefangen vom Geruch des geölten Leders und der Schleifgummis in der Schuhwerkstatt im Untergeschoß bis zu der gemütlichen Atmosphäre oben unter den Dachsparren, die eintrat, sobald die Besucher in ihre Hotels zurückgekehrt waren. Vor allem jedoch mochte ich die Mitarbeiter im unteren und im oberen Stock. Jeden Tag nach der Arbeit und an freien Tagen gingen wir zusammen klettern, meist bis zum Einbruch der Dunkelheit. Abends tranken wir Bier, rauchten Pot und gingen früh zu Bett, um am nächsten Tag wieder fit zu sein und mit Kunden oder mit Freunden zu klettern. Meine neuen Freunde waren die Elite der Kletterszene von Colorado – Leute, deren Namen ich in Magazinen und Büchern las, u.a. in dem von mir so geschätzten Band *Climbing in North America*.

Das war ein gutes Leben, das beste, das ich je geführt hatte, und bald schon sah ich eine Möglichkeit, es zu bewahren. Damals gab es in Amerika – anders als in Europa – noch keine offizielle Ausbildung zum Bergführer. Michael jedoch hatte seine eigene Version eingeführt. Ein Anwärter wurde zunächst von einem erfahrenen Bergführer angelernt, und nach fünf Arbeitssaisons (meist im Sommer und im Winter) konnte er anerkannter Bergführer werden. Das dauerte normalerweise zwei oder drei Jahre. Als anerkannter Bergführer bekam man ein höheres Honorar, aber das war für mich nicht der Anreiz. In meinen Augen zählte der Erwerb des Status eines anerkannten Bergführers genausoviel wie ein Universitätsabschluß: Es war der symbolische Abschluß eines Prozesses, nach dem ich mit etwas anderem weitermachen konnte. Für mich war es die perfekte Ausrede, um mein Master-Studium noch ein weiteres Jahr aufzuschieben.

Je mehr ich mich unter Kletterern bewegte, desto häufiger zeigte sich, daß den Leuten mein Name bekannt war, ohne daß sie mich kannten. Einmal nahm mich ein selbst kletternder Ranger in seinem Auto mit. Als ich meinen Namen nannte, entgegnete er: »Aha, wiederauferstanden von den Toten!« Weil er dunkelrot anlief, als ich ihm erklärte, daß es sich bei dem Toten um meinen Vater handelte, wurde mir klar, daß seine Bemerkung keineswegs ironisch gemeint gewesen war. Was mich noch mehr nervte, war die höchst seltsame, mir oft gestellte Frage: »Bist du mit dem *richtigen* John Harlin irgendwie verwandt?« Aha, gut, ja, der richtige John Harlin war natürlich mein Vater. Es verletzte mich um so mehr, als ich jetzt zu Leuten Kontakt hatte, von denen viele *richtige* Namen hatten, und die wußten, daß Dad einer von ihnen gewesen war. Ich fand es damals erniedrigend, wenn mir im nachhinein auch bewußt wird, daß mein Name diese Kletterstars gar nicht so sehr interessierte. Was zählte, war, ob ich gut kletterte oder nicht, gleich welcher Abstammung ich war. Und wie sie mich beurteilten, war mir sehr wichtig. Ich hatte das Gefühl, daß mein Name mir eine Tür zu ihnen öffnete, mir diese Tür jedoch wieder vor der Nase zugeschlagen werden könnte, wenn meine Leistungen ihren Erwartungen nicht entsprachen. Weil ich erst seit kurzer Zeit wieder kletterte, und das alles andere als rund um die Uhr, lag noch immer ein langer Weg vor mir, bis ich ihr Niveau erreicht hätte. Die zwei oder drei Jahre, die ich brauchte, bis ich den Status eines anerkannten Bergführers erlangt hätte, sollten dafür in etwa reichen, dachte ich.

Fünfzehn Lektionen am Waddington

»Na, John Harlin, willst du den Eiger besteigen?« schallte es mir durch den Lärm in einem überfüllten deutschen Biergarten entgegen, in dem lauter Kletterer saßen, die Schutz vor dem Nieselregen gesucht hatten. Ich kletterte damals gerade mit Reinhard Karl im Pfälzer Sandstein in der Nähe der französischen Grenze, und mein Name war anscheinend von Tisch zu Tisch gegangen, bis schließlich einer aufstand und die Frage quer durch den ganzen Raum rief. Es war wie ein Schlag in die Magengrube. Den Eiger zu besteigen – genau das hatte ich ja vor. Am liebsten hätte ich forsch zurückgerufen: »Völlig richtig – deshalb bin ich hier!« Es war eindeutig, daß sich dieser Kletterer – und vermutlich auch alle anderen – fragte: »Ob der Manns genug ist, um in die Fußstapfen seines Vaters zu treten?« Statt dessen starrte ich nur in mein Bierglas, spürte, wie mir das Blut in den Kopf stieg, und murmelte ein »Nein«.

Seit unserer Rückkehr in die USA im Jahr 1966 war ich nach dreizehn Jahren zum ersten Mal wieder in Europa. Da ich das Klettern in den Alpen für tabu erklärt hatte, war es nicht nötig gewesen, im Herbst zu kommen, wenn am Eiger am ehesten mit idealen Kletterverhältnissen zu rechnen ist. Deshalb hatte ich Adele auch nicht begleitet, als sie zu ihrem Auslandsstudium nach Frankreich geflogen war, sondern hatte zunächst ein paar Monate bei meiner Mutter in Rhode Island verbracht und war dann nachgekommen. Adeles kleine Wohnung in Pau, wo sie ein Semester lang studierte, und später die in Paris waren meine Standquartiere, ein weiteres war bei Reinhard Karl und seiner Frau Eva Altmeier in Heidelberg und in ihrem Wochenendhäuschen in der Pfalz.

Ich hatte Reinhard kurz nach Ende der Bergführersaison in Estes Park kennengelernt. Er war damals einer der bekanntesten deutschen Bergsteiger mit einer erfolgreichen Himalaja-Karriere. Am meisten beeindruckte mich seine überschäumende Begeisterung. Er liebte die Welt, besonders die Gebiete, die Steilwände aufwiesen, und das mit größerer Leidenschaft als alle anderen, die ich kannte. Diese Leidenschaft war wohl auch der Grund dafür, daß er seine harten Touren überhaupt bewältigte: Nicht einmal ein Berg konnte sich seiner Entschlossenheit widersetzen. Daß er ganze Serien von einarmigen Liegestützen machen konnte, schadete dabei sicher nicht, auch nicht, daß er Situationen innerhalb von Sekundenbruchteilen einzuschätzen vermochte. Als Lehrling in einer Kfz-Werkstatt unter den Autos herumkriechend, hatte Reinhard geglaubt, die Welt sei klein. Dann hatte er die Berge entdeckt und war an ihnen gewachsen. Er reparierte nie wieder Autos, nicht einmal sein eigenes. Entgegen allen Erwartungen konnte er von dem, was er als Autor und Fotograf verdiente, ganz gut leben und so seine Vision mit anderen teilen.

Wie fast jeder ernsthafte Bergsteiger, hatte auch Reinhard den Eiger bestiegen. Er war schließlich eine Art Initiationsritus für Hardcore-Kletterer, die Voraussetzung, um ernstgenommen zu werden. Er hatte Verständnis dafür, daß ich meinen bergsteigerischen Zielen Zügel angelegt hatte, obwohl es ihm nicht in den Sinn gekommen wäre, dieselbe Entscheidung zu treffen. Auch, daß man Freunde in den Bergen verliert, gehörte für ihn dazu. Reinhard hatte schon mehrere verloren. Ich kannte niemanden, der wie ich aus Rücksicht auf einen Elternteil die eigenen Ziele aufgegeben oder auch nur geändert hatte. Noch nie habe ich einen Bergsteiger getroffen, der sich Gedanken um die Ängste anderer machte, weder um die von Familienangehörigen noch um die von sonst irgend jemandem. Reinhard fand meine selbst auferlegten Beschränkungen mit Sicherheit etwas unverständlich, er war aber zu rücksichtsvoll, um darauf herumzureiten.

Während wir in der Pfalz kletterten, fanden sich auch Reinhards bester Freund Nico Mailänder und dessen amerikanische Frau Liz Klobusicky dort ein. Nico hatte gerade zwei Monate lang um Liz gebangt. Sie hatte dem ersten Frauenteam angehört, das die 8091 Meter hohe Annapurna besteigen wollte, und Nico hatte die neue Route für viel zu lawinengefährdet und ihre Teampartnerinnen für diesem Unternehmen nicht gewachsen gehalten. Liz war nach Hause zurückgekehrt, bevor zwei Frauen des Teams den Gipfel erreichten – und bevor zwei andere unter einer Lawine begraben wurden. Nico selbst hielt es mit dem Risiko mal so, mal so, manchmal traute er sich alles zu, dann wieder nicht. Er wollte den Eiger besteigen – irgendwann vielleicht. Im Gegensatz zu Reinhard, der stets zu allem bereit war, war er eher zweifelnd und unentschlossen. Ich spürte, daß er für meine Situation volles Verständnis hatte. Wir kamen so gut miteinander aus, daß ich bald auch Nicos und Liz' Wohnung als Standquartier benutzte und mit ihnen nach Südfrankreich in Kalkklettergebiete fuhr.

Adele war zweifellos froh, daß ich nicht die ganze Zeit in ihrer Wohnung herumhing und auf sie wartete. Für sie war es ein entscheidendes Jahr, in dem sie viel lernen und ihren Horizont maßgeblich erweitern konnte. Bei ihrer Ankunft hatte sie einfaches Schulfranzösisch mit amerikanischem Akzent gesprochen, doch schon nach wenigen Monaten harter Anstrengung hielten Außenstehende sie für eine Französin geheimnisvollen Ursprungs. Es war eine großartige Zeit für sie.

Im Frühjahr des Jahres 1980 machten Adele und ich eine Pilgerfahrt nach Grindelwald, von wo aus wir fasziniert zum

3000 Meter über dem Ort aufragenden Eiger hinüberschauten. Ich fühlte mich wie ein Gläubiger vor dem heiligen Schrein. Hier war endlich der Berg, der im Leben meiner Familie eine so entscheidende Rolle gespielt hatte. Die Nordwand, in der sich viele tragische Kämpfe der Bergsteigergeschichte abgespielt hatten, war von Wolken verhüllt. Ich brauchte diesen Berg nicht zu fürchten: Er konnte mir nichts anhaben, weil ich wußte, daß ich ihn nicht anfassen würde. Insgeheim aber fragte ich mich, wie es dort oben sein würde. Was für ein Gefühl würde es sein, ihn bestiegen zu haben?

Im Herbst flog Adele nach Santa Barbara zurück, um dort ihr letztes Studienjahr zu absolvieren. Ich arbeitete während der Sommer- und der Wintersaison als Bergführer in Colorado und reiste auf der Suche nach Motiven für einen Bildband in verschiedene Klettergebiete. Ich hatte dem Band den Arbeitstitel *Sand, Brandung und Sturm* gegeben, weil ich die Wüste, die Küste und die Berge der Lower 48-Staaten einbeziehen wollte. Ich fand keinen Verlag dafür, doch die Zeitschrift *Climbing* wollte eine Reihe von einzelnen Artikeln über verschiedene Gebiete abdrucken. Um Geld zu sparen, hatte ich wieder im Dachgeschoß von Komito Boots mein Lager aufgeschlagen und konnte dort abends schreiben, während ich tagsüber kletterte. Wenn ich unterwegs war, schlief ich in meinem Kleintransporter. Ich war rundum zufrieden. Michael wollte mich im nächsten Sommer trotz meiner relativen Unerfahrenheit zum »Leitenden Bergführer« machen, und Adele hatte vor, nach Abschluß ihres Studiums mit mir zusammenzuziehen. Wenn mein Glück andauerte und sie keine kalten Füße bekäme, würden wir Ende des Sommers heiraten.

Am 3. Oktober schlossen wir dann in einem Espenhain oberhalb der Blockhütte, in die wir gezogen waren, den Bund fürs Leben. Adele war 22, ich 25. Reinhard und Eva standen im sanft rieselnden Schnee, als Komito mir Adeles Ring reichte und unser junger Schäferhundmischling Lupine neben uns ein Loch in den Boden grub. Wenn man uns fragte, wann wir uns Kinder zulegen wollten, antworteten wir, daß wir darüber nachdenken würden, wenn Lupine an Altersschwäche gestorben wäre.

Dann versuchten wir, in Estes Park unseren Lebensunterhalt zu verdienen. Es war ein hartes Jahr. Während Michael in jenem Sommer als Bergführer am Denali unterwegs war, überlegten die anderen Bergführer und ich, ob wir ihm die Bergführerlizenz für den Rocky-Mountain-Nationalpark abkaufen sollten. Wir arbeiteten sogar an der Satzung zur Gründung einer gemeinnützigen Vereinigung von Bergführern im Rahmen einer Dachorganisation, in der einige von uns verschiedene Bereiche leiten sollten. Ich selbst wurde zum Vorstand der Vereinigung ernannt und dazu bestimmt, einen Unternehmensbereich Skibergsteigen zu entwickeln. Die ganze Sache scheiterte jedoch daran, daß einer der Hauptbeteiligten, ein Einheimischer, uns allen zuvorkam und die Lizenz sowie Michaels Betrieb für sich selbst kaufte. Ich war tief verletzt. Ein Freund hatte eine Sache verraten, an der wir alle hart gearbeitet hatten, um sie gemeinsam auf die Beine zu stellen. Ich hätte vermutlich für ihn arbeiten können, doch ich war zu verbittert. Nun konnte ich im Nationalpark keine Touren mehr führen, und das Gemeinschaftsgefühl der örtlichen Kletterszene war in meinen Augen zerstört. Ich schrieb Peter Boardman, der nach Dougals Tod die Leitung von Dads Bergsteigerschule, nun umbenannt in International School of Mountaineering (ISM), übernommen hatte. Ich hoffte, er wäre daran interessiert, daß der Sohn des Gründers der Schule für ihn arbeitete, doch er schrieb zurück, daß die Bergführer der Schule nach europäischen Richtlinien zertifiziert sein müßten, während es in den Vereinigten Staaten keine entsprechende Ausbildung gab. Wenig später machte Peter eine Expedition zum Mount Everest, wo er bei der Begehung einer neuen Route am Nordostgrat verscholl.

Nun wäre der richtige Zeitpunkt gewesen, mein Studium fortzusetzen und mit dem Leben für die Wissenschaft zu beginnen, was nach wie vor mein Ziel war. Aber ich mußte noch ein paar Sachen in der Kletterwelt abschließen, und dazu gehörte nun auch Geschäftliches. Ich wollte diese neue Welt nicht verlassen, ohne irgendein Ziel erreicht zu haben. Der Park war zum Skifahren ohnehin nicht besonders geeignet – es war zu kalt und zu windig, und es gab zu wenig Schnee –, und die Ideen, die ich für mein Ski-Unternehmen hatte, schlossen neben den Alpen und anderen Gebirgszügen die Rockies und natürlich den Rocky Mountain National Park ein. Zusammen mit einem Freund überredete ich den Skifilmproduzenten Warren Miller dazu, uns in jenem Winter beim Skifahren auf dem Orizaba zu filmen, einem mehr als 5700 Meter hohen Vulkan in Mexiko, dem dritthöchsten Gipfel Nordamerikas. Es war leichtes Skifahren, nur eben in großer Höhe, aber die Fahrt hinauf über abgelegene mexikanische Schotterstraßen hatte etwas Exotisches. Warren Miller benutzte das Filmmaterial für seinen Kinofilm *SnoWonder*, doch es war abgemacht, daß ich eine Kopie des Rohmaterials bekommen würde, um daraus etwas zusammenzubasteln, was ich auf Vortragsreisen mitnehmen konnte, um damit etwas Geld zu verdienen und Werbung für mein neues Unternehmen »Ski-Mountaineering Unlimited« zu machen. Außerdem war Chockstone Press an mich herangetreten, und wir sprachen darüber, aus meinem Projekt *Sand, Brandung und Sturm* eine mehrbändige Kletterführer-Reihe zu machen, die wir *The Climber's Guide to North America* nennen wollten. Es gab also Pläne, an denen gearbeitet werden mußte, und ich hatte ja noch Zeit. Schließlich hatte meine Mutter auch erst mit 36 ihren Doktor gemacht, da blieben mir für meine eigene Promotion also noch zehn Jahre. Ich wußte, daß es mir gefallen würde, vor dem Wiedereintauchen ins akademische Leben ein Geschäft aufgebaut und ein paar Bücher geschrieben zu haben.

Adele wollte sich als Künstlerin etablieren, ihre Aquarelle zierten bereits die Wände einer Galerie in Colorado. Doch das brachte finanziell auch nicht mehr ein als meine schriftstellerische Tätigkeit oder meine Träume vom Skiführer-Geschäft. Um über die Runden zu kommen, arbeitete Adele als Kellnerin. Aber auch das half nicht viel, denn im Winter hatte Estes Park außerhalb des Friedhofs nur wenige Bewohner und schon gar keine Touristen. Im darauffolgenden Frühjahr zogen wir nach Boulder, wo ich Gelegenheitsjobs annahm, um zu dem, was mir Bergführen, Schreiben und Vortragsreisen einbrachten, noch etwas hinzuzuverdienen. In einer Nissenhütte aus Wellblech richteten wir für Adele ein Atelier und für mich ein Büro ein und versuchten, so gut es ging, uns gemeinsam durchzubringen.

Neben meinen Artikeln über verschiedene Klettergebiete druckte die Zeitschrift *Climbing* auch Dads Bericht über die zusammen mit Royal eröffnete Dru-Westwand-Direttissima neu ab, der damals im *American Alpine Journal* erschienen war. Auf die von mir verfaßte Einführung hin erhielt ich viele Zuschriften von Lesern, die mir mitteilten, daß sie gerne ein Buch von Dad lesen würden. Also schickte ich *Introspection Through Adventure*, das Manuskript, das Mom 1966 in harter Arbeit zusammengestellt hatte, an einen Verlag, aber man sagte mir, daß Dads Aufzeichnungen zu kurz und zusammenhanglos seien. Um sie in Form zu bringen, wäre die Hand des Autors nötig, nicht die seines Sohnes. Etwa um diese Zeit, im Jahr 1982, kam Dads Freund David Swanson, der 1966 bei der Aufzeichnung der Funkgespräche am Eiger mitgewirkt hatte, zu einem meiner Vorträge im American Alpine Club in New York. Er sagte mir, er habe eine Kopie dieser Aufzeichnungen und auch eine Kopie von Dads Super-8-Film von der Direttissima, aus der er einen 16-Millimeter-Film gemacht habe. Wenig später schickte mir David dieses Material, und ich kombinierte es mit Dads Dias, einigen seiner Aufzeichnungen und meinen eigenen geschichtlichen Nachforschungen zu einem Vortrag über die Eiger-Direttissima, mit dem ich dann ebenfalls im ganzen Land auf Tour ging. Abend für Abend hörte ich Dads letzte Worte, die er in sein Funksprechgerät gesprochen hatte: »Wir werden um diese Zeit sehr beschäftigt sein, und ich weiß nicht, ob wir [das Gespräch] führen können.« Manchmal mußte ich mir die Tränen verkneifen, manchmal nur schwer schlucken, dann fuhr ich mit meinem Vortrag fort. Ich fühlte jedoch immer eine Verbindung zu seiner Stimme, die aus den Lautsprechern des Raumes drang, während auf der Leinwand Bilder vom Eiger erschienen.

Als ich in Boulder gerade an meinem Computer saß, kam ein Anruf von Liz Klobusicky. Sie berichtete mir, daß am Cho Oyu in Tibet ein Sérac auf Reinhard Karls Zelt gestürzt sei und ihn im Schlaf erschlagen habe. Adele und ich umarmten uns und weinten. Bei Reinhard konnte man es sich am allerwenigsten vorstellen, daß er tot war. Daß solch eine Vitalität nicht mehr da sein sollte, war einfach unvorstellbar. Es war so grundfalsch, so entsetzlich herzlos. Ganz so wie ein Berg.

Kurze Zeit darauf kam der italienische Bergsteiger Renato Casarotto in unserem Atelier/Büro vorbei. Er galt bereits als einer der besten Solo-Kletterer der Alpen und kletterte nun in demselben anspruchsvollen Stil im Himalaja. Roger Marshall schaute ebenfalls herein, voller Enthusiasmus. In beiden Fällen stand ich wegen Abgabeterminen gerade unter großem Zeitdruck und konnte deshalb nicht mit ihnen klettern gehen. Drei Jahre später waren beide tot – einer war am K2 ums Leben gekommen, der andere am Everest, alleine und ohne künstlichen Sauerstoff, wahre Puristen.

Im nachhinein ging mir auf, daß diese Männer mich weniger aus dem Grund aufgesucht hatten, um mit mir zu klettern, sondern um den Sohn des echten John Harlin kennenzulernen. Das machte mir nicht allzuviel aus, ich fühlte mich trotzdem geehrt und freute mich, daß Dad anerkannt wurde. In jenem Jahr (1982) erschien das Buch *Eiger: Wall of Death*, in dem ein halbes Dutzend Kapitel Dad gewidmet waren (»Der blonde Gott aus dem Tal«). Der britische Filmemacher Leo Dickinson drehte damals gerade einen Film mit dem Titel *Eiger Solo*, in den er eine aufwendige Nachstellung von Dads Todessturz einbaute, bei der eine mit den Armen fuchtelnde Person aus einem Helikopter springt, um Dads letzte Minuten zu simulieren. Während der Dreharbeiten machte einer meiner Freunde aus Estes Park gerade die erste amerikanische Winterbegehung und wurde damit beauftragt, eine mit Dads Sachen bekleidete Puppe vom Berg zu werfen, um auch das zu filmen. Es sah so aus, als käme ich nicht vom Eiger los. Doch ich versuchte es auch gar nicht.

Mein das Alpinklettern betreffende Gelöbnis hielt ich nach wie vor ein, aber vom alpinen Skilauf war dabei nicht die Rede gewesen. Ich zog es vor, meine Abenteuer nicht zum Extremskifahren zu zählen, das man ziemlich zutreffend als »Wenn du stürzt, bist du tot« definiert hatte. Ich nannte es lieber »Skifahren am Steilhang«. Dabei war ich dem Abhang schon des öfteren ziemlich nahe gekommen. Jimmy Katz, ein Telemark-Skifahrer aus Utah, hatte gehört, daß ich im Rocky Mountain National Park einige Erstabfahrten machen wollte, und fragte mich, ob er herüberkommen und sich mir anschließen könne. Im Mai 1984 war er da, und wir bewältigten gemeinsam einige jungfräuliche Abfahrten, die ich im Visier gehabt hatte. Das Schöne an dieser Art des Skifahrens war für mich, daß ich den Skisport mit den Augen eines Bergsteigers sehen konnte. Eine weiche, offene Senke mit gutem Schnee faszinierte mich viel weniger als eine ungewisse Steilwand, wo ich mich um Felsen herumschlängeln und vor jeder Richtungsänderung nachdenken mußte. Für Jimmy war das ein ganz neuer Aspekt, denn er war kein Bergsteiger, dafür aber einer der besten Skifahrer, die ich je kennengelernt hatte. Als wir zum ersten Mal das Notch Couloir in der Ostwand des Longs Peak hinaufkletterten, machte Jimmy die ungewohnte senkrechte Umgebung (wir waren von Felswänden eingeschlossen) solche Angst, daß wir sofort wieder abstiegen und nach Boulder zurückfuhren. Nachdem ich ihm erklärte hatte, daß wir uns an den gefährlichsten Abschnitten mit einem Kletterseil sichern könnten, war er am nächsten Morgen zu einem neuen Versuch bereit, und wir schafften es.

Ich wußte, daß diese Sorte Skitouren nicht in Ordnung war, denn sie verletzte den Geist meines stillen Gelöbnisses bezüglich des Alpinismus. Ich redete mir ein, daß ich im großen und ganzen brav gewesen war. Ich war stets so vorsichtig wie möglich gewesen, und gelegentliche Überschreitungen würden doch vergeben werden. Mutter gefielen die Fotos meiner Vortragsreihe ganz und gar nicht, aber ich versicherte ihr, daß es sich um einzelne Abfahrten handelte, die ich nur selten machte, was ja auch stimmte. Aber in meinem Innersten wußte ich, daß diese Art des Skifahrens scheinheilig war. Ich mußte auf mich aufpassen, vielleicht sogar damit aufhören.

Colorado war für meine Bedürfnisse ideal, nicht aber für die von Adele. Sie war dort aufgewachsen und bewußt von dort weggezogen. Colorado war für ihre Art von Kunst nicht empfänglich. Mir zuliebe war sie für eine Weile dorthin zurückgekehrt, aber nun war unsere Zeit abgelaufen. New York war der richtige Ort. Nachdem sie an der School of Visual Arts aufgenommen worden war, zog sie Ende des Sommers 1984 dorthin. Ich wollte in ein paar Monaten nachkommen, wenn ich die Arbeiten am zweiten Band meines Kletterführers über die Rocky Mountains beendet hätte. Der dritte Band sollte Touren an der Ostküste enthalten, und so machte es mir nichts aus, für die zwei Jahre, die sie an der Hochschule verbrachte, dorthin zurückzukehren. Trotz aller Bemühungen hatte ich für meine Arbeit als Skiführer nicht genug Kunden gefunden und ließ diese Tätigkeit allmählich auslaufen.

Gegen Ende meiner Collegezeit hatte ich damit begonnen, immer wieder Zeitpläne für die nächsten Jahre zu entwerfen – wie eine Sache zur nächsten führen und ich schließlich mein Studium fortsetzen würde. Alle sechs Monate etwa überarbeitete ich sie und brachte sie auf den neuesten Stand. Als ich dann in unserem vollgepackten Pick-up gen Osten fuhr (der Kleinlaster, den ich mir gekauft hatte, als ich in Washington als Waldarbeiter arbeitete), hatte ich es aufgegeben, meine Zukunft planen zu wollen. Es schien mir sinnlos, fast schon lächerlich.

Zwei Jahre später war ich mit Telemarkskiern vom höchsten Gipfel Perus (dem 6768 Meter hohen Huascarán) abgefahren, dann von einem weniger hohen Berg in Bolivien und hatte die ersten drei Bände meines Kletterführers – insgesamt 1200 Seiten – veröffentlicht. Es standen noch vier weitere Bände auf meiner Liste, aber ich war vollkommen abgebrannt. Adele verdiente während ihres Studiums mit Nebenjobs mehr als ich mit meiner Schreiberei, den Vorträgen und gelegentlichen Skitourenführungen. Im Jahr 1986 schloß sie ihr Studium ab, wollte aber New York nicht eher verlassen, bevor sie sich nicht als Künstlerin etabliert hätte. Zur Finanzierung des Lebensunterhalts hatte sie eine Stelle als Managerin eines Künstlerateliers angenommen.

Ich fühlte mich verloren. Ich brauchte Geld, wußte aber nicht, wie ich es verdienen sollte. Ich dachte wieder einmal daran, mein Studium fortzusetzen, aber das wäre im Westen, und Adele wollte im Osten bleiben, und wir hatten kein Geld und ... und vielleicht hatte ich auch den Antrieb verloren? Der Gedanke daran, daß ich es vielleicht niemals schaffen würde, Wissenschaftler zu werden, beunruhigte mich. Ich war mein Leben lang von diesem Ziel überzeugt gewesen. Inzwischen war ich 31 Jahre alt und verstand mich weniger denn je. Ich hatte gearbeitet, so hart ich konnte, hatte viel übers Klettern geschrieben, war aber kaum geklettert und fühlte mich, als wäre ich in einer Tretmühle ohne

Sinn und Zweck gewesen. Ein Freund von mir wollte Geschäftskapital aufbringen, damit ich einen Versandhandel für Outdoor-Kleidung aufmachen könnte, und ich war nicht abgeneigt, weil es mit einem festen Gehalt verbunden wäre. Aber es schien mir nur eine weitere Ablenkung zu sein. Ich wußte wirklich nicht, was das Richtige für mich war, ich wußte nur, daß ich die meiste Zeit mit Schreiben verbracht hatte und wenig dabei herausgekommen war.

Dann rief Eric Perlman an. Einige Jahre zuvor war ich eine Weile in Joshua Tree in Kalifornien mit ihm geklettert, als ich Touren für meinen Westküsten-Kletterführer ausprobierte. Er arbeitete in Teilzeit als Autor für die Zeitschrift *Backpacker* und erzählte mir, daß einer der Redakteure gerade gekündigt habe. Er erzählte mir weiter, daß im Moment keiner der Mitarbeiter eigene Erfahrung mit den in der Zeitung beschriebenen Outdoor-Aktivitäten habe – hauptsächlich Rucksackreisen, aber auch alle anderen Aspekte des Reisens in der Wildnis, einschließlich Bergsteigen, Kanufahren, Skifahren und Abenteuerreisen im allgemeinen. *Backpacker* war das Flaggschiff einer kleinen Verlagsgruppe namens »Wilderness Travel Group«, zu der auch die Zeitschriften *Ski X-C* und *Adventure Travels* gehörten. Der Sitz war in New York. Ob ich bitte zum Vorstellungsgespräch kommen könne, damit er beim *Backpacker* unter den Angestellten einen Ansprechpartner habe?

Ich bekam die Stelle als neuer Mitherausgeber und verdiente plötzlich doppelt soviel Geld, wie ich je in einem Jahr gehabt hatte. Außerdem entdeckte ich, daß es mir Spaß machte, mit anderen Menschen zusammenzuarbeiten, kreativ mit anderen über die ganze Palette der Aktivitäten in der Wildnis nachzudenken, mit denen ich mein Leben verbracht hatte. *Backpacker* gab mir das Gefühl, meinem Ziel, ein Naturforscher zu werden, schon einen halben Schritt näher gekommen zu sein. Die Redakteure wurden dazu angehalten, auch selbst zu schreiben, und meine erste Geschichte für das

Magazin war ein sentimentaler Aufsatz über das traurige Leben der Karibus. Diese Tiere werden immer sehr romantisiert, in Wirklichkeit führen sie ein schreckliches Leben und sind mit allen Übeln geschlagen, die ihnen in der Arktis nur irgendwie begegnen können. Der Essay knüpfte an meinen kurzen Ausflug in die Prosa nach der College-Zeit an, als ich neben meinen Klettergeschichten noch verschiedene Erzählungen über den Kontrast zwischen der Schönheit der Natur einerseits und der ihr innewohnenden Grausamkeit andererseits verfaßt hatte. Dabei wollte ich die Natur nicht in einem negativen Licht erscheinen lassen, sondern ein realistischeres Bild von ihr zeichnen.

Am faszinierendsten war, daß ich diese Verbindungen zur Wildnis in einem fensterlosen Büro im elften Stock eines Wolkenkratzers am Times Square herstellte. Die Wilderness Travel Group gehörte den CBS Magazines, und der Chefredakteur bestand darauf, daß wir in Anzug und Krawatte erschienen. Er selbst trug immer nur Dreireiher. Es hatte etwas Surreales für mich, morgens mit dem Zug aus Connecticut, wo Adele und ich lebten, zum Grand Central Station zu fahren, mit meinem neu erworbenen Jackett und der Krawatte im Aufzug zu stehen, um dann in meinem winzigen Kämmerchen Texte über die Wildnis zu redigieren. Das war wohl mein seltsamstes Abenteuer überhaupt.

Leider erlebten die meisten Bewohner dieses Gebäudes keine schönen Abenteuer. Ich war gerade beim *Backpacker* eingestiegen, als der Präsident von CBS Magazines einen fremdfinanzierten Firmenkauf seines Geschäftsbereichs durchführte, dem neuen Unternehmen seinen Namen gab und damit begann, die Aktivposten, auch Menschen genannt, zu verkaufen oder einfach abzustoßen. Meine Gegenüber im Aufzug hatten nicht selten Tränen in den Augen und die Kündigung in der Tasche. Unter den Angestellten der Wilderness Travel Group war dann auch das Hauptgesprächsthema, ob wir klein genug wären, um dem Röntgenblick der Finanzmogule zu entgehen und so vom Ausverkauf verschont zu bleiben.

Eines Tages war ein Manuskript über Colin Fletcher – den Verfasser der Bibel aller Rucksackreisenden, *The Complete Walker*, und von *The Man Who Walked Through Time* – in der Post. Es war bei weitem die beste Arbeit, die mir bis dahin auf den Schreibtisch gekommen war. Ich rief den Autor Mark Jenkins an, und in den folgenden Monaten unterhielten wir uns übers Schreiben, übers Bergsteigen und über den Sinn des Lebens. Er wohnte in Laramie, und wie sich herausstellte, hatte er sechs Jahre zuvor bei der Organisation meines Vortrags an der Universität von Wyoming mitgewirkt. Ich konnte mich nicht entsinnen, ihm begegnet zu sein, erinnerte mich aber natürlich noch gut an den Vortrag, der mit rund 300 Zuhörern einer meiner erfolgreichsten gewesen war. Kurz bevor Mark mich beim *Backpacker* anrief, hatte er 77 Tage lang kein Badezimmer von innen gesehen, weil er eine neue Route in der Nordwand des Everest zu eröffnen versuchte, eine Sache, die doch immer wieder beeindruckt. Er schickte mir dann eine hervorragende Story über seine Erfahrungen am Everest, in der er der grauen Alltagswelt die unendlichen Horizonte eines abenteuerlichen Lebens entgegenstellte.

Eines Tages stieg ich aus dem Aufzug und mußte feststellen, daß die Wilderness Travel Group doch nicht zu klein gewesen war, um im Konzern unbemerkt zu bleiben. Wir waren von Rodale Press aus Pennsylvania aufgekauft worden. Kurz darauf kam John Viehman in die Redaktion, um zu entscheiden, wen von uns er anstellen wollte. John war der Herausgeber der bei Rodale Press erscheinenden Zeitschrift *Practical Homeowner*, war zuvor jedoch Herausgeber von *Canoe* gewesen und kannte sich somit im Outdoor-Bereich aus. Wir kamen sofort miteinander klar, und im Februar, nach nur sieben Monaten in dem winzigen Büro hoch über dem Times Square, war ich der einzige Angestellte, der ins nahe gelegene

Pennsylvania umziehen konnte. Adele hatte nichts dagegen einzuwenden, denn es war nahe genug, um nach New York pendeln zu können. Außerdem stellten wir fest, daß es in Pennsylvania viele alte Scheunen gab. Seit einem Jahr hatten wir darüber gesprochen, nach einer alten Kirche oder Scheune Ausschau zu halten, die wir renovieren könnten, um darin zu wohnen – allerdings sollte sie in der Nähe der City und dazu noch preiswert sein, keine einfache Kombination. Nun hatte sich die günstige Gelegenheit ergeben.

Wir fanden eine 21 Meter lange, 200 Jahre alte Scheune, die im unteren Bereich gemauert war und aus deren Dach ein Baum herauswuchs. Sechs Monate später zogen wir ein, nachdem wir jede arbeitsfreie Minute damit verbracht hatten, sie bewohnbar zu machen. Marks Artikel über Colin Fletcher wurde die Titelgeschichte der ersten *Backpacker*-Ausgabe, die vom neuen Personal der Rodale Press gestaltet wurde, und sechs Monate später zog er ebenfalls nach Pennsylvania, um die Zeitschriften *Adventure Travel* und *Cross-Country-Skier* herauszugeben. (Der Konkurrent von *Ski-X-C* gehörte Rodale bereits.) Unsere Freundschaft war nach unserem persönlichen Kennenlernen genauso stark wie zuvor am Telefon, doch wir hatten auch unterschiedliche Ansichten. Er konnte einfach nicht verstehen, warum ich so viel Energie in den Umbau der Scheune investierte (als wir einzogen, waren die Arbeiten noch längst nicht beendet), und als Adele einmal einen Karton mit der Aufschrift »Nippes für den Kaminsims« hervorzog, brach er in lautes Gelächter aus. Mark war ein Puritaner: Seiner Ansicht nach sollte man nicht mehr besitzen, als in einen VW-Bus paßte. Alles Zusätzliche war nur ein Klotz am Bein. Mark hielt es nicht einmal ein Jahr in der Bürozellen-Welt aus, bevor er seinen Bus wieder packte und in den Westen zurückkehrte. Er traf dort seine Partner für die erste Fahrraddurchquerung Rußlands, eine Odyssee über 11 260 Kilometer, die er in seinem ersten Buch *Off The Map* beschrieb.

Einige Monate vor Marks Weggang erhielt ich einen Anruf von der Zeitschrift *Summit*, der ältesten kommerziellen Bergsteigerzeitschrift des Landes. *Summit* stünde zum Verkauf, sagte man mir. Ob ich jemanden wüßte, der Interesse daran hätte? Ich rief David Swanson an, von dem ich wußte, daß er eine Kletterzeitschrift kaufen wollte – er war mittlerweile ein erfolgreicher Geschäftsmann geworden. Ich nannte ihm den Preis, und er erwiderte sofort: »Ich kauf' sie!« Danach bat er mich, die Zeitschrift für ihn zu leiten. Das Angebot, die Leitung einer Zeitschrift eigenständig zu übernehmen, kam viel zu früh für mich, denn mir war klar, daß ich noch eine Menge über das Geschäft lernen mußte. Aber die Gelegenheit war auch zu günstig, um sie verstreichen zu lassen. Ich verließ den *Backpacker*, voll aufgeregter Erwartung. Mein alter Freund Craig Sabina (mein Skipartner am Orizaba) war zu der Zeit Anzeigenleiter der Zeitschrift *Outside* an der Ostküste, doch auf die Aussicht hin, auf lange Jahre unsere Geschäfte zu führen, überredeten wir ihn, seinen lukrativen Job aufzugeben. Ich würde mich um das Redaktionelle kümmern, und für die Geschäftsstrategie wären wir beide gemeinsam verantwortlich. 35 Jahre zuvor war die Zeitschrift *Summit* als eine Ski- und allgemeine Bergzeitschrift auf den Markt gebracht worden. In den sechziger Jahren war sie dann die einzige Bergsteigerzeitschrift Nordamerikas, und Persönlichkeiten wie Royal Robbins hatten als Redakteure für sie gearbeitet. Als 1971 die Konkurrenzzeitschrift *Climbing* auf den Markt kam, wurde *Summit* zu einer bescheidenen, unbedeutenden Zeitschrift, die Hardcore-Kletterer nicht ernst nahmen. Craig und ich planten, sie als Hochglanzmagazin mit anspruchsvollen Texten über alles, was die Berge betrifft, wieder groß herauszubringen. Wir wollten die Bergwelt all jenen näherbringen, die die Höhe liebten, ob sie nun Wanderer, Bergsteiger oder Skifahrer waren oder mit der Zahnradbahn fuhren. Unser Ziel war es, die Leser zu inspirieren, und nicht, ihnen praktische Informationen über das Wohin und das Wie zu geben. Für die grafische Gestaltung sollte Adele zuständig sein, auch wenn sie so etwas noch nie gemacht hatte.

Als erstes misteten wir das Erdgeschoß der Scheune aus und richteten darin ein Büro für sechs Angestellte ein. Im Frühjahr 1990 kam die erste Ausgabe der neuen/alten Vierteljahreszeitschrift heraus. Jede Ausgabe sollte einen »Classic Reprint« enthalten, also den Nachdruck einer der klassischen Berggeschichten. Für die Erstausgabe hatten wir »Die Tragödie von Toni Kurz« aus Heinrich Harrers *Die weiße Spinne* gewählt. Das neue *Summit* erregte in der Bergwelt einige Aufmerksamkeit, und ich wurde zur 125-Jahr-Feier der Erstbesteigung des Matterhorns nach Zermatt eingeladen. Den Journalisten wurde eine geführte Besteigung des Matterhorns versprochen.

Nach all den Jahren war ich immer noch der Überzeugung, das Matterhorn sei der schönste Berg der Welt. Mit seiner scharf geschnittenen Form, seiner spektakulären Spitze, der Steilheit und Größe seiner Flanken und seiner Dominanz über dem Tal ist das Matterhorn ein Sinnbild des perfekten Berges – zumindest aus der Ferne. Erst wenn man einmal versucht hat, einen Griff zu finden, merkt man, daß es sich um einen Haufen Geröll handelt. Ich hatte auch nie vergessen, daß Dad mir versprochen hatte, mich aufs Matterhorn mitzunehmen, sobald ich vierzehn wäre, und auch die Schlußzeile in seiner Biographie *Straight Up* war mir noch im Kopf, in der er sagt, ich hätte meinen Blick auf das Matterhorn gerichtet. Das war keine leere Phrase gewesen.

Es dauerte nur den Bruchteil einer Sekunde, und ich antwortete dem Schweizer Tourismusbüro und meldete mich für das ganze Paket an. Es kam mir komisch vor, mich führen zu lassen, doch es war eine gute Möglichkeit, meine geistige Sperre bezüglich des Kletterns in den Alpen zu überwinden. Am Seil eines Bergführers auf der Touristenroute hinaufzusteigen konnte wohl kaum als Alpinismus gelten – jedenfalls redete ich mir das ein.

In der Nacht vor dem Aufbruch schlief eine große Schar Journalisten Seite an Seite in der Hörnlihütte. Man hatte uns gesagt, wir sollten um 3.30 Uhr aufstehen, jedenfalls hatte ich es so verstanden, doch einer wachte schon um drei Uhr auf, und es begann ein großes Getrampel. Ich war so sauer, eine halbe Stunde Schlaf verloren zu haben, daß ich liegenblieb, bis alle anderen zum Frühstück gegangen waren, und erst zur vereinbarten Zeit um 3.30 Uhr dazukam. Inzwischen hatten alle anderen jedoch schon ihre Bergführer zugewiesen bekommen und waren mit ihnen aufgebrochen. Mein Führer wartete ungeduldig auf mich. Mit meinen 34 Jahren war ich schon länger geklettert, als er an Jahren zählte, und länger Bergführer gewesen, als er kletterte. Nun trat er ungeduldig von einem Bein aufs andere und wünschte sich, sein Kunde wäre nicht so langsam. Peinlich berührt, schnappte ich mir meine Sachen, und wir stürmten los, um die anderen einzuholen. Über uns schlängelte sich eine lange Reihe von Stirnlampen den Berg hinauf – es sah aus wie eine stark befahrene Straße in dunkler Nacht. Nachdem wir eine Weile dem Verkehrsstau hinterhergezuckelt waren, sagte ich zu meinem Bergführer, daß wir von mir aus ruhig ein wenig schneller gehen und die anderen Leute überholen könnten, wann immer sich die Möglichkeit bot. Wir erreichten als zweites Team den Gipfel.

Unterwegs wurde mir wieder bewußt, wieviel Spaß es mir machte, in schnellem Tempo einen Berg hinaufzusteigen, auch wenn es sich um eine technisch so einfache Route wie den Hörnligrat handelte (der Weg Whympers bei der Erstbesteigung). Und der Gipfel war so spektakulär, wie ich ihn mir von unten vorgestellt hatte: keine perfekte Spitze, aber eine messerscharfe Klinge, die den Himmel zerschneidet. Wir wanderten auch zum italienischen Gipfel mit dem Metallkreuz hinüber und blickten die steilere Wand hinunter, durch die Whympers italienische Konkurrenten geflohen waren, als er Steine hinunterrollen ließ, um den Sieg für sich zu beanspruchen.

Rundum zufrieden kam ich nach Zermatt zurück. Das Ganze hatte riesigen Spaß gemacht, Spaß, wie ich ihn schon seit langer Zeit nicht mehr gehabt hatte. Die Kletterei war nicht sonderlich anspruchsvoll gewesen, doch die Geschwindigkeit hatte der Sache ein Glanzlicht hinzugefügt, und die Umgebung war einmalig. Wie ich es liebte, in diesen Bergen zu sein! Es gab einfach nichts Schöneres.

Auch meine Zeitschrift war schön geworden. Adeles kunstvolle Gestaltung verlieh *Summit* ein so frisches Aussehen, daß wir schon nach einem Jahr für den National Magazine Award nominiert wurden, den wichtigsten Designpreis in der Verlagswelt – und fast hätten wir ihn auch gewonnen. Im Herbst jenes Jahres wurde ich als Juror zum kanadischen Bergfilmfestival nach Banff eingeladen. Ich war bereits zweimal beim Telluride Bergfilmfestival in der Jury gewesen, und im darauffolgenden Frühjahr flog ich zum Filmfestival nach Trient, um an einer Podiumsdiskussion über den Einfluß von Kletterbüchern auf die Bergwelt teilzunehmen. Während ein italienischer Film gezeigt wurde, unterhielten Bernadette McDonald, die Leiterin des Festivals von Banff, und ich uns flüsternd über die Möglichkeit, ein Wanderfilmfestival ins Leben zu rufen, und bald schon bildeten unsere Ideen einen der Grundpfeiler ihres Festivals. Außerdem wurde ich zu einer Konferenz in Sundance/Utah über die Zukunft der Bergwelt eingeladen, wo der amtierende König des Alpinismus, Reinhold Messner, höchstpersönlich ein Exemplar der Zeitschrift *Summit* hochhielt und den Zuhörern erklärte, daß dies die erste und einzige Zeitschrift sei, die den wahren Geist dessen, was er die »Weiße Wildnis« nannte, einfing, also die wenigen Orte, an denen man noch richtige Abenteuer erleben konnte. Ich hatte in den vergangenen Jahren so viel an unserer Scheune, für *Backpacker* und

Summit gearbeitet und war zu so vielen Konferenzen gereist, daß ich nicht oft zum Klettern gekommen war, doch ich hatte das Gefühl, dies alles seien vorübergehende Verpflichtungen und daß ich, wenn ich auch mehr redete, jurierte und redigierte, als etwas zu *tun*, mir damit doch zumindest einen Namen machte. So fühlte ich mich fast selbstzufrieden, als ich ein Interview mit meinem alten Freund Nico Mailänder machte, der seit der Zeit, als wir uns über Reinhard Karl kennengelernt hatten, mehrere Male in den Staaten gewesen war. Während ich für meine Kletterführer recherchierte, waren wir ein paarmal zusammen in amerikanischen Klettergebieten geklettert und dabei enge Freunde geworden. Er war inzwischen Redakteur bei der deutschen Bergzeitschrift *Alpin*.

Eines Tages bekam ich eine Kopie seiner Geschichte mit dem Titel »Ja, er war mein Vater«. Das haute mich fast um. Ich war inzwischen schon älter als Dad bei seinem Tod. Außerdem hatte ich gehofft, daß ich zumindest für meine Freunde aus seinem Schatten herausgetreten wäre – eigentlich sollte *ich* jetzt dran sein. Und doch stand hier in schlagzeilengroßen Buchstaben, wie die Welt mich noch immer sah: als Dads Sohn.

Auch nach all den Jahren war Dads Name unter Bergsteigern bekannt geblieben. Ganz unvermittelt erhielt ich Briefe von Leuten, die mir berichteten, welchen Einfluß er auf ihr Leben gehabt habe, und die sich immer noch lebhaft an jedes Detail erinnerten, obwohl sie ihn nur flüchtig gekannt hatten. Einmal erzählte mir jemand, nachdem er meinen Namen gehört hatte, daß er nach der Lektüre von *Straight Up* mit dem Bergsteigen begonnen habe, ein anderer berichtete mir, er habe kürzlich eine Reise nach Leysin zu Dads Grab gemacht. Ich bekam Briefe seiner ehemaligen Schüler, die sich an »Schock und Trauer, die nach dem Tod Deines Dads über Leysin lagen« erinnerten. »Er war der Übermann. Er war der Mann, der man gerne werden wollte, dessen Größe man jedoch niemals ganz erreichen würde«, stand darin. »Ja«, antwortete ich dann, »Dad war sicher inspirierend.« »Nein«, fuhr ich fort, wenn ich darauf angesprochen wurde, »den Eiger werde ich selbst nie besteigen.«

Das war im gleichen Jahr, in dem Heinrich Harrer zu einer Vortragsreise in die USA kam, um über die vielen abenteuerlichen Erlebnisse in seinem Leben, einschließlich der berühmten sieben Jahre in Tibet, zu berichten. Nachdem er seine Erstdurchsteigung der Eiger-Nordwand geschildert hatte, ging er lobend auf die zweite in der Nordwand erschlossene Route ein, die John-Harlin-Route, und den Mann, der sie initiiert hatte. Während wir anschließend zusammen Mittag aßen, schilderte Harrer Adele und mir seinen größten unerfüllten Traum: seine Fotos aus Lhasa zu veröffentlichen, die er in den vierziger Jahren gemacht hatte. Offenbar hatte er Tausende von Schwarzweißfotos, alle mit einer alten 35-Millimeter-Kamera aufgenommen, die bei einer der extrem seltenen Expeditionen, die verbotene Hauptstadt zu erreichen, in Lhasa zurückgelassen worden waren.

Ich sprach mit David Swanson, der wiederum mit seinem Freund bei Abrams Books redete, und bald darauf war ich Redakteur und Ghostwriter und Adele Fotoredakteurin und Gestalterin eines Bildbandes mit dem Titel *Das alte Lhasa: Bilder aus Tibet*, herausgegeben von Summit Publications und Abrams Books.

In der Zwischenzeit hatten wir unsere Scheune verkauft und Haushalts- und Bürogegenstände in Kisten verpackt – die Männer von der Spedition zogen Adele buchstäblich den Schreibtisch weg, während sie daran die Korrekturfahnen von *Das alte Lhasa* und der neuesten Ausgabe des *Summit* las. Ende April 1992 fuhren wir quer durchs Land zu unserem neuen Zuhause in Oregon. Das Geschäft schien gut genug zu laufen, um es dorthin verlegen zu können, wo wir wohnen wollten und wohin ich immer hatte zurückkehren wollen: in den Nordwesten am Pazifischen Ozean. Wir hatten uns

Hood River ausgesucht, weil es dort so schön war, und uns die Umgebung, die Bewohner und Nähe zum internationalen Flughafen und zur Großstadtkultur von Portland behagten. Adele hatte ihr Ziel, eine Galerie in Manhattan, zwar nicht erreicht, fühlte sich aber mit ihrer Arbeit an der Zeitschrift und nebenbei ihrer künstlerischen Tätigkeit ziemlich ausgefüllt. Wir hatten uns im Vorjahr Land in Hood River gekauft, auf dem ein verfallenes Bauernhaus stand. Ein paar Tage nach unserer Ankunft waren wir schon dabei, es bewohnbar zu machen. Es blieb wenig Zeit zum Klettern, doch als uns am Nationalfeiertag am 4. Juli Freunde besuchen kamen, fuhren wir mit Telemarkskiern unsere Hausvulkane Mount Adams und Mount Hood hinab – direkt vom Gipfel. Später fuhren Craig und ich auch vom Gipfel des Mount Rainier ab, außerdem vom Mount St. Helens, der inzwischen gut 600 Meter niedriger war als bei meiner ersten Abfahrt als Zwölfjähriger zusammen mit meinem Team.

Ich genoß es, endlich wieder in greifbarer Nähe der Berge zu wohnen. Hier konnte ich morgens auf einem Vulkan Ski fahren und am Nachmittag im Büro am Computer sitzen. Doch es war ein kurzer Traum. Die meiste Zeit und Energie verbrauchte ich vor dem Computer, genauso wie vorher, kümmerte mich um das Geschäft und redigierte die Geschichten anderer Leute, die in der Welt umherreisten, auf Expeditionen gingen, neue Kulturen sahen und Gipfel bestiegen. Wenn es mir einmal gelang, ein halbes Wochenende für mich freizukämpfen, verbrachte ich die meiste Zeit mit Instandhaltungsarbeiten auf dem eigenen Grund und Boden. Abend für Abend schaufelte ich im Licht meiner Stirnlampe einen Graben aus, um eine defekte Wasserleitung zu reparieren. 1994 war ich von der ewigen Plackerei, die mir keine Zeit zum Klettern ließ, so entnervt, daß ich mir eine Woche Urlaub nahm, um mit meinem Freund Jeff Bowmann die »Salathé« am El Capitan im Yosemite Valley zu machen. Dreizehn Jahre zuvor war ich die »Nose« vorgestiegen, war seitdem jedoch nicht mehr im Yosemite geklettert. Ich erinnere mich daran, daß ich die erste Seillänge der »Salathé« mit einem Feuereifer anging, der nur mit dem lange zurückgehaltenen Kletterwunsch zu erklären war. Das Glücksgefühl blieb über die gesamten tausend Meter in der Senkrechten erhalten und noch fast eine Woche nach meiner Rückkehr ins Büro.

Wir beschlossen, das Bauernhaus und acht Hektar Land zu verkaufen, um auf den verbleibenden sechzehn Hektar den Bau eines neuen Hauses oberhalb des Steilufers finanzieren zu können. Dazu mußten wir jedoch erst einmal einen verfallenen Schuppen an einer entfernten Ecke des Grundstücks in etwas kurzzeitig Bewohnbares verwandeln. Zwischen dem Tastengeklapper bei der Arbeit und den Hammerschlägen in der Freizeit hielt ich manchmal inne und dachte daran zurück, was für ein Gefühl es gewesen war, 750 Meter über dem Boden das Dach der »Salathé« hochzujümarn und festzustellen, daß ich keine Angst mehr davor hatte, an einem frei hängenden Seil zu baumeln. Dabei hatte ich nach unten geschaut und gedacht, daß Dad doppelt so tief gestürzt war. Doch sein Seil war zu dünn gewesen, während meines stark und sicher war. Das Yosemite Valley im Oktober war einfach wunderbar.

Lupine, die bei unserer Hochzeit noch ein Welpe gewesen war, lief inzwischen auf unsicheren Beinen. Während meiner Arbeiten am Kletterführer für Nordamerika hatte sie mich überallhin begleitet, und nun stolperte sie über die Stufen zu unserem Büro. Normalerweise ließen wir sie zu Hause, wenn wir am Steilhang unseres Grundstücks umherwanderten, doch eines Tages schlich sie sich aus dem Haus und folgte uns. Als sie, statt der Kehre zu folgen, eine Abkürzung machte, gaben ihre Hinterbeine nach, und sie stürzte in den 60 Meter weiter unten strömenden Fluß. Eine Viertelstunde später starb sie in meinen Armen. Adele und ich waren völlig aufgelöst, denn Lupine war dreizehn Jahre lang sozusagen unser Kind gewesen. Wir nahmen uns einen Tag frei, um sie zu betrauern und über unsere Zukunft zu reden. Seit einigen Monaten hatten wir es darauf angelegt, ein Kind zu zeugen. Adele war inzwischen Mitte dreißig, und wir wußten, daß es allmählich höchste Zeit war. Wir wären auch ohne Kind zufrieden gewesen. Aber wenn ich an meine eigene Kindheit in den Bergen zurückdachte, wurde mir klar, wie gern ich dieses Gefühl mit einem eigenen Kind teilen würde. Adele war sich da nicht so sicher, aber ihr war klar, daß sie mit dem Kinderkriegen nicht mehr viel länger warten konnte.

Eines grauen Büromorgens erhielt ich eine E-Mail von Mark: »Du und ich. Waddington. Neue Route. Mai.« Mehrere Tage lang starrte ich immer wieder auf die Nachricht, während ich mitten im Arbeitsstreß war. Dann erhielt die Büroleiterin einen Telefonanruf, ebenfalls von Mark. Er bat sie, genau dieselben Worte aufzuschreiben, sonst nichts.

Mark wußte es nicht, aber der Waddington war der nordamerikanische Berg, der mich am allermeisten reizte, der, von dem ich träumte, während ich anderer Leute Geschichten über Nepal und die Anden redigierte. Der höchste Berg des Küstengebirges von British Columbia mit seinem 4016 Meter hohen Gipfel liegt etwa vierzig Kilometer landeinwärts vom Knight Inlet, einem 140 Kilometer langen Salzwasserfjord. Heutzutage kommen Bergsteiger normalerweise auf dem Luftweg zum Berg. Ich hatte vorgehabt, vom Meer kommend auf dem Landweg dorthin zu gelangen, indem ich mich durch die Wälder schlug, Flüsse durchquerte und Gletscher überwand, bis ich die berühmte Südwandroute erreicht hätte, die Fritz Wießner und Bill House 1936 eröffnet hatten. Mein Ziel war eine Tour, bei welcher der Gipfel selbst eigentlich nur der Vorwand für eine Reise durch die Wildnis war. Ich hatte nicht vorgehabt, dies in naher Zukunft zu machen. Ich hatte keine Zeit. Aber eine *neue* Route? Ich gab nach und rief Mark zurück. Er hatte herausgefunden, daß eine ganze Wand – die eigentliche Südwand – noch nie durchstiegen worden war. Sie besteht aus Pfeilern und Couloirs, ist runde tausend Meter hoch und mindestens ebenso breit und brachte ihren bislang einzigen bekannten Angreifer, Alec Dalgleish, um. Zwei Jahre vor Wießners Erstbegehung war er in den Tod gestürzt. Wießners Route, die eigentlich auf der Süd*west*seite des Berges liegt, wurde zur klassischen Route, während Dalgleishs echte Südwand, die sich am oberen Ende eines separaten Gletschers befindet, in Vergessenheit geriet. Mark hatte sie auf einem Foto wiederentdeckt. Ich war ebenfalls der Meinung, daß diese Route geklettert werden mußte. In diesem Frühling. Von uns.

In den letzten Apriltagen schlugen wir uns durch die Wälder, durchquerten Flüsse und überwanden Gletscher, bis wir unser Hochlager in 3000 Meter Höhe erreichten, beladen mit riesigen Rucksäcken, in denen sich Nahrungsmittel für zwei Wochen befanden, Kletterausrüstung und Skier. Wir ließen unser Zelt, den Proviant und zusätzliche Ausrüstung dort zurück, um schnell eine steile, schneebedeckte Wand und ein Eiscouloir zu durchsteigen. Tausend Meter oberhalb unseres Lagers schwang ich mich über die große Schulter des Waddington, direkt unter der 300 Meter hohen Gipfelpyramide. Es war, als geriete man in den Jetstream hinein. Anstatt zu warten und Mark beim Aufstieg zu sichern, stemmte ich mich gegen den Wind und stapfte durch den weichen, frischen Schnee in Richtung Gipfel. Als Mark die Schulter erreicht hatte, wo auch er vom Wind fast umgeblasen wurde, ertönte ein tiefes Donnern, das den Berg zu erschüttern schien. Es wurde stärker, jagte unsichtbar auf uns zu. Eine Lawine? Plötzlich lärmte eine viermotorige Propellermaschine des Militärs direkt über unsere Köpfe hinweg und auf den Berg zu, weit unterhalb des Gipfels.

Als wir uns von dem Schreck erholt hatten und uns weiter unseren Weg durch den Schnee bahnten, kam das Flugzeug mit einem Höllenlärm direkt auf uns zu, so tief, daß wir uns fast ducken mußten. Im gleichen Augenblick, als wir dachten, das Ganze sei nun wirklich kein Scherz mehr, segelte ein Zylinder mit einem roten Band heraus. Das Flugzeug brauste weiter und verschwand hinter dem Berg.

Wir stapften zum Bergschrund hinüber, in den der Zylinder gefallen war, ich sprang hinunter in den weichen Schnee, schnappte mir das in Luftpolsterfolie eingewickelte Ding, und Mark zog mich wieder hoch. Mit dem Eisbeil durchtrennte ich das Klebeband und zog eine Flasche Captain-Morgan-Rum heraus. Mark und ich starrten uns verblüfft an. Neben dem Bild eines grinsenden Piraten stand auf dem Etikett: »Für Captain Morgan waren Abenteuer das Salz des Lebens, und Rum war der Geist der Abenteuerlustigen.« Ich griff noch mal in den Zylinder und zog ein Exemplar von *Penthouse International* heraus, die Sonderausgabe mit den »Mädchen der Welt«. Diese Kanadier sind wirklich nette Menschen, dachten wir, aber warum haben sie ausgerechnet uns das zukommen lassen? Als ich noch einmal in den Behälter blickte, fand ich darin einen Zettel mit der Aufschrift: »Für Jim und die Jungs, viel Glück.« Es war also bloß eine Verwechslung gewesen, durch die wir an Wein und Weiber des armen Jim geraten waren.

Leider hatten wir gar keine Zeit dafür. Es war bereits Nachmittag, und der Gipfelaufschwung sah viel einschüchternder aus, als wir es erwartet hatten. Wir hatten gedacht, unsere neue Route wäre hier zu Ende und wir könnten das letzte Stück über die Standardroute gehen, die angeblich über eine Rampe verlief. Doch wir konnten die Rampe nicht finden. Statt dessen gingen wir die Felsstufe über uns an, und ich kämpfte mich durch eine der schwierigsten und am schlechtesten gesicherten kombinierten Passagen meines Lebens. Als Mark nachstieg, rief er zu mir hoch: »John, du bist ein echt harter Brocken!«

Mich durchflutete eine warme Welle des Glücks. Ich genoß sie und sonnte mich in meinem Erfolg, während Mark zu mir aufschloß. Ich glaube nicht, daß es Eitelkeit war. Nein. Ich fühlte mich wie ein Junge, der von seinem Vater gelobt wird. Habe ich es wirklich gut gemacht?

Wir erreichten den Gipfel und kamen mitten in der Nacht zum Zelt zurück, 22 Stunden nach unserem Aufbruch. Mark und ich redeten uns in den Schlaf, wie wir es jede Nacht gemacht hatten. »Lektionen am Waddington«, so nannten wir unser philosophisches Gefasel. In der vergangenen Woche hatten wir die absurde, unliebsame Tyrannei unseres sogenannten zivilisierten Lebens hinter uns gelassen. Auf dem Waddington hatten wir das echte Leben wiedergefunden und den fehlenden Teil wiederentdeckt, der uns erst zu einem Ganzen machte. Das war uns beim Aufbruch bewußt geworden. Dieses Gefühl wurde jeden Tag stärker. Wir spürten, wie die Welt in uns hineinströmte, bis wir genauso groß waren wie sie. Dies war real. Hier gehörten wir hin. Der Arbeitstrott zu Hause würde sich ändern müssen, er würde sich ändern, das wirkliche Leben würde wieder wichtiger werden. Wir versicherten uns das immer wieder gegenseitig.

Die Zeitschrift *Summit* allein warf nicht genug Profit ab, doch in Kombination mit anderen Projekten wie Katalogen und Hochglanzmagazinen schien Summit Publications damit auszukommen. Zu Sommeranfang zog unser größter Kunde seinen Auftrag zurück. Mit dem Verlust dieser wichtigen Einnahmequelle verlor auch David Swanson die Geduld, und *Summit* trudelte in einer Todesspirale. Jeder Tag im Büro zehrte an mir. Es war fast unwirklich, Adele ganz ruhig und mit einem entspannten Lächeln im Gesicht an ihrem Computer sitzen zu sehen, während sie die letzte Nummer der Zeitschrift zusammenstellte. Nichts schien sie aus der Ruhe bringen zu können. Sie war schwanger.

Ich verbrachte den restlichen Herbst damit, eine Scheune zu bauen, in der wir unseren Hausstand unterstellen konnten (einschließlich vieler weiterer Schachteln mit Nippes für den Kaminsims), während wir in das Cottage zogen (den ehemaligen Schuppen), damit wir das neue Haus bauen konnten. Ab Januar konnte ich wieder beim *Backpacker* arbeiten, diesmal als Reporter für den amerikanischen Nordwesten. Unsere Tochter Siena wurde an einem strahlenden Apriltag des Jahres 1996 geboren, und einen Monat später war mein vierzigster Geburtstag.

Diesmal mußte ich für den *Backpacker* hauptsächlich Artikel schreiben, die Arbeit führte mich in die hintersten Winkel Nordamerikas und manchmal sogar ins Ausland. Es war ein schönes Leben, das aus Reisen, Abenteuern in der Wildnis, Testen von Ausrüstungsgegenständen und Schreiben von möglichst guten Geschichten bestand. Anfangs war ich damit zufrieden, aber mit der Zeit lief alles wieder nach den alten Mustern ab. Ich machte meine Reisen – immer so schnell wie möglich – und fand bei meiner Rückkehr mehr Arbeit vor, als ich erledigen konnte, dazu noch die niemals endenden Arbeiten am Haus. Zum Klettern kam ich immer noch nicht, und da ich jetzt beruflich schon so viel unterwegs war, glaubte ich, Adele und unser Baby nicht auch noch allein lassen zu können, um meinem Vergnügen nachzugehen. Während mir recht beklommen zumute war, kam irgendwann auf einer Party einer meiner neuen Freunde vom Hood River – er war in den siebziger Jahren wegen seiner extremen Felsklettereien berühmt gewesen – auf mich zu und fragte mich rundheraus: »Was hast du eigentlich je gemacht, außer der Sohn eines berühmten Vaters zu sein?«

Ich versuchte mein »Nichts« ironisch klingen zu lassen, doch in Wirklichkeit hatte er auf den Punkt gebracht, wie ich mich fühlte. Aus meinem Bergführergeschäft war nichts geworden, *Summit* war bankrott gegangen, meine Kletterambitionen hatten zu nichts geführt, und wenn ich nicht gerade Gräben zog, um das Wasser daran zu hindern, in unseren neuen Keller zu fließen, hieb ich unentwegt auf die Tastatur meines Computers ein. Meine wenigen Erfolge aufzuzählen hätte so geklungen, als wollte ich mich verteidigen, und es hätte auch nicht meinen Gefühlen entsprochen. Ich wechselte das Thema.

Mark und auch Nico wußten um meine inneren Kämpfe, andere erfuhren nur durch das, was ich schrieb, davon. Gedanken, die mir zu privat schienen, um darüber zu reden, schlichen sich in meine Artikel ein. 1997 habe ich in einer Geschichte im *Backpacker* Dad mit dem Mount St. Helens verglichen, einem Vulkan, der die Erde erbeben ließ. Ich dagegen war »weniger impulsiv« – und folglich auch weniger interessant. Ich hatte mein Leben »sedimentär« aufgebaut, es war »eine aus aufeinanderfolgenden Tagen aufgebaute Schicht«. In einem Artikel für *Ascent* folgerte ich, daß unsere »Lektionen am Waddington« nur die halbe Wahrheit gewesen waren: »Es gibt auch kleine Kinder, die mit nichts als einem engelsgleichen Lächeln und einem sehr schief sitzenden Heiligenschein ihre ersten Schritte machen. Es gibt die Müdigkeit nach zuviel Arbeit und zuwenig Schlaf. Es gibt warme Häuser, die mit harter Arbeit erbaut wurden, Stürze bei Skirennen und fehlende Väter. Man kann Abenteuern nicht ausweichen. Man entgeht ihnen nicht. Man erlebt sie jeden einzelnen Tag.«

Vom Verstand her war ich von diesen Worten überzeugt, mit denen ich zeigen wollte, daß das Alltagsleben genauso lebendig und interessant ist wie das, was wir in den Bergen finden. Doch das Herz folgt nicht der Vernunft. Die Abenteuer des täglichen – sedimentären – Lebens vermittelten mir nicht das Gefühl, etwas »getan« zu haben, das mich zu etwas anderem machte als zum Sohn eines berühmten Vaters. Wenn die biologische Uhr für den Kinderwunsch abgelaufen war, würde sie mit Sicherheit nicht langsamer ticken, während das Kind heranwuchs. Sollte ich meine Träume von schwierigen Bergen begraben – vor allem meinen geheimen, unterdrückten Wunsch, *den* Berg, den Eiger, zu besteigen –, weil es mit meinem neuen Status als Vater unvereinbar war? Mein Verstand sagte ja, das sollte ich. Aber mein

Herz ging in die andere Richtung. In dem *Backpacker*-Artikel hatte ich erwähnt, wie Dad sich mit einem reichen Geschäftsmann getroffen hatte, als er auf der Suche nach Sponsoren war. Nachdem sich die beiden einige Stunden lang unterhalten hatten, sagte Dads Gastgeber zu ihm: »Wenn Sie erst einmal eine Familie haben, werden Sie doch wohl damit aufhören.« Dad führte ihn zu seinem draußen geparkten Auto, in dem meine Mutter, meine Schwester und ich auf ihn warteten. Da war 1963 gewesen, als wir in Chamonix in einem Zelt wohnten.

Ich kann mich nicht entsinnen, wann genau ich wieder vom Eiger zu sprechen begann. Ich glaube, es war nicht lange nach Sienas Geburt, vielleicht aber auch schon früher. Ich war zusammen mit Stephen Venables, der die Eiger-Nordwand durchstiegen hatte, Mitglied der Jury der Polartec Performance Challenge. Stephen waren auf einer neuen Route an der Nordseite des Everest die Zehen eines Fußes erfroren und anschließend amputiert worden, und während er eine Felswand in New Hampshire in seinen eigens für ihn angefertigten Kletterschuhen hinauftapste, bombardierte ich ihn mit Fragen über den Götterquergang. Nico war ebenfalls in der PPC-Jury, und wir fingen an, über eine gemeinsame Eiger-Besteigung zu sprechen. Nico war dabeigewesen, als mich irgendwann einmal jemand gefragt hatte, ob ich den Eiger besteigen wolle. Nico hatte für mich geantwortet: »Er muß.« Das war keine Herausforderung oder Provokation gewesen, sondern einfach ein tiefes Verständnis für das, was in mir vorging. Ich war Nico für seine Antwort dankbar – sie bestätigte die Berechtigung meiner Gefühle. Wir machten aus, daß ich versuchen sollte, meinen Zeitplan und mein Scheckbuch so weit offen zu halten, daß er mich anrufen könnte, wenn in der Nordwand günstige Verhältnisse herrschten, und ich dann sofort ins nächste Flugzeug springen würde. Das Problem dabei war – abgesehen vom Zeitplan (d. h. Abgabetermine) und vom Scheckbuch (alles

Geld ging für das Haus weg) –, daß ich zum Klettern in Form sein müßte, ich aber nicht kletterte.

Auch mit Mark sprach ich oft über den Eiger. Er wußte, daß ich ihn mit Nico, einem meiner ältesten Freunde, besteigen wollte. Diese Tour würde für mich eine Wallfahrt sein, nicht einfach nur eine Route. Mark und ich waren inzwischen aber auch sehr gute Freunde, und wir überlegten, ob wir die Tour nicht zu dritt machen könnten, damit meine beiden engsten Partner dabei wären. Doch dann begann Nico von der Idee abzurücken. Er war fünf Jahre älter als ich und fragte sich, ob er solch eine Wand wirklich klettern sollte – ausgerechnet diese Wand. Und das zu einem Zeitpunkt, als ich mich immer mehr darauf fixierte, es wirklich zu tun.

Ich kann gar nicht mehr genau sagen, wann sich das alles abspielte, denn die Gespräche zogen sich über Jahre hin, und ich habe nie mit anderen darüber geredet. Ich wollte nicht, daß sich meine Familie Sorgen machte, und mit anderen wollte ich nicht über ungelegte Eier reden. Deshalb behielten wir ihn für uns, meinen halb geheimen Traum.

Sechzehn
Blick auf den Eiger

Im August 1999 lief ich durch den Lausanner Bahnhof, tränenüberströmt und leise schluchzend. Dann hielt ich es nicht mehr länger aus und rannte zurück, um die dreijährige Siena ein letztes Mal zu umarmen, bevor der Zug den Bahnhof verließ.

»Was ist los mit dir?« fragte Adele, als ich die zwei auf ihren Sitzplätzen gefunden hatte. Mein Gesicht war sorgenverzerrt und naß von Tränen.

»Nichts«, schwindelte ich, »ich muß nur Siena noch einmal drücken.«

In Wirklichkeit kam es mir so vor, als sagte ich ihr für immer Lebewohl, als würde ich sie nie wiedersehen. Wir waren drei Wochen lang zusammen durch Europa gereist, hatten, nach Erledigung eines Auftrags von *Backpacker*, verschiedene meiner alten Lieblingsorte aufgesucht und waren gerade von einer Pilgerfahrt zu Dads Grab in Leysin zurückgekehrt. Es war Sienas erste Annäherung an ihren Großvater und den Kontinent meiner Jugend. Während der ganzen Reise hatten wir beobachtet, welchen Spaß sie an den neuen Erfahrungen und Sprachen hatte. Adele und ich scherzten, daß man regelrecht hören könne, wie die Synapsen in ihrem Hirn knisterten, wenn sie neue Verbindungen fanden. Und nun setzte ich sie in einen Zug, der sie zum Pariser Flughafen zurückbringen würde, von wo aus es heim nach Oregon ging. Ich selbst würde mit dem Auto nach Zermatt fahren, um mich dort mit Mark zu treffen und mit ihm die Nordwand des Matterhorns zu durchsteigen. Danach wollten wir uns zum Eiger aufmachen, um zu sehen, ob die Verhältnisse dort günstig seien.

Was mich am Bahnhof von Lausanne so aus der Fassung gebracht hatte, war der plötzliche Übergang vom liebenden Vater zum waghalsigen Alpinisten. Beides war kaum in Einklang zu bringen. Statt mich auf die bevorstehende Bergtour zu freuen, fühlte ich mich wie ein Soldat, der sein Kind weggibt, bevor er an die umkämpfte Front zieht. Es war nicht direkt Schuld, was ich empfand, sondern eher Verlust. Ich verabschiedete mich vom Wertvollsten in meinem Leben, und vergoß meine Tränen weniger aus dem Grund, weil mein Tod für Siena nicht leicht zu bewältigen wäre, sondern eher darum, weil ich sie möglicherweise nicht aufwachsen sehen könnte. Ich konnte einfach die Vorstellung nicht ertragen, an ihrem Leben nicht teilzuhaben. Es war also eine rein egoistische Trauer, verursacht durch eine egoistische Tätigkeit, die ich jederzeit hätte abbrechen können. Und trotzdem fühlte ich, daß ich gehen mußte.

Ein paar Stunden später fragte mich Mark, was mit mir los sei. Ich sagte ihm, ich wüßte nicht, ob ich klettern könne. Zumindest nicht das, was Mark im Sinn hatte. Er wollte unbedingt die Matterhorn-Nordwand durchsteigen, die berüchtigt dafür ist, daß sie auch unter besten Bedingungen brüchig und nicht zu sichern ist – es war also genau eine dieser Touren, denen ich abgeschworen hatte. Als ich ankam, lag auf dem Matterhorn jede Menge sommerlicher Neuschnee, und die einheimischen Bergführer meinten, daß die Verhältnisse in der Nordwand furchtbar seien. Mark schreckten solche Aussagen nicht ab, mich dagegen schon. Schließlich entwickelte ich einen alternativen Plan, der für Mark interessant genug und für mich hoffentlich sicher genug sein würde. Wir konnten zur italienischen Seite des Matterhorns wandern, den Berg überschreiten und wieder nach Zermatt hinuntersteigen. Wir würden die Route nehmen, die Whympers italienische Rivalen geklettert waren, während er selbst von der Schweizer Seite aus zum Gipfel gestiegen war. Und dann würden wir über Whympers Hörnligrat absteigen. Das war eine lange und interessante Tour auf diesen Berg, voller Alpinhistorie. Weil die Routen nicht schwierig waren, könnte ich mich sicher fühlen.

Aber dieses Gefühl von Sicherheit war eine Illusion. Wir brauchten fünf Tage von Zermatt nach Zermatt, wandernd, kletternd und zwischendurch auf besseres Wetter wartend. In dieser Zeit stürzten fünf Menschen vom Matterhorn in den Tod. Als wir an unserem ersten Tag zu einer Biwakschachtel hochwanderten, sahen wir, wie ein Leichnam mit dem Hubschrauber ausgeflogen wurde. Das letzte Opfer, ein Solo-Kletterer, war an uns vorbeigekommen, als wir am fünften Tag abstiegen. (Von seinem Absturz und von den anderen Opfern erfuhren wir bei unserer Rückkehr nach Zermatt.) Bergsteigen ist jedoch nicht nur ein körperlicher Sport, sondern zugleich auch ein psychologisches Spiel, und solange wir Herr der Lage sind, fühlen wir uns sicher. Alle diese Bergsteiger mußten Fehler gemacht haben; deshalb waren sie gestorben. Ich würde keinen Fehler machen, deshalb würde mir auch nichts passieren. Um daran glauben zu können, mußte ich bloß sämtliche Fehler, die ich selbst je gemacht hatte, und auch die Fehler, die bessere Bergsteiger als ich gemacht hatten, ignorieren. Bergsteiger sind ewige Optimisten und Egoisten, deshalb ist es leicht für sie, sich ihre Illusion zu bewahren.

Jedesmal, wenn Mark und ich zusammentreffen, diskutieren wir über Risiken. Ich argumentiere, daß ich Alpinklettern nur dann betreiben kann, wenn ich meine Fähigkeiten in relativ sicherer Umgebung ausbaue, auf gutem Fels und festem Eis, bevor ich mich an gefährlicheres Gelände heranwage. Noch wichtiger ist es, sich nicht oft in gefährliche Situationen zu begeben und sie so schnell wie möglich hinter sich zu bringen. Dann ist das Glück auf meiner Seite.

Mark sagt, das sei Quatsch. Er meint, es sei wie beim Münzenwerfen. Die Chance, daß die Münze auf der Kopfseite landet, bliebe immer 50 zu 50, ganz egal, wie oft man die Münze hochwirft. Du kannst auf der nächsten Tour dran sein, ganz gleich, wie oft du klettern gehst. Dann antworte ich ihm, daß die Chance, bei den nächsten zehn Würfen zumindest einmal Kopf zu werfen, viel höher liege als 50 zu 50. Denn je öfter man wirft, desto öfter bleibt die Kopfseite oben. Und wenn das Äquivalent zur Kopfseite beim Bergsteigen der Tod ist, dann reicht einmal Kopfseite aus.

All das trifft aber nicht den wesentlichen Punkt: Denn ob ich nun gleich vom nächsten Berg abstürzen würde oder erst vom zehnten – tot wäre ich so oder so, und meine Familie müßte gleichermaßen darunter leiden, den Statistiken und mir zum Trotz. Wenn ich hinunterschaue und die schlechte Sicherung sehe, wenn ich hinaufschaue und furchteinflößende Kletterpassagen sehe, wenn Steinschlag herunterkommt oder Lawinen vorbeidonnern, dann wird mir flau im Magen, und die ganze Kletterei erscheint mir als die selbstsüchtige, dumme, absurde und potentiell zerstörerische Aktivität, die sie ja auch ist. Siena dazu zu verurteilen, vaterlos aufzuwachsen, und meine Mutter dazu, den Tod ihres Sohnes zu überwinden, wäre eine unverzeihliche Sünde, ganz zu schweigen von den Auswirkungen, die mein Tod auf mich selbst oder Adele hätte. Was kann so etwas rechtfertigen? Nichts. Mit Sicherheit kein persönlicher Spleen. Ich kann höchstens behaupten, daß die Versuchung unwiderstehlich ist, daß das, was ich davon habe, das Risiko wert ist, das ich anderen zumute, und daß ich klug genug sein werde, so lange weitermachen zu können, bis ich an Altersschwäche sterbe.

Diese Bedenken verschwanden, als wir das Matterhorn überschritten. Das ist eine weitere Eigentümlichkeit beim Bergsteigen: Man gewöhnt sich an die gefährliche Umgebung. Wenn man plötzlich vor einem großen Abgrund steht, ist das furchterregend; klettert man aber langsam in die Höhe, bis man schließlich dieselbe Ausgesetztheit erreicht, nimmt man es gar nicht mehr wahr. Ich war direkt aus einem Familienurlaub zum Matterhorn gekommen und fürchtete mich vor den Bergen. Als ich vom Berg herunterkam, hatte ich mich an die Umgebung gewöhnt, und die Risiken jagten mir keine Angst mehr ein. Ich hatte jetzt das Gefühl, sie bewältigen zu können, als hätte ich Kontrolle über sie. Ich war zu fast allem bereit.

Nur nicht für den Eiger. Zumindest nicht in dem Zustand, in dem wir ihn vorfanden. Seit ich 1980 mit Adele hierhergekommen war, um ihn anzusehen – nicht um ihn zu besteigen –, war ich zum ersten Mal wieder an diesem Berg. Jetzt trieben Wolken vor der Wand hin und her, die mit sommerlichem Schneematsch bedeckt war – die Sorte Schnee, bei der man uns geraten hatte, die Finger von der Nordwand des Matterhorns zu lassen. Mark brannte vor Ungeduld. Der neue Schneefall sei egal. Es sei egal, wenn die Eisfelder schmölzen. Egal auch die Tatsache, daß die Wand gleich zweimal so hoch aussieht, wenn man ans Klettern denkt und sie nicht nur fotografieren will. Mark fand die Verhältnisse gut genug, um es zumindest zu versuchen. Ich hingegen fand die Verhältnisse miserabel. Es war wieder wie bei meiner Ankunft in Zermatt: Mark voller Erwartung und ich ein seelisches Wrack. Abermals fühlte ich mich völlig unbehaglich, ohne überhaupt ein Steigeisen auf den Berg gesetzt zu haben. Mark wußte, wie mir zumute war, und akzeptierte die aktuelle Version meines alten Gelöbnisses: Ich würde diese Wand nur durchsteigen, wenn alles stimmte – am Berg, in meinem Kopf und in meinem Körper. Am Berg und in meinem Kopf stimmte gar nichts.

Mark lief auf und ab, während ich einen Tag am Teleskop verbrachte. Ich mußte mir den Berg im Kopf in Einzelabschnitte zerlegen, sozusagen in Häppchen. Wenn ich mit jeder einzelnen Seillänge vertraut wäre, könnte ich sämtliche

Seillängen einfach aneinanderreihen. Mein Blick wanderte kurz über die unteren 500 Meter, von denen ich wußte, daß sie gefährlich, aber einfach waren. Dieser Abschnitt ähnelte dem Matterhorn, und ich konnte ihn entsprechend einordnen; er entsprach noch meinem »Komfortbereich«. Die anderen Abschnitte der klassischen Route von 1938 sah ich mir eingehend an: den Schwierigen Riß, den Hinterstoißer-Quergang, das Erste Eisfeld, den Eisschlauch, das Zweite Eisfeld, das Bügeleisen, das Todesbiwak, wo Dad seine letzten Tage verbracht hatte, das Dritte Eisfeld, die Rampe, den Wasserfallkamin, das Brüchige Band und den Brüchigen Riß, den Götterquergang, die Spinne (unterhalb von ihr war Dads Seil gerissen), den Quarzriß, das Corti-Biwak, die Ausstiegsrisse und das Gipfeleisfeld. All diese Wandstellen waren mir aus Büchern bekannt. Ich wußte, wie jede von ihnen zu ihrem Namen gekommen war, und kannte die Namen einiger Bergsteiger, die dort ums Leben gekommen waren. Doch ich war kein Beobachter, der neugierig die Welt anderer Leute betrachtet; ich wollte mich jetzt selbst der Gefahr stellen. Die Angst, die Verzweiflung, die Furcht vor dem Schicksal ließen sich nicht kontrollieren. Ich wußte nicht einmal genau, ob ich meine Stimmungen unter Kontrolle halten *wollte,* und auch nicht, in welche Richtung ich sie lenken sollte, wenn ich es könnte. Und so teilte ich den Berg am Teleskop in kleine Portionen auf und versuchte, Stück für Stück zu entscheiden, ob ich es von einer Sicherung zur nächsten schaffen konnte.

Als wir dann nach Grindelwald zurückwanderten, hatte ich die Route im Kopf durchstiegen und war überzeugt, daß ich den Eiger schaffen könnte, wenn sich die Verhältnisse besserten. Seltsamerweise fühlte ich mich dabei irgendwie befreit. Mir war, als hätte ich sämtliche Emotionen und die gesamte historische Last verarbeitet, die in mir den Wunsch geweckt hatte, den Eiger zu besteigen. Ich hatte die Wand mit den Augen durchstiegen, und das bedeutete, daß ich sie besteigen *konnte*. Und nachdem ich bewiesen hatte, daß ich es konnte, *mußte* ich es nicht mehr tun. Meine Last war mir genommen worden. Das glaubte ich wirklich. Oder zumindest bildete ich mir ein, daß ich es glaubte. Und wundersamerweise wurde der Berg tags darauf von dichten Regenwolken verdeckt, und wir bekamen die Wand nicht mehr zu Gesicht.

Ich sollte das alles aufschreiben, dachte ich, und damit wäre die Sache erledigt. Doch ich tat es nicht, und nichts war erledigt.

Siebzehn
Die neue Harlin-Route am Montblanc

Als ich 1974 vom Arctic National Wildlife Range nach Hause flog, wäre ich entsetzt gewesen, wenn ich gewußt hätte, daß ich erst 26 Jahre später wieder dorthin kommen würde. 1974 hatte sich unsere Gruppe auf dem Kongakut an einer Stelle geteilt, die wir als »Karibu-Paß« bezeichneten. Zwei von uns blieben zurück, um auf den erwarteten Treck einer Karibuherde zu warten, die restlichen sechs fuhren weiter flußabwärts, weil sie keine Zeit mehr hatten. Später hörten wir, daß zwei Stunden nach unserer Abfahrt mit dem Kajak 40 000 Karibus durch das Camp gezogen und über die verbliebenen Zeltschnüre gestolpert waren. Zur Jahrtausendwende beschloß *Backpacker*, mich wieder dorthin zu schicken, damit auch ich mir die große Herde ansehen konnte.

Aber ich hatte noch etwas anderes auf dem Programm. Als Mark Herausgeber von *Cross Country Skiers* gewesen war, hatte er einige prominente Skifahrer nach ihren Traumtouren gefragt. Ich selbst träumte davon, den Hulahula River vom Oberlauf inmitten der Brooks-Kette bis ins arktische Meer hinunterzupaddeln. An der Seitenwand meines Kajaks wollte ich Ski befestigen, um unterwegs die erste Skiabfahrt vom Mount Michelson, dem dritthöchsten Gipfel des Gebirgszugs, zu machen. Als mich der *Backpacker* dann zur Beobachtung der Wanderung der Karibus in die unmittelbare Nähe dieser Gegend schickte, beschloß ich, bei dieser Gelegenheit auch gleich meinen Skitraum wahr zu machen.

Ich bat Konrad, mich zu begleiten. Im Laufe der Jahre waren Dads langjähriger Freund und seine Frau Joëlle auch zu sehr guten Freunden von Adele und mir geworden. Seit unserem Wiedersehen im Jahr 1980, als Adele in Frankreich studierte, hatten wir uns regelmäßig besucht. Gelegentlich hatten wir in Europa auch gemeinsame Bergtouren unternommen. Und nun war meine Chance gekommen, alte Jagdgründe mit einem noch älteren Freund zu teilen. Wir fanden dort gutes Wildwasser und furchtbaren Schnee vor, fuhren aber trotzdem mit Skiern vom Gipfel ab, und sahen in der Ferne einen Grizzly, zwei Wölfe und leider nur ein paar Karibus. Aber wir genossen die Arktis und unsere lange Freundschaft in vollen Zügen.

Bei der Zeitschrift ging es mir auch weiterhin gut, und allmählich lernte ich, die Kletterei in meine Aufträge zu integrieren, sei es auf Baffin Island, in Europa und schließlich sogar in Tibet. Mark hatte in Tibet schon viele Erkundungsreisen gemacht, die meisten davon heimlich. Alle paar Jahre lud er mich ein, ihn bei seinen illegalen Reisen durch Tibet zu begleiten, von wo aus er meist nach Burma weiterreiste, weil er dort ohne das Wissen der brutalen Machthaber den höchsten Berg des Landes erstbesteigen wollte. Er war schon mehrere Male verhaftet worden, mindestens einmal aus dem Gefängnis geflohen, und seine Geschichten machten mir angst. Sich den Gewalten der Natur auszusetzen war eine Sache, von Gefängniswärtern mißhandelt zu werden jedoch etwas ganz anderes. Bis 2002 widerstand ich Marks Überredungsversuchen, dann gab er es auf und erklärte sich einverstanden, Trekking-Permits für eine Kette noch unberührter Berge zu beantragen, deren Besteigung allerdings nach wie vor illegal war. Mark kannte diese Berge nur von der Landkarte eines amerikanischen Piloten (mit Höhenlinienabständen von 300 Metern). Jahre zuvor war er einmal in ihrer Nähe vorbeigekommen – unter einer Plane auf der Ladefläche eines Lkw versteckt, dessen Fahrer er bestochen hatte.

Als wir auf dem 6400 Meter hohen jungfräulichen Berg

eine Höhe von knapp 5200 Metern erreicht hatten und es noch immer nicht aufhörte zu schneien, wurde uns langsam mulmig. Um zu anspruchsvolleren Kletterpassagen zu gelangen, hätten wir eine lange Rinne hochsteigen müssen, die auf beiden Seiten von Lawinen bedroht war. Sobald sich genug Schnee an den Hängen angesammelt hätte, würde er losbrechen, in die Rinne rutschen und jeden, der sich darin befand, unter sich begraben. Wir konnten noch in relativer Sicherheit weitersteigen, vielleicht sogar bis zum Gipfel, doch wie würde der Abstieg aussehen? Als es dunkel wurde und der starke Schneefall nicht nachließ, schien uns ein Verbleib in dieser Höhe zu riskant. Wir packten das Zelt zusammen und waren um Mitternacht im Basislager. Während wir in den folgenden zehn Tagen Wanderungen in den benachbarten Tälern machten, schauten wir immer wieder zu dem Gipfel zurück, weil wir ihn noch einmal anzugehen gedachten, wenn es lange genug aufklarte, damit sich der Schnee setzen konnte. Aber es sollte nicht sein.

Es war ein interessanter Test gewesen, über den wir viel diskutierten. Wir hatten den Aufstieg nur deshalb abgebrochen, weil die Risiken unwägbar gewesen waren. Nachdem wir um die halbe Welt geflogen waren und einen Monat unseres Lebens mit dem Versuch zugebracht hatten, einen unserer größten Kletterwünsche zu erfüllen – auf einer schönen Linie einen atemberaubenden jungfräulichen Gipfel zu erklimmen –, waren wir umgekehrt, weil unter den immer höher werdenden Schneeschichten möglicherweise Gefahren lauerten. Wir waren frustriert, enttäuscht, aber trotzdem froh darüber, daß nicht unser Ehrgeiz, sondern unser Verstand die Oberhand behalten hatte.

Kurz vor meiner Abreise nach Tibet im Auftrag des *Backpacker* erhielt ich einen Anruf vom American Alpine Club. Ich wurde gefragt, ob ich mir vorstellen könne, Herausgeber des *American Alpine Journal* zu werden. Das *AAJ* existierte seit 73 Jahren, und seine Herausgeber wechselten nicht so schnell. H. Adams Carter war ein Vierteljahrhundert im Dienst gewesen, sein Nachfolger sechs Jahre. Das *AAJ* ist sozusagen die Bibel der Bergsteigerwelt, vielleicht auch die Bibel und die *Encyclopedia Britannica* zusammen. Auf den ersten 200 Seiten dieser Zeitschrift werden alle außergewöhnliche Neutouren des vergangenen Jahres vorgestellt, auf den restlichen 300 Seiten neu eröffnete Routen weltweit. Es ist also ein Jahrbuch, in dem international bedeutende Expeditionen und Bergtouren aufgezeichnet werden. Ich hatte schon oft Ausgaben aus den sechziger Jahren durchgeblättert, in denen alles erschienen war, was Dad je veröffentlicht hatte. Ich kannte auch Ad Carter und seinen großen Ruf unter den Bergpionieren. Obwohl mich das *AAJ* in schriftstellerischer Hinsicht nicht voranbringen würde und das Thema Wildnis in seiner gesamten Bandbreite darin nicht so ausführlich behandelt wurde wie im *Backpacker*, hatte ich das Gefühl, daß dies der Höhepunkt meiner Karriere sein könnte. Außerdem schien bei diesem Magazin die Möglichkeit gegeben, jedes Jahr einige Monate lang Reisen meiner Wahl zu unternehmen, ohne die Verpflichtung, darüber schreiben zu müssen. Ich unterschrieb den Vertrag sofort.

Im Jahr 2003, in meinem ersten Sommer seit Abschluß des Studiums, den ich in völliger Freiheit verbringen konnte, hatte ich eine Offenbarung. Als wir nach der Überschreitung der Barre des Écrins, einer langen, aber mäßig schwierigen Hochtour in der Dauphiné, gerade einen steilen Gletscher hinabstiegen, wurde mir plötzlich bewußt, daß der Seilpartner vor mir genau zehn Jahre älter war als ich, nämlich 57. Der Seilerste war wiederum zehn Jahre älter als er, nämlich 67. Dieser Mann war Konrad. Angesichts dieser Altersunterschiede wurde für mich faßbar, was ich mir selbst schon lange einzureden versucht hatte: Ich sollte mich lieber auf all die Berge freuen, die noch vor mir lagen, statt mich über jene zu grämen, die ich in der Vergangenheit nicht hatte besteigen können. Mark und ich hatten schon seit einiger Zeit darüber geredet, doch erst der Anblick dieser beiden Männer öffnete mir die Augen. Obwohl ich es nie offen eingestanden hatte, wollte ich in meinem Innersten nicht einfach nur ein Bergsteiger sein, nicht einmal nur ein guter Bergsteiger, sondern ein großer Bergsteiger – einer von denen, die die visionären Besteigungen machten, die auf der Titelseite des *American Alpine Journal* prangten. Dad war einer von ihnen gewesen. Auch ich wollte einer von ihnen sein. Doch mein Leben hatte einen anderen Verlauf genommen, und ich werde nie erfahren, ob ich dieses Ziel hätte erreichen können. Darüber sprachen Mike und ich fast jedesmal, wenn wir uns trafen, bis ich einmal entnervt ausrief: »Na gut, ein großer Bergsteiger werde ich nie sein, aber ich kann immer noch einige große Klettertouren machen!« Während ich Konrad zusah, wie er uns den Gletscher hinunterführte, konnte ich das Leben, so wie es gelaufen war, besser akzeptieren. In diesem Moment hatte ich das Gefühl, mich nicht nur verstandesmäßig damit abgefunden, sondern es auch verinnerlicht zu haben.

Adele und Siena warteten unten im Tal, und wir verbrachten einige entspannte Wochen miteinander, bis Mark mit dem Flugzeug anreiste. Wir hatten uns wieder einmal vorgenommen, zwei Gipfel anzugehen. In diesen sonnigen, immer wärmer werdenden Augusttagen brauchte man den Eiger gar nicht in Betracht zu ziehen. Deshalb wollten wir zuerst eine neue Route am Montblanc in Angriff nehmen – irgendwo in der Nähe von Dads beiden Routen – und danach, im September, zum Eiger fahren.

Es ist heutzutage sehr schwierig, neue Routen in den Alpen zu eröffnen. Überall wimmelt es von jungen Kletterern, die viel fähiger und waghalsiger sind als wir. Dads Vorhersage, daß auch das Gebiet um Chamonix irgendwann »wie die Dolomiten zu einem Kletter-Tummelplatz wird, wo sich die Routen auf den Felsnadeln von Chamonix gegenseitig überschneiden«, hatte sich bewahrheitet. Die Südflanke des

Montblanc war hingegen eine andere Sache. Der 4809 Meter hohe Gipfel ragt über dem Parkplatz 3300 Meter in die Höhe, und kein Skilift erleichtert einem den Aufstieg. Seine Wildheit wird durch das geschützt, was der große Bergsteiger Kurt Diemberger »die Barriere der Anstrengung« nennt.

Mark und ich stiegen bis zum Ecclesbiwak in 3850 Meter Höhe hinauf. Unter der Last unserer überladenen Rucksäcke kamen wir gehörig ins Schwitzen: Proviant und Brennstoff für zehn Tage und eine solche Menge Klettermaterial, daß wir dort oben mit allen Eventualitäten fertig werden konnten. Laut Wettervorhersage war mit einem Unwetter zu rechnen, doch wir hatten uns einen Plan zurechtgelegt. Wir würden uns die Frêney- und die Brouillardwand anschauen, um zu sehen, welche Möglichkeiten sich dort boten. Während des Unwetters würden wir uns akklimatisieren, indem wir uns gemütlich auf den Rücken legten und ein Buch lasen. Sobald das Unwetter vorüber war, würden wir den Gipfel überschreiten und auf der französischen Seite des Berges absteigen.

Während wir den unteren Teil des Innominatagrats erklommen, hatte ich genügend Zeit, um über Dads drei Erlebnisse auf dieser Seite des Berges nachzudenken. Beim ersten Mal, im Jahr 1961, hatte sich das schreckliche Unglück ereignet – Mark und ich kletterten gerade dieselbe brüchige Rinne zum Col de l'Innominata hinauf, in der Dad und Gary das Fixseil zurückgelassen hatten, an dem Konrad abseilte. Dann die Erstbegehung des Linken Frêneypfeilers mit Tom Frost, die Dad die schwierigste Route am Montblanc genannt hatte. Und im Jahr 1965 die Durchsteigung des Brouillardpfeilers mit Chris Bonington. Dads Bericht darüber hatte den Titel »Dem Wetter eine lange Nase machen« gehabt. Er schrieb darin, daß sie auf dem Weg zum Ecclesbiwak »alle bekannten Schlechtwetterzeichen sahen. [...] Man hatte uns gewarnt!« Trotzdem waren sie weitergestiegen. Mark und ich machten dem Wetter keine lange Nase. Wir waren fast zwanzig Jahre älter als Dad und seine Freunde damals und warteten in der Biwakschachtel das Ende des Unwetters ab.

Am folgenden Morgen beeilten wir uns, vom Ecclesbiwak auf die Punta Eccles zu kommen, um die Wände in Augenschein nehmen zu können, bevor sich das Wetter verschlechterte. Die Gletscher unterhalb beider Wände waren mit einer schwarzen Geröllschicht bedeckt. Das Geräusch von Steinschlag war fast ständig zu hören, und hin und wieder brach ein massiver Pfeiler ab und donnerte inmitten riesiger Staubwolken hinunter. Einen Fuß auf die Frêney- oder die Brouillardwand zu setzen wäre reiner Selbstmord gewesen. Keiner von uns hatte jemals einen Berg so zerbröckeln sehen. Wir wußten, daß das Matterhorn in jenen Sommer bereits zweimal wegen auftauenden Permafrosts, der zu massiven Felsrutschen geführt hatte, gesperrt worden war, und daß auch die vergletscherten Wände des Montblanc wegen der Hitze für eine Weile offiziell nicht zugänglich waren. Wir hatten jedoch nicht damit gerechnet, ganze Granitwände zusammenfallen zu sehen.

Unsere Lage schien zunächst hoffnungslos, doch während wir dem Verfall des Berges zusahen, entdeckten wir zwischen den Trümmern wie eine Vision eine sichere, offenbar jungfräuliche Linie. Sie war nicht nur schön, es war in der gesamten sichtbaren Front aus Eis und Granit auch der einzige Bereich ohne Steinschlaggefahr, und sie verlief direkt über uns nach oben. Bei der Linie handelte es sich um den Innominatagrat, eine dünne Kammlinie, die die Südseite des Montblanc in seine zwei berühmten Wände teilt, die Brouillard- und die Frêneywand.

Es gibt bereits eine Route namens Innominatagrat – es war die erste Route in der Südflanke des Berges, und sie ist immer noch die beliebteste. Es ist jedoch eine Route der alten Schule, weil sie sich vom eigentlichen Grat wegbewegt, sobald die Kletterei schwierig wird. An jener Stelle verläuft die Route durch ein ehemaliges Schneefeld und dann einen anderen Grat hinauf. Im August 2003 war dieses »Schneefeld« nichts weiter als ein Fluß aus hinunterrollendem Geröll. Es gibt auch eine direkte Innominata-Route. Sie läuft jedoch auf die rechte Gratseite hinüber und durch versteckte Rinnen hinauf, bevor sie wieder den Kamm erreicht und dann mit etwas technischer Kletterei auf den oberen Pfeiler führt. Zwischen diesen beiden Innominata-Routen liegt der eigentliche Grat. An der Stelle, wo die Innominata-Route nach links und die Direktroute nach rechts führt, spaltet eine perfekte, 80 Meter hohe Verschneidung den soliden Granit. Mark und ich konnten kaum glauben, daß sie noch nicht durchstiegen worden war. Das einzige Problem, mit dem wir uns konfrontiert sahen, war ein drei Meter hoher Eiszapfen am ersten von zwei Überhängen.

An diesem warmen und sonnigen Nachmittag hatten wir ein Materialsortiment dabei, ein Paar Kletterschuhe für uns beide und Zeit, die es totzuschlagen galt. Deshalb beschlossen wir, uns anzusehen, wie schwierig die Verschneidung war. Mark stieg zu dem Dach mit dem Eiszapfen vor, während ich unter einem seichten Überhang in Deckung ging und auf das Herabfallen des Dolches wartete. Während Mark den Überhang mit anstrengenden Zügen überwand, schlug er den Eiszapfen mit der Schulter ab, so daß er auf dem Vorsprung über mir zerschellte. Dann kämpfte er sich frei kletternd durch den plötzlich sichtbaren Klemmriß bis zu einem Standplatz über dem Dach. Ich folgte ihm mit Bergstiefeln und mußte mich im vereisten Riß durch das Dach im Seil ausruhen. Weil Mark die Kletterschuhe anhatte, stieg er auch über das nächste Dach vor und sicherte oben auf dem Pfeiler. Es war großartige Felskletterei auf herrlich solidem Granit – der Traum eines jeden Kletterers. Vor Begeisterung gaben wir ein paar laute Juchzer von uns. Dann seilten wir ab und ließen den Großteil unserer Ausrüstung und ein Seil unterhalb der Verschneidung in etwa 4300 Meter Höhe liegen, bis wir nach dem Sturm wiederkämen.

Der Wind setzte etwa um Mitternacht ein und schüttelte die am Rande des Abgrunds stehende Biwakschachtel so heftig, daß wir befürchteten, sie würde den Berg hinuntergeblasen werden. Mehrere Male überlegten wir, ob wir die Schutzhütte verlassen und uns direkt am Fels sichern sollten, doch diese Vorstellung erschien uns so unangenehm, daß wir lieber riskierten, drinnen zu bleiben. Bei stärkeren Windstößen wehte Schneestaub durch die Ritzen der Metallwände, bis wir schließlich mit einer drei Zentimeter dicken Reifschicht bedeckt waren. Als der Wind am Nachmittag kurzzeitig abflaute, seilten wir zur unteren Hütte ab, die trockener und besser im Granit verankert war. Drei Tage später war fast ein Meter Neuschnee gefallen. In dieser Zeit kamen wir mit der Lektüre von *From Dawn to Decadence: 500 Years of Western Cultural History* ein gutes Stück weiter und beschlossen, die Route »From Dawn to Decadence« zu nennen, wenn wir sie schafften. Doch während unser Proviant und unser Brennstoff langsam zur Neige gingen, machten wir uns weniger Gedanken darum, ob wir der Route einen Namen geben könnten, sondern vielmehr darum, ob wir unsere teure Ausrüstung je wiederfinden würden.

Schließlich kam die Sonne heraus, und am Nachmittag stiegen wir auf die Punta Eccles, um die neue Welt zu betrachten. Sie sah perfekt aus: Der ganze lockere Fels war nun durch frischen Schnee stabilisiert, und an der Verschneidung hatte sich kein neuer Eiszapfen gebildet. Um drei Uhr morgens verließen wir die Hütte und stürmten über den Berg, um sechs Uhr hatten wir die Stelle am Fuß der Verschneidung erreicht, an der wir unser Material deponiert hatten. Als es in der Morgendämmerung heller wurde, bemerkten wir eine dünne graue Wolkenschicht; der Wind war so stark, daß uns fast die Luft wegblieb. Wir brüllten einander zu, daß dies die Front eines neuen Sturms sei, und dachten an unsere Gespräche in der Biwakschachtel zurück, in deren Verlauf wir festgestellt hatten, wie fürchterlich und gefährlich es wäre, wenn wir auf dem Gipfelgrat des Montblanc in Biwaksäcken festsäßen. Der ausschlaggebende Faktor war dann die Tatsache, daß Mark in seinen Sommerstiefeln seine Zehen nicht mehr spürte, weil sie für diese winterähnlichen Verhältnisse nicht geeignet waren. Mark rief mir zu, er würde trotzdem weitergehen, wenn ich das wollte. So war Mark nun mal. Statt dessen knipsten wir unsere Stirnlampen aus und seilten uns durch eine sich schnell aufbauende Wolkenschicht unter uns ab. Bis zu unserem Auto hinunter waren es fast 3000 Höhenmeter, die meiste Zeit durch so dichten Nebel, daß wir nicht sahen, wohin wir gingen. Doch als wir schließlich unsere Bierdosen öffneten, war der Gipfel von einem strahlend blauen Himmel umrahmt und glitzerte in der Sonne. Wütend auf uns selbst, fuhren wir in die Dolomiten, um unseren Frust durch Klettern zu überwinden. Ein paar Tage später goß es in den gesamten Alpen in Strömen. Obwohl wir körperlich fit und mental dazu bereit waren, konnten wir den Eiger vergessen.

Die nächste Gelegenheit zur Besteigung von Montblanc und Eiger ergab sich für mich ein Jahr später. Mark war beruflich unterwegs, aber Roger Payne – ein in Leysin ansässiger Brite, der vor Jahren den Eiger bestiegen hatte – wollte mich begleiten. Wir redeten seiner Frau Julie-Ann Clyma zu, daß eine nochmalige Überschreitung des Montblanc lohnenswert sei. Die beiden hatten vor langer Zeit die Innominata-Standardroute und auch den Frêney-Zentralpfeiler durchstiegen, was sie zu idealen Partnern machte, mit denen man »From Dawn to Decadence« schaffen könnte. Ich wollte diese Route unbedingt vollenden, bevor mir ein anderer zuvorkam. Anschließend wollte ich mit dem deutschen Bergsteiger Robert Jasper, der in der Nähe von Grindelwald wohnte, zum Eiger. Als Robert und ich uns vor einigen Jahren kennengelernt hatten, erzählte er mir, daß der Eiger sein Lieblingsberg sei. Ich war baß erstaunt gewesen – ich hatte geglaubt, Dad sei der einzige gewesen, der so empfand. Robert hatte die Nordwand x-mal über verschiedene Routen durchstiegen, einige davon hatte er auch neu eröffnet. Er sagte mir, daß es in dieser Wand inzwischen um die 25 Routen gebe, einschließlich reiner Felsrouten an Pfeilern an der äußersten rechten Wandseite, die nicht bis zum Gipfel führen. Die Zeiten hatten sich eindeutig geändert. Als einer der besten Alpinisten der Welt schien mir Robert der perfekte Partner für den Eiger. Unserer Freundschaft wegen hätte ich die Tour immer noch am liebsten mit Mark gemacht, aber ich spürte, daß ich allmählich das Stadium erreichte, in dem ich – wenn ich meinen Traum je erfüllen wollte – jede sichere Gelegenheit ergreifen mußte. Mit Robert wäre jede Gelegenheit sicher.

Doch zuerst mußte ich meine Montblanc-Route vollenden. Der Eiger würde nicht weglaufen, meine neue Route am Montblanc hingegen würde mit Sicherheit von einem anderen beendet, wenn ich das nicht schleunigst tat. Am 17. September erreichten Roger, Julie-Ann und ich das Ecclesbiwak über den einfacheren Zugang über den Gletscher statt über den schwierigen Grat, den Mark und ich im Vorjahr gewählt hatten. Am 18. waren wir an der Verschneidung, kurz nachdem die Sonne den Klemmriß erwärmt hatte. Statt eines langes Eiszapfens hingen diesmal zwei kurze Eiszapfen vom Dach vierzig Meter über uns. Mit einem Eisbeil am Gurt kletterte ich dorthin, schlug, an meiner Sicherung hängend, die Eiszapfen ab und kratzte den Riß mit dem Pickel aus. Dann ließ ich mich zu einem Standplatz ab. Eigentlich wollte ich das Dach frei kletternd überwinden, wie Mark es gemacht hatte, doch der vereiste Riß gab mir den Rest, so daß ich schließlich wieder im Seil hing und pausieren mußte. Einige Stunden später erreichten wir am Fuß des oberen Pfeilers einen engen kleinen Paß, wo wir einen bequemen Biwakplatz zu finden hofften. Wir fanden jedoch nur eine kleine Eisfläche, in die wir einen Sims hackten, von dem aus unsere Füße herunterbaumelten. Wir setzten uns nebeneinander; Roger und Julie-Ann aneinandergelehnt, während ich mich mit dem Helm an die Wand lehnte. Als wir sahen, wie zwei Bergsteiger per Hubschrauber vom Frêney geborgen wurden, fragten wir uns bangend, ob sie womöglich gehört hatten, daß schlechtes Wetter im Anzug sei und deshalb den schnellsten Weg aus der Wand gewählt hatten. Wir haben nie erfahren, was den beiden passiert war, doch auch als die Sterne aufgingen, blieb der Himmel klar.

Wir kochten uns in dieser Nacht mehrmals Tee, um uns aufzuwärmen und die Zeit zu vertreiben, und gegen zwei Uhr morgens diskutierten wir über die »sinnlichen Freuden«, die schmale Biwakbänder Körpern mittleren Alters bieten. Irgendwie war es nicht mehr so angenehm wie früher. Eine Ewigkeit später, als uns die Morgensonne aufgewärmt hatte, kam ein bißchen jugendlicher Schwung zurück, und bald darauf erkletterten wir in Klemmtechnik einen grandiosen Riß im Pfeiler. Die Route schien geradewegs in den Himmel zu führen. Nachdem wir den Schnee erreicht hatten, führten uns endlose Quergänge und Gratkletterei in Richtung des fernen Berggipfels. Weil wir bis zur Cosmiqueshütte auf der anderen Seite des Berges noch mehrere Stunden unterwegs sein würden, überquerten wir die vereisten Hänge ungesichert. Wir kamen mühelos voran, doch jeder Ausrutscher wäre tödlich gewesen. Roger marschierte so selbstsicher an dem steilen Hang entlang, als sei es ein Wanderweg. Julie-Ann drehte sich sicherheitshalber mit dem Gesicht zum Hang, schlug bei jedem Schritt die Haue ihres Eispickels ein und stieß die Frontalzacken ihrer Steigeisen ins Eis. Deshalb kam sie langsamer voran und fiel hinter uns zurück. Ich folgte meist Rogers Beispiel, denn um an solchen Hängen schnell und sicher voranzukommen, braucht man vor allem Selbstvertrauen. Manchmal wurde ich aber doch nervös und schlug ebenfalls den Pickel ins Eis, um mich zu sichern. Einen solchen Hang zu queren ist im Grunde tatsächlich so einfach, wie es bei Roger aussah.

Doch ein einziger Fehltritt aus irgendeinem Grund (beispielsweise übersehener angestollter Schnee in den Steigeisen oder eine im Hosenbein hängengebliebene Frontalzacke) kann einen immer schneller werdenden und Hunderte von Metern langen Rutsch einen steilen Gletscher hinunter auslösen. Deshalb war Julie-Anns vorsichtige Vorgehensweise genauso sinnvoll wie Rogers selbstbewußter Marsch. Dies war genau die Krux beim Bergsteigen, der ich eigentlich aus dem Weg hatte gehen wollen. Jetzt gelobte ich mir, das Problem sorgfältig zu überdenken – und es jetzt so vorsichtig und so schnell wie möglich hinter mich zu bringen.

Um 18 Uhr erreichten wir den Gipfel, weit nach Einbruch der Dunkelheit dann die Cosmiqueshütte, aber gerade noch rechtzeitig, um etwas zum Abendessen bestellen zu können. Dies war keine Biwakschachtel, sondern ein Berghotel mit hundert Plätzen und einem entsprechend großen Restaurant. Am nächsten Morgen überquerten wir den Gletscher und stiegen zur Bergstation der Seilbahn an der Aiguille du Midi hinunter. Mir fiel ein, daß Dad hier nach einer Tour einmal gerade noch rechtzeitig gekommen war, um mit Mom, die schon auf der Plattform wartete, die letzte Talfahrt nach Chamonix zu erwischen. Roger, Julie-Ann und ich stiegen in eine kleine Gondel für sechs Personen, die uns in südöstlicher Richtung zurück nach Italien brachte, wo wir fünf Tage zuvor aufgebrochen waren.

Während die Gondel über das Mer de Glace schwebte, dachte ich an frühere Jahre zurück. Ich konnte gerade noch die Stelle unterhalb der Fou erkennen, an der die Envers-des-Aiguilles-Hütte steht. Weiter gletscherabwärts erhob sich die Dru. Jenseits und oberhalb unserer Gondel, in der Nordwand der Grandes Jorasses, waren das riesige »Leichentuch« und der Walkerpfeiler zu sehen. Dann kam der Grand Capucin in Sicht, ein grandioser, 300 Meter hoher Obelisk, den Dad zusammen mit Gary bestiegen hatte. Schließlich sahen wir den Peutereygrat und den Frêney-Zentralpfeiler und dann unseren Innominatagrat, auf dessen gegenüberliegender Seite sich die Brouillardwand befand. Ringsumher auf den Bergen glühten orangefarbene Granitzacken und -pfeiler wie himmlische Juwelen in einem Bett aus Eis und Schnee. Das Blau des Himmels sah aus, als könnte man die Farbpigmente in Flaschen abfüllen. Hier könnte man ein ganzes Leben verbringen. Kein Wunder, daß Dad diese Gegend so geliebt hatte.

Wir fuhren in zwei Stunden zurück nach Leysin, wie Dad es so oft gemacht hatte. Von dort aus rief ich Robert Jasper an. Robert sagte mir, das Wetter sei im Berner Oberland nicht so freundlich gewesen wie im Montblanc-Massiv. Der Eiger sei nach einem Sturm mit frischen Schnee überzogen, und in den paar Tagen, die mir noch blieben, würden sich in der Wand keine idealen Verhältnisse einstellen. Meine Reaktion war gemischt, wie immer, wenn es um den Eiger ging. Einerseits war ich erleichtert. Ich wollte den Berg zwar besteigen, hatte aber trotzdem große Angst davor. Aber ich wollte diese Tour auch endlich hinter mich bringen, damit sie nicht mehr als Schreckgespenst drohend vor mir aufragte. Außerdem hatte ich geglaubt, dies sei meine bisher beste Chance. Robert wäre ein so starker und erfahrener Partner gewesen, daß meine Zuversicht größer war als je zuvor. Nachdem ich gerade am Montblanc gewesen war, fühlte ich mich so fit und bereit, wie ich es vielleicht nie wieder sein würde. Ich war jetzt 48 Jahre alt. Zwar spürte ich mein Alter noch nicht sehr, doch jünger würde ich trotzdem nicht werden.

Während ich mit diesen widerstreitenden Gefühlen kämpfte, rief ich Stephen Venables in England an. Stephen hatte auf Roberts und Julie-Anns Anrufbeantworter eine Nachricht für mich hinterlassen. Halb entschuldigend meinte er, daß ich ihm gerne eine Abfuhr erteilen dürfe, und er wolle mich auch nicht beleidigen, aber er müsse schnellstmöglich wissen, ob ich mir vorstellen könne, für einen Kinofilm den Eiger zu besteigen. Nicht für irgendeinen Film, sondern für einen IMAX-Film, der auf 25 Meter hohe Leinwände projiziert wird. Stephen war beauftragt worden, ein Drehbuch für einen Film über die Alpen zu schreiben, und offenbar bot Dads und meine Geschichte die gewünschte Dramatik.

Überrascht und geschmeichelt sagte ihm, ich wisse es noch nicht. Ich hatte etwas völlig anderes im Sinn gehabt. Meinen ganz persönlichen Traum vom Eiger wollte ich nicht vermarkten. Zwar wollte ich Dads Geschichte erzählen, und wenn ich den Eiger bestieg, hatte das viel mit seiner Geschichte zu tun. Aber ein Kinofilm? Ich wußte nicht so recht. Ich müßte erst mit Adele darüber sprechen, wenn ich wieder nach Hause kam. Adele hatte nur vage Vorstellungen von meiner Eiger-Besessenheit und keine Ahnung davon, wie ernst es mir mit der Besteigung war. Das war vielleicht die einzige wichtige Sache in meinem Leben, die ich nicht mit ihr geteilt hatte. Mochte es nun richtig sein oder falsch, ich wollte die Besteigung hinter mich bringen, bevor sie oder meine Mutter überhaupt anfangen konnten, sich Sorgen zu machen. Einen Film zu drehen hieße aber, alles öffentlich zu machen, von privater Unternehmung wäre dann keine Spur mehr. Ein Film paßte überhaupt nicht in meine Pläne, und ich fragte mich besorgt, welche Motive man mir dann wohl unterlegen würde. Aber ich erteilte Stephen keine Abfuhr. Ich sagte ihm, ich würde mich bei ihm melden, sobald ich wieder zu Hause sei.

Achtzehn
Von einem Leben ins nächste

Am 21. September 2005, zwei Tage vor dem geplanten Aufbruch zu meiner Eiger-Tour, klingelte um 21 Uhr auf der Kleinen Scheidegg das Telefon. Es war Robert. Die Wetterprognose schien sich erneut zu ändern: Statt mit noch fünf Tagen guten Wetters war nur noch mit dreien zu rechnen. Robert schlug vor, am nächsten Morgen aufzubrechen. Mir wurde ganz flau im Magen. Die Gelassenheit, die ich in den letzten zwei Wochen bewahrt hatte, in denen sich Tage mit Sonnenschein mit Tagen mit Schneeschauern abgewechselt hatten, schmolz dahin. Ich schluckte, gab ein laues »Okay, dann also bis morgen« von mir und legte auf. Nach all den Jahren war es nun soweit. Ich mußte mich einen Moment lang hinsetzen, um zu verdauen, daß aus den unruhigen Träumen nun Wirklichkeit würde und ich nicht wußte, wie alles ausgehen würde, sondern nur, daß es sich an einem sehr realen Eiger abspielen würde.

Ich atmete ein paarmal tief durch und sagte mir, daß es das war, was ich gewollt hatte, daß ich es bewältigen konnte, es überleben würde, und dann wäre es geschafft.

Alle schauten mich an – Adele, Siena und die anderen. Adele drückte mir mitfühlend die Hand. Wir hatten zwei Wochen gemeinsam gewartet, hatten den Berg betrachtet, die Wolken und den Schnee, hatten miteinander geredet, abends etwas getrunken, und tagsüber war gefilmt worden. Ständig gefilmt.

Es wurden Interviews gefilmt, wir wurden beim Joggen

im Nebel gefilmt und wie wir vor dem Zug stehend übers Wetter reden und davon, welche Auswirkungen es auf unsere Pläne hat. Es wurde gefilmt, wie wir die Ausrüstungsgegenstände sortieren, wie Siena um Adele und mich herumspringt, während wir einen Grat hinaufwandern und im Hintergrund Wolken am Eiger vorbeiziehen. Nichts von dem, was gefilmt wurde, sollte etwas mit der Besteigung zu tun haben. Das war meine Bedingung gewesen. Wir würden erst dann starten, wenn die Sicherheit gewährleistet war. Es würden uns bei der Besteigung keine Kameras folgen, Aufnahmen würden nur mit den kleinen Digitalkameras auf unseren Helmen gemacht und von Kameras, welche die Filmleute am Berg aufstellten, um uns beim Vorbeiklettern zu filmen. Die in der Eiger-Nordwand verbrachte Zeit würde ganz mir gehören, die Begehung so real sein, wie sie es ohne Film gewesen wäre. Vor dem Start und nach unserer Rückkehr hingegen gehörte unsere Zeit ihnen, was sie auch voll und ganz ausnutzten.

Stephen hatte mir das Konzept des Films erläutert. Es ging darum, die Gewalt, die Schönheit und Dramatik der Schweizer Alpen einem Publikum zu vermitteln, das wenig übers Bergsteigen weiß und sich auch nicht sonderlich dafür interessiert. Ich hatte Erkundigungen über Mac Gillivray Freeman Films eingezogen und herausgefunden, daß es das beste Unternehmen im Großleinwand-Business ist, wie sich die IMAX-Filmtheater-Branche nennt. MFF hatte schon auf dem Gipfel des Mount Everest, in der Tiefsee, in mexikanischen Höhlen und den Nil von der Quelle bis zur Mündung gefilmt: Sie wußten, worauf es bei richtigen Abenteuern ankam, und respektierten, daß für mich die Unverfälschtheit dieser Tour Vorrang hatte. Mir wurde zugestanden, so lange am Fuß des Eigers zu warten, bis die Verhältnisse ideal waren, wie lange es auch dauern mochte.

Ich hatte lange über diesen letzten Punkt nachgedacht, während ich mich an die Idee mit dem Kinofilm zu gewöhnen versuchte. In den vergangenen Jahrzehnten war der Eiger immer in meinem Hinterkopf gewesen. Die Verhältnisse am Berg mußten stimmen, und ich mußte trainingsmäßig und mental im richtigen Zustand sein. Der springende Punkt war, daß all diese Bedingungen zugleich erfüllt sein müßten. Mit 99prozentiger Wahrscheinlichkeit müßte ich vorher jedoch einen Kontinent und einen Ozean überqueren. Auch wenn ich zufällig schon in Europa wäre, wie es ja alle paar Jahre vorkam, müßte ich Adele und Siena, die mich normalerweise begleiteten, irgendwo zurücklassen, bevor ich zum Eiger fuhr. Außerdem müßte ich den richtigen Kletterpartner haben, der mental und körperlich im gleichen Zustand war wie ich. Ein Vierteljahrhundert hatte ich nun schon darüber geredet (hauptsächlich in meinem Kopf), aber so gut wie keine Vorbereitungen getroffen. Ich hatte die Wand nie auch nur berührt. Wenn ich mich für diesen Film verpflichtete, mußte ich die Tour auch machen – dann gäbe es kein Zurück mehr, keine Ausreden.

Ich dachte in dieser Zeit auch an Dad. Sicherlich wäre die Nordwand-Begehung ein Versuch, eine Verbindung zu ihm herzustellen. Ich würde in der Wand sein, die ihm so viel bedeutet hatte, und dadurch irgendwie mit ihm zusammensein. Es war kein rationaler Prozeß. Es ging tiefer und war persönlicher, ein Verlangen, das mich in all den Jahrzehnten nie losgelassen hatte. Wollte ich wirklich, daß meine Tour *gefilmt* würde? Die Antwort war ein eindeutiges Nein. Ich wollte es tun, ohne daß mir jemand dabei zusah. Ich wollte nicht, daß andere mich bedrängten, wollte nicht von Menschen oder Kameras abgelenkt werden, die versuchten, meine Gedanken zu lesen. Doch dann dachte ich noch eingehender an Dad, wohin er gegangen war und wie stolz er gewesen wäre, vierzig Jahre nach seinem Tod im Mittelpunkt eines solchen Films zu stehen. Er würde dadurch für eine Weile ins Leben zurückgeholt. Wie könnte ich ihm solch eine Chance verwehren?

Das IMAX-Filmformat – das in einer Höhe projiziert wird, die der vieler moderner Felskletterrouten entspricht – schien mir nicht nur die beste, sondern vielleicht auch die einzige in Frage kommende Möglichkeit, um die gigantischen Dimensionen der von mir so geliebten Alpengipfel darzustellen. Von allen Alpenwänden ist die Eiger-Nordwand mit Abstand die größte. Wie könnte man das besser darstellen als auf einer 25-Meter-Leinwand? In Portland hatte ich Siena schon in so manchen IMAX-Filme mitgenommen, und ich konnte mir vorstellen, daß so ein Film für sie und ihre Kinder ein großartiges Vermächtnis wäre.

Als ich schließlich nach Oregon zurückkehrte und Adele von der Idee erzählte, war ich selbst schon davon überzeugt. Adele war völlig einverstanden. Die nächste Frage war nun, ob sie und Siena dabeisein wollten, denn dies war auch der Wunsch von MFF. Ich konnte mich nicht entsinnen, daß Adele seit unserer Hochzeit zu irgendeiner Klettertour mitgekommen war. Wohl hatte ich hin und wieder eine Tagestour unternommen, während wir zusammen auf Reisen waren, außerdem ein paar Mehrtagestouren zusammen mit Konrad. Aber sie haßte es, sich wie ein fünftes Rad am Wagen zu fühlen, und genau so fühlte sie sich, wenn ich durchs Klettern abgelenkt war.

Adeles Mutter war vor zwanzig Jahren an Brustkrebs gestorben, folglich ist meine Mutter nun Sienas einzige Großmutter. Seit Mom im Ruhestand ist, lebt sie in Portland, nur eine Autostunde von unserem Haus in Hood River entfernt. Wenn ich diesen Film machte, mußte ich ihr von meinem geheimen Traum erzählen. Sie ahnte ohnehin schon etwas. Ich selbst hatte mit ihr nie über den Eiger gesprochen oder in schriftlicher Form irgendeine Andeutung gemacht. Aber Mark hatte es getan. Er hatte über fast alles geschrieben, was wir gemeinsam unternommen hatten. In seinen Artikeln im *Outside* über unsere Touren am Matterhorn und am Montblanc hatte er jedesmal unseren nächsten

Plan erwähnt, unser eigentliches Ziel: den Eiger. Jedesmal hatte mich meine Mutter darauf angesprochen. Und jedesmal hatte ich ihr eine noch harmlosere Version erzählt als Adele: »Na ja, du weißt doch, wenn die Verhältnisse am Eiger perfekt gewesen wären, hätten wir ihn uns vielleicht mal ein bißchen angesehen. Aber du kennst doch Mark, er muß einfach eine gute Story schreiben.« Ich fügte noch hinzu, daß Mark die dramatischen Teile unserer gemeinsamen Touren stets besonders herausstrich, während sie in Wirklichkeit viel harmloser gewesen seien.

Mom gefiel es gar nicht, als sie erfuhr, daß ich tatsächlich an eine Eiger-Besteigung dachte und es doch nicht nur eine schriftstellerische Freiheit Marks gewesen war. Noch weniger behagte es ihr, ein genaues Datum zu erfahren, dem sie dann bangend entgegensehen müßte. Doch weder sie noch Adele versuchte, mich von meinem Vorhaben abzubringen, zum Teil deshalb, weil ich ihnen sagte, ich hätte bei der Begehung den besten Partner zur Seite, den man sich wünschen konnte. Außerdem würde ich nur dann klettern, wenn die Verhältnisse absolut sicher wären, es würde ein Film für Familien werden, und die Filmfirma würde genauso um meine Sicherheit besorgt sein wie ich selbst, wenn auch aus anderen Gründen. Ihr wurde klar, daß wenn ich diese Tour machte – was sie nun für fast unvermeidlich hielt –, dieser Film am ehesten gewährleisten würde, daß ich geduldig auf die richtigen Verhältnisse wartete, und das mit dem richtigen Partner. Am Ende schienen meine Mutter und Adele mehr Vertrauen in meine Entscheidung zu haben als ich selbst. Ich hatte ihren Segen und ihre Unterstützung. Siena freute sich einfach nur darauf, mal wieder in die Schweiz reisen zu können.

Meine Schwester sagte gar nichts, als ich an Thanksgiving von dem Projekt berichtete. 1978 hatte sie Gene Cilento aus Rhode Island geheiratet, die beiden waren in die Nähe von Olympia gezogen und hatten vier Kinder bekommen. Alle saßen am Tisch, auch der Ehemann ihrer ältesten Tochter. Nachdem ich ihnen nervös von dem Film und meinem Vorhaben erzählt hatte, ging die Unterhaltung weiter, ohne daß einer auf meine Worte eingegangen wäre. Meine Mutter, Adele und ich schauten uns verblüfft an und ließen das Thema fallen. Obwohl Andréa Fotos von Dad und gerahmte Zeitungsausschnitte über seine Touren in französischer Sprache an den Wänden hängen hat, spricht sie doch nie über ihn und war auch nie mit meiner Bergsteigerei einverstanden, schon gar nicht seit Sienas Geburt. Ihr Leben lang hat sie Alpträume vom Verlassenwerden gehabt. Für sie stellt der Bergsport ein inakzeptables Risiko dar, und sie konnte ihrem Vater den Schmerz nicht verzeihen, den er ihr mit seinem Tod zugefügt und unter dem sie ihr ganzes Leben gelitten hat. Sie würde auch mir nicht vergeben.

Am 22. September, dem Morgen nach Roberts Anruf, kamen er und seine Frau Daniela mit dem ersten Zug aus Grindelwald. Die beiden wohnen in Thun, eine halbe Stunde von Grindelwald entfernt, und für Daniela würde es die erste Nacht sein, die sie nicht bei ihrem zweieinhalbjährigen Sohn Stefan und ihrer einjährigen Tochter Amelie verbrachte. Robert ist jedes Jahr monatelang auf Expeditionen unterwegs. Daniela ist eine ausgezeichnete Bergsteigerin, die hauptsächlich sehr schwierige, durch Bohrhaken abgesicherte Fels- und Eisklettereien und gelegentlich auch Touren mit Robert macht. Hier jedoch mußte sie sich hauptsächlich auf ihre Reserven an Können und Erfahrung verlassen, weil sie wegen der Kinder eine Babypause eingelegt hatte. Das Filmunternehmen wollte gerne eine Frau dabeihaben, und weil Robert ihr Partner im Fels wie auch im Leben ist, war es eine ideale Kombination. Dies würde ihre erste Durchsteigung der zentralen Nordwand sein, denn mit ihrem Mann hatte sie bislang eine Route an einem steilen Pfeiler durchstiegen, der auf den Westgrat führt.

Adele, Siena und ich fuhren mit der Bahn bis zur Station »Eigergletscher«, der letzten Haltestelle vor dem Tunnel, der durch den Eiger bis zur Endstation am Jungfraujoch führt. Robert und Daniela warteten schon auf uns. Adele drückte mich an sich und wünschte mir unter Tränen viel Glück. Siena verstand die Aufregung nicht, weil ich ja nur ein paar Nächte weg sein würde, doch sie drückte mich genauso fest wie ich sie.

Von der Station bis zum Einstieg ist es nicht weit, etwa zwanzig Minuten auf einem guten Wanderweg. Ich brauchte diese Zeit, um mich mental umzustellen. Mich in so unmittelbarer Nähe einer großen Tour von meiner Familie zu verabschieden, war für mich etwas Neues gewesen. Die bevorstehende Tour kam mir vor wie etwas, das ich noch nie gemacht hatte, wenn einzelne Teile davon auch ganz ähnlich sein würden wie die Touren, die ich mein Leben lang unternommen hatte. Ich war auf dem Weg in unbekanntes Gelände und wußte nicht, wie sich das auf mich auswirken würde. Drei Tage lang würde diese Welt mir gehören, besser gesagt, ich würde dieser Welt gehören. Würde es so furchteinflößend sein wie in den Geschichten, die ich gelesen hatte? Würde ich Sicherungsmöglichkeiten finden, wenn ich sie brauchte, oder würde ich mich, 25 Meter oberhalb meines letzten Hakens, mit Steigeisen, die an einer dünnen Schicht tauenden Eises entlangkratzten, in einen zitternden Gelatineklumpen verwandeln? Am meisten fürchtete ich mich vor einem tiefen Sturz. Davor habe ich immer Angst, doch weil der Eiger für den Mangel an Sicherungsmöglichkeiten berüchtigt ist, hatte ich diesmal wesentlich mehr Angst als sonst.

Der untere Wandteil wäre zumindest eine Übergangsphase. Über fast 500 Meter würde es leichtes Klettern sein, wir würden parallel steigen, und ich könnte mich an die Vorstellung gewöhnen, daß die nächsten 1300 Meter schwieriger würden. Ich atmete tief ein, in der Hoffnung, daß das flaue Gefühl in meinem Magen bald durch die Konzentration aufs Klettern vertrieben würde.

Der kalte Fels des Eigers fühlt sich in meinen bloßen Händen gut an. Es gibt nichts Besseres, als den Fels zu spüren, um eine Verbindung mit ihm herzustellen. Ich belaste die Griffe leicht, wenn meine Füße auf einen neuen Tritt steigen. Mein Körper wacht auf; ihm gefällt, was er tut. Der Rucksack auf meinem Rücken kommt mir leicht vor, ich bemerke ihn kaum. Wir bewegen uns ununterbrochen, rhythmisch, stetig, schlängeln uns von einem kleinen Hindernis zum nächsten und lassen jedes davon rasch hinter uns. Es ist genau das, was ich schon immer geliebt habe. Es ist, als käme ich nach Hause.

Aber es ist trotzdem anders als sonst. Vor einigen Wochen, als ich Robert und Daniela zum ersten Mal besuchte, sind wir zusammen klettern gegangen, um zu sehen, wie wir als Seilschaft zusammenpassen. Die stets gut gelaunte Daniela erzählte und scherzte wie eine ununterbrochen laufende Kaffeemaschine, die mit jedem Schluck frischen Kaffees Aufmunterung verspricht. Wir alberten herum und erfreuten uns daran, im Gebirge zu sein, während Robert sich nur an der Unterhaltung beteiligte, wenn er, in seiner ruhigeren Art, Lust dazu hatte. Robert ist Profi-Bergsteiger und hat fast jeden Tag Fels unter den Händen. Für Daniela und mich ist es etwas Besonderes, draußen zu sein, und wir führten uns dementsprechend auf. Doch hier am Eiger ist es anders. Ich bin still, konzentriere mich auf mein Inneres, und eine angespannte Ruhe stellt sich ein. Die Kletterei hier unten ist leicht genug, um darüber nachdenken zu können, wo ich bin und wie lange ich gebraucht habe, um hierherzukommen. Während sich brüchiger Fels mit soliden Felsbändern abwechselt und wir das nächste kleine Hindernis überwinden, schwindet allmählich die Furcht vor den größeren Herausforderungen, die mir noch bevorstehen. Ich bin in meinem Element.

Wir drei klettern parallel, Robert geht voran, weil er schon des öfteren hier gewesen ist. Die einzige Schwierigkeit im unteren Bereich besteht darin, aus viel zu vielen Möglichkeiten den einfachsten Weg auszuwählen. Deshalb hatten wir beschlossen, diesen Abschnitt bei Tage zu klettern und nicht nachts wie Dad und Konrad seinerzeit. Es ist schön, sehen zu können, wo man gerade ist, und wir wissen, daß wir es bis zum frühen Nachmittag leicht bis zu einem guten Biwakplatz am unteren Rand der Roten Fluh, kurz vor dem Hinterstoißer-Quergang, schaffen können, um vor dem morgigen Start vor Tagesanbruch eine lange, bequeme Rast einlegen zu können. Robert sorgt dafür, daß das Seil immer mindestens ein oder zwei Zwischensicherungen durchläuft, falls jemand einen Fehler machen sollte, und ich entferne sie, während wir nachsteigen. Unser Sicherungssystem entspricht dem modernen Standard für drei Personen: Der Vorsteiger führt an zwei Seilen, jedes führt zu einem der beiden Partner. Daniela hat das rosa Seil und ich das grüne. Sie klettert etwa drei Meter über mir, und ich versuche, den richtigen Abstand zu halten. Mit diesem System können die beiden Nachsteiger beim Klettern wunderbar miteinander reden, doch wir klettern fast schweigend.

Die erste schwierige Passage ist der Schwierige Riß – in Kombination mit dem Hinterstoißer-Quergang das Tor zur darüberliegenden zentralen Wand. Ich habe darum gebeten, im Schwierigen Riß vorsteigen zu dürfen. Wir tauschen die Seilenden, so daß ich die beiden hinter mir habe.

Steiler Fels, heikle Züge, genügend Sicherungsmöglichkeiten, schnelles Klettern – der Schwierige Riß und der Fels darüber scheinen im Nu überwunden. Ich fühle mich fast betrogen, als ich einen Ruf von unten höre, daß das Seil zu Ende geht und ich nach Standhaken suchen muß. Alles, was ich finden kann, sind zwei rostige Haken mit verwitterten Schlingen. Ich versuche, genug Platz in einem Haken zu schaffen, um meinen Karabiner direkt ins Metall einzuklinken, doch das alte Seil ist zu dick. Statt meine Zeit damit zu verschwenden, Schlingen, denen ich nicht traue, herauszuschneiden, bewege ich mich zu einem freistehenden Felskopf, um den ich eine große Schlinge legen kann. Ich schreie, so laut ich kann, »Stand!« nach unten und gleich darauf »Nachkommen!«. Ich fühle mich richtig übermütig. Diese Seillänge lief so gut, daß ich einen Luftsprung machen könnte. Auf den ersten 500 Metern habe ich mich verwandelt, meine Angst vor dem Mythos Eiger wurde allmählich durch Liebe zum realen Berg ersetzt, mit einem Satz bin ich in der wunderschönen Wirklichkeit angekommen. Ich fühle mich wie ein bergsteigender Bergsteiger und nicht wie ein verlassener Sohn mit einer Obsession, und selbst hier muß ich meine Freude in die Welt hinausrufen. Ich wünschte, ich könne jodeln wie mein Vater, doch weil ich das nicht kann, rufe ich ein lautes »Juhu!« in die sonnenbeschienene Welt unter mir. Ich winke Siena und Adele zu, denn ich weiß, sie sind dort unten. Ich fühle mich großartig.

Im Nu, so scheint es mir, sind Daniela und Robert nachgekommen, bleiben aber bei den rostigen Haken mit den alten Schlingen kurz stehen. »Die sind in Ordnung!«, meinen sie, und vielleicht stimmt das auch. Europäer vertrauen viel eher alten Standschlingen, als Amerikaner es normalerweise tun. Ich klettere zu ihnen zurück, um mir das Klettermaterial zu holen und die letzte Seillänge bis zu unserem Biwakplatz auf dem sogenannten Japanerband vorzusteigen. Bei dieser Seillänge geht der Fels in Schnee über, und ab hier rechnen wir damit, mit Steigeisen weiterklettern zu müssen. Doch der Schnee ist um diese Tageszeit so weich, daß ich die ganze Strecke bis zum Band mit meinen Stiefeln Tritte treten kann.

Eine Filmkamera ist auf mich gerichtet, als ich oben ankomme. Ein kleines Filmteam ist vom Stollenfenster aus über Fixseile in genügend großer Entfernung von uns hochgeklettert, damit wir sie nicht sehen. Dies war eine meiner

Bedingungen gewesen: Alle Fixseile sollten in großem Abstand zu unserer Route angebracht werden, damit meine Kletterei durch nichts beeinträchtigt würde.

»Na, John, was ist das für ein Gefühl, endlich auf dem Eiger zu sein?« fragt mich Jochen Schmoll, ein deutscher Filmemacher, hinter seiner Kamera hervor.

»Phantastisch!« bricht es begeistert aus mir heraus. »Einfach herrlich!«

Er filmt mich, während ich sichere und das Seil hochhole, während Daniela und Robert nachkommen. Dann richtet Jochen die Kamera auf Daniela und fragt sie dasselbe wie mich. Sie fängt an, gegen mich zu wettern. Adeles Tränen heute morgen hatten sie beunruhigt und schockiert. Sie ist wütend, weil ich heute morgen so ruhig gewesen bin, statt so begeistert wie auf unserer Kennenlern-Tour vor zwei Wochen. Es stört sie auch, daß ich beim Aufstieg ins Mikrofon meiner Helmkamera gesprochen habe, um dem Filmteam die Wandstellen zu erläutern, welche die Kamera gerade aufnahm. Mein letzter Standplatz sei nicht sicher gewesen – ich sei nicht kompetent genug, um die vorhandenen Haken zu nutzen. Die Tour sei ihrer Ansicht nach Mist, und alles sei meine Schuld.

Sprachlos lasse ich mich auf das Felsband sinken. Es ist, als hätte man mir den Boden unter den Füßen weggezogen. Das darf doch wohl nicht wahr sein. Nicht hier, nicht auf dieser Tour. Das ist doch auch alles Unsinn.

Ich bin zu niedergeschlagen, um zu streiten, und wir können uns auch keine Streitigkeiten leisten. Vielleicht hatte sie Streß, der jetzt hervorbricht, vielleicht ist es auch der Gedanke an ihre Kinder. Robert versichert ihr ruhig, daß mein Standplatz in Ordnung gewesen sei. Ich sage ihr, daß ich nicht mehr in die Helmkamera sprechen werde, wenn sie das stört. Diese Tour ist sehr wichtig für mich, deshalb bin ich offenbar so ernst. Wir können ihre Bedenken vertreiben; alles wird gutgehen.

Während wir unser schmales Biwakband vorbereiten und unsere Schlafsäcke auspacken, versuche ich so zu tun, als wäre nichts geschehen. Anscheinend macht Daniela es genauso, denn sie spricht nicht mehr darüber, zumindest nicht auf englisch. Sie unterhält sich mit Robert auf deutsch, doch das ist eine Sprache, die ich vor genau 42 Jahren vergessen habe.

Vor 43 Jahren und zwei Monaten kam Dad mit Konrad auf dem Weg zum Hinterstoißer-Quergang an dieser Stelle vorbei. Zu diesem Zeitpunkt hatten die Japaner dieses Band noch nicht ausgegraben, und Dad kam um 7 Uhr morgens hier vorbei, nach sechsstündigem Klettern. Er wollte an seinem ersten Tag zum Todesbiwak, folgte also einer anderen Kletterstrategie als wir. Wir haben geplant, morgen über die Rampe zu kommen und am Brüchigen Band nahe dem Beginn des Götterquergangs zu biwakieren. Morgen ist unser heftigster Klettertag, und obwohl ich noch vor wenigen Stunden ganz euphorisch gewesen bin, muß ich jetzt wieder tief durchatmen, um das flaue Gefühl in meinem Magen zu bekämpfen. Ich denke an Adele und Siena dort unten. Ich kann die blinkenden Lichter des Hotels sehen, möglicherweise sogar ihr Zimmer. Doch dort werden sie jetzt nicht sein. Die Abendessen auf der Kleinen Scheidegg dauern immer lang. Unsere gefriergetrocknete Mahlzeit, in Beuteln heiß gemacht, besteht aus wenigen Gängen, wenig Unterhaltung und noch weniger Wein. Ich habe den Kopf an einen Felsen gelehnt, geschützt durch den Helm, den ich immer aufbehalte. Das Band ist eben und so lang, daß man sich darauf ausstrecken kann, ein wundervoller Luxus an einem steilen Berg. Es ist gerade breit genug, um einen flachen Felsbrocken unter meine rechte Schulter schieben zu können, der ein Abrutschen verhindern soll. Falls der Stein ein paar Zentimeter wegrutscht, fällt er 500 Meter tief hinunter, vielleicht bleibt er aber auch vorher auf einem verschneiten Vorsprung liegen. Eine Schlinge verläuft von meinem Gurt, den ich ebenfalls nie ablege, bis zu einem Haken in der Wand über meiner linken Schulter. Mein Körper liegt bequem. Mental geht es mir gut.

Ich halte Ausschau nach Geistern. Ich glaube nicht wirklich an Geister, aber man hat mir gesagt, daß ein traumatischer Tod einen Geist entstehen läßt. Wenn es also irgendwo Geister gibt, dann hier. Wir versuchen etwa 100 Meter von der Stelle entfernt zu schlafen, an der Toni Kurz nach langem Kampf an Erschöpfung starb, während seine drei Kameraden den Tod schneller fanden. Zehn Prozent der Toten, die es im Umkreis von anderthalb Kilometern gegeben hat, entstammen also allein dieser Seilschaft.

Doch sosehr ich es auch versuche, es gelingt mir noch nicht einmal, den Geist meines eigenen Vaters herbeizurufen. Meine Gedanken gehen statt dessen zu Siena, und ich frage mich, wie ihre Zukunft aussehen mag. Vor einigen Monaten sind wir für ein paar Jahre nach Oaxaca in Mexiko gezogen, damit sie eine fremde Kultur kennenlernen kann. Ich hatte die Schweiz vorgeschlagen, doch Adele meinte, Europäer seien uns zu ähnlich. Außerdem ist Spanisch die nützlichste Sprache, die Siena lernen kann, und deshalb war es sinnvoll, nach Mexiko zu ziehen. Siena hat bis jetzt noch keinen großen Spaß am Erlernen dieser Sprache, und ihre ersten Wochen in der mexikanischen Schule waren die schwierigsten ihres jungen Lebens. Gerade als sie sich einzugewöhnen begann, mußten wir sie aus der Schule nehmen, um hierherreisen zu können. Aber es ist schön zu sehen, wie sie in den Bergen wieder aufblüht.

Ich wende mich wieder dem Eiger zu, wo ich auch sein sollte. Ich versuche erneut an Dad zu denken, doch meine Gedanken schweifen immer wieder ab. Meine eigene Welt scheint in diesen Tagen realer zu sein. Als mich mein Freund in Hood River fragte, was ich je getan hätte, außer der Sohn eines berühmten Vaters zu sein, war das vermutlich nur eine scherzhafte Anspielung auf meine Kletterei gewesen, oder er wollte sich mit seiner eigenen brüsten. Doch ich habe mich allmählich von diesem vergeblichen Ehrgeiz befreit. Von Jahr zu Jahr wird mir klarer, daß mir andere Dinge wichtiger sind, angefangen bei meiner Familie, mein Halt in den letzten Jahrzehnten, bis zu dem, was ich in Zukunft in dieser Welt noch leisten kann.

Vor nicht allzu langer Zeit habe ich beim Joggen in den Hügeln oberhalb von Oaxaca über den Tod nachgedacht und darüber, welche Auswirkungen es hätte, wenn ich bald sterben würde – vielleicht, indem ich irgendwo im Hinterland auf eine Schlange träte, wie mir das einmal fast passiert ist. Der Gedanke stimmte mich traurig. Nicht weil es mir um mein eigenes Leben leid täte, obwohl es mir durchaus etwas ausmachen würde, sondern weil es geschehen würde, bevor ich eine Chance gehabt hätte, neue Projekte in Angriff zu nehmen, die wichtiger sind, als jene, die ich bereits verwirklicht habe. Jahrelang habe ich Notizzettel gesammelt, auf denen steht, was ich noch alles tun möchte, vor allem im Bereich der nachhaltigen Entwicklung, den ich für das Wichtigste für alles Leben auf unserem Planeten halte. Diese Gedanken, Notizen und Ambitionen sind zu meinem neuen geheimen Leben geworden und nehmen weit mehr Raum ein als der, den ich einst für den Eiger oder für den Wunsch reserviert hatte, ein großer Bergsteiger zu werden. Ich denke ständig über diese Erweiterung meiner Welt nach, bin mir aber noch nicht im klaren darüber, wie mir das gelingen soll. Das Leben scheint mich einfach Tag für Tag mitzuziehen, und ich bin bisher nicht gewillt gewesen, die Bequemlichkeit und die Sicherheit zu erschüttern, die ich für meine Familie schaffen konnte. Doch wenn ich sterben sollte, was würde ich dann hinterlassen? Eine trauernde Familie und ein paar Geschichten. Ich kann den Gedanken, meine Familie zu verlassen, nicht ertragen. Aber ich kann mich auch nicht damit abfinden, daß ich nicht mehr für eine Welt getan habe, in der so viel in Ordnung gebracht werden muß.

Die Sterne am Nachthimmel leuchten fast so hell wie die Lichter von Grindelwald, als unsere Armbanduhren den neuen Tag ankündigen. Wir lassen uns eine Stunde Zeit fürs Frühstück und die Packerei und eine weitere Stunde, um den Hinterstoißer-Quergang zu erreichen und ihn vor Tagesanbruch zu überwinden. Der folgende Teil des Aufstiegs – vom Ersten bis zum Dritten Eisfeld – ist der am meisten steinschlaggefährdete. Indem wir ihn so früh wie möglich hinter uns bringen, dürften wir der größten Gefahr aus dem Weg gehen.

Im Licht seiner Stirnlampe steigt Robert vom Felsband auf unsichtbare Tritte hinab und quert dann weit durch den Schnee, bis wir den Lichtstrahl seiner Stirnlampe nur noch gelegentlich sehen und seine Steigeisen am Fels kratzen hören. Als er uns zuruft, daß wir nachkommen können, steige ich vorsichtig über die Kante. Bis zum nächsten Tritt ist es erstaunlich weit. Das Seil verschwindet in der Dunkelheit, von einer Sicherung ist nichts zu sehen. Ein Fehltritt würde bedeuten, hier mindestens 30 Meter zu pendeln, vielleicht auch mehr. Weil in unserem Sicherungssystem beide Nachsteiger gleichzeitig klettern, kommt Daniela gleich hinter mir vom Band herunter. Mit ihren kürzeren Beinen hat sie große Mühe, etwas zu finden, worauf sie stehen kann. Daß sich der Abstieg vom Biwakband als so schwierig und gefährlich erweist, ist eine unliebsame Überraschung, ein rauhes Erwachen. Hoffentlich geht das nicht den ganzen Tag so weiter. Ich schiebe mich zurück zum Band, wo ich mit meinen Eisgeräten einen T-Anker setze, als Zwischensicherung für Danielas Seil. Wenn sie jetzt abrutscht, pendelt sie, bei einer Sturzhöhe von sechs Metern, nur zwölf Meter. Aber sie rutscht nicht ab, sie ist eine zu gute Bergsteigerin. Nur ihre Nerven sind angegriffen. Ich lasse sie überholen und folge dann dem Strahl ihrer Stirnlampe über das steile, knirschende, mürbe Eis.

Bevor wir Robert erreichen, kommen wir zu dem steilen

Felsstück, an dem wir seine Steigeisen anschlagen gehört haben. Ich warte, bis Daniela es überwunden hat, und steige dann hinterher. Teils ist es Felskletterei, teils plaziere ich meine Eisgeräte in vereisten Rissen, wobei ich mit den Frontalzacken abwechselnd auf kleinen Felskanten stehe oder sie vorsichtig in das dünne Eis stoße, damit es nicht abplatzt. Als ich den Stand erreiche, schwärme ich den anderen vor, wie gut mir die Kletterei gefällt – diese Kombination aus Schnee, Fels und Eis ist mir am liebsten.

Zwei Österreicher haben im Schwalbennest am Ende des Hinterstoißer-Quergangs biwakiert und bereiten sich auf den nächsten Klettertag vor. Sie waren am Vorabend am Japanerband vorbeigekommen, als wir in der Dämmerung gerade unser Abendessen zubereiteten. Inzwischen ist heller Tag, und wenn es nach mir gegangen wäre, hätte ich ein paar Minuten gewartet, bis die Österreicher aufgebrochen wären. Doch anscheinend ist das hier in den Alpen nicht üblich. Robert stapft mitten durch ihr Lager und steigt über ihnen weiter aufwärts. Bald klettert auch einer der beiden Österreicher, und die Seile kreuzen sich. Es ergibt sich jetzt eine Art Wettkampf, wer am schnellsten den Eisschlauch erreicht, unser nächstes größeres Hindernis. Als ich einen Augenblick Zeit habe, um an etwas anderes zu denken als an das, was ich gerade mache, fällt mir ein, daß in unmittelbarer Nähe die Stelle sein muß, an der Dad von einem Stein getroffen wurde. Wir haben noch keinen einzigen Steinschlag erlebt, und auch im Schnee liegen keine frisch herabgefallenen Steine. Alles ist wie festgebacken in einer Schicht aus hartem Firn – Schnee, der schon halb zu Eis geworden ist. Er überzieht den Berg wie eine Haut, die das Geröll und den brüchigen Fels zusammenhält, aber auch den schwach geneigten Fels, ganz egal, wie fest er ist. Dadurch haben wir unglaublich gute Kletterbedingungen. Dad hatte die Passage kurz vor dem Eisschlauch als die brüchigste und gefährlichste Kletterei bezeichnet, die ihm je untergekommen sei.

Zwei Wochen später war ein Deutscher genau an dieser Stelle in den Tod gestürzt. Aber für uns ist es ein anspruchsvoller Spaziergang. Unser Timing scheint perfekt. Wie Tobin Sorenson es mir gesagt hatte, und wie auch Dad schon wußte, gibt es im Frühherbst eine kleine Zeitspanne, in welcher der erste nasse Herbstschnee an der Wand festfriert, aber noch keine extreme Kälte herrscht. Solange die Temperaturen nicht ansteigen – dann würde die Eishaut schmelzen und eine Kaskade aus Schnee- und Felslawinen auslösen – werden wir ideale Bedingungen haben.

Sogar im berüchtigten Eisschlauch finden wir perfekte Verhältnisse vor. Bei uns ist das Eis in dieser Passage nicht dünn oder brüchig, wie in vielen Berichten beschrieben, sondern dick, fest und griffig. Ich kann die Nischen und Löcher sehen, die Dad mit bloßen Händen als Griffe benutzte, weil die geraden Hauen der damaligen Eispickel nicht so gut griffen. Meine modernen Eisgeräte hingegen graben sich ins Eis, als wäre es Styropor. Ein Stück weiter oben hatte Dad nach unten geschichteten Fels vorgefunden, der nur Reibungstritte und keine Sicherungsmöglichkeiten bot – eine der Passagen, vor denen mir gegraut hat. Wir hingegen finden hier eine dicke, harte Schneeschicht vor. Im Zweiten Eisfeld, in das Dad mühevoll Stufen schlagen mußte, weil seine Steigeisen stumpf waren, wo ihm sein Eispickel hinunterfiel und Konrad den Vorstieg übernahm, können wir mit unseren Stiefeln Stufen treten und ohne Steigeisen klettern. Wir bewegen uns zu dritt parallel über das Zweite Eisfeld gerade nach oben und queren dann entlang dem oberen Rand. Immer noch nirgendwo Anzeichen für Steinschlag.

Am späten Vormittag erreichen wir das Todesbiwak. Der Schnee hat sich hier von der leicht überhängenden Felswand gelöst, so daß sich eine Kluft und auf dem Schnee eine Firnkante gebildet haben. Ich versuche mir Dad, Chris, Layton und Dougal vorzustellen, die vier Stunden lang gruben, um sich eine kleine Schneehöhle zu bauen – und dann die Woche, die Dad hier oben verbrachte, während sich in der von außen abgedichteten Höhle die Fäkalien anhäuften und sich in seinen Lungen eine Bronchitis ausbreitete. Ich versuche mich daran zu erinnern, wie ich mich damals per Funksprechgerät von der Kleinen Scheidegg aus mit ihm unterhielt und wie ich seinen Worten Glauben schenkte, daß in der Wand alles in Ordnung sei. Hier hat er seinen letzten Brief an uns niedergekritzelt. Er hoffte, daß wir in Trient beim Topolino-Skirennen eine schöne Zeit gehabt hätten und daß meine Prüfung gut verlaufen sei. Er hatte geschrieben »Wir hoffen, daß wir den Gipfel in wenigen Tagen erreichen, gehen aber sehr vorsichtig vor, also macht Euch keine Sorgen.«

Ich würde gerne länger über diese Dinge nachdenken, doch die Österreicher, an denen wir heute früh vorbeigezogen sind, queren schon in unseren Fußspuren den oberen Rand des Zweiten Eisfelds, während ein weiteres Zweierteam weiter unten in schnellem Tempo heraufkommt. Hinter ihnen bewegt sich etwas, es sieht so aus, als kämen noch mehr Leute. So ist das am Eiger. Über lange Zeiträume hinweg ist die Wand zu gefährlich. Jeder, der sie in dieser Jahreszeit durchsteigen will, verfolgt die Wetterprognosen und ruft seine Freunde an, um sich nach den aktuellen Verhältnissen in der Wand zu erkundigen. Wenn endlich alles paßt, nutzen alle auf einen Schlag die Gelegenheit. So war es schon bei Heinrich Harrers und bei Dads Begehung und bei vielen anderen bis zum heutigen Tag.

Ich bin jetzt mit dem Vorstieg dran und beginne mit der Querung des Dritten Eisfelds. Es ist von allen Eisfeldern das steilste und normalerweise wegen der darüberliegenden Spinne sehr steinschlaggefährdet. Aber wir haben immer noch keinen einzigen Stein niedergehen sehen. Weil man jedoch nie sicher sein kann, muß ich machen, daß ich vorwärtskomme, wenn man sich unter solchen Bedingungen auch nicht übermäßig beeilen muß. Ich bleibe hin und wieder stehen, um die Tatsache zu genießen, daß ich wirklich allein bin – ich sehe im Moment keine anderen Bergsteiger, noch nicht einmal meine Partner –, und das hilft mir dabei, den Kopf frei zu bekommen. Ich bleibe stehen, um zu den Beinen der Spinne hinaufzuschauen, und kann den Zentralpfeiler erkennen. Ich glaube, ich kann sogar den Überhang ausmachen, an dem Dads Seil riß. Wenn es tatsächlich die Stelle ist, muß Dad in unmittelbarer Nähe des Punktes, an dem ich gerade stehe, gegen die Wand geschlagen sein und hat vielleicht das Eis berührt, auf dem nun meine Frontalzacken stehen.

Woran hast du gedacht, Dad? Was war das für ein Gefühl, als das Seil schlaff wurde und du dieses Eisfeld mit großer Geschwindigkeit auf dich zukommen sahst? Warst du tatsächlich der Held, für den du – genau wie wir – dich gehalten hast? Hast du nach der Filmkamera gegriffen, um dein »größtes Abenteuer« aufzunehmen? Oder hast du den Augenblick der Wahrheit einfach nur ausgekostet? Hast du an uns gedacht? Ist es möglich, daß du im letzten Augenblick Entsetzen, Trauer und Bedauern empfunden hast, so wie es bei mir der Fall wäre? Wie lange hattest du Zeit, um dir darüber klarzuwerden?

Ich denke über all das nach, während ich zur Spinne hochschaue. Aber es ist seltsam. Ich bin in meiner Welt, nicht in Dads. In meiner Welt durchdringen meine Frontalzacken das Eis, und meine Eisgeräte halten mich fest. Das Seil läuft acht, neun Meter waagrecht zu einer Eisschraube und ungefähr genauso weit bis zur nächsten. Das Eis, das unter meinen Steigeisen zersplittert, rutscht hinunter und verschwindet über einer Kante. Ich fühle mich gut. Es ist wundervoll hier oben, wenn auch kalt und ausgesprochen herzlos. Ich muß weiter.

Als ich die Rampe erreiche, schaue ich mir zunächst die oberhalb gut erkennbare Schneerinne an, und dann dorthin, wo Spuren nach links zu einem alternativen Einstiegspunkt führen. Dummerweise gehe ich davon aus, daß die Leute, die diese Spuren hinterlassen haben, wußten, daß ihre Route besser ist als die offensichtliche weiter oben. Eine Seillänge später wird mir klar, daß die offensichtliche Route schneller gewesen wäre, was jedoch erst relevant wird, als ich nach einer weiteren Seillänge sehe, wie das schnelle Team vom Zweiten Eisfeld die Route, die ich vermieden hatte, in raschem Tempo überwindet. Sie klettern parallel, während wir jede Seillänge sichern, und als sie mich einholen, winke ich sie durch.

Robert und Daniela kennen den Vorsteiger. Es ist Michael Wärthl, ein sehr starker deutscher Bergführer, der einen Kunden im Schlepptau hat. Er kommt in schnellem Tempo herauf, um uns zu überholen, und als er an uns vorbei ist, stellt Daniela fest, daß er Dad irgendwie ähnlich sieht. Sie erinnert mich daran, das MFF nach jemandem sucht, der im Film meinen Vater darstellt, und meint, wir sollten ihn vorschlagen. Wie das Schicksal so spielt, wird es dann auch wirklich Michael sein, der ein sieben Millimeter starkes Seil hochjümart, das für die Filmaufnahmen von einer unsichtbaren Hand durchtrennt wird. Er wird auch in der damals üblichen Kleidung mit dem Jungen Ski fahren, der mich als Kind spielen wird. Aber hier auf der Rampe ist das alles noch Zukunftsmusik. Mir selbst ist die Ähnlichkeit gar nicht aufgefallen.

Und nun sind wir an der Reihe, zu warten. Michael hat die schwierige Seillänge im Wasserfallkamin schnell bezwungen, doch sein Kunde strampelt sich ab. Es ist eine sehr steile, einschüchternde Seillänge mit etwas Eis, das sich durch den engen oberen Abschnitt zwängt, und etwa dreißig Meter senkrechten Fels darunter. Der Kunde kommt zunächst gut voran, dann hängt er entweder im Seil oder schlägt das verbliebene Eis von der Wand, indem er sich langsam nach oben hackt. Es sieht angsterregend aus. Außerdem braucht er sehr lange. Wir können hören, wie die nachkommenden Österreicher uns einholen. Eigentlich hatte ich diesen Abschnitt vorsteigen wollen, doch jetzt komme ich zu dem Schluß, daß es schneller geht, wenn Robert die Führung übernimmt. Wenn ich nicht schnell genug vorankäme, würden die Österreicher Daniela und Robert womöglich auf die Zehen treten. Robert ist natürlich alles andere als abgeneigt, wieder den Vorstieg zu übernehmen. Während der Kunde am Ende der Seillänge noch im Seil hängt, setzt er sich in Bewegung.

Robert klettert, wie üblich, behende hinauf, und es sieht bei ihm, wie immer, ganz einfach aus. Erst als Daniela und ich nachkommen, merken wir, wie schwierig das Ganze wirklich ist. Die beiden sind Weltklasse im modernen Mixed-Klettern, wo Felspassagen mit Steigeisen und Eisgeräten überwunden werden. Sie setzen ihre Eisgeräte auf den unmöglichsten Kanten. Das mache ich auch, aber ich bin es mehr gewohnt, meine Hände zu gebrauchen als meine Eisgeräte. Trotzdem folge ich ihrem Beispiel, stoße die Steigeisen ins Eis und schlage die Eisgeräte wann immer möglich ins Eis, meistens jedoch setze ich sie vorsichtig im nackten Fels. Hier oben hatte Dad mehrere Haken in ein Felsloch gesteckt, Eisstücke drumherum gestopft, das Ganze mit einer Schlinge zusammengebunden und sich darin eingehängt. Wir hingegen können mit Hilfe eines Eisgeräts, das es zu Dads Zeiten noch nicht gab, alles frei klettern.

Ich würde gern wieder vorsteigen, doch so, wie der Standplatz gebaut ist, wäre ein Wechsel schwierig. Es ist effizienter, wenn Robert weiter vorsteigt und Daniela und ich folgen. In der nächsten Seillänge gilt es den sogenannten Eiswulst zu überwinden – einige Kletterzüge durch eine leicht überhängende Mischung aus Fels und Eis. Von unten hatte ich gesehen, wie sich Michael mit den Händen an einer Reihe von Haken links neben dem Eis hochzog, aber Robert klettert frei, indem er seine Eisgeräte im Fels setzt. Als wir an der Reihe sind, versuche ich es frei wie Robert. Die Auflageflachen für die Hauen sind klein und abschüssig, aber mein Seil läuft vertrauenerweckend nach oben, und so versuche ich es mit dem Fels. Plötzlich rutschen meine Hauen ab, und ich falle etwa anderthalb Meter tief in den steilen Schnee unter mir. Ich lache darüber, daß ich in dieser Kletterdisziplin so schwach bin, schlage meine Eisgeräte in das richtige Eis zu meiner Rechten, mehr in der Nähe des Eiswulsts, und ziehe mich energisch und ohne weiteren Zwischenfall hinüber. Ich kann nicht wissen, daß Adele kurz vor meinem kleinen Sturz ans Teleskop getreten war. Sie hat mich hinunterfallen sehen und vor Schreck die Luft angehalten. Dann hat sie Siena an der Hand genommen und ist vom Teleskop weggegangen, weil sie es nicht mit ansehen konnte.

Ein paar Seillängen einfache Kletterei, dann sind wir am Brüchigen Band, von wo aus wir zum Götterquergang hochsteigen werden. Während ich eine Plattform in den Schnee vor der überhängenden Felswand stampfe, sichert Daniela Robert, der die nächste Seillänge fixiert, damit wir am nächsten Morgen Zeit sparen. Kurz darauf kommen zwei Bergsteiger an uns vorbei. Ich bekomme nicht recht mit, wer sie sind, vermute aber, es sind die Österreicher. Anscheinend ist die andere Seilschaft, die wir am unteren Ende des Zweiten Eisfelds gesehen hatten, ein Stück weit hinter ihnen. Die Österreicher, wenn sie es denn sind, hängen sich in Roberts Fixseil ein und ziehen sich mit den Händen hoch. Inzwischen ist es schon fast dunkel, und sie wollen schleunigst den nächsten Biwakplatz am Beginn des Götterquergangs erreichen. Bald darauf hören wir in völliger Dunkelheit Stimmen unter uns. Die nachkommende Seilschaft hat den Eiswulst überwunden und brüllt auf deutsch zu uns hoch, ob irgendwo ein Platz für ein Biwak ist. Mit unseren Stirnlampen suchen wir die Wand auf der anderen Seite der Rampe ab und finden unter einem aus dem Schnee herausragenden Felsen eine Stelle, die geeignet aussieht. Wir beleuchten das kleine Dach mit unseren Stirnlampen und dirigieren die beiden dorthin.

Insgesamt ist es ein guter Tag gewesen, und ich lasse mich zufrieden auf meiner kleinen Schneeplattform nieder. Mein Band ist knapp schulterbreit, und ich habe mich mit einer Schlinge gesichert, um nicht abzurutschen. Verglichen mit dem beengten kleinen Biwakband, auf dem Roger, Julie-Ann und ich die Nacht am Montblanc verbrachten, sind unsere Biwaks am Eiger regelrecht luxuriös.

Wir sehen keine Sterne, weil sich in den letzten Stunden des Tages zarte Kondenswolken in der dünnen Luft gebildet hatten, die gemächlich davontrieben, nach einer Weile wieder auftauchten und langsam in eine andere Richtung davonschwebten, um abermals aufzutauchen. Kurz vor Sonnenuntergang konnten wir für einen Moment die Reflexe der Sonnenstrahlen an der Wandstelle sehen, wo die anderen Bergsteiger gerade mit ihrem Kochgeschirr klappern. Direkt gespürt haben wir die Sonne jedoch schon seit vorgestern nicht mehr. Es ist die ganze Zeit kalt genug gewesen, um den Schnee nicht tauen zu lassen, und warm genug, um in unseren dünnen Schlafsäcken nicht zu frieren. Richtig friedlich ist es, als ich mich auf meinem Biwakband ausstrecke. Dies ist ein außergewöhnlicher Ort hier oben: dunkel, gewaltig und furchteinflößend, aber mit phantastischen Ausmaßen und einem phantastischen Ausblick. Ich kann jetzt nachvollziehen, warum Dad davon so begeistert war. Ich bin mir darüber im klaren, daß ich hier oben dank der ausgezeichneten Verhältnisse und unserer modernen Ausrüstung andere Erfahrungen mache als er. In vielerlei Hinsicht bin ich auf einem anderen Berg, und ihn auf diese Weise zu besteigen, ist fast ein bißchen unrealistisch. Aber es ist in Ordnung so. Sicherheit ist gut. Es ist so, wie ich es mir immer gelobt hatte: Nur unter den besten Bedingungen wollte ich diese Tour machen, und nur dann. Wie es aussieht, habe ich mein Gelöbnis gehalten. Dieses zumindest.

Mom denkt, wir brechen erst morgen auf. Ich würde sie gerne anrufen und ihr sagen, daß wir es geschafft haben, bevor sie das schlimmste Stadium des Bangens erreicht hat. Es ist für sie sehr hart gewesen. Nachdem ich ihr von meinen Eiger-Plänen erzählt hatte, träumte sie, ich sei von einem Felsen gestürzt und mit dem Kopf aufgeschlagen. Sie hörte im Traum den lauten Aufschlag, wachte aber auf, bevor sich zeigte, wie der Unfall ausging. Ich habe sie in letzter Zeit ziemlich viel über Dad ausgefragt. »Du hattest auch noch eine Mutter!«, rutschte es ihr einmal heraus. Allmählich wird mir bewußt, wie sehr ich diese Tatsache als etwas Selbstverständliches hingenommen habe. Dad kam und ging, während Mom immer da war. Sie sei lediglich hin und wieder in den Hintergrund getreten – so drückte sie es einmal aus –, wenn andere Frauen in mein Leben traten, erst meine Frau, dann meine Tochter. Ich erinnere mich daran, wie wichtig Großvater George für mich war, als ich in Sienas Alter war, und ich bin froh, daß Siena eine Großmutter hat, zu der sie sich hingezogen fühlt.

Man hat mich immer wieder gefragt, warum ich nicht die Direttissima gewählt habe oder ob ich sie nach dieser Tour noch zu klettern gedenke. Sogar Siena hat mich gefragt, warum ich mich nicht für Dads Route entschieden habe. Ich antwortete ihr, daß ich die Originalroute gewählt hätte, weil Dad sie erfolgreich durchstiegen hat und weil sie mir am ehesten gelingen würde. Aber auch, weil sich meine Mutter noch zehnmal mehr geängstigt hätte, wenn ich die John-Harlin-Route gewählt hätte. Sie schrieb mir nach Oaxaca: »Man hat mich gefragt, ob du am Eiger die Direttissima klettern willst. Worauf ich energisch ausgerufen habe: *Nein*! Er wird uns das *nicht* noch einmal antun. Die klassische Route in der Nordwand reicht voll und ganz, besten Dank. Ich bin froh, wenn alles *vorbei* ist!« Wenn ich in den letzten Wochen zusah, wie Adele interviewt wurde, habe ich ihre Anspannung gespürt, obwohl sie sich ständig bemühte, meine eigene Anspannung zu vertreiben. Siena hat sie neulich gefragt, was sie machen würden, wenn ich ums Leben käme.

Adele antwortete ihr, das werde nicht geschehen. Während ich hier auf meinem Schneesims liege, ist mir bewußt, daß ich unbedingt eines tun muß: dieses Schreckgespenst schnellstmöglich hinter mir lassen, damit wir unser normales Leben weiterführen können.

Die Morgendämmerung zieht schon herauf, als wir unsere Schlafsäcke in die Rucksäcke stopfen. Wir rechnen damit, daß dieser Tag wie im Flug vergeht. Am Götterquergang benutzen wir eine neue Methode, um uns abzusichern. Während Robert ihn waagrecht quert, setzt er ein paar Zwischensicherungen. Als das Seil zu Ende ist, bleibe ich am Stand stehen, so daß Daniela sich mit einem am Hüftgurt befestigten Karabiner in mein Seil einklinken kann. Auf diese Weise hat sie ein Fixseil und läuft nicht Gefahr, einen riesigen Pendelsturz zu machen. Es ist keineswegs so, daß sie die Sicherung nötiger hätte als ich, doch wenn sich schon die Gelegenheit bietet, einen von uns beiden zu sichern, können wir sie auch nutzen. Und weil sie die Mutter zweier Kinder ist, lasse ich ihr den Vortritt. Als sie Roberts Stand erreicht, folge ich nach und entferne dabei die Zwischensicherungen. Es ist ein komisches Gefühl, die Sicherungen zu entfernen und das Seil dann ohne Zwischensicherung über eine Länge von 15 Metern durchhängen zu sehen, vor allem, wenn man dabei gerade die spektakulärste Passage in der Eiger-Nordwand überwindet und mehr als 1200 Meter Abgrund unter den Steigeisen hat. Es wird einem sofort klar, warum diese Passage Götterquergang heißt: Hier oben fühlt man sich weit weg von der Welt, auf einem endlosen Berg. Ich kann zum Zentralpfeiler hinuntersehen, wo Dads Seil gerissen ist, und hin und wieder bleibe ich stehen, um noch weiter nach unten zu schauen. Aber ich darf nicht weiter darüber nachdenken; durch Bewegung lassen sich die düsteren Gedanken am besten vertreiben. Wir haben noch ein ganzes Stück vor uns. Von hier bis zum Gipfel hat Dad wegen eines Schneesturms und der vielen anderen Bergsteiger, die sich in den Ausstiegsrissen drängten, noch zwei Tage gebraucht.

Als Dad und Konrad die Spinne durchstiegen, war eine Lawine nach der anderen heruntergerauscht. Während wir hier sind, ist sie mit festem Firn überzogen und absolut ruhig. Als wir das Eisfeld überwunden haben und ein Couloir erreichen, fliegt ein kopfgroßer Felsbrocken, den ein Bergsteiger in den oberen Ausstiegsrissen 120 Meter über uns losgetreten hat, in hohem Bogen durch die Luft. Zu unserem Entsetzen fliegt er genau auf die beiden nachkommenden Kletterer zu, die in unserer Nähe biwakiert hatten. Als der Brocken direkt neben ihrem Seil in den Schnee prallt, klopft mir das Herz bis zum Hals. Es dauert ein paar Minuten, bis sich mein Puls wieder beruhigt hat.

Wir sind seit dem Götterquergang parallel geklettert, doch als Robert ein Stück weiter oben am Fels stehenbleibt, bestehe ich darauf, den Vorstieg zu übernehmen. Ich möchte unbedingt den berühmten Quarzriß und die Ausstiegsrisse vorsteigen, die letzten beiden schwierigen Passagen der Route. Als Bergsteiger hat es mir nicht behagt, so viel Zeit am hinteren Ende des Seils zu verbringen statt vorne, am »scharfen Ende«, vor allem nicht, weil ich den Vorstieg am Wasserfallkamin abgegeben hatte, eine Entscheidung, die noch immer an mir nagt. Wenn ich die Ausstiegsrisse vorsteigen kann, werde ich das Gefühl haben, doch noch meinen Anteil beigetragen zu haben. Vielleicht lassen sich dadurch auch meine Zweifel am eigenen Mut vertreiben.

Bevor ich lossteigen kann, müssen wir warten, bis sämtliche Bergsteiger vor uns diese schwierige Stelle überwunden haben. Dad war es ebenso ergangen, alles andere, was sich damals an Dramatischem zugetragen hat, bleibt uns hingegen erspart. Inzwischen ist mir nicht mehr bange zumute; ich kann es kaum erwarten, bis ich endlich lossteigen kann. Im Führer wird diese Seillänge als ein 40 Meter langer Überhang beschrieben, doch in Wirklichkeit ist es eine merkwürdige Mischform aus einem teilweise überhängenden Bug auf der einen Seite und einer glatten, etwa zwei Zentimeter dicken Eisplatte auf der anderen. Als ich die Passage erreiche, zeigt sich, daß ich sie größtenteils im Spreizschritt überwinden kann, auf jeder Seite einen Fuß und mich nach Bedarf vor und zurück bewegend. Es kommt mir vor, als flöge ich die Seillänge hinauf, vielleicht, weil ich so nah vor dem Ziel richtig euphorisch bin. Außer mir vor Stolz und Freude, mache ich Stand. Sobald Daniela und Robert nachgekommen sind, nehme ich sofort die nächste Seillänge in Angriff, wobei ich mich querend und kletternd auf einen Abseilhaken zubewege, von dem aus ich zu den letzten Seillängen der Ausstiegsrisse hinüberpendle. Ich mache schnell Stand, damit Daniela und Robert nachkommen können. Den Vorsprung, den wir vor den anderen Bergsteigern gewonnen haben, möchte ich unbedingt beibehalten. Während die beiden nachsteigen, schiele ich zu der breiten Rinne hoch. Sie ist erstaunlich glatt, es ist kein einziger Riß zu sehen, doch sie ist nicht sonderlich steil. Ab und zu mischt sich ein bißchen Eis unter den Fels – Eis, das in kleinen Stückchen abplatzt, wenn die Steigeisen daran kratzen.

Als Daniela und Robert zu mir aufgeschlossen haben, beginne ich das Material für die nächste Seillänge zu sortieren. Die beiden schauen sich an, dann murmelt Daniela eine Entschuldigung. Ich hebe den Blick. Robert blickt verlegen drein, als Daniela mir sagt, daß es ihnen lieber wäre, wenn er das letzte Stück bis zu den Kameras vorsteigt, die am oberen Ende der Ausstiegsrisse warten. Für sie ist es wichtig, daß er in dem Film einen guten Eindruck hinterläßt, deshalb wäre es ungünstig für ihn, wenn er wieder als Zweiter ankäme, so wie am Japanerband.

Eine dumpfe Wut steigt in mir hoch, eine giftige Mischung aus Ärger, Enttäuschung und Frust, die stärker ist, als ich es je empfunden habe. Es ist, als würde mir der große Augenblick meines Lebens aus dem Herzen gerissen. Ich bekomme kein Wort heraus, und will auch gar nichts sagen. Während Daniela Robert sichert, hänge ich schmollend in meiner Schlinge und setze mich absichtlich einem Eisschauer aus, der den Riß herunterkommt und auf meinen Helm prallt. Es ist mir völlig egal, was auf mich fällt; meinetwegen auch ein Stein.

Doch dann arbeitet sich langsam eine kleine Stimme der Vernunft durch meinen übermächtigen Zorn. Ich muß an Siena und ihre gelegentlichen Wutanfälle denken und wie Adele und ich ihr dann erklären, daß ihre Laune zwischen ihr und ihren Zielen steht und nur sie selbst ihre Gefühle unter Kontrolle bringen kann. Als ich mich dann selbst auf diese Weise betrachte, sozusagen von außen in mich hineinblicke, wird mir klar, wie albern mein Verhalten ist. Ich brauche mir nur Siena vorzustellen, und schon gelingt es mir, mich langsam wieder auf das zu konzentrieren, was ich bald geschafft haben werde. Als ich zu dem steilen Band hinüberblicke, auf dem Daniela gerade steht, wird mir bewußt, daß wir uns genau an der Stelle befinden, an der Dad und Konrad die Nacht mit einer brennenden Kerze in der Hand verbrachten, um zu verhindern, daß sie einschliefen und von ihrem Sims rutschten. Das war ein *echter* Kampf gewesen, und sie haben nicht aufgegeben. Wenn ich die beiden nächsten Seillängen nicht vorsteige, wird die Welt nicht untergehen. Bald werde ich den Eiger-Gipfel erreichen, verdammt noch mal, den Gipfel des *Eigers*!

Als Daniela und ich die Seillänge angehen, erweist sie sich als genauso schwierig und ungesichert, wie sie ausgesehen hat. Ich bin noch immer nicht in der Stimmung, in der ich gerne wäre, doch das Klettern erfordert fast meine ganze Konzentration, mein inneres und mein äußeres Gleichgewicht. Weil ich nicht führe, kann ich meine Gedanken trotzdem etwas schweifen lassen. Ich habe oft gesagt, daß wir einen Berg niemals besiegen. Was wir besiegen, sind die Dinge, die uns davon abhalten, den Berg zu besteigen, und das sind meist Dinge in unserem Inneren. Auf dieser Tour scheinen meine inneren Kämpfe aus ungeahnten Quellen zu kommen. Während ich mich innerlich auf äußerst heikle Kletterei, Steinschlag und vielleicht sogar einen Sturm vorbereitet hatte, haben wir ausgezeichnete Verhältnisse vorgefunden. Während ich damit gerechnet hatte, daß ich gegen Angst und emotionale Geister ankämpfen müßte, habe ich eine überbordende Liebe für das Klettern und die Berge empfunden. Obwohl ich in Robert den Bergsteiger sehe, der ich selbst gern geworden wäre, empfinde ich keinen Neid, wie es vielleicht der Fall gewesen wäre, als ich in seinem Alter war. Nein, der Kampf, mit dem ich hier am Ende konfrontiert war, bestand darin, eine Lektion neu zu lernen, die man schon als Kind lernen muß: daß wir letzten Endes für uns und für unser Glück selbst verantwortlich sind.

Als wir Robert erreichen, überläßt er mir den Vorstieg, damit ich uns zum Gipfeleisfeld hinaufführe. Weil ich Gefühle nicht gut verbergen kann, muß er meine inneren Kämpfe bemerkt haben und kann sie vielleicht sogar verstehen. Ich danke ihm – es war ja alles nicht böse gemeint – und fühle mich beim Vorstieg schon bald wieder ganz in meinem Element. Diesmal laufe ich der Sonne entgegen. Sechzig Meter über uns fällt ein Sonnenstrahl diagonal über den Eishang; als ich ihn erreiche, kann ich fast nichts sehen, weil mich die plötzliche Helligkeit so blendet. Endlich sind wir dem Schatten des Eigers entronnen. Das Licht ist Balsam für meine Seele.

Auf dem messerscharfen Gipfelgrat nehmen wir die Seile auf und laufen parallel am kurzen Seil mit etwa sieben Meter Abstand. Robert nennt das »Sprungschlaufen«, denn wenn einer ausrutscht, muß man auf die andere Seite des Grats springen, damit sich das Seil über der Kante spannt. Hier geht es auf der linken Seite, Richtung Süden, etwa 900 Meter tief zu einem riesigen Gletscher hinunter, und rechts, von wo wir kommen, sind es 1800 Meter bis zur Geröllhalde am Wandfuß.

Rein kräftemäßig ist der Gang über diesen Grat ähnlich wie am Matterhorn, gefühlsmäßig befinde ich mich jedoch auf einem anderen Planeten. Es ist der spektakulärste Ort, an dem ich je gewesen bin. Jeder Schritt ist ein Geschenk, bringt mich der Erfüllung meines Traums näher, führt mich in ein neues Leben. Ich kann die fürchterlichen Felsplatten sehen, über die sich Dougal seinen Weg zum Gipfel erkämpfte, während Dads Sarg in die Grube hinabgelassen wurde. Aber ich kann hier oben nicht an Gräber oder an übermenschliche Kämpfe denken, nicht einmal an Furcht, Heldentum, Sieg oder an Dinge, die hätten sein können, aber nicht sein sollten. Nichts kann die in mir aufsteigende Euphorie eindämmen. Im Augenblick bin ich da, wo ich immer sein wollte; meine Reise scheint fast beendet zu sein.

Die umliegenden Gipfel leuchten im Abendrot, als Adele und Siena aus der Mönchsjochhütte stürzen und auf uns zugerannt kommen. Ich drücke sie an mich und wirble sie herum, bis ich plötzlich zu meinem Schreck merke, daß ich noch Steigeisen an den Füßen habe. Nicht daß ich ihnen auf die Zehen trete! Schwankend wie ein betrunkener Seemann halte ich sie hoch, bis wir schließlich in den Schnee fallen und wie die Verrückten lachen.

Dank

Wenn MacGillivray Freeman Films nicht gewesen wäre, hätte sich mein Traum von der Eiger-Nordwand-Begehung vielleicht noch immer nicht erfüllt. So kann ich jetzt mit dem Gefühl zurückblicken, mein Ziel erreicht zu haben, und mich auf den wunderbaren Film *Die Alpen – Giganten der Natur* freuen, der ein Vermächtnis für meine Tochter sein wird. Während des Entstehungsprozesses dieses Films war es für mich vielleicht die größte Freude, zu sehen, wie Siena mit den Anforderungen langer Arbeitstage zurechtkam, die sich im Frühjahr nach meiner Eiger-Nordwand-Begehung über einen anstrengenden Monat mit Filmarbeiten in der gesamten Schweiz erstreckten.

Zuallererst muß ich Steve Judson von MFF danken, Regisseur, Drehbuchautor und Cutter von *Die Alpen – Giganten der Natur*, dessen Vision, Sensibilität und Talente die Seele dieses Filmes sind. Des weiteren Greg MacGillivray, Produzent und unser aller Boss, der mit seiner eigenen Vision vor langer Zeit eine Firma mit Herz und Seele gründete und der darauf vertraute, daß ich imstande wäre, eine so riesige Wand zu durchsteigen, sofern es denn jemals aufhören sollte zu schneien. Und Alex Biner, leitender Produzent, der ursprünglich den Traum von einem IMAX-Film über seine geliebten heimatlichen Schweizer Berge hatte, und dank dessen Beharrlichkeit *Die Alpen – Giganten der Natur* schließlich verwirklicht wurde. Außerdem danke ich Stephen Venables, der auf den Gedanken kam, daß meine Tour interessant sein könnte.

Am Eiger und in der gesamten Schweiz arbeiteten wir mit einem äußerst talentierten und engagierten Filmteam zusammen, von dem ich die Kunst der Geduld und die Tugend der Unermüdlichkeit neu erlernte. Rob Walker, Kamera- und Schnittassistent, zeichnet sich durch seine unerschütterliche gute Laune aus und durch Schultern, die breit genug sind, um jede Last zu tragen. Brad Ohlund, Kameramann und Bildregisseur, lockerte mit seinem speziellen gutmütigen Sarkasmus so manchen angespannten Moment auf. Wie Anne Marie Hammers, Assistentin des Produktionsleiters, es schaffte, einen kühlen Kopf zu bewahren, während sie mit mehr Mobiltelefonen fertig wurde als ich Hirnzellen habe, ist mir völlig schleierhaft, dasselbe gilt für Mark Krenzien, Produzent, für den neue Komplikationen einem Tag lediglich mehr Würze verleihen. Michael Brown, Kameramann und Bildregisseur für die Bergaufnahmen, demonstrierte seinen begnadeten Weitblick sowohl als Abenteurer als auch als Filmemacher und ertrug meine Wutanfälle mit großer Gelassenheit. Jochen Schmoll, Kameraassistent, zeigte auch unter den widrigsten Umständen ein nie nachlassendes Engagement, jede Einstellung in die Kamera zu bekommen. Mike O'Donnell, Oberbeleuchter und großartiger Kletterer, demonstrierte seine enormen Fähigkeiten in aller Stille, und es berührte mich sehr, daß er Dads Geschichte fast besser kannte als ich. Pasquale Scaturro, Expeditionsleiter, organisierte das riesige Team am und um den Berg und sorgte für dessen Sicherheit, was zuweilen eine gewaltige Herausforderung war. Barbara MacGillivray war ständig mit Kamera und Tonaufnahmen unten am Berg beschäftigt, damit auch der Hintergrund dokumentiert wurde, und nahm nebenbei Siena in ihre Obhut. Auch Bettina Wild, Alex Biners Geschäftspartnerin bei 4iS, kümmerte sich rührend um Siena und fungierte als ein wertvolles kulturelles und logistisches Bindeglied zwischen Schweizern und Amerikanern.

Ein Team Schweizer, österreichischer und deutscher Bergführer, die zugleich zu den talentiertesten Kletterern der Welt gehören, sicherte das Kamerateam auf Eiger und Matterhorn. Außerdem sprang hin und wieder einer von ihnen als Double für Kletterer und Skifahrer ein, wenn wir nicht an zwei Orten gleichzeitig sein konnten, während an kostbaren Schönwettertagen gefilmt wurde: Simon Anthamatten, Stephan Eder, Bruno Jelk, Kurt Lauber, Dorte Pietro, Roger Schäli und Michael Wärthl. Stefan Anthamatten war beim Film der Experte für Lawinensprengungen. Luftaufnahmen von Ron Goodman, am Boden unterstützt von Jack Tankard, wurden ermöglicht durch das exzellente fliegerische Können von Gerold Biner und Robbie Andenmatten von Air Zermatt.

Zu meinen Kollegen vor der Kamera, im Filmgeschäft »Talente« genannt und durchweg talentierter als ich, gehörten Beatrice und Bruno Messerli, deren gute Arbeit, leisen Humor und lebhafte Gespräche ich außerordentlich bewundere. Die gleiche Hochachtung gebührt Christine Pielmeier vom Institut für Schnee- und Lawinenforschung, mit der ich in Zermatt Ski fuhr. Michi Wärthl erduldete, während er die Rolle meines Vaters spielte, ein mehrfaches Kappen des Seils, und der junge Marco Just, der mich als Neunjährigen spielte, bewies dabei eine umwerfend gute Laune. Robert Jasper stellte seine Fähigkeit, die Verhältnisse am Berg einzuschätzen, genauso unter Beweis wie sein beeindruckendes Klettertalent, während Daniela mich überaus herzlich in ihrem Haus willkommen hieß, trotz schlafloser Nächte wegen unruhig schlafender Kleinkinder. Und schließlich muß ich meinem Freund Mark Jenkins danken, daß er mich ermutigt hat, rauszugehen und zu klettern, statt darüber zu jammern, daß ich nicht zum Klettern komme. Dank auch dafür, daß er großmütig auf die Tour verzichtete und anderen Partnern Platz machte, weil sich mein Timing für den Eiger nicht mit seinem koordinieren ließ.

Der Film wurde durch die großzügige Unterstützung von

Holcim und Switzerland Tourism ermöglicht. Roland Walker, Christian Birck und Björn Kälin von Holcim sowie Roland Baumgartner, Eva Brechtbühl und Urs Eberhard von Switzerland Tourism setzten sich unermüdlich dafür ein, daß in *Die Alpen – Giganten der Natur* die gesamte Bandbreite der Schweizer Alpen widergespiegelt wird.

Nachdem ich nun zurück in Kalifornien bin, muß ich Kathy Almon hervorheben für ihre großherzige Wärme im Anfangsstadium dieses Projekts; als Kathy meine Hand schließlich losließ, fühlte ich mich hilflos wie ein Kind. Und Lori Rick, Leiterin von Buchproduktion und Presse- und Öffentlichkeitsarbeit, hat mit mir große Geduld, während ich nach der Eiger-Tour neue Welten zu durchschwimmen versuche. Harrison Smith, Hauptgeschäftsführer, hält mich mit einem Lächeln in Schach. All die anderen Mitarbeiter lerne ich gerade erst kennen, weshalb es wohl das Beste ist, sie einfach alphabetisch aufzuführen, während ich mich darauf freue, sie bald besser zu kennen: Tim Amick, Chip Bartlett, Alice Casbara, Patty Collins, Mary Jane Dodge, Janna Emmel, Nadine Ferdousi, Kana Goto, Bob Harman, Jeff Horst, Jennifer Leininger, Mike Lutz, Shaun MacGillivray, Pat McBurney, Matthew Muller, Chris Palmer, Samantha Spaeth, Tori Stokes und Susan Wilson.

Außerdem möchte ich meiner Agentin und Freundin Susan Golomb aufrichtigen Dank sagen, die mich schon lange vor meiner Eiger-Tour ermutigte, meine Geschichte aufzuschreiben, und Marysue Rucci bei Simon & Schuster, die an dieses Buch geglaubt und das Geschriebene mit größter Sorgfalt und wunderbarem Einfühlungsvermögen redigiert hat, wodurch es zu einem wesentlich besseren Buch geworden ist. Vielen Dank.

Darüber hinaus bin ich meiner Mutter, Dr. Marilyn Miler Harlin, für fünfzig Jahre liebevoller Unterstützung zu Dank verpflichtet, für die Überlassung eines Schatzkästchens voller Briefe aus den sechziger Jahren und für eingehende Kritik in jedem Stadium des Manuskripts. Außerdem spreche ich Adele Hammond, meiner Frau, ewige Dankbarkeit für ihre unermüdliche Unterstützung und Liebe aus, und Siena, die geduldig einen Dad ertragen hat, der zu sehr damit beschäftigt war, über sich selbst zu schreiben, um ihr Baumhaus fertigbauen zu können. Wo habe ich Hammer und Säge hingelegt?

Dads Buch *Introspection Through Adventure* und viele seiner Fotos sind zu finden unter www.johnharlin.net.

MALIK

Joe Simpson
Im Banne des Giganten

Der lange Weg zum Eiger. Aus dem Englischen von Carina Of.
339 Seiten mit 16 Seiten Farb- und 8 Seiten s/w-Bildteil.
Gebunden

In England nennen sie ihn »Serial Survivor«, den Mann mit den vielen Leben. Seit seiner unglaublichen Überlebensgeschichte am Siula Grande in Peru ist Joe Simpson bei seinen Abenteuern dem Tod noch drei Mal ganz knapp entgangen.
Er weiß, eigentlich kann es nicht länger gutgehen: Es wird Zeit, den Bergen, die sein Leben ausmachen, für immer den Rücken zu kehren.
Doch der Abschied fällt schwer. Nur noch einen Gipfel, die Eigernordwand!
Und weil er sich nie lebendiger fühlt als in Momenten höchster Gefahr, fordert er sein Glück aufs Neue heraus.

02/1053/01/R

PIPER

Jon Krakauer

Auf den Gipfeln der Welt

Die Eiger-Nordwand und andere Träume.
Aus dem Amerikanischen von Wolfgang Riehl.
290 Seiten mit 12 Vignetten. Serie Piper

Jon Krakauer kennt das Gefühl, das jeden Alpinisten nach dem Gipfelsturm übermannt, er weiß um das Ringen mit den eigenen Kräften, den Kampf gegen die Einsamkeit und den Schmerz der Enttäuschung, wenn der Berg stärker ist als der Mensch.
1985 hat er selbst versucht, die legendäre Eiger-Nordwand zu besteigen und mußte abbrechen. Davon erzählt er in der ersten seiner zwölf brillanten Geschichten um Menschen, denen ihre Leidenschaft für die Gipfel dieser Welt zur Obsession geworden ist.
Jon Krakauer nimmt seine Leser mit auf die verwegensten und faszinierendsten Touren, zu den gefährlichsten Gletschern und höchsten Gipfeln – und führt sie sicher, aber ein wenig verändert wieder hinunter.

01/1066/01/R

MALIK

Kurt Diemberger
Seiltanz

Die Geschichte meines Lebens. 336 Seiten mit 34 farbigen, 30 schwarz-weißen Abbildungen sowie 9 Karten und Routenskizzen. Gebunden

Kurt Diemberger ist der einzige lebende Bergsteiger, dem zwei Achttausender-Erstbesteigungen geglückt sind. 2007 wird der 50. Jahrestag der Broad-Peak-Erstbesteigung gefeiert. Kurt Diemberger ist am 9. Juni 1957 dabei – Hermann Buhl, Marcus Schmuck, Fritz Wintersteller und er erreichen den Gipfel. Wenig später, am 27. Juni 1957, erlebt er hautnah, wie Buhl an der Chogolisa tödlich abstürzt. Bis heute gibt es Streit um beide Ereignisse. Diembergers neues Buch erzählt die Geschichten seines langen, erfolgreichen, zugleich von tragischen Erfahrungen geprägten Abenteurerlebens. Tibet und Nepal, die großen Berge des Himalayas, Grönland, Südamerika, Wände und Gipfel der Alpen, Rätsel, Glück und Fluch der Berge, kleine Anekdoten, skurrile Erlebnisse – davon berichtet Kurt Diemberger, die Bergsteigerlegende mit der ungebrochenen Ausstrahlung.

02/1073/01/R

PIPER

Hans Kammerlander

Bergsüchtig

Klettern und Abfahren in der Gefahrenzone. Unter Mitarbeit von Walther Lücker. 349 Seiten mit 56 Schwarzweiß- und 85 Farbfotos. Serie Piper

Den Ortler, den Montblanc, das Matterhorn und die berüchtigte Eigernordwand bezwang er, bevor er 20 wurde. Mit Reinhold Messner war er auf sieben Achttausendern, weitere sechs (zuletzt auch den K2) hat er inzwischen geschafft. Hans Kammerlander aus Südtirol ist einer der erfolgreichsten Extrembergsteiger der Welt. Als erster Mensch ist er vom Nanga Parbat und vom Mount Everest mit Skiern abgefahren. Wer ist dieser Mann, der am Berg fast Übermenschliches leistet? Warum ist er noch immer bergsüchtig, trotz seiner vielen Erfolge? Packend erzählt Kammerlander von seinem abenteuerlichen Leben in Fels und Eis, vom Umgang mit den eigenen Grenzen, dem Risiko, dem Tod, von den Schönheiten seiner Heimat Südtirol, vom Unsinn des Himalaja-Tourismus. Er läßt die Leser miterleben, warum es ihn immer wieder in die steilsten Wände und auf die höchsten Gipfel treibt.

01/1352/01/R

MALIK

Stefan Glowacz
On the Rocks

Leben an den Fingerspitzen. Unter Mitarbeit von Ulrich Klenner. 336 Seiten mit 16 Farbtafeln und 48 Abbildungen im Text. Gebunden

Klettern ist seine Leidenschaft. Stefan Glowacz ist einer der besten Kletterer der Welt. Und sein Ziel ist die senkrechte Wand und deren Erstbegehung. Seit er 1993 als Vizeweltmeister seine Wettkampfkarriere beendete, zieht es ihn zu den entlegensten und schwierigsten Wänden der Welt. Und er beginnt mit seinem Team stets dort, wo alle Straßen enden. Weg und Rückweg werden aus eigener Kraft bewältigt, Proviant und Ausrüstung selbst geschleppt. So hat Stefan Glowacz die Weite Patagoniens, die Wildnis Kanadas und Australiens, die Eiswüste der Antarktis und die Schluchten Mexikos für sich erobert. Von seinem Leben, das oft »an den Fingerspitzen« hängt, von frühen und verwegenen Abenteuern, von Höhenflügen und Abstürzen, von Entdeckungsfahrten durch das Meer aus Stein und in das eigene Ich erzählt »On the Rocks«.

02/1060/01/R

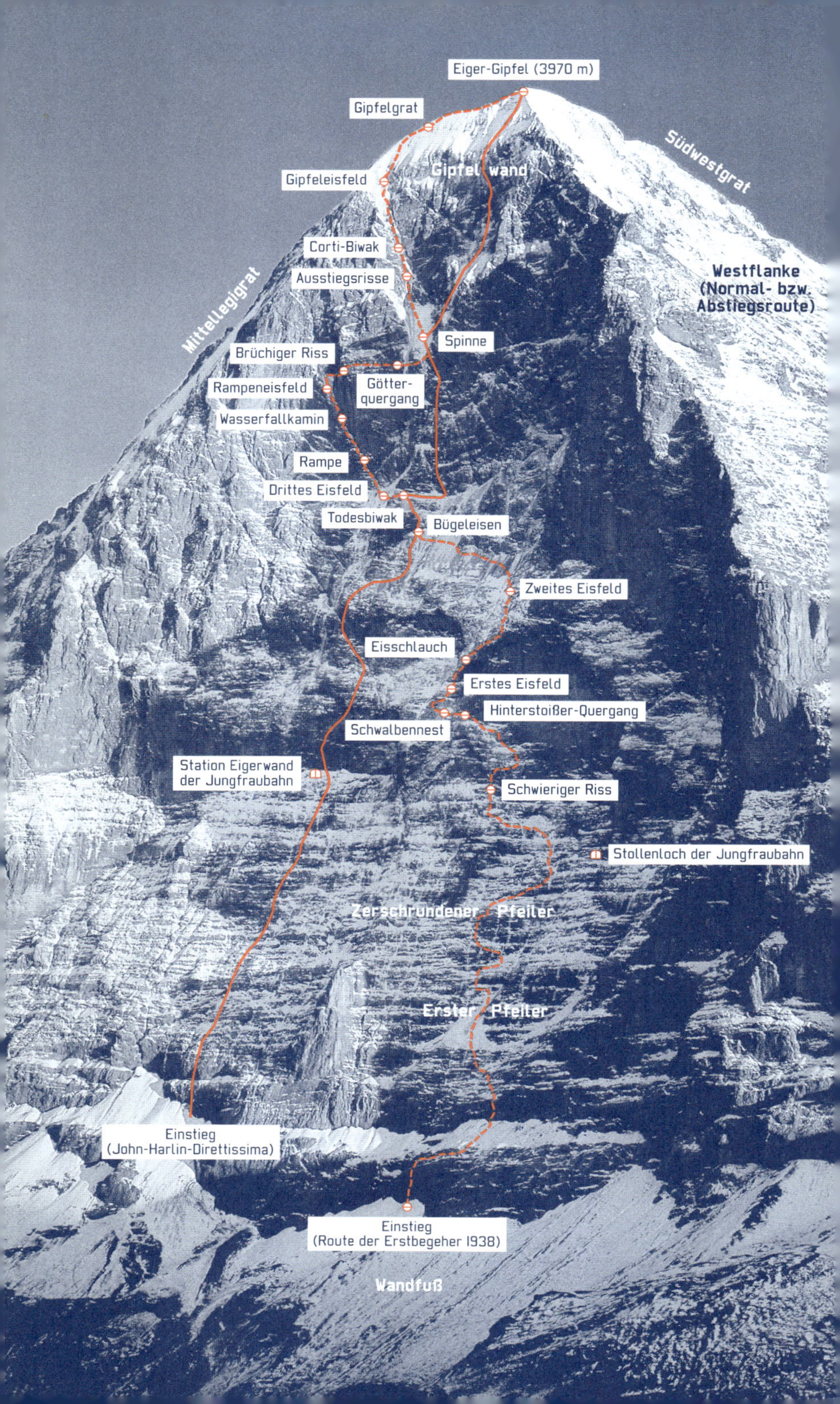

Eiger-Gipfel (3970 m)
Gipfelgrat
Südwestgrat
Gipfelwand
Gipfeleisfeld
Corti-Biwak
Ausstiegsrisse
Westflanke (Normal- bzw. Abstiegsroute)
Mittellegigrat
Spinne
Brüchiger Riss
Rampeneisfeld
Götter-quergang
Wasserfallkamin
Rampe
Drittes Eisfeld
Todesbiwak
Bügeleisen
Zweites Eisfeld
Eisschlauch
Erstes Eisfeld
Hinterstoißer-Quergang
Schwalbennest
Station Eigerwand der Jungfraubahn
Schwieriger Riss
Stollenloch der Jungfraubahn
Zerschrundener Pfeiler
Erster Pfeiler
Einstieg (John-Harlin-Direttissima)
Einstieg (Route der Erstbegeher 1938)
Wandfuß